beck'sche reihe

bsr

So weit das kulturelle Gedächtnis Europas reicht, fließt auch Lethe, der Strom des Vergessens durch diese Gedächtnislandschaft. So muß mit Vergessenszauber und Vergessensdrogen schon Homers Odysseus seine Erfahrungen machen, und der römische Dichter Ovid schickt die unglücklich Liebenden zum Altar des «Letheischen Amor», wo sie gnädiges Vergessen ihrer Liebesschmerzen erflehen können. Von Augustinus und Dante über Casanova, Faust und Nietzsche führt die virtuose Darstellung bis ins 20. Jahrhundert, an dessen Schwelle das Vergessen mit Freud seine Unschuld verliert. Nun muß, wer etwas vergessen hat, auf eine peinliche Warum-Frage gefaßt sein. Spätestens in der zweiten Jahrhunderthälfte wird die Kunst des Vergessens schließlich von einer Kritik des Vergessens eingeholt, da zu vieles nicht einfach «vergeben und vergessen» werden kann. Elie Wiesel, Primo Levi, Jorge Semprun, Saul Bellow und andere sind Zeugen eines kulturellen Widerstandes, der selbst von den Opfern der Shoah gegen das Vergessen geleistet werden muß. An welchen Merkmalen schließlich eine Vergessenskultur, die diesen Namen verdient, zu erkennen ist, kann ohne die Hinweise aus dieser Kulturgeschichte des Vergessens nicht zuverlässig bestimmt werden.

Harald Weinrich, geb. 1927, war nach Professuren in Kiel, Köln, Bielefeld und München zuletzt Professor für Romanistik am Collège de France, Paris. Er hat für sein Lebenswerk u. a. den *Hanseatischen Goethe-Preis* und den *Joseph-Breitbach-Preis* erhalten. Von Harald Weinrich sind im Verlag C. H. Beck außerdem lieferbar: *Linguistik der Lüge*, 6 2000; *Kleine Literaturgeschichte der Heiterkeit*, 2000; *Tempus. Besprochene und erzählte Welt*, 6 2001, *Knappe Zeit*, 3 2005.

Harald Weinrich

Lethe

Kunst und Kritik des Vergessens

Verlag C. H. Beck

Für Benjamin und Anna Lea
Enkel und Enkelin

Die erste Auflage dieses Buches erschien in
gebundener Form 1997
Zweite, durchgesehene Auflage 1997
Dritte, überarbeitete Auflage 2000

1. Auflage (Beck'sche Reihe). 2005

Satz: Fotosatz Janß, Pfungstadt
Druck und Bindung: Druckerei C. H. Beck, Nördlingen
Umschlagentwurf: +malsy, Bremen
Umschlagabbildung: Christo und Jeanne Claude, Verhüllter Pont Neuf,
Paris 1975–85 (W. Volz, Bilderberg, Hamburg)
Printed in Germany
ISBN 3 406 44818 6

www.beck.de

Inhalt

Vorwort

Alle Welt ist vergeßlich. Jedem ist es schon widerfahren, daß er hier dieses, dort jenes vergessen hat und von manchem, mühsam auswendig gelernt, alles. Keiner kann daher leichthin von sich sagen: Das ist mir unvergeßlich, das werde ich nie vergessen. Denn der Mensch ist von Natur aus ein vergessendes Lebewesen *(animal obliviscens).* Wahrnehmungen eigenen und fremden Vergessens gehören von Jugend auf zu den elementaren Lebenserfahrungen eines jeden Menschen und sind eine Plage des Alters. So bedarf es in diesem Buch auch keiner schulmäßigen Definition des Wortes *vergessen.* Was dieses Wort bedeutet, weiß man immer schon und kann dies am wenigsten vergessen.

Aber damit ist nicht auch schon der Sachverhalt, den das Wort bezeichnet, ausreichend bekannt. Wir wissen nämlich aus unseren alltäglichen Begegnungen mit dem Vergessen noch nicht genügend, wie weit dessen Macht über unser Leben reicht, welche Gedanken und Gefühle es bei den verschiedenen Menschen auslöst, wie sich sogar Kunst und Wissenschaft – mit Sympathie oder mit Antipathie – des Vergessens annehmen und welche politischen und kulturellen Dämme schließlich „wider das Vergessen" errichtet werden können, wenn es mit Recht und Moral nicht zu vereinbaren ist.

Um über alle diese Aspekte des Vergessens besser Bescheid zu wissen und auch für das eigene Leben eine differenzierte Einstellung zu ihnen zu finden, dürfte eine kulturgeschichtliche Betrachtung hilfreich sein, in der die Kunst im Umgang mit dem Vergessen zusammen mit einer gleichfalls notwendigen Kritik des Vergessens – einschließlich einer Kritik der Kunst des Vergessens – angemessen zur Geltung kommt. Das soll in diesem Buch, durch das mit seinen Mäandern Lethe, der Strom des Vergessens, fließt, anhand einer großen Zahl anschaulicher Beispiele, vornehmlich aus der Literatur, dargestellt und besprochen werden. Das besondere Augenmerk des Autors gilt dabei den vielen Geschichten (der Plural ist wichtig!), in denen von den verschiedensten Autoren berichtet wird, wie die Menschen in ihrem Leben mit dem Vergessen umgegangen sind. In all diesen Geschichten hat zwar das Gedächtnis immer ein bißchen recht, doch hat das Vergessen nicht immer unrecht. Daher gibt es in den Kapiteln dieses Buches keinen prunkenden Gedächtniskünstler, der sich nicht doch nach einem hilfreichen Vergessen sehnte. So zum Beispiel – eine Geschichte aus dem Leben – der Fall eines Russen, der aufgrund einer Laune der Natur über ein nahezu unbegrenztes Gedächtnis verfügt. Zu seinem Glück findet er einen Arzt, der seine „Hypermnesie" als Krankheit behandelt und ihm als Therapie empfiehlt, das zu Vergessende zu Papier zu bringen. Es zeigt sich: Was man aufgeschrieben hat, vergißt sich leichter. Das ist seit alters die wirksamste aller Vergessensstrategien. Auf der anderen Seite kommen in diesem Buch aber auch keine triumphierenden Vergesser vor. Im Casanova-Kapitel wird bespielsweise beschrieben, wie schnell dieser Virtuose der Liebeleien seine Eroberungen vergessen kann, doch bei einer schönen und klugen Französin, die er nun wirklich und mit Beständigkeit liebt, findet er seine Meisterin, die ihm mit einem „Oubliez-moi" zuvorkommt.

In solchen Geschichten also, wie sie die Weltliteratur in großer Zahl darbietet, ist die Vergessenstheorie dieses Buches implizit oder explizit enthalten. Dazu gehören nun allerdings, neben den Ereignisgeschichten, auch die vielen Denkgeschichten, die vom Vergessen handeln: Platons Lehre vom Vergessen der vorgeburtlich geschauten Ideen im Akt der Geburt, Augustins Bekehrungsgeschichte von einem sündhaften Vergessen Gottes zu einem Gedenken Gottes im Glauben – und viele andere Denkgeschichten ähnlicher Art bis hin zu Nietzsches Ausruf „Selig sind die Vergeßlichen" und zu Sigmund Freuds Nachdenken über die „geheime Gesinnung des Vergessenden", die aus der Tiefe des Unbewußten durch Psychoanalyse ans Licht des Bewußtseins gebracht werden kann.

Es ist weiterhin eine Grundintention dieses Buches, zwischen privatem und öffentlichem Vergessen zu unterscheiden. In häuslich-privaten Angelegenheiten ein bißchen vergeßlich zu sein, kann einen ganz sympathischen Eindruck machen. Der Vergeßliche scheint wenigstens kein Pedant zu sein. So macht es vielen Leuten nichts aus, sich über ihr hoffnungslos schlechtes Gedächtnis zu beklagen, während dieselben Personen, wie schon La Rochefoucauld bemerkt hat, niemals über ihre schlechte Urteilskraft *(jugement)* klagen würden[1]. Neben dem privaten Vergessen hat das Vergessen jedoch auch eine öffentliche Bedeutung, die in extremen Situationen des politischen Lebens einerseits als verordnetes, andererseits als verbotenes Vergessen zum Ausdruck kommen kann. Das verordnete Vergessen äußert sich in rechtlicher Form vor allem als Amnestie, Verjährung und Begnadigung und verbindet sich in diesen Zusammenhängen gerne mit dem (christlichen) Vergeben. Doch hat dieses „gnädige Vergessen“ eine unübersteigbare Grenze angesichts solcher Untaten und Verbrechen, die gegen die Menschenrechte gerichtet sind, vor allem in der Form des Genozids und namentlich der Shoah.

In seinem letzten Kapitel, das auf die unmittelbare Gegenwart bezogen ist, setzt sich das vorliegende Buch mit den Bedingungen des Erinnerns und Vergessens in der modernen und postmodernen Informationsgesellschaft auseinander. Sind wirklich alle heutigen Gedächtnisprobleme dadurch gelöst, daß wir ihre Lösung an die elektronischen Gedächtnisse unserer Computer mit ihrer fast unbegrenzten Speicherkapazität delegieren können? Leben wir also endlich im Paradies einer authentischen Gedächtniskultur? Das dürfte eine gefährliche Täuschung sein. Gerade wenn wir uns täglich einer Informatik bedienen, die – wirklich oder scheinbar – „nichts vergißt“, wird die Frage dringlich, welchen vernünftigen Gebrauch wir heutzutage von der Löschtaste zu machen wissen, eingedenk der sehr klugen Maxime von Edouard Herriot: „Kultur (...) ist das, was im Menschen verbleibt, wenn er alles vergessen hat“ *(La culture (...) c'est ce qui demeure dans l'homme, lorsqu'il a tout oublié).*[2]

I. Die Sprache des Vergessens

Die ersten Hinweise für eine Kulturgeschichte des Vergessens wollen wir von der unauffälligen Weisheit des alltäglichen Sprachgebrauchs erwarten. An dem deutschen Wort *vergessen* ist als erstes die Wortbildung bemerkenswert.[1] Das Element *-gessen* (vgl. englisch *-get* in *forget*) drückt wortgeschichtlich eine Bewegung aus, die her zu mir verläuft: ich „kriege" etwas. Diese Bewegung wird aber nun – ebenso wie bei dem Wortpaar *kaufen/verkaufen* – durch die Vorsilbe *ver-* in die Gegenrichtung verkehrt. Jetzt drückt das Wort ein „Wegkriegen" aus. Es liegt etwas Irritierendes in dieser Umkehrbewegung, die auf andere Weise auch darin zum Ausdruck kommt, daß *vergessen* in der deutschen Sprache ein aktives Verb ist, also eine Tätigkeit bezeichnet, während doch unsere innere Wahrnehmung von Vorgängen des Vergessens eher darauf deutet, daß uns das Vergessen ohne unser aktives Zutun widerfährt oder ereilt.

In der deutschen Gegenwartssprache wird das Verb *vergessen* als transitives Verb gebraucht, das heißt, es wird mit einem Objekt im Akkusativ verbunden. Ich habe etwa *meinen Freund/meinen Feind/meinen Vorsatz/meinen Schirm* vergessen. In der älteren deutschen Sprache hingegen wurde das Verb noch vorwiegend mit einem Objekt im Genitiv verbunden. In Luthers Bibel-Übersetzung der Sprüche Salomons (III, 1) ergeht beispielsweise Gottes Ermahnung an den Menschen: „Mein Kind, vergiß meines Gesetzes nicht!" Noch bei Goethe ist dieser Sprachgebrauch belegt. Die süddeutsch-österreichischen Varietäten des Deutschen kennen ferner die Verbindung *vergessen auf etwas,* über die sich der scharfzüngige Wiener Sprachkritiker Karl Kraus, wie über so vieles andere in der Sprache, aufs äußerste erregen konnte: „Daß die Leute nicht spüren, wie sprachwidrig das ist! Die Tätigkeit des Vergessens führt doch von etwas weg – 'auf' bedeutet eine Annäherung zu etwas hin. Wie kann man *auf* etwas vergessen!"[2]

Häufig kann man nun hören, das Vergessen sei das einfache Gegenteil des Erinnerns (mit der dann naheliegenden Folgerung, daß statt eines Buches über das Vergessen besser gleich eines über das Erinnern geschrieben werden sollte). Diese Auffassung ist jedoch schon von der Sprache her nicht so plausibel, wie sie auf den ersten Blick scheint. Denn dem Vergessen, wenn wir es einmal der Soll-Seite des Bewußtseins zuschlagen dürfen, stehen auf der Haben-Seite zwei geläufige Ausdrücke gegenüber: *Gedächtnis* und *Erinnerung.* Zu ihrer Unterscheidung wollen wir uns fürs erste mit der Feststellung begnügen, daß dem Gedächtnis eine mehr umfassende und öffentlich-schulmäßige, der Erinnerung eine eher subjektiv-private Bedeutung zukommt. Wenn sich nun die Haben-Seite und die Soll-Seite des Bewußtseins einfach spiegelbildlich zueinander verhielten, dürfte man erwarten, daß die Sprache beim Vergessen ebenfalls ein Gedächtnis-Vergessen und ein Erinnerungs-Vergessen unterschiede. Das ist jedoch nicht der Fall, weder im Deutschen noch in anderen geläufigen Sprachen.

Mit dem semantischen Reichtum, der für die Haben-Seite des Bewußtseins zu verzeichnen ist, geht nun aber ein gewisser Mangel einher. Zwar hat das Wort *Erinnerung* ein (reflexives) Verb an seiner Seite: *sich erinnern.* Aber zu dem viel häufiger gebrauchten Wort *Gedächtnis* gibt es kein zugehöriges Verb. Das Verb *gedenken,* das mit dem Wort *Gedächtnis* die Ableitung von *denken* gemeinsam hat, ist auf eine hochsprachlich-feierliche Bedeutung eingegrenzt und stellt in der Umgangssprache für *Gedächtnis* keinen gleichwertigen Partner dar. Diesem Mangel kann auch die Wortverbindung *daran denken daß* nicht vollständig abhelfen. Das führt nun zu einer interessanten Grenzüberschreitung in der Semantik dieser Wörter, denn offensichtlich dient die überaus häufige Negation des Vergessens *(nicht den Schlüssel vergessen!)* als verbale Ersatz- und Suppletivform im Paradigma des Gedächtnisses. Und dazu paßt natürlich auch das in der Sprache der Liebe seit dem 15. Jahrhundert belegte und seitdem allen Liebenden unentbehrlich gewordene Blümlein *Vergißmeinnicht* (englisch *forget-me-not,* fachsprachlich *Myosotis*).

Zu dem Verb *vergessen* gehört in der deutschen Sprache eine recht zahlreiche Wortfamilie. Das zugehörige Nomen ist ein nominalisierter Infinitiv im Neutrum: *das Vergessen.* Diese Wortbildung bietet den Vorteil, dem Verb ziemlich nahe zu bleiben, hat aber den Nachteil, keinen Plural zuzulassen – und wie pluralisch sind doch im Leben die „Fälle des Vergessens" (so etwa kann man den fehlenden Plural umschreiben)! Von dem Nomen *Vergessen* ist ein weiteres Nomen abgeleitet: *Vergessenheit,* das in der deutschen Gegenwartssprache mit zunehmender Häufigkeit gebraucht wird, zumal als Bestandteil eines mehrteiligen Funktionsverbs: *in Vergessenheit geraten.* Zur Wortfamilie des

Vergessens gehört ferner das Adjektiv *vergeßlich* (Kant sagt noch *vergeßsam*), das bei einer dieserart qualifizierten Person eine 'Neigung zum leichten Vergessen' bezeichnet und wiederum zu einem abstrakten Nomen *Vergeßlichkeit* weitergebildet werden kann. Von dem Verb *vergessen* kann ferner ein Reflexiv gebildet werden: *sich vergessen*, das an die Grenzen der Moral führt und vielfach gebraucht wird, wenn jemand zum Entsetzen der Umwelt seine Haltung oder seine Fassung verliert. Moralische Implikationen haben in der Semantik der deutschen Sprache auch einige feste Wortverbindungen wie *pflichtvergessen*, *ehrvergessen* und *gottvergessen*, die durchweg mit negativer Bedeutungsnuance gebraucht werden, sowie der häufig gebrauchte Ausdruck *selbstvergessen* mit seinem zugehörigen Nomen *Selbstvergessenheit*, der allerdings unterschiedlich bewertet wird und beispielsweise in Kafkas Poetik als „vollständige Öffnung des Leibes und der Seele" einen rein positiven Klang hat.[3] Ganz vollzählig kann die Wortfamilie des Vergessens hier natürlich nicht vorgestellt werden, doch bleibt wenigstens noch die selten gebrauchte Personenbezeichnung *Vergesser/Vergesserin* zu erwähnen, die im Grimmschen Wörterbuch verzeichnet ist und vielleicht im Rahmen einer expliziten Vergessenstheorie eine gewisse Wiederbelebung verdient.

Doch ist das von der Sprache gespiegelte Bild des Vergessens noch unvollständig, solange nicht berücksichtigt wird, in welchen Wortverbindungen das Vergessen jeweils modalisiert, das heißt, in seiner Geltung flexibilisiert wird. Das geschieht durch die Modalverben *können*, *mögen*, *wollen*, *sollen*, *müssen*, *(nicht) dürfen*, *(nicht) brauchen*, die jeweils mit dem Infinitiv *vergessen* verbunden werden. Man kann sich diese Modalitäten als die sprachlichen „Gänge" des Vergessens vorstellen, mit den verneinten Formen als „Rückwärtsgängen". Mit Hilfe der verschiedenen Modalverben kann in der Sprache ein höchst variables und nuancenreiches Spiel und Verwirrspiel der Modalisierungen durchkonjugiert werden, besonders gerne in kontrastiver Zuspitzung, etwa mit den folgenden Spielzügen:

- Das *will* ich vergessen, *kann* es aber nicht vergessen.
- Ich *könnte* das nicht vergessen, auch wenn ich es *wollte*.
- Das *möchte* man wohl vergessen, *darf* es aber nicht vergessen.
- Was die nächste Generation vergessen *muß*, *kann* auch diese schon vergessen.

In der Kombination und Opposition dieser Modalitäten wird das „nackte" Vergessen nach variablen Normen, Regeln und Moden psychisch eingekleidet und unterschiedlichen Situationen angepaßt.

Eine dieser Modalitäten verdient besondere Erwähnung, weil sie erst in jüngerer Zeit in die deutsche Sprache eingedrungen ist und bei der Sprachgemeinschaft sogleich großen Anklang gefunden hat. Ich meine die Redensart *das kannst du vergessen,* die in den siebziger Jahren dem englischen Ausdruck *forget it* nachgebildet worden ist. Man gebraucht diesen Ausdruck in Situationen, in denen, gegebenenfalls mit gnädig wegwerfender Gebärde, von der einen oder anderen Sache (seltener von einer Person) gesagt wird, sie sei nicht wichtig zu nehmen und brauche nicht weiter berücksichtigt zu werden. Dann heißt es heute oft zur Erleichterung, Entlastung oder Entspannung des Gesprächspartners: *das kannst du vergessen.*[4] Ich bin nicht der Ansicht, daß in dieser sprachlichen Neuerung nur ein beliebiger Anglizismus oder Amerikanismus zu sehen ist. Hier ist, mit anglo-amerikanischer Nachhilfe, im Medium der Sprache eine psychische Erfahrung gemacht worden, die nicht unproblematische Entdeckung nämlich, daß mit den Irrelevanz-Entscheidungen des erlaubten Vergessens verführerische Entlastungen des Seelenhaushalts verbunden sein können, was dann alle Beteiligten in entspannte Stimmung versetzt.

*

Das Bild, das die deutsche Sprache vom Vergessen und seiner Wortfamilie bietet, kann durch die Betrachtung einiger europäischer Nachbarsprachen bereichert werden. Wir wollen mit dem Lateinischen beginnen, das für viele europäische Sprachen und auch für den fachsprachlich-psychologischen Gebrauch vielfach maßgeblich geworden ist. Auszugehen ist von dem Verb *oblivisci,* das ein „Deponens" ist, das heißt, ein Verb mit passiver Form, aber aktiver Bedeutung. Nun haben wir schon bei der Betrachtung der deutschen Sprache gesehen, daß die Tätigkeit des Vergessens so aktiv gar nicht ist. Der Status einer Verbform, die eine Art „Medium" zwischen Aktiv und Passiv ist, trifft das Phänomen eigentlich genauer.

Doch wie dem auch sei, im Vulgärlatein der spätrömischen Zeit wird das Deponens *oblivisci* jedenfalls, zusammen mit allen anderen Verbformen dieses Typus, als zu kompliziert empfunden und durch eine einfacher zu handhabende Aktivform ersetzt. Sie ist von dem Partizip Perfekt *oblitus* abgeleitet und kann, obwohl sie in schriftlichen Zeugnissen nicht belegt ist, in der Lautform **oblitare* zuverlässig erschlossen werden. Solche Ableitungen haben in der Regel frequentative oder iterative Bedeutung, drücken also eine häufig vorkommende oder mehrfach wiederholte Tätigkeit aus, was ja zum Vergessen nicht schlecht paßt.

Von der Verbform **oblitare* stammen französisch *oublier,* spanisch *olvidar,* katalanisch *oblidar* und italienisch *obliare* (selten) mit ihren jeweiligen Wortfamilien. Zu dem lateinischen Verb *oblivisci/*oblitare* gehört das Nomen *oblivio* (vgl. englisch *oblivion*) wie auch die bei Kant belegte fachsprachliche Weiterbildung *obliviositas* ('Vergeßlichkeit'). Abweichende Bildungen zeigt zum Teil das Italienische, das neben *obliare/oblio* umgangssprachlich das von *mente* 'Geist, Sinn' abgeleitete Verb *dimenticare* mit seinem Nomen *dimenticanza* bevorzugt. Desgleichen weicht das Portugiesische mit dem auf Umwegen von lateinisch *cadere* 'fallen' abgeleiteten Verb *esquecer* und dem zugehörigen Nomen *esquecimento* von der romanischen Normalentwicklung ab.

Eine besondere Betrachtung verdient in diesem Zusammenhang die (alt-)griechische Sprache. In ihr erhalten wir zur Begriffsgeschichte des Vergessens den interessantesten Aufschluß von einem Wort, das in diesem Zusammenhang zunächst fremd anmutet. Ich meine das Wort *aletheia* 'Wahrheit', das im Denken der griechischen Philosophen naturgemäß eine zentrale Stellung einnimmt. Das erste Element dieses Wortes, *a-*, ist zweifellos ein Negations-Präfix *(alpha privativum).* Das anschließende, durch *a-* negierte Element *-leth-* bezeichnet ein Verdecktes, Verborgenes, „Latentes" (dieses Wort aus dem Lateinischen ist damit verwandt), so daß die Wahrheit von der Wortbedeutung her – mit Heidegger – als das Unverdeckte, Unverborgene, Nicht-„Latente" erscheint.[5] Da aber dieses durch *a-* negierte Bedeutungselement *-leth-* auch in dem Namen für *Lethe,* den mythischen Strom des Vergessens, vorkommt, kann man von der Bildung des Wortes *aletheia* her die Wahrheit auch als das 'Unvergessene' oder 'Nichtzuvergessende' auffassen. Tatsächlich hat das philosophische Denken Europas, den Griechen folgend, die Wahrheit viele Jahrhunderte lang auf der Seite des Nicht-Vergessens, also des Gedächtnisses und der Erinnerung, gesucht und erst in der Neuzeit mehr oder weniger zaghaft den Versuch gemacht, auch dem Vergessen eine gewisse Wahrheit zuzubilligen.

*

Das Beispiel des Wortes *aletheia* 'Wahrheit' hat schon gezeigt, daß für die unterschiedlichen Bedeutungsnuancen, die in der Wortfamilie des Vergessens zu verzeichnen sind, bildhafte Vorstellungen maßgeblich sein können, die bisweilen tief in den Mythos zurückreichen. Wir wollen daher jetzt einen Blick auf die Metaphorik werfen, wie sie entweder in den Wörtern oder in den Wortverbindungen des Vergessens zum Ausdruck kommt.

In der einen oder anderen Hinsicht sind die Metaphern des Vergessens auf diejenigen des Gedächtnisses bezogen.[6] Wenn das Gedächtnis beispielsweise als („topische") Landschaft vorgestellt wird – so drückt es das in der rhetorischen Mnemotechnik vorherrschende Bildfeld aus –, dann besetzt die Metaphorik des Vergessens in dieser Landschaft vorwiegend die Einöden, etwa die *sandigen* Landstriche, in denen das zu Vergessende *vom Winde verweht* wird. Es kommt daher fast auf das gleiche hinaus, ob man etwas *in den Sand* oder *in den Wind schreibt.* In dieser Landschaft, die vielleicht durch *Kahlschlag* entstanden ist, kann aber auch etwas willentlich so verscharrt werden, daß *Gras über die Sache wächst.* Es ist dann *aus der Welt.*[7]

Stellt man sich hingegen mit Hilfe der alten Philosophen das Gedächtnis als ein Speichergebäude (Magazin) vor, dann kommt man dem Vergessen um so näher, je tiefer man in dessen Kellerräume hinabsteigt. Dort geht die *abgründige* Erinnerung unmerklich in das Vergessen über – oder steigt auch aus ihm wieder auf. Doch kann diese Tiefe auch die eines (Brunnen-)Schachtes sein, vorzustellen als der *tiefe Schacht des Ich* (Hegel) oder als der *Brunnen der Vergangenheit* (Th. Mann). Vielleicht ist das Vergessen aber auch nur, trivialer gesagt, ein *Loch im Gedächtnis,* in das hinein etwas fällt oder *entfällt.* Dazu passende Redewendungen wie englisch *to fall into oblivion,* französisch *tomber dans l'oubli* sind in vielen Sprachen verbreitet; im Deutschen kannte Goethe noch die Redeweise *ins Vergessen fallen.*

Das Vergessen, das in der Tiefe geborgen oder verborgen liegt, ist also seiner Natur nach dunkel; es ist *finstere Vergessenheit* (Schiller), *le sombre oubli* (Victor Hugo). Selbst auf freiem Felde und bei Tageslicht ist das Vergessen abgedunkelt durch Wolken (Pindar) oder durch Nebel (Jorge Semprún). Das braucht nicht unbedingt negativ konnotiert zu sein; auch die milde Dämmerung ist dem Vergessen förderlich, sofern es denn herbeigesehnt wird, wie es in einigen unvergeßlichen Versen des „Abendliedes" von Matthias Claudius der Fall ist:

Wie ist die Welt so stille
Und in der Dämmrung Hülle

So traulich und so hold,
Als eine stille Kammer,
Wo ihr des Tages Jammer
Verschlafen und vergessen sollt.

Verschlafen und *vergessen* sind in diesem Gedicht fast Synonyme. Passend dazu schreibt auch Paul Valéry einmal: „Einschlafen heißt vergessen" *(S'endormir c'est oublier).* Nicht vergessen zu können, ist daher der Schlaflosigkeit vergleichbar, Nietzsche hat unter beidem gelitten. Etwas aus dem Vergessen wieder *in die Erinnerung zurückrufen* (französisch *rappeler* 'erinnern an') kommt daher fast einem Weckruf gleich.[8]

Noch einmal anders, nun wieder in Korrelation mit der Gedächtnis-Metaphorik, die seit Platon auch das Anschauungsbild des Buches und der Schreibmaterialien liebte, erscheint das Vergessen als *Lücke* im Text, die mit Schreib- und Denkanstrengung zu füllen ist, vielleicht aber auch den lückenhaften Text erst recht rätselhaft und interessant macht. Am Ende des Textes macht dann das Vergessen(-wollen) einen *dicken Strich,* zieht einen *Schlußstrich.* Noch gewaltsamer gerät das Geschriebene in Vergessenheit, wenn – wie erstmals in Alexandria – Bibliotheken brennen: ein obsessiver Gedanke bei Jorge Luis Borges, Elias Canetti und Umberto Eco, ein deutsches Trauma seit dem 10. Mai 1933.

Aus der Anschauung des Schreibens und Lesens stammt auch das beliebte Bild der Wachstafel, das weitere und vielseitig anwendbare Metaphern erlaubt. Denn die Wachstafel war in der Antike ein billiges und handliches Schreibgerät für den Alltag, da die Wachsschicht nach Gebrauch mit geringer Mühe geglättet und als *tabula rasa* für neue Schreibzwecke genutzt werden konnte. Das Glätten der Wachstafel war daher eine Tätigkeit, die von vielen Autoren in der Nachfolge Platons immer wieder zur Veranschaulichung des (willentlichen) Vergessens herangezogen wurde. Noch heute sagen wir geläufig: Das habe ich doch *glatt* vergessen!

Mit der Veränderung und Modernisierung des Schreibmaterials verändern sich auch die Metaphern des Erinnerns und Vergessens. Wenn also etwas vergessen werden kann oder soll, das auf Papier geschrieben ist, wird es *ausradiert,* oder es wird, wenn es sich um Tafel und Kreide handelt, *ausgewischt* und *gelöscht,* und zwar mit einem feuchten Schwamm *(Schwamm drüber!).* Die Metapher der *Löschung* oder *Auslöschung* (Thomas Bernhard) begleitet das Nachdenken über das

Vergessen vom Altertum bis in das Zeitalter der modernsten Schreib- und Rechenanlagen der elektronischen Datenverarbeitung. So ist die *Löschtaste* eines der wichtigsten Bauelemente des Computers geworden; doch wehe, wenn sie irrtümlich oder zur Unzeit betätigt wird, dann kommt es nämlich zu dem von allen Benutzern alptraumartig gefürchteten (und in der üblichen *Schacht-* und *Loch*-Metaphorik ausgedrückten) *Absturz* des Programms. Das ist dann der Tod der geleisteten Gedankenarbeit, und das Erinnerte oder Gespeicherte sinkt in das *Grab des Vergessens.*

*

Das wirkmächtigste aller Bilder und Gleichnisse des Vergessens stammt indes aus dem Mythos, und zwar seit frühgriechischer Zeit (Hesiod, Pindar). Bei den Griechen ist *Lethe* eine weibliche Gottheit, die mit *Mnemosyne,* der Göttin des Gedächtnisses und Mutter der Musen, ein Gegensatzpaar bildet. Der Genealogie und Theogonie nach stammt Lethe aus dem Geschlecht der Nacht (griechisch *Nyx,* lateinisch *Nox*), doch kann ich nicht umhin, auch den Namen ihrer Mutter zu nennen. Es ist die Zwietracht (griechisch *Eris,* lateinisch *Discordia*) – das ist der dunkle Punkt in dieser Verwandtschaft.

Die Genealogie spielt jedoch in der Rezeption dieses Mythos nur eine geringe Rolle, da „Lethe" (*die* oder *der* Lethe) vor allen Dingen Name eines Unterweltflusses ist, der den Seelen der Verstorbenen Vergessen spendet. In diesem Bild und Bildfeld ist das Vergessen ganz in das flüssige Element des Wassers eingetaucht. Es liegt ein tiefer Sinn in der Symbolik dieses magischen Wassers. In seinem weichen Fließen lösen sich die harten Konturen der Wirklichkeits-Erinnerung auf und werden so *liquidiert.*[9]

Im einzelnen ist bei den antiken Autoren strittig, durch welche seligen oder unseligen Gefilde Lethes Wasser fließen und wie der Verlauf des Flusses im Verhältnis zu den anderen Strömen der Unterwelt (Acheron, Styx, Phlegeton, Kokytos) genau zu lokalisieren ist. Am genauesten will es in der Antike der Geograph Pausanias wissen, der in Böotien eine Lethe-Quelle identifiziert, neben der zugleich eine Mnemosyne-Quelle sprudelt.[10] Übereinstimmung besteht jedoch bei den antiken Autoren, daß die Seelen von Lethes Wassern trinken, um durch das Vergessen ihrer früheren Existenz frei zu werden für die Wiedergeburt in einem neuen Leib. Bei Vergil wird das wie folgt beschrieben:

Tum pater Anchises: Animae, quibus altera fato
Corpora debentur, Lethaei ad fluminis undam
Securos latices, et longa oblivia potant.

Vater Anchises nun: Die Seelen, denen das Fatum
andere Leiber bestimmt, schöpfen aus Lethes Welle
heiteres Naß, so trinken sie langes Vergessen.[11]

Von Vergil, wie wir später sehen werden (vgl. II, 5), erfährt Dante alles über den Lethe-Strom, von Dante wiederum Milton in seinem Epos *Paradise Lost* (1667/1674). Dort ist allerdings genau zu unterscheiden zwischen dem „See" des Vergessens *(the forgetful lake)*, vorzustellen als ein „brennender See" *(burning lake)*, den Milton sich als Strafe für die gegen Gott rebellierenden und von ihm dafür aus dem Himmel verstoßenen Engel ausgedacht hat, und dem sehr viel milder wirkenden und von den gefallenen Engeln nicht erreichbaren Lethe-Strom, der wie folgt beschrieben wird:

Far off from these a slow and silent stream,
Lethe the river of oblivion rolls
Her wat'ry labyrinth, whereof who drinks,
Forthwith his former state and being forgets,
Forgets both joy and grief, pleasure and pain.

In weiter Ferne, langsam, still, wälzt Lethe,
der Strom allen Vergessens, seine Fluten,
ein Wasserlabyrinth. Wer aus ihm trinkt,
vergißt sogleich den früheren Stand und Rang,
vergißt auch Freud und Trauer, Lust und Leid.[12]

Bei Conrad Ferdinand Meyer, der ebenfalls Lethe-Verse geschrieben hat, wird aus dem Lethe-Trunk ein freudiges oder wenigstens für einen letzten Augenblick Freude spendendes Einvernehmen mit der verstorbenen Geliebten:

Und die Reihe war an dir zu trinken,
Und die volle Schale hobest du,
Sprachst zu mir mit trautem Augenwinken
„Herz, ich trinke dir Vergessen zu!"[13]

Die Wasser dieses Jenseits-Flusses sind also nicht notwendig, wie der unsympathische Baccalaureaus in Goethes „Faust" meint, „Lethes trübe Fluten", sondern können durchaus, wie Faust es an seiner eigenen Person erfährt, ein belebender „Tau aus Lethes Flut" oder, wie Goethe es von sich selber sagt, „ein ätherischer Lethestrom" sein, der erquickend das ganze Leben durchdringt. Von diesem bekennt Goethe weiter in einem Brief seiner letzten Lebensjahre: „Diese erhabene Gottesgabe habe ich von jeher zu schätzen, zu nützen und zu steigern gewußt".[14]

II. Sterbliches und unsterbliches Vergessen

1. Kunst des Erinnerns – Kunst des Vergessens (Simonides, Themistokles)

Wir begeben uns nach Griechenland. Die Zeit ist um 500 v. Chr. Ein Fest wird gefeiert. Dieses Fest gibt den Rahmen ab für den Gründungsmythos der Gedächtniskunst (Mnemotechnik, *ars memoriae*).

Ein Faustkämpfer namens Skopas hat einen Sieg errungen und engagiert den Dichter Simonides von Keos (ca. 557– ca. 467 v. Chr.), zur Erinnerung an dieses sportliche Ereignis ein Preislied (Epinikion) zu verfassen und es bei der Siegesfeier vorzutragen. So geschieht es auch, und der Sportsmann wird von dem Dichter festlich besungen.

Es ist kein beliebiger Dichter, den Skopas sich zu seinem Ruhm ausgesucht hat. Von ihm urteilt Platon, er sei ein „weiser und göttlicher Mann" gewesen, und Lessing, der eine deutliche Vorstellung von ihm hat und ihn der griechischen Aufklärung zurechnet, nennt ihn den „griechischen Voltaire". Mit seinen ästhetischen Anschauungen ist Simonides vor allem bekannt geworden durch die Sentenz: „Malerei ist schweigende Dichtung, Dichtung ist sprechende Malerei". Von seinem dichterischen Werk können wir uns jedoch kein zuverlässiges Bild machen, es ist nicht erhalten.[1]

Auch nicht sein Preislied auf Skopas. Von diesem Text wissen wir nur aus einer Anekdote, die von Cicero und Quintilian in ihren rhetorischen Schriften erzählt und von verschiedenen weiteren Autoren nacherzählt wird. Auch als Fabel (Phaedrus, La Fontaine) ist diese Geschichte in einer abweichenden Variante überliefert.[2] Nach all diesen anekdotischen und fabulösen Quellen ist der Auftraggeber Skopas mit dem von Simonides gelieferten Werk unzufrieden gewesen, da der Dichter zwei Drittel seines Preisliedes für die jugendlich-sportlichen Zwillingsgötter, die Dioskuren Castor und Pollux, und nur ein Drittel für ihn selber verbraucht habe. Der Dichter könne daher auch nur ein Drittel des vereinbarten Honorars beanspruchen. Die anderen zwei Drittel möge er sich von den Göttern auszahlen lassen.

Die Geschichte geht aber noch weiter. Beim anschließenden Festbankett, zu dem der Boxer auch seinen Dichter eingeladen hat, wird

Simonides unvermutet von dem Türhüter aus dem Saal gerufen. Zwei junge Leute seien eingetroffen, die ihn dringend zu sprechen wünschten. Simonides verläßt den Raum, findet aber draußen niemanden, der auf ihn wartet. In diesem Augenblick stürzt die Decke des Saales ein und begräbt den Gastgeber mitsamt seinen Gästen unter den Trümmern. Nur Simonides, rechtzeitig aus dem Saal entführt, bleibt vom Tode verschont. So haben sich die Götter – Castor und Pollux persönlich – ihrer Dankesschuld entledigt. Skopas aber, der seine Dankesschuld für das Gedicht vergessen wollte, ist bestraft.

Und wo bleibt die Mnemotechnik? Die Rhetoriker Cicero und Quintilian kennen noch eine weitere Fortsetzung der Geschichte (für die sich die Fabeldichter nicht mehr interessieren). Als nämlich nach dem schrecklichen Unglück die Angehörigen ihre Toten bestatten wollen, finden sie die Leichen so entstellt und verstümmelt, daß sie nicht zu identifizieren sind. Simonides kann jedoch helfen. Als Dichter verfügt er über ein gutes bildhaftes Gedächtnis und erinnert sich genau, an welchem Platz der Festtafel jeder einzelne Gast gesessen hat. Diese räumliche Erinnerung erlaubt ihm, die Toten nach ihrer Lage im Raum zu identifizieren.

Seit dieser Gedächtnisleistung gilt der Dichter Simonides als Erfinder der Mnemotechnik, und diese wird als eine Kunst angesehen, mit der das Vergessen zu bannen ist.[3] Vielleicht ist damit hintergründig sogar das Vergessen der Toten zu besiegen, wenn nämlich Stefan Goldmann mit seiner wohlbegründeten Auffassung recht hat, daß die Simonides-Anekdote mit ihren Varianten die Herkunft der Mnemotechnik aus dem griechisch-römischen Totenkult dokumentiert.[4] Tatsächlich steht ja am Anfang der mnemotechnischen Anstrengung des Simonides eine drohende Vergessenskatastrophe: der plötzliche Tod, der das Erinnern zum Problem macht. Wie dem auch sei, bei Cicero und Quintilian ist aus der erstaunlichen Gedächtnisleistung des Simonides eine „Kunst" (griech. *techne,* lat. *ars*) geworden. Man muß diesen Ausdruck hier allerdings im vormodernen Sinne des Wortes begreifen. Man versteht darunter einen in Regeln gefaßten und in dieser Form gut lehrbaren Wissensbestand von einer gewissen Komplexität, der zu seinem Erlernen beträchtliche Anstrengung und Geduld verlangt, denn „die Kunst ist lang, das Leben kurz" *(ars longa, vita brevis).* Alle romantischen und postromantischen Assoziationen an Spontaneität, Kreativität und Genialität sind also bei diesem alten Kunstbegriff auszublenden. Ebensowenig ist hier schon an Wissenschaft zu denken. Die später so genannten „Freien" Künste *(artes liberales)*, zu denen mit der Rhetorik auch die Gedächtniskunst gezählt wird, sind als Propädeutik den Wissenschaften vorgeordnet und gehören bis weit in die Neuzeit hinein zum allgemeinen, fachlich noch nicht differenzierten Bildungsbestand.

Für die antike und mittelalterliche Gedächtniskunst gilt nun – und das ist schon als die besondere Pointe der Simonides-Anekdote erkennbar –, daß in ihr das Gedächtnis prinzipiell verräumlicht ist.[5] Sie ist also in ihrer Substanz eine „Raumkunst" (Topik). Der Gedächtniskünstler, der dem Beispiel des Simonides folgt, merkt sich als erstes für seine Zwecke – das ist im Falle der Rhetorik immer die öffentliche Rede – eine feste Konstellation von „Örtern" (griechisch *topoi*, lateinisch *loci*), die ihm gut vertraut sind, etwa sein Wohnhaus oder das Forum. An solchen Örtlichkeiten deponiert er in geordneter Folge die einzelnen Gedächtnisinhalte, nachdem er diese zuvor in „Bilder" (griechisch *phantasmata*, lateinisch *imagines*) verwandelt hat, sofern sie es nicht von Natur aus schon sind. Das ist die Leistung seiner „Einbildungskraft" (griechisch *phantasia*, lateinisch *imaginatio*). Bei seiner Rede braucht der Gedächtniskünstler dann nur noch in Gedanken die Folge der Örter abzuschreiten (lateinisch *permeare, pervagari, percurrere*), und dabei kann er die Gedächtnisbilder der Reihe nach abrufen. Immer ist es also eine Gedächtnislandschaft, in der diese Kunst tätig wird, und in dieser Landschaft hat alles, was zuverlässig erinnert werden soll, seinen bestimmten Ort. Nur das Vergessen hat dort keinen Platz.

*

Oder steht das Vergessen dem Gedächtnis vielleicht doch näher, als es auf den ersten Blick scheint? Das ist eine Frage, die zu einer weiteren berühmten Anekdote der Antike Anlaß gegeben hat. Sie steht der Simonides-Anekdote von den Personen her sogar sehr nahe. Denn ein Zeitgenosse des Dichters Simonides, viel bekannter als dieser selbst, war in Athen der Politiker und Feldherr Themistokles (ca. 524–459 v. Chr.). Er machte Athen zu einer bedeutenden Hafenstadt und nach dem Sieg über die Perser in der Seeschlacht von Salamis (480) zur größten Seemacht im östlichen Mittelmeer. Trotz dieser überragenden Feldherrnleistungen wurde er im hohen Alter einem Scherbengericht unterworfen und aus der Stadt verbannt. Als Flüchtling lebte er im Perserreich, wo er durch Freitod endete.

Themistokles war, wie wir aus der Lebensbeschreibung Plutarchs und aus einigen anderen Quellen wissen, ein Mann von hohen Geistesgaben, der auch die Kunst der Rede hervorragend beherrschte. Hinsichtlich seines Charakters kann man in den Quellen jedoch manches Ungünstige lesen. Unter seiner Spottsucht hatte beispielsweise auch der Dichter Simonides zu leiden.

Beide Athener sind nun auch in einer Anekdote miteinander verbunden, die wiederum Cicero an verschiedenen Stellen seiner Schriften zur Beredsamkeit mitteilt.[6] So sei eines Tages Simonides zu Themistokles gekommen und habe ihm angeboten, er wolle ihn die Gedächtniskunst lehren, so daß er sich mit ihrer Hilfe „an alles erinnern könne“ *(ut omnia meminisset)*. Themistokles habe darauf geantwortet, er brauche keine Gedächtniskunst. Lieber als sich an alles Mögliche zu erinnern, würde er von ihm lernen, das zu vergessen, was er vergessen wolle *(gratius sibi illum esse facturum, si se oblivisci quae vellet, quam si meminisse docuisset)*. Nach einer anderen Fassung der gleichen Anekdote hat Themistokles bündig geantwortet, er sei gar nicht an einer Gedächtniskunst *(ars memoriae)*, sondern statt dessen an einer Kunst des Vergessens *(ars oblivionis)* interessiert.

Warum wünscht sich Themistokles eine Kunst des Vergessens? Ciceros Antwort lautet: „weil ihm im Gedächtnis alles haftete, was er je gehört oder gesehen hatte“, oder in einem anschließenden Kommentar des Autors zu derselben Anekdote: „weil aus dem Geist dieses Mannes alles das, was je in ihn eingegossen wurde, nie wieder herausgeflossen ist“. Das stimmt gut überein mit einer biographischen Bemerkung Plutarchs, der dem atheniensischen Politiker bescheinigt, er habe jeden einzelnen Bürger Athens bei Namen zu nennen gewußt.[7] Und später, im Exil, habe er noch als alter Mann in nur einem Jahr die persische Sprache so vollkommen erlernt, daß er sich mit dem Perserkönig ohne Dolmetscher unterhalten konnte. Offenbar darf der Themistokles der ciceronianischen Anekdote nur deshalb die Gedächtniskunst des Simonides schmähen und ihr Gegenstück, die Kunst des Vergessens, preisen, weil er selber über ein glänzendes „natürliches Gedächtnis“ *(memoria naturalis)* verfügt, das eher zu viel als zu wenig in der Erinnerung festhält.

Damit ist, zunächst in anekdotischer Formulierung, die Idee einer Vergessenskunst *(ars oblivionis, ars oblivionalis)* geboren, die nicht wieder aus der Welt verschwinden wird. Wir werden ihr auch unter verschiedenen anderen Namen wiederbegegnen wie zum Beispiel „Amnestonik“ (nach *amnesia* ‘Vergessen’), „Lethognomik“ oder „Lethotechnik“ (beide wiederum nach „Lethe“, dem mythischen Fluß des Vergessens).

Cicero weiß übrigens auch davon zu berichten, was den athenienischen Feldherrn am Erinnern und Vergessen besonders beunruhigt hat. Sein Problem liest sich in Ciceros wörtlicher Formulierung so: „Auch was ich nicht in der Erinnerung behalten will, das behalte ich; was ich jedoch vergessen will, das kann ich nicht vergessen“ *(Nam memini etiam quae nolo, oblivisci non possum quae volo).*

Mit der Autorität Ciceros ausgestattet, wandert die Themistokles-Anekdote und mit ihr verbunden die Idee einer wünschenswerten oder jedenfalls vorstellbaren Kunst des Vergessens weiter durch die Welt und gelangt über viele Zwischenstationen nach etwa zweieinhalb Jahrtausenden auch zu Umberto Eco. Der sitzt eines Tages mit Freunden zusammen und denkt sich mit ihnen in übermütiger Weinlaune ein Gesellschaftsspiel aus, das darin besteht, wissenschaftliche Disziplinen zu erfinden, die es nicht nur nicht gibt – dieses Hindernis zu überwinden, wäre ja gerade der Reiz des Erfindens –, sondern die es gar nicht geben kann, weil sie aus historischen oder logisch-epistemischen Gründen unmöglich sind. Dabei kommt ihm auch die Kunst des Vergessens in den Sinn, von ihm *ars oblivionalis* genannt. Daraus entsteht alsbald, nun ganz ernsthaft übrigens, ein Kongreßvortrag (1966), bei dem er mit strenger semiotischer Methode, das heißt zeichentheoretisch, den Nachweis zu führen versucht, daß es eine Kunst des Vergessens als Gegenstück zu einer Kunst des Erinnerns schon deshalb nicht geben kann, weil alle Zeichen Anwesenheiten, nicht Abwesenheiten herstellen. Äußerstenfalls will Eco dieser Kunst des Vergessens einen ärmlichen Platz am Rande der Semiotik in der Weise einräumen, daß eine über alle Maßen tüchtige Mnemotechnik durch eine äußerst erfolgreiche Vervielfältigung ihrer Leistungen *(by multiplying presences)* am Ende einen kritischen Verwirrungszustand des Gedächtnisses erzeugen könnte, der dann doch Vergeßlichkeit zur Folge hat. Das wäre dann also eine Kunst des Vergessens, die nur als eine Art Überlaufventil an die Kunst des Gedächtnisses anzukoppeln ist. Man kann die Überlegungen Ecos heute auch als wissenschaftlichen Aufsatz nachlesen; dieser steht in englischer Version unter dem Titel *An 'Ars oblivionalis'? Forget it*[8]. Aber Ecos Einladung, die *Ars oblivionalis,* kaum daß er sie kunstvoll ans Licht gezogen hat, auch schon wieder ganz oder fast ganz zu vergessen, hat meine Neugierde nun erst recht geweckt, und so will ich meinerseits den Leser einladen, mit mir zusammen nach Hinweisen Ausschau zu halten, die darauf deuten, daß es diese Kunst des Vergessens, obwohl es sie nach Ecos Argumenten eigentlich gar nicht geben darf, vielleicht doch irgendwo gibt und daß man ihr auf Schritt und Tritt begegnet, von Homer bis in unsere Tage.

2. Odysseus erzählt vom Vergessen (Homer)

Im siebten Gesang seiner Odyssee erzählt Homer, wie Odysseus auf seiner hindernisreichen Heimkehr von Troja schiffbrüchig ans Gestade der Phäakeninsel Scheria geworfen wird. Elendig und entkräftet wird er am Strand von der Königstochter Nausikaa und ihren Gefährtinnen entdeckt und zur Stadt ihres Vaters Alkinoos geleitet. Dort wird dem Schiffbrüchigen die schönste Gastfreundschaft zuteil, die ein Fremder sich in der Welt Homers nur wünschen mag. Drei Tage bleibt Odysseus bei den Phäaken, dann kehrt er, reich beschenkt, auf einem von den Gastgebern ausgerüsteten Schiff zu seiner Heimatinsel Ithaka zurück.

Bevor Odysseus jedoch die gastliche Insel der Phäaken verläßt, läßt er sich noch beim Abschiedsfest, das ihm zu Ehren gegeben wird, von seinen Gastgebern bewegen, den Festteilnehmern seine Geschichte zu erzählen, und er hebt an: „Ich bin Odysseus, Sohn des Laertes...". Die anschließende Erzählung füllt vier Gesänge der Odyssee (IX–XII) und faßt zusammen, welche Widerstände sich zehn Jahre lang der Heimkehr des Helden entgegengestellt haben. Mit Felsklippen und Seestürmen hatte Odysseus zu kämpfen, feindliche Mächte trachteten nach seinem Leben, unter ihnen nicht nur der einäugige Polyphem, sondern auch der mächtige Meeresgott Poseidon, der auch seinen Schiffbruch am Phäakenstrand bewirkt hatte. Die größten und gefährlichsten Widerstände gegen seine Heimkehr nach Ithaka gingen für Odysseus jedoch von den vielfältigen Versuchungen des Vergessens aus, denen er auf den Stationen seiner langen Irrfahrt ausgesetzt war. Und davon erzählt er nun den Phäaken in drei Episoden seiner Erzählung. Sie handeln von den Lotophagen, von Kirke und von Kalypso.[1]

Von den Lotophagen erzählt Odysseus gleich am Anfang seiner Geschichte im neunten Gesang. Er greift dabei weit zurück in der Zeit; noch steht es um seine Sache gut, und seine Flotte umfaßt zwölf Schiffe. Mit ihnen geht er an einer unbekannten Küste – war es vielleicht die Insel Meninx, heute Djerba? – vor Anker und schickt ein paar Mann der Besatzung an Land, um sie die Insel erkunden zu lassen. Sie kehren nicht zurück. Sind sie etwa auf feindliche Bewohner gestoßen, von ihnen gefangengenommen oder gar getötet worden? Das ist nicht geschehen. Die Bewohner der Insel haben vielmehr die Kundschafter freundlich aufgenommen und sie gastlich bewirtet. Dabei haben sie ihnen auch eine angenehm nach Honig schmeckende Frucht gereicht, Lotos genannt, von der sie selber regelmäßig zu kosten pflegen, weshalb sie auch Lotophagen ('Lotos-Esser') genannt werden. Diese Frucht hat nun, außer daß sie gut schmeckt, die Eigenschaft, Vergessen zu spenden. Und so haben die Kundschafter des Odysseus, nachdem sie die Lotosfrucht genossen haben, nicht nur das Ziel ihrer Reise, die Heimkehr nach Ithaka, sondern auch den Erkundungsauftrag des Odysseus vollständig vergessen und sich ganz dem Genuß der wohlschmeckenden Frucht und der Süße des Aufenthalts bei den freundlichen Lotophagen hingegeben.

Beunruhigt über das Ausbleiben der Kundschafter läßt Odysseus nach ihnen suchen. Man findet sie im seligen Rausch des Vergessens und bringt sie gegen ihren Widerstand „weinend" zu den Schiffen zurück. Dort werden sie, damit sie nicht zu den gefährlichen Genüssen der Lotophagen zurückkehren, an den Ruderbänken festgekettet. Sich selber aber und den anderen Seeleuten seiner Flotte untersagt Odysseus streng, von dieser Droge zu kosten. Eilends läßt er die Anker lichten und die Fahrt fortsetzen.

Homer-Philologen und Pharmakologen haben viel Mühe darauf verwandt, genauer herauszufinden, um was für eine Pflanze es sich bei dieser Vergessensdroge gehandelt haben mag. Es ist wohl an eine bestimmte Lotos-Seerose zu denken, von der bekannt ist, daß sie im ägyptischen Totenkult eine beträchtliche Bedeutung gehabt hat und als „Blumenspeise" verzehrt wurde. Doch ist ihre Rolle zwischen Totengedenken und Totenvergessen heute nicht mehr eindeutig zu bestimmen, und so weiß man von ihr nicht viel mehr als das, was Odysseus von ihr erzählt hat. Insbesondere ist aus den Versen des Epos nicht klar zu entnehmen, ob diese Droge dauerhaftes oder nur vorübergehendes Vergessen spendet. Sicher ist nur, daß die Lotos-Frucht nicht nur süß schmeckt, sondern auch „süßes Vergessen" schenkt, so daß diejenigen, die von ihr kosten, nichts anderes mehr wünschen, als weiterhin in den Annehmlichkeiten dieser schönen Gegenwart zu leben.[2]

Die zweite Episode, in der Odysseus vom Vergessen erzählt, handelt von der schönen, aber tückischen Göttin Kirke (Circe). Die Episode steht im zehnten Gesang der Odyssee. Wieder landet Odysseus mit seinen Gefährten an einer unbekannten Küste, wieder werden Kundschafter ausgeschickt. Sie gelangen auf ihrer Suche zum Palast der Kirke, von der sich bald herausstellt, daß sie über allerhand böse Zauberkräfte verfügt. Das erfahren die Kundschafter des Odysseus sogleich am eigenen Leibe, da sie durch den Zauberstab der Kirke in Schweine verwandelt und in einem Koben gefangengesetzt werden, ohne dabei jedoch ihr Menschenbewußtsein einzubüßen. Doch bevor es zu dieser Metamorphose kommt, hat Kirke den ahnungslosen Kundschaftern noch einen Zaubertrank gereicht, der sich wiederum als Vergessensdroge erweist, da er ebenso wie die Lotos-Frucht die Erinnerung an die Heimat auslöscht. Das pharmakologische Rezept dieser Droge wird in den homerischen Versen sogar im einzelnen beschrieben; es handelt sich demnach um eine wohldosierte Mischung von Pramnos-Wein, Käse, Mehl und gelbem Honig. Auch bei Kirke wirkt nun diese „fatale Droge" (griech. *pharmakon lygron*) in der Weise, daß die Gäste, die davon arglos kosten, „jede Erinnerung an ihre Heimat verlieren" – was ihnen in diesem Fall ihr Schweineschicksal etwas erleichtert haben mag.

Wie geht nun die Geschichte weiter? Odysseus macht sich selber auf den Weg, um nach den verschwundenen Gefährten zu suchen. Dabei hilft ihm Hermes, der Götterbote, der ihn vor den Zauberkräften dieser tückischen Gastgeberin warnt und ihn mit einem Gegengift ausstattet. Mit dessen Kraft und Hilfe gelingt es Odysseus, Kirkes Vergessenszauber unwirksam zu machen und sie überdies zu bewegen, die in Schweine verwandelten Seeleute wieder in Menschen rückzuverwandeln.

Odysseus selber wird jedoch bald das Opfer eines anderen Vergessenszaubers, gegen den er kein Gegenmittel besitzt. Er läßt sich von Kirke „bezirzen" und verfällt in ihren Armen dem Zauber der Liebe. Ein volles Jahr verweilt Odysseus bei Kirke und vergißt in dieser Zeit, solange die Vergessensdroge wirkt, die Heimkehr zu Penelope. Seine Gefährten müssen ihn schließlich zur Weiterfahrt antreiben, und schweren Herzens verläßt Odysseus die Geliebte.

Die dritte der von Odysseus erzählten Episoden des Vergessens handelt von den Künsten und Listen der Nymphe Kalypso. Bei ihr ist wiederum, wie bei Kirke, die Liebe die wirksamste Droge des Vergessens. Sie wirkt sieben Jahre. Das ist eine lange Zeit, und dem tatendurstigen Odysseus ist die Liebe der Nymphe längst zur Last geworden, obwohl doch zwischen ihnen der erhebliche Standesunterschied besteht, daß er ein Sterblicher und sie als Göttin unsterblich ist. Da spielt Kalypso ihren letzten Trumpf aus. Sie wird Odysseus, wenn er sie liebt, unsterblich machen, und bei Nektar und Ambrosia

– Götterspeise und Göttertrank – wird dieser dann alle irdischen Dinge und natürlich auch seine Gattin Penelope auf ewig vergessen.

Doch Zeus hat es anders bestimmt. Er läßt durch den Götterboten Hermes der Nymphe Kalypso den Auftrag erteilen, Odysseus sogleich ziehen zu lassen. Auf einem Floß verläßt er ihre Insel. Zornig über diesen Eingriff des Göttervaters in seine gleichfalls göttlichen Rechte läßt Poseidon das Floß zerschellen. So gelangt Odysseus schiffbrüchig zu den Phäaken. Und ihnen erzählt er alsbald von dieser gefährlichsten Versuchung des Vergessens.[3]

*

Homer ist zwar der erste, aber nicht der einzige Dichter Griechenlands, der neben dem Gedächtnis auch dem Vergessen einen Ehrenplatz in der Literatur einräumt, wie von Michèle Simondon im einzelnen und mit überzeugenden Argumenten beschrieben worden ist.[4] Hesiod hat hier eine Schlüsselrolle inne. Er stellt in seiner „Theogonie" zum erstenmal der Gedächtnis-Göttin *Mnemosyne* (lat. *Memoria*), die dem lichten Tag und dem Sonnengott Apoll nahesteht, die dunkle, der Nacht verwandte Vergessensgöttin Lethe gegenüber. Beide Göttinnen haben ihre Rechte und ihre eigenen Reiche, beiden können die Sterblichen ihre Opfer darbringen, je nachdem, ob sie sich eher vom Erinnern oder vom Vergessen machtvolle Hilfe versprechen. Vom Vergessen ist Heil und Heilung vor allem dann erwünscht, wenn Leid und Schmerzen einen Sterblichen bedrängen. Denn sein Unglück vergessen zu können, ist schon die Hälfte des Glücks. So wissen es in der Poesie vor allem die Tragiker (besonders Euripides) und die Dichter der Liebe (besonders Alkaios).

Dabei können nun auch wieder *pharmaka* hilfreich sein. An ihnen zeigt sich aufs neue die Ambivalenz der menschlichen Seelenkräfte zwischen Erinnern und Vergessen. Drogen kennt man in Griechenland für beide. Auf der Erinnerungsseite ist von dem Gedächtniskünstler Simonides, dem schon vorgestellten Erfinder dieser Kunst, bezeugt, daß er gedächtnisstärkende Drogen genommen hat.[5] Auf der Vergessensseite kommt zu den schon von Homer her bekannten Drogen noch die aus Ägypten stammende Pflanze Nepenthes hinzu, die man dem Wein beimischt und der die Kraft zugeschrieben wird, Leid und Schmerz, Zorn und Wut sowie alle sonstigen Übel durch Vergessen lindern zu können. Die schöne Helena greift zu dieser Vergessensdroge, als sie erkennt, welches Leid durch ihre Schönheit über Griechen und Trojaner gekommen ist.

Zu all diesen Vergessenspendern und Trosthelfern kommt nun seit griechischer Zeit noch eine weitere Droge, die ihre Beliebtheit im Dienst der Vergessenskunst bis heute nicht verloren hat. Ich spreche vom Wein, der „die Sorgen vertreibt" (Euripides). Der Wein ist ein köstliches Göttergeschenk und dem Dionysos (lat. Bacchus) zu verdanken, dessen rauschhafter Kult sich im nachhomerischen Griechenland und im ganzen Mittelmeerraum rasch ausbreitet. Alkaios, der Dichter von Lesbos, nennt daher den Wein, da er wirksamer als alle anderen Drogen die Sorgen vergessen macht, „die beste Droge" *(pharmakon ariston)*[6].

Die Dichter neuerer Zeiten denken nicht viel anders darüber. Aus einer unübersehbaren Zahl von Zeugen soll hier nur Schiller herausgegriffen werden, der ebenso wie Goethe einen guten Wein wohl zu schätzen wußte und mit dem Weimarer Dichterfreund viele Stunden in heiterer Stimmung pokuliert hat. Von Schiller will ich ein paar Verse aus dem Gedicht „Das Siegesfest" zitieren, das in den mythologischen Zusammenhang des Trojanischen Krieges gestellt ist. Nestor, einer der griechischen Sieger, reicht hier der Kriegsgefangenen Hekuba, Gemahlin des Trojanerkönigs Priamos, einen Becher Wein und sagt dazu:

> Trink ihn aus, den Trank der Labe,
> Und vergiß den großen Schmerz!
> Wundervoll ist Bacchus' Gabe,
> Balsam fürs zerriss'ne Herz.[7]

Ein Weiser ist es, der so spricht. Auf seinen Rat haben die Griechen gerne gehört.

3. Vergeßlicher Amor (Ovid)

Viel vergessen wird in der Liebe. Das wußten im alten Rom die Burschen und Mädchen, die daher in den Vergessensangelegenheiten der Liebe zum Collinischen Tor zogen, wo neben dem Tempel der Venus auch ein Heiligtum des *Amor Lethaeus,* des „Letheischen Amor", stand – so benannt nach Lethe, dem mythischen Strom des Vergessens. Wohlverstanden, diese Gottheit versprach nicht etwa, dem Vergessen entgegenzuwirken, sie stand vielmehr nach dem (scherzhaften) Zeugnis des Dichters Publius Ovidius Naso (43 v. Chr. – ca. 17 n. Chr.) in dem Ruf, für gründliches Vergessen zu sorgen, wenn einmal eine unwürdige Geliebte oder ein schurkischer Geliebter keine Liebe mehr verdienten. Dann also eilten die jungen Leute zum Standbild des *Amor Lethaeus,* um mit ihren Gebeten und Gelübden „Vergessen zu erflehen“ *(oblivia poscere).*[1]

Wie hilft nun dieser römische Gott? Wie löscht er, da *Amor Lethaeus* ja eine Flußgottheit ist, die lästige Liebesglut? Das ist sogar für einen Gott eine schwere Aufgabe, und es braucht Zeit, bis das ersehnte Ziel erreicht ist: „das Ende der Liebe“ *(finis amoris).* Wundermittel hat zu diesem Zweck auch *Amor Lethaeus* nicht zu Gebote. Er hilft vielmehr nach Menschenart, nämlich durch die schulmäßig zu erlernende Kunst des Vergessens, als deren Meister, was die Liebe betrifft, sich derselbe Ovid erweist, der sich schon durch seine „Liebeskunst“ *(Ars amatoria)* einen Namen in der lateinischen Literatur gemacht hat. Ein und derselbe Dichter lehrt also in seinen Versen die Kunst zu lieben *(amare)* und die Kunst, diese Liebe notfalls wieder zu verlernen *(dediscere amare).* Das erinnert an jenen (griechischen) Philosophen, der in Rom als vielbewunderter Virtuose der forensischen Rhetorik an einem Tag *für* eine Sache und am nächsten Tag mit gleicher Überredungskunst *gegen* diese Sache redete (vgl. unten V, 3).

Was nun die Kunst des Liebesvergessens betrifft, zu deren Anwalt sich Ovid in seinem scherzhaft-lehrhaften Poem „Heilmittel gegen die Liebe“ *(Remedia amoris)* erklärt, so handelt es sich dabei, wie auch der Titel schon andeutet, um eine Heilkunst. Der Dichter Ovid ist hier der Arzt – ach, ein Arzt, der selber oft an der Krankheit leidet, die er heilen zu können behauptet *(medicus aeger).* Gleichviel, der Autor kennt sich jedenfalls in dieser Kunst aus und kann die Heilmittel nennen, mit denen die Vergessensbedürftigen die Kluft zwischen Vergessenwollen und Vergessenkönnen – hoffentlich – überbrücken werden. Mit seinen Therapievorschlägen wendet er sich übrigens gleichermaßen an Patienten und Patientinnen; er liefert, wie er im Bilde sagt, Waffen an beide Kriegsparteien. Für seine Darstellung wählt er jedoch die ihm als männlichem Autor naheliegende Perspektive eines liebenden Mannes, der seine treulose Geliebte vergessen will.

Von welcher Art sind nun die Heilmittel, die bei dieser Krankheit verschrieben werden? Es ist bei Ovid von keinen Pharmaka als Medikamenten die Rede; die Drogen des Vergessens, von denen der Dichter aus seiner Homer-Lektüre mindestens die Lotosblume kennen müßte, scheint er zu verschmähen. Kaum, daß einmal kurz vom Wein die Rede ist, von dem Ovid sagt, daß er bei mäßigem Genuß die

Liebe steigere, unmäßig genossen aber mit den anderen Sinnen auch die Liebe stumpf mache. Davon also abgesehen, sind alle hier empfohlenen Medikamente – modern gesprochen – von psychotherapeutischer Art.

Genial ist nun bei dieser erotischen (oder anti-erotischen) Vergessenskunst zunächst, daß der kunstverständige Arzt mit scheinbar paradoxer, tatsächlich aber virtuos-raffinierter Methode ausgerechnet die Gedächtniskunst in den Dienst der Vergessenskunst stellt. Der Liebhaber soll nämlich als Patient nach Kräften sein Gedächtnis anstrengen, um sich nach allen Regeln der Kunst möglichst lebhaft vor Augen zu führen, wie – hassenswert seine Geliebte in Wirklichkeit war. Hatte sie etwa eine rundliche Figur? Sie war dick. War sie zartgliedrig? Sie war dürr. Brünett war sie gleichfalls nicht, ihr Haar war vielmehr pechschwarz. Und dann erst ihre Charaktereigenschaften! Erinnert er sich denn nicht mehr daran, wie habgierig, geizig, launisch, lügenhaft, hartherzig und natürlich treulos sie war? Der erste Lernschritt in dieser Liebesverlernkunst besteht jedenfalls darin, sich alle Mängel der Geliebten *(omnia damna)* und sein eigenes damit verbundenes Liebesleid so deutlich wie möglich ins Gedächtnis zurückzurufen. Ständig muß er das Ziel vor Augen haben, die Süße der früheren Liebe in seinem Gedächtnis sauer werden zu lassen *(inacescere)*. Und bei all diesen Anstrengungen muß der Patient unbedingt durchhalten *(perfer!)*.

Ausführlicher noch als diese positiven Leistungen stellt der Autor sodann die negativen Anstrengungen vor, die nach seiner Lehre vergessensförderlich sind. Es folgen also nun Vergessensstrategien im eigentlichen Sinne, die geradlinig auf den Geist wirken. Als erste Maßnahme sind alle Bilder der Geliebten aus dem Haus zu entfernen. Ausdrücklich nennt der Autor hier die „Wachsbilder" *(cerae)*, wobei sogleich daran zu denken ist, daß nach der erwähnten platonisch-aristotelischen Metapher das Gedächtnis einer Wachstafel gleicht, in die zu erinnernde Bilder und Zeichen eingedrückt sind. Ferner dürfen auf keinen Fall alte Briefe der Geliebten, die der Liebhaber wahrscheinlich aufbewahrt hat, wiedergelesen werden: „Ins Feuer damit" *(omnia in ignes)*! Des weiteren sind strikt alle Orte zu meiden, mit denen Erinnerungen an die Geliebte verbunden sind, in erster Linie natürlich Kammer und Bett, die schnell die Glut unter der Asche zu neuem Aufglühen bringen könnten, sodann aber auch alle anderen Örtlichkeiten, an denen die Geliebte sich gerne aufhielt und wo man sie vielleicht sogar – das wäre eine Katastrophe für die Therapie! – wiedertreffen könnte.

Um all diesen Gefahren für ein wirksames Vergessen der Geliebten aus dem Wege zu gehen, ist das Reisen besonders zu empfehlen. Möglichst lange Zeit *(lentus abesto)* und möglichst weit weg *(via longa)* soll der Liebende verreisen, wenn er die Liebe vergessen will. Er fahre also am besten aufs Land, wo er leicht auf andere Gedanken kommt, nehme aber Freunde mit, damit er nicht einsam vor sich hinbrütet. Überhaupt gehört die Geselligkeit bei anregenden Gesprächen zu den wichtigsten Heilmitteln gegen die Liebe. Musik, Tanz und Theater sind hingegen zu meiden; sie stehen der Liebe zu nahe und könnten der alten Leidenschaft schnell wieder Vorschub leisten. Vorsicht ist jedenfalls rundum geboten, denn „aus dem kleinsten Funken kann das größte Feuer entstehen“ *(e minimo maximus ignis).*

Darf der Vergessenskünstler denn wohl in seiner Heilungsphase die Dichter lesen, solche angesehenen Dichter und Dichterinnen Griechenlands und Roms wie Kallimachos, Sappho, Anakreon, Tibull und Properz? Höchste Vorsicht ist auch hier geboten, denn deren Lektüre ist ebenfalls eine recht gefährliche Beschäftigung. Für jeden von ihnen kann ja gelten, was Ovid von dem Lyriker Kallimachos sagt: „Er ist der Liebe kein Feind“ *(non est inimicus amori).* Ja, sogar seine eigenen Liebesgedichte, die „irgendwie ähnlich“ klingen, rechnet Ovid zu dieser Art Dichtung und rät dem, der die Liebe vergessen will, auch von der Ovid-Lektüre ab.

Was bleibt dann noch als Ablenkung übrig? Natürlich bleiben, da der Müßiggang immer mit der Liebe im Bunde steht, Arbeit *(opus),* Beruf *(fora, leges),* Geschäfte *(res),* Staatsdienste im Frieden *(toga urbana)* und im Krieg *(munera Martis).* Alle diese Tätigkeiten tragen dazu bei, daß man allmählich die Liebe vergißt. Es mag damit freilich langsam gehen, aber das ist kein Schade, denn nur wer langsam vergißt *(lente desinere),* vergißt dauerhaft. Und daß auf diesem Wege nur keiner jammere und sich selber betrüge mit den beschwörenden Worten: „Ich liebe nicht mehr“. Wer so redet, ist noch weit davon entfernt, seine Liebe vergessen zu haben.

Also muß schließlich, um allem Schwanken ein Ende zu bereiten, das äußerste und wirksamste *remedium amoris* aufgerufen werden, welches nun allerdings ziemlich unfehlbar wirkt. Das ist: neue Liebe, neue Glut *(novus amor, novae flammae).* Damit kommt der Liebende schnell an den Scheideweg und muß sich entscheiden: gilt nun die alte oder die neue Liebe? Wenn dann die neue Liebe den Sieg davonträgt, sind alle Probleme gelöst, denn „durch eine Nachfolgeliebe wird jede Liebe besiegt“ *(successore novo vincitur omnis amor).* Mit diesem äußersten Heilmittel kommt die Vergessenskunst Ovids endgültig (ja, wirklich?) ans Ziel.

4. Transzendentales Vergessen und irdische Wiedererinnerung (Platon, Augustinus)

In Platons Dialog *Menon* führt Sokrates, in dem wir den Wortführer Platons (428/7–347 v. Chr.) erkennen können, dem Dialogpartner Menon in einem Experiment seine pädagogische Methode („sokratische Methode") vor. Sie beruht darauf, durch Fragen zu lehren. Das demonstriert Sokrates in der Weise, daß er einen jungen Burschen, einen Sklaven, der von Mathematik keine Vorstellung hat, durch geschicktes Fragen und Nachfragen dahin bringt, von sich aus elementare Gesetze der Geometrie zu entdecken. Das geht zwar nicht ganz ohne Irrtümer ab, die durch Zusatzfragen richtiggestellt werden müssen, aber am Ende des Frage- und Antwortspiels hat die Versuchsperson (wie wir heute sagen würden) das gesteckte Lernziel erreicht und weiß nun, daß der Flächeninhalt eines Quadrats, wenn man die Länge seiner Seiten verdoppelt, nicht um das Zweifache (wie er zuerst meinte), sondern um das Vierfache wächst.[1]

Woher hat der junge Mann dieses Wissen, wenn es ihm doch nicht als positiver Lernstoff beigebracht worden ist? Platons Antwort weist weit über den Rahmen der Pädagogik hinaus in das Zentrum seiner Metaphysik. Dieses Wissen stammt nach seiner Überzeugung aus einer vorgeburtlichen Existenz, in der die Seele, von keiner Körperlichkeit behindert, die ewigen Ideen der Dinge und somit auch die wahre Natur der geometrischen Figuren geschaut hat. Das Lernen ist daher seinem Wesen nach Wiedererinnerung *(anamnesis).* Es bedarf nur jeweils eines kleinen pädagogischen Anstoßes in Form von Fragen, um diesen Prozeß voranzutreiben.

Immerhin, zwischen der vorgeburtlichen Ideenschau und der – unter günstigen Erziehungsbedingungen – irdischen Wiedererinnerung an das vormals Geschaute liegt ein Abgrund. Denn die Geburt bedeutet Vergessen. Totales Vergessen? Das zwar nicht, denn sonst wäre es auch der geschicktesten Fragemethode nicht möglich, die vorgeburtlich erworbenen Erkenntnisse durch Wiedererinnerung neu zu beleben. Ein latentes Wissen überdauert das Vergessen, das die Geburt, als Inkarnation in einem Leib mit all seinen Mängeln, mit sich gebracht hat. Aber auch bei konsequenter Anwendung der „sokratischen Methode" bleibt es ein mühseliges Lehr- und Lerngeschäft, dem Vergessen seine Beute zu entreißen. Denn für das menschliche Leben auf dieser Erde, zwischen Geburt und Tod, steht das Vergessen am Anfang und gibt den Takt an.

Das metaphysische Theorem eines dreistufigen Prozesses mit den drei Phasen Ideenschau – Vergessen – Wiedererinnerung steht nun so sehr im Zentrum dieser Philosophie, daß bei Platon kaum Interesse für die Frage übrig bleibt, ob man das durch Wiedererinnern glücklich Gelernte im Laufe eines Menschenlebens auch wieder vergessen kann. Gibt es also ein sekundäres Vergessen dieser Art, und was läßt sich gegebenenfalls dagegen tun?

Auf diese Frage findet man bei Platon nur verstreute und unvollständige Antworten. Von der Mnemotechnik, die zu seiner Zeit schon zum festen Repertoire der Rhetorik gehörte, hat er jedenfalls nichts Gutes erwartet. Den für seine Gedächtniskunst berühmten Redner Hippias läßt er von Sokrates als Sophisten verspotten. Mit der Anamnesis-Lehre im Sinn hat Platon wohl ganz auf das natürliche und nicht auf das künstliche Gedächtnis gebaut.[2]

Dazu paßt auch eine gewisse Geringschätzung der Schrift, insofern von ihr erwartet wird, sie werde dem Gedächtnis „von außen“ zu Hilfe kommen. Das Gegenteil ist nach seiner Ansicht zu befürchten; auf die falschen Sicherheiten des schriftlichen Gedächtnisses gestützt, wird das mündliche Gedächtnis mit der Zeit verkümmern. Diesen Vorwurf muß sich – nach einem von Platon zustimmend erzählten Mythos – schon der ägyptische Erfinder und „Vater“ der Schrift, der Gott Theuth, von dem Ägypterkönig Thamos machen lassen, der als Irdischer die Schwächen der Menschen offenbar besser kennt. Immerhin kann Platons Skepsis gegenüber den Gedächtnishilfen der Schrift so grundsätzlich nicht gewesen sein, da er uns ja seine Werke schriftlich hinterlassen hat – anders als Sokrates, der nie eine Zeile aufgeschrieben hat.[3]

Darauf deutet auch die bereits erwähnte, Platon zu verdankende Metapher, die für viele spätere Überlegungen zum Erinnern und Vergessen das grundlegende Denkmodell abgegeben hat: das Bild von der „Wachstafel“ des Gedächtnisses. Es wurde oben schon angedeutet, daß die Griechen und Römer im Altertum, von Inschriften auf hartem Material abgesehen, von zweierlei Schreibmaterialien Gebrauch machten: Papier, aus der Papyrusstaude hergestellt und ziemlich teuer in der Nutzung, daher nur für wichtige Schreibanlässe zu verwenden – und wachsüberzogene Schreibtafeln, auf denen man mit einem Griffel *(stilus)* jeweils das aufschrieb, was nur für den Augenblick von Bedeutung war und durch Glättung der Wachsschicht schnell wieder gelöscht werden konnte. Solche Wachstafeln, die für wechselnde Schreibzwecke benutzt werden konnten, kamen wesentlich billiger im Gebrauch und waren daher für beiläufige Aufzeichnungen zur Stützung des mündlichen Gedächtnisses besonders geeignet. Insofern standen sie dem Vergessen näher als das Papier und in späteren Zeiten das noch kostbarere Pergament. An derjenigen Stelle seiner Anamnesis-Lehre nun, wo vom Absinken des vorgeburtlichen Wissens in das gleichwohl nicht endgültige Vergessen der menschgewordenen Seele die Rede ist, macht Platon die tröstliche Bemerkung, jede Menschenseele sei bei der Geburt gleichsam von einer Wachsschicht überzogen, die noch keine „Ein-Drücke" enthält. So sei sie einem Wachsblock vergleichbar, und dieser sei ein Geschenk, das die Menschen der Göttin des Gedächtnisses *(Mnemosyne)* und Mutter der Musen zu verdanken haben.[4]

Anzumerken ist noch, daß Platon zufolge nicht alle Menschen von der Gottheit ihre individuellen Wachstafeln in gleicher Qualität als Geburtsgabe erhalten haben. Die Tafel des Gedächtnisses ist bei den verschiedenen Menschen unterschiedlich groß, und das Wachs ist von ungleicher Reinheit und Härte. So ist zwar jede Wachstafel bei der Geburt unbeschriftet, eine *tabula rasa* (später wird man sagen: „ein unbeschriebenes Blatt"), aber sie leistet nicht allen Menschen im Laufe ihres Lebens die gleichen Dienste.

*

Wenn wir nun unter den Philosophen späterer Jahrhunderte Umschau halten und nach Platons Geistesverwandten suchen, die auf seinen Spuren über das Zusammenspiel von Gedächtnis und Vergessen nachgedacht haben, so müssen wir uns von der Zeitenwende ungefähr so weit in das christliche Zeitalter hinein begeben, wie Platon von ihr in der Zeit vor Christi Geburt entfernt ist. Dort begegnen wir dem Philosophen und Kirchenvater Aurelius Augustinus (354–430 n. Chr.), der als gläubiger Christ in seinem Nachdenken über das rätselhafte Wunder des Gedächtnisses platonische Philosophie (vielfach durch Plotin vermittelt) und biblische Theologie in eins zu denken versucht, soweit es die apostolische Lehre zuläßt. Zunächst muß dabei die Bibel gelesen und in ihrem offenkundigen und verborgenen Schriftsinn genau verstanden werden. Hier gilt es vor allem, zwischen dem Alten und dem Neuen Testament eine feste Gedächtnisbrücke zu schlagen, auf der sich Juden und Christen als Anhänger einer monotheistischen Gedächtnisreligion begegnen können.

Denn schon in der jüdischen Bibel, wie sie als Altes Testament in den christlichen Kanon übernommen ist, wird das Verhältnis Gottes zu seinem auserwählten Volk, Israel, als Vertrag (Pakt, Bund) dargestellt, der auf gegenseitigem Gedächtnis beruht und in seiner Geltung zeitlich nicht begrenzt ist *(foedus sempiternum)*. Dieser Vertrag hat zum Inhalt, daß Israel den Namen Gottes ehrt und streng nach seinem Gesetz lebt, Gott dafür allzeit seine mächtige Hand über Israel hält. Nie wird Gott folglich sein erwähltes Volk vergessen, unter der Bedingung allerdings, daß dieses Volk ebensowenig seinen Gott vergißt. Gerade das aber droht immer wieder zu geschehen, zumal als Moses die Israeliten aus der ägyptischen Verbannung ins Gelobte Land geführt hat, wo nun „Milch und Honig fließen" und der Wohlstand die Frömmigkeit einschläfert.

Gegen dieses immer drohende Vergessen erhebt sich in der Bibel, vor allem im 5. Buch Moses (= Deuteronomium), die Stimme des Gottesgesandten, der im Namen des Herrn zur Umkehr aufruft: „Nimm dich in Acht, daß du nicht den Herrn vergißt, der dich aus Ägypten, dem Sklavenhaus, geführt hat!" Es besteht ein Gedächtnisvertrag, der auch in Zukunft und auf Gegenseitigkeit gelten soll, denn von Gott steht fest: „Er läßt dich nicht fallen und gibt dich nicht dem Verderben preis und vergißt nicht den Bund mit deinen Vätern, den er ihnen beschworen hat".[5]

Dieser „alte" Bund soll nach dem Willen der christlichen Kirchenväter auch im Zeichen des „neuen" Bundes weitergelten, nun aber bekräftigt und bereichert durch die Heilstaten, die Jesus Christus durch seine Menschwerdung und Passion gewirkt hat. Im Zentrum dieser Erinnerung steht das Abendmahl mit dem Gedächtnisgebot an die Jünger: „Tut dies zu meinem Gedächtnis" (Vulgata: *Hoc facite in meam commemorationem)*! Kraft dieses Erinnerungsauftrags ist auch das Christentum, ebenso wie das Judentum, eine Gedächtnisreligion geworden, deren zeitlich-historische Dimension jedoch gegenüber dem Judentum vor allem dadurch verändert ist, daß die „Realpräsenz" im Sakrament, zumindest für katholische Christen, dahin tendiert, die „Memorialpräsenz" Gottes zu überlagern.[6]

*

Ist mit dem alten und neuen Gedächtnisbund, der zwischen Gott und dem gläubigen Gottesvolk geschlossen ist, nun alle Gefahr des Vergessens endgültig gebannt? Diese Frage beunruhigt das leidenschaftliche Herz des heiligen Kirchenlehrers Augustinus und beherrscht dessen persönlichstes Buch: seine „Bekenntnisse“ (*Confessiones*, ca. 400). Denn dieser Bischof von Hippo in Nordafrika hat nicht immer das Leben eines Heiligen geführt. Lange Jahre seines Lebens war er Heide und Sünder. Der tiefe Einschnitt seiner „Bekehrung“ *(conversio)* trennt in seinem Leben das Vergessen Gottes von seinem frommen Eingedenken, und die Bekenntnisse des Heiligen bezeichnen für ihn – zugleich als Bußgebet – den Weg aus der Gottvergessenheit *(oblivio Dei)* in die Gedächtnisgemeinschaft des christlichen Glaubens. Die tiefste Glaubenserfahrung besteht nun für Augustinus darin, daß derselbe Gott, den er sündhaft vergessen hat, ihn nicht gleichfalls vergessen hat. Gott hat also nicht Gleiches mit Gleichem vergolten, sondern in seiner Langmut und Gnade das Vergessen des Sünders mit seinem weiterwirkenden göttlichen Gedenken beantwortet. So kann Augustinus also beten: „Dich rufe ich an, der du mich geschaffen und mich Gottvergessenen (wörtlich: Deinvergessenen) nicht vergessen hast“ *(Invoco te . . . qui fecisti me et oblitum tui non oblitus es).*[7]

Die Asymmetrie zwischen menschlichem Vergessen und göttlichem Eingedenken, wie sie in diesem Gebetsanruf zu erkennen ist, treibt Augustinus zu weiterem Nachsinnen an und führt ihn dazu, seinen „Bekenntnissen“ eine umfassende Gedächtnistheorie einzufügen, die das 10. Buch füllt. Die philosophisch-psychologischen Überlegungen des Autors beginnen mit einem großen Staunen über die Leistungen des menschlichen Gedächtnisses: „Groß ist die Kraft des Gedächtnisses“ *(Magna vis est memoriae).* Plätze und Häuser, Felder und Auen: solche und andere Landschaften bilden die „gewaltigen Räume“ *(spatia ingentia)*, die dem menschlichen Gedächtnis eingelagert sind, so daß es dem Menschengeist möglich ist, zwischen den zahllosen dort lokalisierten Gedächtnisbildern „spazierenzugehen“ *(spatiari).* Das ist ganz im Sinne der antiken Mnemotechnik gedacht; kein Wunder bei Augustinus, der viele Jahre seines Lebens den Beruf eines Rhetoriklehrers ausgeübt hat. Am meisten verwundert sich Augustinus jedoch bei dieser fachmännischen Betrachtung darüber, daß man unter der Menge der Gedächtnisinhalte sogar das Vergessen im Gedächtnis vorfindet *(inesse oblivionem in memoria mea).* Man kann sich ja erinnern, daß man etwas vergessen hat.

Diese paradoxe Eigenart des menschlichen Gedächtnisses wird nun von Augustinus am Beispiel des biblischen Gleichnisses von der verlorenen Drachme näher erläutert. Es lautet bei Lukas XV, 8–10 wie folgt:

> Wenn eine Frau zehn Drachmen hat und eine davon verliert, zündet sie dann nicht eine Lampe an, fegt das ganze Haus und sucht unermüdlich, bis sie das Geldstück findet? Und wenn sie es gefunden hat, ruft sie ihre Freundinnen und Nachbarinnen zusammen und sagt: Freut euch mit mir; ich habe die Drachme wiedergefunden, die ich verloren hatte.

Bei dem Evangelisten erzählt Jesus dieses Gleichnis – eine im Sinne der Geldwirtschaft modernisierte Variante des Gleichnisses vom verlorenen Schaf – zu dem Zweck, den Schriftgelehrten und Pharisäern vor Augen zu führen, welche Freude bei den Engeln des Himmels herrscht, wenn auch nur ein einziger Sünder zu Gott zurückfindet. Augustinus erkennt aber noch einen anderen Sinn in diesem Gleichnis. Er will es mnemologisch verstehen und fragt sich: Eine Frau hat eine Drachme verloren – hat sie das Geldstück wohl auch vergessen? Wenn das der Fall wäre, könnte sie ihren Besitz nie wiederfinden. Denn sie kann nur hoffen, ihren Besitz je wiederzuerlangen, wenn sie die Münze beim Finden wenigstens wiedererkennen kann. Folglich muß sie beim Suchen das Bild der Münze noch in ihrem Gedächtnis aufbewahrt haben.

So wie nun die Frau des biblischen Gleichnisses die verlorene Drachme sucht, mit einem möglicherweise verworrenen Suchbild der Münze in der Tiefe ihres Gedächtnisses, so sucht Augustinus in seinem Leben den zwar verlorenen, aber nicht ganz vergessenen Gott. Wo wird er ihn zuerst suchen? Er tut es in seinem Gedächtnis. Das Gedächtnis ist der Ort, wo Gott eingedenk seines Bundes mit den Menschen auch beim Sünder Wohnung genommen hat, um dort, vom Vergessen des Sünders nicht ganz *(non omni modo)* erreichbar, auf den Tag zu warten, an dem der endlich Bekehrte zu ihm zurückfindet. Aus der Tiefe des Gedächtnisses sendet Gott auch Zeichen aus, mit deren Hilfe der Mensch aus den Irrtümern seines Vergessens herausfinden kann. Es sind die ewigen Ideen, die Gott von sich aus allen Menschen auch ohne deren Wissen und Willen ins Gedächtnis eingepflanzt hat. Diese sind in ihm zunächst nur verborgen („latent") vorhanden, können aber durch geeignete Anstrengungen des Geistes ins Bewußtsein gehoben werden und so den Weg zu Gott weisen. Das ist bei Augustinus – fast – platonisch gedacht: keine „Wieder"-Erinnerung zwar an eine vorgeburtliche Ideenschau, doch eine mit der Geburt eingepflanzte und insofern doch apriorische „Vor"-Erinnerung an ein im Leben zu entfaltendes und in der Erkenntnis Gottes gipfelndes Weisheitswissen. Gott suchen heißt also, in der Verlorenheit des Gottesvergessens *(oblivio Dei,* verstanden als *genitivus obiectivus)* nach den Zeichen des Gottesgedenkens *(memoria Dei,* verstanden als *genitivus subiectivus)* zu suchen und sich von deren „Spuren" auf den Weg der Bekehrung führen zu lassen.[8]

So wird Gott im Gedächtnis des Menschen und kraft dieses Gedächtnisses nicht nur gesucht, sondern schließlich auch gefunden. Diese Hoffnung begründet Augustinus an anderer Stelle mit einer zugleich psychologischen und theologischen Spekulation über das Wesen der Trinität.[9] Dreifaltig, so argumentiert Augustinus in seinem späteren Buch *De Trinitate,* ist nicht nur die Gottheit mit ihren drei Personen Vater – Sohn – Heiliger Geist, sondern auch die menschliche Seele mit ihren drei Seelenkräften Gedächtnis *(memoria)* – Vernunft *(intelligentia, cogitatio)* – Willen *(voluntas, providentia).* Diese beiden Trinitäten entsprechen einander Punkt für Punkt, so daß also im menschlichen Gedächtnis zugleich das trinitarische Merkmal der ersten göttlichen Person zu erkennen ist: Gott Vater als das personifizierte Gedächtnis Gottes. Wenn diese Zuschreibung theologischen Sinn haben soll, dann kann allerdings kein Wörter-Gedächtnis *(memoria verborum)* gemeint sein, sondern nur, in strenger ontologischer Bedeutung des Wortes, ein Sachen- oder Real-Gedächtnis *(memoria rerum),* das bei Gott mit dem Insgesamt seiner Schöpfung identisch ist. Gott Vater hat die Welt erschaffen, und nun *„ist"* sie in seinem Gedächtnis – einschließlich jener blinden Flecken, die durch das sündhafte Vergessen der Menschen zustande gekommen sind. So kann auch der Sünder Aurelius Augustinus, wenn er im Gebet dem Schöpfer sein langes Vergessen bekennt, ein glückseliges Leben in Gottes Gedächtnis erwarten und zugleich hoffen, daß die Sünde seines Vergessens für alle Zeiten gelöscht ist.

5. Erinnern und Vergessen vor Gott und den Menschen (Dante)

Der Tod ist der mächtigste Agent des Vergessens. Doch ist er nicht allmächtig. Denn gegen das Vergessen im Tode haben die Menschen seit eh und je Wälle der Erinnerung aufgerichtet, so daß Spuren, die auf ein Totengedächtnis schließen lassen, bei Prähistorikern und Archäologen als die sichersten Anzeichen für das Vorhandensein einer menschlichen Kultur gelten. Nun dienen die Rituale des Totenkults mit ihren Fürbitten, Opferhandlungen und Grabbeigaben zweifellos in vielen Fällen vorrangig dazu, den Verstorbenen ein gewisses Wohlergehen im Jenseits zu sichern. Doch schauen die Grabdenkmäler immer auch als „Monumente" mahnend die Lebenden an, die ihre Toten nicht vergessen sollen – und sie dennoch manchmal leicht vergessen, denn „das Leben geht weiter".

So steht die Zeit eher mit dem Vergessen als mit der Erinnerung im Bunde. Die Lebensweisheit unserer Vorväter hat daraus den praktischen Schluß gezogen, dem privaten Totengedenken im öffentlichen Totenkult einen rituellen Rahmen zu setzen, der in der üblichen Abfolge der Gedenktage das Gedächtnis über das Grab hinaus kräftigt und zugleich durch seine gesellschaftliche Üblichkeit begrenzt. So legt sich immer mehr Zeit zwischen das Ereignis des Todes und die degressive Zahl der geeigneten Anlässe für eine *commemoratio mortuorum.*

Wenn aber die Dichter mit der Macht ihrer Feder, *aere perennius,* das Totengedenken zu ihrer Sache machen, dann kann das Vergessen nicht mehr sein altes Spiel mit dem Menschengedächtnis treiben. Das in klassischer Vollkommenheit gezeigt zu haben, ist das Privileg eines der größten Dichter der Weltliteratur, Dante, der um das immer vom Vergessen bedrohte Gedenken der Toten die unvergängliche Kathedrale seiner „Göttlichen Komödie" *(Divina Commedia)* errichtet hat.

Der Florentiner Dichter Dante Alighieri (1265–1321) hat dieses Werk mit seinen hundert Gesängen und 14233 Versen zu Anfang des 14. Jahrhunderts geschrieben, er selber aus seiner Vaterstadt vertrieben und im Exil vom Vergessen bedroht. Das Gedicht handelt von einer imaginären Jenseitswanderung durch die drei Jenseitsreiche *Inferno* (Hölle), *Purgatorio* (Fegefeuer) und *Paradiso* (Paradies). Diese Wanderung ist also ein Besuch bei den Toten; Dante selber ist der einzige Lebende, der zu dieser Jenseitswelt Zutritt hat. Er hat folglich auch als einziger die ganze Gedächtnislast dieses Totengedenkens zu tragen, wenn wir, die Lebenden dieser Welt, davon Kunde erhalten sollen.

Vorauszuschicken ist, daß Dante sich schon in einer früheren Schrift unter dem Titel „Neues Leben" (*Vita Nuova,* 1292/93) dem Gedächtnisproblem ausgesetzt hatte.[1] Dieses „Büchlein" *(libello),* aus Poesie und Prosa gemischt, ist dem Andenken an seine – reale oder ideale – Jugendgeliebte Beatrice gewidmet, die so jung gestorben ist, daß Dante ihr zu ihren Lebzeiten nicht alle Verehrung und Liebe ausdrücken konnte, die er für diese „hohe Dame seines Gedächtnisses" *(la gloriosa donna de la mia mente)* empfunden hat. Und jetzt, da sie verstorben und bereits als „Selige“ *(„beata“ Beatrice)* in den Himmel aufgenommen ist, bedroht auf Erden das menschenübliche Vergessen die Erinnerung an sie, denn die Augen des jungen Dante sind nicht davor gefeit, nun auch anderen Schönheiten nachzuwandern, was aber diesen „verdammten Augen“ nicht gestattet sein soll:

Voi non dovreste mai, se non per morte,
la vostra donna, ch'è morta, obliare.

Die Herrin, die nun tot ist, dürft ihr nie
es sei denn, wenn ihr selbst tot seid, vergessen.

Um nun allen Versuchungen des Vergessens aus dem Wege zu gehen, gelobt Dante am Ende der *Vita Nuova,* er wolle in seinem weiteren Leben zum beständigen Gedenken Beatrices ein literarisches Denkmal aufrichten, durch das sie so gepriesen wird, „wie noch keine Frau je von einem Dichter gepriesen worden ist“ *(dicer di lei quello che mai non fue detto d'alcuna).*

Das ist der Gedächtnisgrund für Dantes *Divina Commedia.*[2] In ihr wird Beatrice ihrerseits von der höchsten Sphäre des Paradieses herab den Dichter auf seinem Wanderweg mit ihren Fürbitten begleiten und seinem Gedenken auch selber entgegenkommen.

*

Die Räume, die Dante auf der Jenseitsreise seiner *Divina Commedia* durchwandert, bilden eine kosmische Landschaft, in der den Seelen der Verstorbenen jeweils ein Ort angewiesen ist.[3] Seinen Weg durch diese Landschaft findet er mit Hilfe von Führern, unter denen der römische Dichter Vergil am Anfang und der christliche Heilige Bernhard von Clairvaux am Ende der Reise besonders kundige Begleiter sind. Der erste Abschnitt der Reise führt in die Hölle *(Inferno),* die in Dantes Jenseitslandschaft die Form eines gewaltigen Trichters hat. Dieser ist lange vor der Erschaffung der Menschenwelt durch den Höllensturz Luzifers entstanden. Dante steigt in dieses bis zum Erdmittelpunkt reichende „Amphitheater“ (Goethe) hinab. Das Fegefeuer *(Purgatorio)* hat hingegen die Form eines dem Höllentrichter im Volumen entsprechenden Bergkegels; man spricht daher auch von einem „Läuterungsberg“, den Dante nach seinem Wiederaufstieg aus der Hölle in Serpentinen zu besteigen hat. An seiner Spitze befindet sich das „irdische Paradies“. Als drittes Jenseitsreich lernt Dante schließlich das himmlische Paradies *(Paradiso)* kennen, das sich in konzentrischen Sphären kristallinisch über der irdischen Welt wölbt. In diese himmlischen Höhen wird Dante emporgetragen, und er gelangt bis in die oberste Sphäre, das Empireum, unweit jenes Ortes, wo in unzugänglichem Licht die dreifaltige Gottheit thront.

Auf seinen Wanderwegen durch diese drei Jenseitsreiche begegnet Dante nun auf Schritt und Tritt den Seelen der Verstorbenen, die je nach dem „großen Urteilsspruch" *(la gran sentenza)* der göttlichen Gerechtigkeit den ihnen zukommenden Ort *(loco, luogo)* in der Hölle, im Fegefeuer oder im Paradies einnehmen. Mit ihnen kommt er ins Gespräch, an ihren Schicksalen nimmt er Anteil, ihre Geschichten speichert er in seinem Gedächtnis. So wird er der universale Gedächtnismann, der seinen Lesern schließlich in den Versen seines großen Gedichts berichten kann, was er an den verschiedenen Stationen seiner imaginären Jenseitsreise geschaut und in seinem Gedächtnis kunstvoll bewahrt hat.

Wir haben nämlich in Dantes *Divina Commedia* ein genaues literarisches Abbild der antiken Gedächtniskunst *(ars memoriae)* vor uns. Grundprinzip dieser Mnemotechnik ist ja, daß alle Gedächtnisinhalte als „Bilder" aufgefaßt werden, die der Redner jeweils an bestimmten „Örtern" einer vorab gewählten Gedächtnislandschaft zu deponieren hat. Der „Gang" der Rede besteht darin, die Gedächtnisörter der Reihe nach abzuschreiten, um die dort deponierten Gedächtnisbilder in der richtigen Reihenfolge abzurufen (vgl. oben II, 1). Genau das tut Dante. Die Seelen der Verstorbenen, denen er im Jenseits begegnet, sind für ihn die variablen Gedächtnisbilder, die er sich jeweils an ihren Gedächtnisörtern zusammen mit diesen einprägt, so daß er sie später, wenn er nach der Rückkehr in die „heitere Welt" der Lebenden seine Dichtung schreibt, in der Ordnung seiner Begegnungen mit ihnen aus dem Gedächtnis abrufen kann. In diesem Sinne kann man Dantes *Divina Commedia* insgesamt ein Gedächtniskunstwerk nennen.

In Dantes poetischer Jenseitslandschaft ist jedoch außer dem mnemologischen auch ein theologischer Gesichtspunkt zu bedenken, und zwar im Sinne der augustinischen Memoria-Theologie (vgl. oben II, 4). Wir haben gesehen, daß Augustinus in der psychischen Triade *memoria – intellectus – voluntas* ein menschliches Abbild der göttlichen Dreifaltigkeit erkennen will, dergestalt daß von den drei göttlichen Personen Gott Vater das Gedächtnis, Gott Sohn die Erkenntnisfähigkeit und der Heilige Geist die Willenskraft (oder die Vorausschau) repräsentiert. Dante macht sich diese Trinitätsspekulation an mehreren Stellen seines Werkes, so auch in der *Divina Commedia*, ausdrücklich zu eigen. Gott Vater als Inbegriff des göttlichen Gedächtnisses ist nun aber andererseits auch der Schöpfer der Welt. Daraus folgt für Dantes Theologie, daß die von Gott dem Vater geschaffene Welt als Schöpfung ihr Sein darin hat, daß sie in seinem Gedächtnis aufbewahrt *ist*. Das gilt für das Diesseits ebenso wie für das Jenseits. Wenn Dante also, wie wir gesehen haben, das Jenseits nach allen Regeln der rhetorischen Kunst als eine Gedächtnislandschaft durchwandert, so erkundet er mit seinem Menschengedächtnis auf poetische Weise das Gedächtnis Gottes *(memoria Dei*, als *genitivus subiectivus)*. Das erfährt Dante, der als Gedächtnismann aus dem Diesseits kommt, vor allem daran, daß auch alle Seelen, denen er im Jenseits begegnet, über ein intaktes Gedächtnis verfügen. Sie erinnern sich – mit einer kleinen, sogleich noch zu besprechenden Ausnahme – aufs genaueste an alles, was sie zu ihrem Heil oder Unheil auf Erden getan oder unterlassen haben. Auf diese Weise ist das Gedächtnis in der *Divina Commedia* allgegenwärtig. Das aber ist höchst erstaunlich, wenn man zugleich bedenkt, daß durch diese jenseitige Gedächtnislandschaft auch Lethe, der Fluß des Vergessens, strömt.

Wir haben Lethe, den Jenseitsfluß des Vergessens, schon kennengelernt und erfahren, daß dieser mythisch-poetische Strom seit ältester Überlieferung zur Topologie der Unterwelt gehört (vgl. Kap. I). Die Wasser des Lethe-Stroms haben also das Vermögen, den Verstorbenen nach ihrem Übertritt in das Reich des Todes die Erinnerung an das Erdenleben zu nehmen. Das geschieht, je nach den Quellen der Überlieferung, in verschiedener Weise. Nach einigen Versionen des Mythos werden die Verstorbenen mit den Wassern des Lethe-Flusses benetzt oder in seine Fluten eingetaucht. Weit verbreitet ist andererseits die Vorstellung, daß die Verstorbenen aus dem Fluß Lethe das Wasser des Vergessens trinken. Schließlich können in bestimmten Versionen des Mythos auch zwei oder mehrere Wirkungsweisen des Lethe-Wassers zusammen auftreten, um mit verstärkender Kraft die Erinnerungen an das Diesseits zu tilgen. So spricht Dante an einer Stelle davon, daß die Verstorbenen im Lethe-Wasser sich „waschen", an einer anderen, daß sie von diesem Wasser des Vergessens „kosten".[4]

In der Differenz der zitierten Textstellen tritt ein eigentümliches Strukturproblem zutage, das Dante in seiner *Commedia* zu lösen hat, wenn er alle Personen seiner Jenseitswelt mit einem ungeminderten Gedächtnis ausstatten will. Denn wo soll der Autor Dante Alighieri eigentlich in dieser Gedächtnislandschaft den Lethe-Fluß strömen lassen, wenn Dante selber als Person dieses Gedichts Repräsentant des Gedächtnisses ist und folglich dem Vergessen nicht ausgesetzt werden darf? Dieses Problem ist dem Gedächtnismann Dante durchaus bewußt. Als er sich nämlich im siebten Kreis der Hölle von seinem Jenseitsführer Vergil die Flüsse der Unterwelt nennen läßt, kommt bei diesem Lethe nicht vor. Auf Dantes verwunderte Nachfrage vertröstet Vergil ihn auf später: „Lethe wirst du noch sehen“ *(Letè vedrai).* Tatsächlich muß sich Dante auf seiner Wanderung noch einige Zeit gedulden, ehe er an das Ufer dieses Flusses gelangt. Erst am Ende des *Purgatorio,* in den lieblichen Gefilden des irdischen Paradieses, fließt bei Dante der Fluß Lethe, und der Wanderer erfährt, was dessen Wasser bewirkt: „es nimmt einem das Gedächtnis der Sünde“ *(toglie altrui memoria del peccato).* Daraus folgt, daß in der gesamten Hölle wie auch in den meisten Gesängen des Fegefeuers bis hin zum irdischen Paradies am Ende des zweiten Teils der *Divina Commedia* alle Seelen, denen Dante begegnet, dem Vergessen nicht unterworfen sind.

Aber nachdem sie vom Wasser des Lethe-Flusses getrunken haben, sind sie es doch wohl? Auch das kann höchstens für einen kleinen Augenblick gelten, denn aus derselben Quelle, aus der Lethe fließt, entspringt in der *Divina Commedia* ein weiterer Fluß, Eunoë, was soviel wie 'guter Sinn' oder 'gutes Gedächtnis' bedeutet. Dieser Zwillingsfluß hat die Kraft, durch sein heilendes Wasser in den seligen Geistern, die vom irdischen zum himmlischen Paradies aufsteigen, dem Vergessen Lethes entgegenzuwirken und in ihnen die Erinnerung an die guten Taten, die sie im Erdenleben vollbracht haben, zu verstärken, so daß sie mit einem in jeder Hinsicht guten Gedächtnis in den Himmel einziehen können. Nur diese Geister haben durch Lethe einen Teil ihrer Gedächtniskraft eingebüßt, da sie sich unter dem Einfluß Eunoës an ihre früheren Sünden (die es gewiß – in läßlicher Form – auch in einem Heiligenleben gegeben haben wird) nicht mehr erinnern können – ein Manko, mit dem sie wohl auf ewig zufrieden sein können.

So kommt es also, daß in der *Divina Commedia,* von der erwähnten kleinen Einschränkung bei den seligen Geistern abgesehen, alle auftretenden Personen mit dem Jenseitswanderer Dante kraft ihres intakten Gedächtnisses in einen Gedanken- und Erinnerungsaustausch eintreten können. Die Verlegung des Flusses Lethe in das irdische Paradies, im Verein mit dem entgegenwirkenden Einfluß des Flusses Eunoë, hat dieses mnemotechnische Kunststück zustande gebracht.

*

Abweichend von Dantes Wanderweg im Jenseits, wollen wir nun zunächst den zweiten Teil der *Divina Commedia* betrachten und dabei beobachten, wie es sich im *Purgatorio* mit dem Erinnern und Vergessen verhält.[5] Denn unter diesen Gesichtspunkten ist das Fegefeuer der vielleicht interessanteste Teil des Danteschen Jenseits. Das wird besonders deutlich, wenn man bei der Dante-Lektüre das Buch *La naissance du Purgatoire* (1981, deutsch: „Die Geburt des Fegefeuers", 1984) von Jacques Le Goff zur Hand nimmt.[6] In diesem Buch, dessen letztes Kapitel dem „Theologen" Dante Alighieri gewidmet ist, legt der französische Historiker überzeugend dar, wie durch das Eingangstor des Fegefeuers die (menschliche) Zeit in das Jenseits einbricht und dort die Herrschaft der (göttlichen) Ewigkeit in Frage stellt. Auf diese Weise wird das Fegefeuer, das Le Goff eine „Hölle auf Zeit" nennt, der menschlichste Bereich des Jenseits, da ja die büßenden Seelen des Fegefeuers die einzigen sind, deren Schicksal noch nicht vollständig entschieden ist. Zwar haben sie, ebenso wie die Verdammten der Hölle und die Seligen des Paradieses, schon ihren endgültigen Urteilsspruch erfahren und können sicher sein, daß sie nach Verbüßung ihrer zeitlichen Sündenstrafen im Fegefeuer am Ende dieser Bußzeit die ewige Seligkeit erlangen werden. Aber die Zeit, die sie als Büßer im Fegefeuer zu verbringen haben, ist nicht ein für allemal festgesetzt. So besteht nun für die Seelen des Fegefeuers die Möglichkeit, daß die Zeit, die sie in diesem Jenseitsbereich zu verbüßen haben, durch einen göttlichen Gnadenakt – modern gesprochen, durch eine Begnadigung – verkürzt wird. Den Anstoß zu dieser Verkürzung können jedoch die büßenden Seelen nicht selber geben; ihr Erdenleben ist ja beendet, und so haben sie keine Möglichkeit mehr, in irgendeiner Form zu handeln und zu wirken. Nur die Lebenden können allenfalls zugunsten der im Fegefeuer Büßenden tätig werden, um für sie eine Abkürzung ihrer zeitlichen Sündenstrafen zu erwirken und deren Übertritt in den Himmel zu beschleunigen. Das kann aber nur indirekt geschehen, indem sie durch ihr Gebet einen Heiligen oder eine Heilige, am wirksamsten die Madonna selber, zur Fürsprache bei Gott zugunsten einer dieser armen Seelen bewegen.

Hier kommt wieder das Gedächtnis ins Spiel. Es steht schlimm um eine im Fegefeuer büßende Seele, wenn kein lebendes Wesen seine Verwandten- oder Freundespflicht (oder auch nur seine allgemeine Pflicht als Christenmensch) erfüllt und somit keine *commemoratio mortuorum* praktiziert wird. Droht nun diese Vergessensgefahr, dann liegt es im „lebendigen" Interesse der „Toten", daß sie einen Boten, einen Agenten, einen Gedächtnismann ins Diesseits zurücksenden, der dort von ihrem büßenden Nachleben im Fegefeuer berichtet und den Lebenden ihren Hilferuf überbringt.

Dante ist dieser Gedächtnismann. An sein Gedächtnis wenden sich die im Fegefeuer Büßenden, kaum daß sie die Anwesenheit eines Lebenden im Reich der Toten bemerkt haben. Aber will sich der Jenseitswanderer Dante wohl mit all diesen Botschaften beladen? Und wenn er es will, wird er dann dazu auch in der Lage sein, da doch so viele Seelen im Jenseits an sein Gedächtnis appellieren? Was Dantes Hilfsbereitschaft betrifft, so ist wenig zu befürchten, da der Dichter, wie sich zeigt, leicht zu Mitgefühl und Mitleid zu bewegen ist. Aber wie weit reicht die Fassungskraft und Verläßlichkeit seines Gedächtnisses, wenn dieser Mann so vielfältiges Erleben in seinem Gedächtnis speichern soll? Genügt wirklich ein kurzes Verweilen des Wanderers an einem Jenseitsort, um in seinem Gedächtnis alles das, was er auf seinem Wege gesehen und vernommen hat, davor zu bewahren, von anderen, im Weiterwandern aufgenommenen Gedächtnisbildern überlagert und ins Vergessen abgedrängt zu werden? Ein natürliches Gedächtnis, so gut es auch sein mag, reicht zweifellos für eine solche Leistung nicht aus. Nur ein professionelles Gedächtnis, eine *memoria artificiosa,* kann dieses Kunststück leisten, sofern nämlich der Gedächtnismann kunstgemäß die Mnemotechnik gelernt hat.

Schauen wir uns zwei Begegnungen, fast möchte ich sagen, zwei „Fälle“ an, durch die verschiedene Aspekte unserer Fragestellung beleuchtet werden. Der erste Fall handelt von dem Pisaner Richter Nino Visconti, der ein Freund Dantes war. Er ist durch göttlichen Richterspruch ins Fegefeuer verwiesen worden, wo er eine lange Bußzeit für seine Sünden zu erwarten hat. Kann man bei ihm vielleicht hoffen, daß seine Witwe für sein Seelenheil betet? Leider wohl nicht, wie es scheint, da die Witwe sich recht schnell wiederverheiratet hat, woraus der Ehemann im Fegefeuer den Schluß zieht, daß sie ihn nicht mehr liebt und längst vergessen hat. Aber glücklicherweise gibt es noch die Tochter Giovanna, auf deren Fürbitten der Vater nun besondere Hoffnungen setzt, da das Gebet eines Kindes immer aus reinem Herzen kommt. Indes ist gerade bei einem Kind nicht ganz auszuschließen, daß es über seine kindlichen Spiele nicht an den Vater denkt. Kinder sind vergeßlich. So ist nun auch in diesem Fall ein Gedächtnismann vonnöten, um dem kindlichen Vergessen entgegenzuwirken:

Di'a Giovanna mia che per me chiami
Là dove agl'i nnocenti si risponde.
Non credo che la sua madre più m'ami,
Poscia che trasmutò le bianche bende,
Le quai convien che, misera, ancor brami.
Per lei assai di lieve si comprende
Quanto in femmina fuoco d'amor dura,
Se l'occhio o il tatto spesso non l'accende.

So sag Giovanna, daß sie für mich bete
Dort, wo die Unschuld noch Erhörung findet.
Die Mutter scheint mich nicht mehr sehr zu lieben,
Nachdem sie abgelegt die weiße Binde,
Nach der sie sich im Elend einst wird sehnen.
An ihr kann man es wahrlich leicht erkennen,
Wie lang im Weib der Liebe Feuer währet,
Wenn Aug und Hand es nicht oft neu entzünden.

Gegen das Gesetz „*La donna è mobile*" scheint das Gedächtnis nicht zu helfen, gegen kindliches Vergessen vielleicht wohl.

Der zweite, in diesem Zusammenhang zu besprechende Fall handelt von Marco Lombardo. Zwar befindet sich dieser Verstorbene nicht mehr am Anfang seiner Fegefeuerzeit, sondern ist schon bis zur dritten Wegschleife des Läuterungsberges vorgerückt. So hat er auch nicht mehr eine überaus lange Wartezeit vor sich. Dennoch knüpft er an seine Lebensgeschichte, die er Dante erzählt, die inständige Bitte, für ihn auf Erden ein Wort einzulegen. Dafür verpfändet Dante, ohne zu zögern, seine Gedächtniskraft, und er verspricht, den Lebenden diesen Hilferuf aus dem Jenseits zu übermitteln. Auf diese Weise kommt eine regelrechte Kette von Fürbitten zustande, die von dem büßenden Marco Lombardo zum Jenseitswanderer Dante, von Dante zu den noch lebenden Anverwandten, von diesen zu den Heiligen und schließlich von den Heiligen zu Gott reicht, auf daß dieser sich der armen Seele erbarme. Alle Glieder dieser Kette setzen ein leistungsfähiges Gedächtnis voraus, das dem Vergessen keine Chance läßt. Wenn nur ein einziges Kettenglied ausfällt, wenn also etwa bei einer der beteiligten Personen, zum Beispiel Dante, das Gedächtnis aussetzt, dann zerbricht die ganze Kette der Fürbitten, und am Jenseitsschicksal der büßenden Seele ändert sich nichts mehr.

Doch wie wird dieser Gedächtnismann nun verfahren, wenn er

nach seiner Rückkehr ins Diesseits eine so große Zahl ernster und drängender Botschaften zu übermitteln hat? Wird er vielleicht persönlich von Adressat zu Adressat reisen, um sich seiner Botschaften zu entledigen? Hier erscheint es mir statthaft, das Dantesche Gedicht, insofern es sich an eine Vielzahl von Lesern wendet, nach der immanenten Logik seiner dichterischen Fiktion als höchst getreue Ausführung eines umfassenden Gedächtnisauftrages anzusehen, den der Gedächtnismann Dante auf seiner Jenseitswanderung angenommen hat.

*

Noch mehr als im Fegefeuer hebt sich das Gedächtnis in der Hölle vor einem dunklen Vergessensgrund ab.[7] Das ist zunächst im rein physikalischen Sinne zu verstehen. Denn nach einer alten Regel der *ars memoriae* müssen die Gedächtnisbilder, wenn sie nicht vergessen werden sollen, in der Psyche gut ausgeleuchtet sein, einerseits nicht zu hell, andererseits und vor allem nicht zu dunkel. Die Dantesche Hölle aber ist ein dunkles Reich, eine „blinde Welt" *(cieco mondo).* Und an einer anderen Stelle beschreibt Dante die Hölle mit einer eindrucksvollen Synästhesie: „Ich kam zum Ort, wo jedes Licht verstummte" *(Io venni in luogo d'ogni luce muto).* Was ist gegen die damit verbundene Vergessensgefahr zu tun? Das einzige gleichsam technische, nämlich mnemotechnische Mittel, von dem Dante gegen diese Behinderung des Gedächtnisses hier Gebrauch macht, ist eine Anrufung der Musen, die ja die neun Töchter der Mnemosyne, der Göttin des Gedächtnisses, sind. Zweimal ruft Dante im *Inferno* die Musen an. Der erste, allgemein gehaltene Musenanruf findet sich am Anfang des Abstiegs zur Hölle:

O Muse, o alto ingegno, or m'aiutate:
O mente, che scrivesti ciò ch'io vidi,
Qui si parrà la tua nobilitate!

O Musen, hohe Kunst, nun wollt mir helfen!
Gedächtnis, das geschrieben, was ich schaute,
Hier soll sich deine Vornehmheit erweisen!

Der Zusammenhang zwischen den Musen und dem von ihnen begünstigten Gedächtnis ist hier ganz offensichtlich. Der zweite Musenanruf findet sich am Ende des *Inferno* an jener Stelle der Jenseitswanderung, wo Dante sich dem tiefsten und dunkelsten Punkt der Hölle nähert:

Es mögen meinem Lied die Frauen helfen,
Die einst bei Thebens Bau Amphion halfen,
Daß Sache sich und Wort nicht unterscheiden
(Sì che dal fatto il dir non sia diverso).

Mit den hier mythologisch umschriebenen Frauen sind ein weiteres Mal die Musen gemeint. Aber auf welche Weise können die Musen überhaupt dem Gedächtnis aufhelfen? Diese Frage ist einfach zu beantworten. Die Musen helfen hier natürlich kunstgemäß, da ihnen ja die Künste anvertraut sind. Hinsichtlich des Gedächtnisses kommt also die Hilfe von der Gedächtniskunst.

Aber das betrifft nur die Gedächtnisprobleme Dantes. Die Seelen der zur Hölle Verdammten haben andere Probleme. Allerdings gibt es in der Hölle kein „vitales" Interesse der Toten mehr, das sich auf die Erinnerungskunst des Gedächtnismannes Dante richten könnte mit dem Ziel, das Geschick der büßenden Seelen im Jenseits zu beeinflussen; denn auf dem Eingangstor zur Hölle steht schon die Inschrift zu lesen: „Laßt, die ihr eingeht, alle Hoffnung fahren" *(Lasciate ogni speranza voi ch'entrate).*

Gleichwohl haben alle Seelen, die in der Hölle ewige Sündenstrafen verbüßen, eine volle und durch kein Lethe-Wasser geminderte Erinnerung an ihr Erdenleben, zumal an ihre schweren Sünden, denen sie ihre Verdammung zuzuschreiben haben. Wozu dient aber ein solches Gedächtnis? Auf diese Frage gibt Dante verschiedene Antworten. Bei einigen dieser Unglücklichen scheint es eine tröstliche Vorstellung zu sein, daß Dante sich von ihrem Erdenleben erzählen läßt und sie ihn somit bitten können, diese Kenntnis bei den Lebenden zu verbreiten. So denkt beispielsweise Ciacco Fiorentino, der seinen Platz in der Hölle seiner „verderblichen Schlundesschuld" *(dannosa colpa della gola)* zuzuschreiben hat. Er fleht Dante an:

Ma quando tu sarai nel dolce mondo,
Pregoti che alla mente altrui mi rechi:
Più non ti dico e più non ti rispondo.

Doch kommst du wieder auf die schöne Erde,
Dann bitt ich dich, von mir dort zu erzählen.
Mehr sag ich nicht und geb nicht weiter Antwort.

Auch die Sodomiten, die nach dem Moralkodex der Zeit für ihre widernatürliche Unzucht in den siebten Kreis der Hölle verbannt sind, bitten Dante, er möge sich auf Erden dafür verwenden, daß die Erinnerung an sie im Gedächtnis der Lebenden nicht verlösche: „Dann sieh, daß du den Leuten von uns redest!" *(Fa che di noi alla gente favelle).*

In diesem Kreis der Hölle befindet sich auch, zu Dantes Leidwesen, sein verehrter Lehrer Brunetto Latini, dessen „Vaterbild" *(imagine paterna)* er tiefe Ehrfurcht entgegenbringt. Von ihm als Lebendem hat Dante mehr als von anderen Meistern des Wortes gelernt, „wie der Mensch Ewigkeit erlangt" *(come l'uom s'eterna).* Und nun trifft er ihn wegen seiner „Tod"-Sünden in der Hölle an. Soll es trotzdem für ihn auf Erden ein Nachleben im Gedächtnis geben? Ja, das wünscht sich Brunetto Latini tatsächlich, und es soll vor allem ein literarisches Gedächtnis sein, das sich auf sein Hauptwerk, *Li Livres dou Tresor,* richtet. Es macht offensichtlich für Ciacco Fiorentino, Brunetto Latini und die vielen anderen Unglücklichen des *Inferno* einen gewichtigen Unterschied aus, ob zu ihrer ewigen Verdammung noch eine Verdammung des Gedächtnisses hinzutritt, was ihr hoffnungsloses Jenseits-Schicksal noch durch ein völliges Vergessenwerden im Diesseits aufs äußerste verschärfen würde.

„Verdammung des Gedächtnisses" *(damnatio memoriae)* ist ein Rechtsbegriff, der in der Kulturgeschichte des Erinnerns und Vergessens eine bedeutende Rolle gespielt hat. Er stammt in der gängigen Form aus dem römischen Staats- und Strafrecht. In Rom traf die Strafe der *damnatio memoriae* vor allem Herrscher und andere Mächtige, die bei einer politischen Wende, bei ihrem Tode etwa oder nach einer Revolution, zu „Staatsfeinden" erklärt wurden. Nun zerstörte man ihre Bilder, stürzte ihre Statuen, entfernte ihre Namen aus den Inschriften. Auch galten viele ihrer Dekrete von einem Tag zum andern nicht mehr, da auch diese Zeugnisse nicht mehr an die „Unperson" erinnern sollten. So ist es beispielsweise, wie Sueton in einer seiner Cäsaren-Biographien mitteilt, dem verhaßten Kaiser Domitian ergangen, als er im Jahre 96 n. Chr. einem Attentat zum Opfer fiel. Sogleich wurden auf Betreiben des Senats seine Bildnisse *(clipei, imagines)* niedergerissen und die Nennungen seines Namens *(tituli)* aus den Inschriften herausgemeißelt, dies alles mit dem erklärten Ziel, hinsichtlich seiner Person „jegliches Gedenken aus der Welt zu schaffen" *(abolendam omnem memoriam).*[8]

Außer dem Römischen Recht ist eine irgendwie geartete *damnatio memoriae* auch anderen Rechtssystemen des Altertums bekannt. In der jüdischen Bibel findet man beispielsweise die prophetische Strafandrohung: *oblivione delebitur nomen eius* („durch Vergessen wird sein Name ausgelöscht werden"). Im christlichen Kirchenrecht ist die *damnatio memoriae* hauptsächlich mit der Strafe der Exkommunikation verbunden gewesen. Und in dem von Sigmund Freud zitierten Heine-Vers aus der Pariser Matratzengruft „Nicht gedacht soll seiner werden" laufen wohl alle diese Traditionslinien zusammen.[9]

Zurück zu Dante. Auf seinem Weg durch das Höllenreich kann er den Seelen, die dort für ihre Sünden büßen, nicht helfen. Ihr Schicksal ist endgültig besiegelt, die Verdammung gilt für alle Ewigkeit. Dante kann äußerstenfalls, wenn Sympathie und Mitleid ihn bewegen, durch sein Gedächtniswerk verhindern, daß zur *damnatio personae* noch die *damnatio memoriae* hinzutritt. Das ist die einzige Korrektur, die er als Gedächtnismann an dem Richterspruch, der in die Hölle weist, vornehmen kann – sofern die Verdammten dies überhaupt wollen. Bocca degli Abbati beispielsweise, der als „Verräter" seine Sünden im neunten Kreis der Hölle büßt, will diesen Zuspruch für sich gar nicht. Zufällig hat Dante ihn auf seinem Gang durch die Hölle mit dem Fuß angestoßen und am Gesicht verletzt. Zur Wiedergutmachung dieser ungewollten Verletzung bietet Dante ihm an, auf Erden für sein Nachleben im Gedächtnis der Menschheit zu sorgen. Das aber entspricht gar nicht dessen Wunsch und Willen, so daß er Dantes Angebot barsch abweist:

> „Ich bin noch lebend, und es kann dich freuen",
> War meine Antwort, „wenn der Ruhm dir teuer,
> Daß ich mit andern deinen Namen nenne."
> Und er zu mir: „Das Gegenteil begehr ich.
> Geh weg von hier und laß mir meine Ruhe!"

So wird nun der Name Bocca degli Abbati wider dessen erklärten Willen in Dantes Gedächtnisbuch eingeschrieben, und auch bei ihm ist das ewige Vergessen abgewehrt.[10]

*

Außer der – gefürchteten oder hingenommenen – *damnatio memoriae* ist zum Verständnis des Danteschen *Inferno* noch ein weiterer juristischer Aspekt zu beachten: das Rechtsprinzip der Vergeltung (*lex talionis,* bei Dante: *contrappasso* 'Gegenschritt'). Man zitiert dieses Rechtsprinzip häufig nach der alttestamentlichen Gesetzesmaxime

„Auge um Auge, Zahn um Zahn“ (Leviticus 24,20), doch ist dieses Prinzip auch in vielen anderen Rechtssystemen, sogar der Gegenwart, anzutreffen. Bei Dante ist die Vergeltung ins Transzendentale gewendet und mit seiner Memoria-Theologie aufs engste verbunden.[11]

Als Beispiel diene die Episode, die von dem provenzalischen Troubadour Bertrand de Born handelt. Der Dichter, den Dante wegen seiner Verse durchaus schätzt, ist zu ewiger Höllenstrafe verdammt, da er mit seinen politischen Gedichten Heinrich, den erstgeborenen Sohn König Heinrichs II. von England, zum Aufruhr gegen seinen königlichen Vater aufgewiegelt hat. „Aufruhr“ (bei Dante: *ribellione*) ist nun zweifellos ein abstrakter Rechtsbegriff, der folglich mnemotechnisch nur schwer nutzbar ist. Um ihn besser im Gedächtnis zu verankern, muß man ihn nach den Regeln der Gedächtniskunst konkretisieren und visualisieren, was bei Dante auch tatsächlich geschieht. Denn der unglückliche Dichter erscheint in der Hölle vor den entsetzten Augen Dantes und Vergils in Gestalt eines Gedächtnisbildes, das nun allerdings in äußerstem Maße geeignet ist, auf die Einbildungskraft und folglich auch auf das Gedächtnis der Jenseitswanderer heftig zu wirken:

Io vidi certo, ed ancor par ch'io il veggia,
Un busto senza capo andar sì come
Andavan gli altri della trista greggia;
E il capo tronco tenea per le chiome,
Pèsol con mano a guisa di lanterna;
E quel mirava noi, e dicea: „Oh me!“

Ich sah gewiß und glaub es noch zu sehen,
Dort einen Körper ohne Kopf einhergehn,
So wie die andern in der traurigen Herde.
Er trug das abgeschlagene Haupt am Schopfe
In seiner Hand, wie die Laterne hängend,
Das sah uns an mit einem Rufe: „Weh mir!“

Im Lichte der Rhetorik betrachtet ist ein Körper ohne Kopf Beispiel und geradezu Schulbeispiel dafür, was die Meister der Gedächtniskunst ein „wirkmächtiges Gedächtnisbild“ *(imago agens)* genannt haben, mit dessen Hilfe sich das sündhafte Vergehen, in der abstrakten Rechtssprache „Aufruhr“ genannt, auf höchst suggestive, nämlich ganz und gar bildhafte Weise in das Gedächtnis der Betrachtenden einschreibt. Der Begriff verwandelt sich hier also in eine Metapher, um als Gedächtnisbild gespeichert zu werden. Denn nach der mittelalterlichen Logik dieser – durch Livius berühmt gewordenen – Metapher ist der Aufruhr, den der Untertan gegen seinen König entfacht, einem Aufstand des Körpers gegen seinen Kopf vergleichbar.

An dieser Stelle kommt nun wieder die Rechtsfigur der Vergeltung ins Spiel. Denn im *Inferno,* wo es keine Vergebung der Sünden mehr gibt, beruht das ganze System der Strafen auf dem Prinzip der Vergeltung. Es besagt in Dantes Worten: „Wie ich im Leben war, so bin ich auch im Tode" *(Qual io fui vivo, tal son morto).* Dieser Maxime gemäß entsprechen einander in der göttlichen Gerechtigkeit aufs genaueste die beiden Waagschalen, deren eine *(quale)* die Sünde und deren andere *(tale)* die Sündenstrafe enthält. Übrigens hat Dante gerade die Episode von Bertrand de Born dazu ausersehen, dieses Strafprinzip exemplarisch deutlich zu machen, und der Gesang endet daher mit den folgenden Worten des unglücklichen Troubadours: „Also vollzieht an mir sich die Vergeltung" *(Così s'osserva in me lo contrapasso).*

Die einzelnen Fälle der Vergeltung sind jedoch in der *Divina Commedia* nur Beispiele und gewissermaßen „Ausführungsvorschriften" einer das ganze Jenseits umfassenden *lex talionis,* in der das mnemologische und das theologische Denken Dantes vollkommen zur Dekkung kommen. Das ergibt sich wiederum aus der augustinischen Memoria-Theologie, die auch hier für Dante grundlegend ist, und zwar nach den folgenden Überlegungen des Kirchenvaters: Zwar ist den Sündern, die Gott vergessen haben, nach den Worten des Psalmisten (Ps. IX, 18) die Hölle zugedacht *(convertantur peccatores in infernum, omnes gentes quae obliviscuntur Deum),* doch können sie noch zum Heil zurückfinden, wenn sie sich, und sei es auch spät im Leben, an Gott wieder erinnern. Es ist für Augustinus eine Frage seiner eigenen Heilsgewißheit, ob er diesen Sündern, die sich eines Tages doch noch bekehren und damit wieder in Gottes Gedächtnis aufgenommen werden, auch selber zugerechnet werden darf. Denn wenn andererseits bei einem Sünder die Bekehrung ausbleibt, dann wird ihm in der Hölle unfehlbar das *aequum iudicium* der Vergeltung zuteil, und „wie" er im Diesseits Gott vergessen hat, „so" wird er nun im Jenseits von Gott vergessen werden. In diesem mnemologisch-theologischen Sinn ist die Höllenstrafe im *Inferno* Ausdruck ewiger Gottesvergessenheit. Auch für das *Purgatorio* gilt dieser Satz, jedoch mit der wichtigen Einschränkung, daß die im Fegefeuer büßenden Seelen von Gott nur auf

Zeit vergessen sind. Dementsprechend sind auch die Sündenstrafen des Fegefeuers nur mit zeitlicher Begrenzung dem Rechtsprinzip der Vergeltung unterworfen.

Es bleibt nun noch die Aporie zu erörtern, die darin besteht, daß wir nach der augustinisch geprägten Memoria-Theologie Dantes im *Inferno* einen ewigen und im *Purgatorio* einen zeitlichen Vergessensort zu sehen haben, während doch beide, insofern sie zur jenseitigen Gedächtnislandschaft gehören, Bestandteile des göttlichen Realgedächtnisses sind. Kann denn inmitten des Gedächtnisses Vergessen sein? Ja, und das darf sogar als Erfahrungstatsache gelten, wie Augustinus an dem oben erörterten Gleichnis von der verlorenen Drachme dargelegt hat. Man kann sich nach Augustinus ja zweifellos erinnern, *daß* man etwas vergessen hat, ohne dabei zu wissen, *was* man vergessen hat. So erinnert Gott sich zwar, *daß* es die Sünder in der Hölle gibt, läßt aber in seinem Gedächtnis keinen Raum dafür, *was* sie ihm durch ihr Sündenleben angetan haben und *was* sie dafür, im gleichförmigen „Gegenschritt“ der Strafe, zu erleiden haben. Die Objektivität und Automatik der Vergeltungsstrafe als *aequum iudicium* ist hier also eine „reifizierte“ Straferinnerung, die als Gegenschritt unmittelbare Entsprechung der Gottvergessenheit ist. Nur im *Purgatorio* setzt das Gedächtnis Gottes seinem eigenen Vergessen eine zeitliche Grenze, so lange nämlich bis die Bußzeit abgelaufen ist. Damit beginnt für die geläuterte Seele – endlich – die ewige Seligkeit, die mnemo-theologisch als Geborgenheit im immerwährenden Gottesgedächtnis zu verstehen ist. So bestätigt das Dantesche Gedicht in seinen drei Reichen für das Jenseits, was der Psalmist und der Kirchenvater Augustinus schon für das Diesseits gelehrt hatten.

*

Wenn das Dantesche Paradies, wie wir bei unserem Gang durch die Mnemo-Theologie gesehen haben, das immerwährende Realgedächtnis Gottes ist, in dem die von Gott zur Seligkeit berufenen Seelen (unter denen auch Beatrice ist) im Bewußtsein ihrer guten Werke das ewige Leben finden, so bleibt doch Dante, der das Paradies als letztes Jenseitsreich kennenlernt, ein Gedächtnismann mit einer durchaus menschlichen Psyche. Was kann denn im Paradies ein so begrenztes Gedächtnis leisten, selbst wenn es über alle Hilfsmittel der rhetorischen Gedächtniskunst verfügt?[12] Hier ist daran zu denken, daß es nach eben dieser Gedächtniskunst für das gute Behalten von Erinnerungsbildern sehr darauf ankommt, daß diese in der Psyche gut ausgeleuchtet sind. Sie dürfen nicht zu dunkel sein (das war das Problem im *Inferno*), dürfen aber auch nicht zu hell beleuchtet werden. Eben dieses optische Gedächtnisproblem bedrängt nun den Jenseitswanderer Dante in den himmlischen Sphären des Paradieses, und diese spezifische Schwierigkeit wird um so größer, je mehr Dante sich dem Lichtzentrum des Paradieses nähert, wo die dreifaltige Gottheit selber in „lebendigem Licht" *(vivo lume)* thront. Hier zeigt sich nun zu Dantes tiefer Betrübnis, daß auch „zuviel Licht" *(troppa luce)* dem Gedächtnis abträglich sein kann. Tatsächlich geht von dem blendenden Licht der himmlischen Sphären, vorzugsweise im Empireum, eine Vergessensgefahr aus, die daher rührt, daß die visuellen Eindrücke mit überblendeten, folglich unscharfen Konturen wahrgenommen werden:

> Von jetzt ab war mein Schauen noch viel größer
> Als unsre Sprache, die ihm nicht gewachsen,
> Und das Gedächtnis weicht dem Unerhörten
> *(E cede la memoria a tanto oltraggio).*

Das Wort *oltraggio,* das in der heutigen italienischen Sprache 'Beleidigung', 'Schmähung' bedeutet, ist in Dantes Vers als 'übermächtige Herausforderung' zu verstehen. Die vom Glanz der Gottheit gewissermaßen überbelichteten Gedächtnisbilder überfordern das Gedächtnis und verschlagen daher dem Dichter die Sprache.

Doch ist nach der Logik der Danteschen Metaphorik noch mit einer weiteren, nicht minder bedenklichen Nebenwirkung dieser göttlichen Lichtfülle zu rechnen. Gott ist ja gleichsam die Sonne dieses Himmels, und von dieser Sonne geht nicht nur Licht, sondern auch Wärme aus. Auf diese Weise kann das „Wachs" des menschlichen Gedächtnisses leicht zum Schmelzen gebracht werden. Die diesbezüglichen Verse sind zweifellos zunächst so zu verstehen, daß „solches Schauen" *(tanto veder)* über die natürlichen Geisteskräfte eines Menschen weit hinausgeht. Daher macht Dante nicht einmal den Versuch, in seinen Versen mit irdischen Worten zu beschreiben, was er bei jenem himmlischen Schauen wirklich gesehen hat. Nur die „Affekte", die davon in seiner Seele ausgelöst werden, sind vielleicht – mit göttlicher Hilfe – menschlicher Erinnerung zugänglich. Daher bedeutet das, was nach Dantes bescheidenem Eingeständnis der Leser im letzten Gesang seiner *Divina Commedia* lesen kann, recht wenig im Vergleich zur göttlichen Glorie, soweit diese dem Dichter auf seiner Jenseitswanderung tatsächlich zu schauen vergönnt war. Nur ein schwacher Reflex ist in ihm von jener *visio beatifica* übrig geblieben, und selbst dieser Rest kann nur dann Sprache werden, wenn Dantes Gebet erhört wird, das in Bernhards Vermittlung wie folgt lautet:

O somma luce che tanto ti levi
Dai concetti mortali, alla mia mente
Ripresta un poco di quel che parevi,
E fa la lingua mia tanto possente,
Ch'una favilla sol della tua gloria
Possa lasciare alla futura gente;
Chè, per tornare alquanto a mia memoria
E per sonare un poco in questi versi,
Più si conceperà di tua vittoria.

O höchstes Licht, das über Menschensinne
So weit erhaben, leihe meinem Geiste
Ein wenig noch von dem, was du geschienen;
Und mache meine Zunge also mächtig,
Daß sie ein Fünklein nur von deinem Glanze
Den künftigen Geschlechtern lassen möge.
Denn wenn mir etwas ins Gedächtnis kehret
Und noch ein wenig klingt in diesen Versen,
So wird man mehr von deinem Sieg begreifen.

In den Versen dieses Gebetes finden wir noch einmal die Grundbegriffe der Gedächtniskunst *(mente, memoria)* in enger Kontextnachbarschaft neben den Ausdrücken der Bescheidenheit, mit denen Dante die Unterwerfung der Menschennatur unter die Gesetze des Vergessens zur Sprache bringt *(un poco, alquanto, una favilla sol)*. Wir Leser aber, die wir dem Gedächtnismann Dante staunend durch das *Inferno* und das *Purgatorio* gefolgt sind, haben allen Grund, den Dichter auch im *Paradiso* zu bewundern, weil es ihm in diesem letzten Teil der *Divina Commedia* gelungen ist, das Drama der menschlichen Existenz *sub specie aeternitatis* mit dem Drama des menschlichen Gedächtnisses und Vergessens zur Vollendung zu bringen.

III. Vom Witz der vergeßlichen Vernunft

1. Noch Platz frei im Kopf? (Vives, Rabelais, Montaigne)

In älteren Zeiten, die wir hier bis zur Verbreitung des Buchdrucks im 16. Jahrhundert rechnen wollen, waren Bücher für die meisten Menschen kaum erschwinglich und auch in Bibliotheken schwer zugänglich. Man las, wenn überhaupt, „intensiv“ und nicht „extensiv“.[1] So waren die Gebildeten darauf angewiesen, ihr Wissen im Kopf zu tragen, und es galt für sie die später noch von Kant, allerdings nicht mehr mit voller Überzeugung, zitierte Regel: „Wir wissen nur so viel, wie wir auswendig wissen“ *(Tantum scimus, quantum memoria tenemus).*[2] Die Kunst des Gedächtnisses, in zahllosen Traktaten als vierter Teil der Rhetorik schulmäßig gelehrt, galt daher im ganzen Mittelalter und bis weit in die Neuzeit hinein als unerläßliche Grundlage aller Bildung und Erziehung.

Das zeigt sich noch, ohne jede kritische Einschränkung, bei dem spanischen Humanisten Juan Luis Vives (1492–1540), den man sonst den Begründer der neuzeitlichen Pädagogik genannt hat.[3] Was das Gedächtnis angeht, so hält er sich in seinen verschiedenen Schriften zu den liberalen Künsten und humanistischen Wissenschaften an die bewährte Hochschätzung der kunstvoll entwickelten Gedächtniskraft, und keinen Augenblick kommt ihm der Gedanke, es sei vielleicht auch mit dem Vergessen in der *res publica litterarum* irgendein Staat zu machen.

Ganz im Gegenteil beruhen seine Vorstellungen von einem erfolgreichen Lernen und Studieren in jeder Hinsicht auf den Regeln der alten Mnemotechnik, die er durch viele praktische Ratschläge zu einer mnemotechnischen Diätetik weiterbildet.[4] Sie lassen die Absicht erkennen, im Leben des Schülers und Studenten das Vergessen an der Wurzel zu bekämpfen. Hier einige Proben aus seiner mnemotechnischen „Studienberatung“, versehen mit meinem Kommentar von der Vergessensseite her:

„Der Schüler möge täglich sein Gedächtnis üben, damit es keinen Tag gibt, an dem dieses nicht etwas auswendig zu lernen hat“ *(Memoriam quotidie exerceat, ut nullus sit dies in quo ipsa aliquid non ediscat).*

Kommentar: Das Gedächtnis hat also im Leben des Gebildeten allgegenwärtig zu sein. In einer anderen Maxime zur Übung des Gedächtnisses fügt Vives noch die Bemerkung hinzu, der Schüler solle täglich selbst dann etwas auswendig lernen, „wenn es nicht notwendig ist" *(etiam cum non est necesse)*. Das Prinzip der pausenlosen Bekämpfung des Vergessens steht also über jedem denkbaren Relevanzkriterium.

„Gib deinem Gedächtnis keine Ruhe!" *(Memoriam quiescere non sines)*.

Kommentar: Der Wechsel von Anspannung und Entspannung (lat. *negotium/otium*), der dem Körper gegönnt wird, bleibt dem Gedächtnis versagt, da es seine Inhalte jederzeit gebrauchsbereit halten muß *(facillima ac promptissima memoria)*. Für das Vergessen gibt es demnach zu keiner Zeit eine Entschuldigung.

„Je mehr du dem Gedächtnis anvertraust, desto treuer wird es alles bewahren; je weniger, um so treuloser" *(Quo plura [memoriae] commendabis, hoc custodiet omnia fidelius: quo pauciora, hoc infidelius)*.

Kommentar: Eine beherzigenswerte und empirisch gut abgesicherte Beobachtung. Die Umkehrung im zweiten Teil der Maxime besagt natürlich: Je mehr du dir zu vergessen gestattest, um so schneller läuft dir das Vergessen davon.

„Wenn du etwas auswendig lernen willst, dann lies es am Abend [vor dem Zubettgehen] vier- oder fünfmal ganz aufmerksam durch, danach lege dich schlafen, und morgens [gleich nach dem Aufwachen] fordere von deinem Gedächtnis Rechenschaft über das, was du ihm am Vorabend anvertraut hast" *(Si quid vis ediscere, id de nocte quater aut quinquies attentissimus legito: hinc ito cubitum, de mane exigito a memoria rationem eius quod pridie credideris)*.

Kommentar: Diesen Ratschlag findet man in ähnlicher Form immer wieder in den Handbüchern der rhetorischen Gedächtniskunst; er hat sich offenbar bewährt. Unter dem Gesichtspunkt des Vergessens ist hier bemerkenswert, daß die Nacht und Schlafenszeit durch das wiederholte Memorieren gleichsam in die Zange genommen wird. Wir erinnern uns, daß schon bei Hesiod Lethe, die Göttin des Vergessens, die Nachtgeborene ist. Ihr muß man beim Lernen von beiden Seiten zu Leibe rücken.

„Wenn jemand seinen Lernstoff auswendig lernen will, sondere er sich ab und begebe sich in den Garten oder auf den Friedhof; dort kann er sein Pensum so laut aufsagen, daß er die Toten aufweckt" *(Si quis ita velit ediscere suas formulas, in hortos secedat aut in cementerium templi; ibi clamet licet, quoad excitet mortuos)*.

Kommentar: Auswendiglernen besagt immer lautes Lernen, der Körper muß ja mitlernen. Denn wenn der Geist vergessen will, hat der Leib oft noch eine Erinnerungshilfe in Reserve: einen Klang, eine Form, eine Assoziation. Hinsichtlich des Vergessens ist hier weiterhin der Friedhof als Lernort zu beachten. Wir sind ja schon bei Simonides, dem antiken Erfinder der Gedächtniskunst, auf den Zusammenhang von Tod und Vergessen und, kontrapunktisch dazu, von Tod und Gedächtnis aufmerksam geworden. Auch auf dem Friedhof kommt das Gedächtnis dem Vergessen besonders nahe.

„Zusammengehalten wird das Gedächtnis durch gute Gesundheit; zu meiden sind daher vor allem ein voller Magen, Verzehr von rohen oder verdorbenen Speisen, unmäßiger Genuß von Wein oder Starkbier sowie Rückenlage im Bett" *(Continetur etiam memoria bona valetudine, cavendumque in primis a repletione, a cruditate, a crapula, a vino immodico, a densa cervisia, a supino cubitu).*

Kommentar: Hier haben wir nun, im äußersten Gegensatz zu dem Repertoire von Vergessensdrogen, die wir schon bei den Griechen kennengelernt haben, einen Katalog von Diätvorschriften und sonstigen Ratschlägen einer somatischen Diätetik, mit deren Hilfe der angehende Gedächtnismann den schlimmsten Gefahren des Vergessens ausweichen kann. Doch darf man wohl demjenigen, der etwas vergessen will, nicht raten, einfach das Gegenteil des hier Angeratenen zu tun.

„Der Wein ist der Tod des Gedächtnisses" *(Vinum memoriae mors).*

Kommentar: Diese Maxime, die wichtigste in der diätetischen Kunst unseres menschenkundigen Humanisten, versteht man auch ohne gelehrte Anmerkungen, ob man sich nun erinnern oder lieber vergessen will.

*

Ein Humanist besonderer Art, nämlich zugleich ein Humorist und literarischer Phantasmagorist, war, ungefähr zeitgleich mit dem Spanier Juan Luis Vives, der französische Autor François Rabelais (ca. 1494–1553), dem wir die wortgewaltigste Romangroteske der französischen Literatur verdanken.[5] Die Protagonisten und Namengeber dieses auf komische Weise ernsthaften und auf ernsthafte Weise komischen Romans, Gargantua und sein Sohn Pantagruel, sind Riesen von Gestalt, und als Humanisten mit Leib und Seele sind sie zugleich Gedächtnisriesen. Das zeigt sich an Gargantua schon bei seiner Erziehung, der mehrere tiefsinnig komische Kapitel des Romans gewidmet sind.

Der junge Gargantua wird zunächst – vorhumanistisch – im scholastischen Geist oder Ungeist erzogen. Das ist noch, wie der Autor ausdrücklich vermerkt, in der Zeit vor der Erfindung des Buchdrucks geschehen, und so muß der Zögling jahrelang das langweiligste Schulwissen lernen und natürlich auswendig lernen, vorwärts und rückwärts. Das bringt aber nichts, der Schüler hat den Kopf nur verstopft und bleibt dumm. Ein neuer Lehrer muß her, Ponokrates (das ist griechisch und heißt etwa 'Müh-Meister'), und Paris wird der neue Studienort. Hier wird nun für Gargantua ein anderes Curriculum *(étudier autrement)* ausprobiert: der Humanismus soll in seinen Kopf einziehen.

Aber wie kann das geschehen, wenn Gargantuas Kopf noch mit all den scholastischen Dummheiten angefüllt ist, die man ihm vorher eingetrichtert hat? Ponokrates hat eine Idee. Er verabreicht seinem Zögling eine neuartige, bis dahin in der Kulturgeschichte des Vergessens noch kaum erprobte Vergessensdroge: die Nieswurz.[6] Das ist ein schnell wirkendes, kathartisches Medikament; indem es bei dem Patienten einen gewaltigen Niesreiz auslöst, wird dieser schlagartig von seinem unnützen Wissen befreit und hat plötzlich all die scholastischen Verrücktheiten vergessen, die ihm bis dahin den Verstand verstopft haben. Im Roman liest sich das so:

> Um nun sein Werk besser zu beginnen, bat Ponokrates einen gelehrten Arzt seiner Zeit namens Magister Theodor, er möge sich Gedanken machen, ob es wohl möglich wäre, Gargantua wieder auf einen besseren Weg zu bringen. Der Arzt purgierte ihn daraufhin nach allen Regeln seiner Kunst mit Nieswurz von Antikyra, und dieses Medikament reinigte ihn von aller Veränderung und verderblichen Veranlagung des Gehirns. Durch dieses Mittel erreichte Ponokrates auch, daß sein Schüler alles vergaß, was er bei seinen früheren Lehrern gelernt hatte.

Das Mittel wirkt also, und Ponokrates kann mit seinem humanistischen Curriculum einsetzen. Die besondere Pointe des Romans (und seiner Epoche!) besteht nun darin, daß dieses neue Curriculum, obwohl es andere Inhalte hat, gleichwohl genau wie das alte ganz auf gigantischen Gedächtnisleistungen aufgebaut ist. Und so ist das Kapitel, in dem das neue Erziehungsprogramm in allen Einzelheiten beschrieben wird (*Gargantua* XXIII), wie folgt überschrieben:

> Wie Gargantua von Ponokrates nach einem Lehrplan erzogen wurde, bei dem er auch nicht eine Stunde des Tages verlor.

Jean Starobinski hat bei einer genauen Lektüre dieses Romankapitels überzeugend dargelegt, wie sich in der strengen Zeiteinteilung des ponokratischen Stundenplans ein neues Zeitgefühl bemerkbar macht, mit dessen Prinzipien auf dem europäischen Kontinent und nach seinem Vorbild in der ganzen modernen Welt die industrielle Zivilisation hervorgebracht worden ist.[7] Das ist ein Gedanke, der hier nicht weiter verfolgt werden soll. Im Zusammenhang mit dem Thema des Erinnerns und Vergessens ist jedoch von nicht geringem Interesse die Tatsache, daß der humanistische Lehrer in diesem Romankapitel noch einmal eine grotesk-übermenschliche Anstrengung unternimmt, das kulturelle Gedächtnis auf seinen höchsten Leistungsstand zu bringen. Von vier Uhr morgens bis zu später Abendstunde nämlich hat Gargantua ausnahmslos alles Wissen der humanistischen Bildung und Wissenschaft zu erlernen, und das bedeutet hier immer noch Auswendiglernen *(par cœur)*, mit nicht weniger als acht fest eingeplanten Repetierphasen, die über den ganzen Tag verteilt sind, wobei weder die Mahlzeiten bei Tisch noch die natürlichen Verrichtungen an einem stillen Ort als Gelegenheiten des Auswendiglernens ausgespart bleiben.

Mit einer gewissen Erleichterung verzeichnet der moderne Leser jedoch, daß auch das Gegenbild dieses komisch-heroischen Curriculums einen Platz im Roman gefunden hat. Das ist die sanfte Utopie der von Gargantua in seinem späteren Leben gestifteten Abtei Thélème (von griech. *thelema* 'Wille'). Dort sind alle Anstrengungen des Lernens gestrichen, und mit dem Lehr- und Stundenplan sind auch die Uhren überhaupt abgeschafft. „Die Stunden zu zählen, ist Zeitverlust", so verfügt es Gargantua für seine Stiftung. Die glücklichen Insassen dieses Klosters, Männer und Frauen, stehen also zu beliebiger Zeit aus dem Bett auf, und danach verbringen sie den Tag aufs angenehmste nach ihrem eigenen freien Willen und Belieben. „Tu, was du willst" *(Fais ce que voudras)* lautet die oberste Devise der Abtei Thélème. Ob auch das Vergessendürfen zu den Freiheiten der Thelemiten gezählt wird, steht nicht auf den Seiten des Romans, ist jedoch aus der Devise dieser sympathischen Abtei leicht zu erschließen.

*

Wir schreiten nun in der Zeit etwa ein halbes Jahrhundert voran und lesen zur Fortführung unserer Überlegungen in dem Werk eines anderen großen Autors der französischen Literatur: Michel de Montaigne (1533–1592). Er hat mit seinen *Essais* (1580/1588) eine neue literarische Gattung geschaffen, in der auch ein neues Denken seinen adäquaten Ausdruck findet. In den locker aneinandergereihten Essays dieses tausendseitigen Prosawerks stellt Montaigne in entspannter Schreibweise, gewissermaßen als Probeexemplar der Species Mensch, einen wirklichen Menschen vor, wie er lebt und liest, empfindet und nachdenkt: sich selber[8].

Das ist in literarischer Form zugleich eine öffentliche Prüfung und Erprobung seines Kopfes, ein *examen ingenii,* und vieles spricht dafür, daß Montaigne das für ihn so wichtige Wort *essai* (mit historisch irriger Etymologisierung) an das lateinische Wort *examen* (scil. *ingenii*) angeschlossen hat, ganz im Sinne des spanischen Autors Juan Huarte, dessen *Examen de ingenios* (s. unten III 2) genau im Erscheinungsjahr der ersten *Essais,* nämlich 1580, ins Französische übersetzt worden ist. In diesem Sinne, mit oder ohne Lesekenntnis Huartes, ist daher folgende Absichtserklärung Montaignes zu verstehen: „Was die natürlichen Fähigkeiten betrifft, die in mir sind, wovon dies die Probe ist…" *(Quant aux facultés naturelles qui sont en moi, de quoi c'est ici l'essai…).*

Diese Äußerung steht in dem wichtigen Essay I 26, der überschrieben ist: „Von der Erziehung der Kinder" *(De l'institution des enfants).* Es ist sonst in den *Essais* nicht Montaignes Art und Absicht, den Menschen zu „bilden" *(former),* er schildert ihn – am Beispiel seiner eigenen Person – lieber so, wie er in seinem tatsächlichen Verhalten (lat. *mores,* franz. *mœurs*) ist. In diesem Sinne ist Montaigne schon ein Verhaltensforscher oder „Moralist". Nun aber hat ihn eine Dame gräflichen Standes gebeten, sie bei der Erziehung ihres Sohnes zu beraten, und Montaigne gibt bei dieser Gelegenheit, eher beiläufig als programmatisch, zu verstehen, wie er sich eine gute Erziehung vorstellt, was auch Überlegungen zur Auswahl eines geeigneten (Haus-)Lehrers (franz. *gouverneur,* altdeutsch: Hofmeister) einschließt. Es steht für ihn nämlich außer Frage, daß der junge Mann zweckmäßigerweise „auf eine neue Art und Weise" *(d'une nouvelle manière)* erzogen werden müsse. Dabei ist auch in Rechnung zu stellen, daß aus diesem Grafensohn kein Gelehrter gemacht werden soll, sondern ein gebildeter Weltmann (bei Montaigne: *habil'homme,* später in Frankreich: *honnête homme*), der allen möglichen Aufgaben in der Öffentlichkeit gewachsen ist und zum Beispiel Bürgermeister von Bordeaux werden könnte, wie Montaigne es zweimal in seinem Leben gewesen ist.

Wird nun wohl dieser junge Mann (und desgleichen schon der für ihn auszusuchende Erzieher), wie wir es im gleichen Jahrhundert bei Vives und Rabelais kennengelernt haben, ein Ausbund an gutem Gedächtnis sein müssen, so daß alle Erziehung auf die Übung und Ausbildung dieser besonderen „natürlichen Fähigkeit“ auszurichten ist? Davon kann bei Montaigne – meines Wissens erstmalig in der europäischen Geistesgeschichte – keine Rede mehr sein. Für die Übung des Ingeniums (Montaigne sagt dafür meistens *esprit*) gilt nun – und das ist wirklich eine neue Art und Weise der Erziehung – die pädagogische Maxime: „Auswendigwissen ist nicht Wissen“ *(savoir par cœur n'est pas savoir).* Im Gegensatz zu diesem Gedächtniswissen, das nur aus Büchern gespeist ist, sollte nach seiner Meinung ein Weltwissen gepflegt werden, das aus der Lebenserfahrung stammt und bücherunabhängig ist: „Was man direkt weiß, das hat man zu seiner Verfügung, ohne daß man auf ein Muster blickt, ohne daß man die Augen auf sein Buch richtet.“ Montaigne greift hier auf die alte, schon in der antiken Rhetorik geläufige Unterscheidung zwischen einem Wörtergedächtnis *(memoria verborum)* und einem Sachengedächtnis *(memoria rerum)* zurück, und vor dieser Alternative fällt ihm die Entscheidung nicht schwer: „Unser Zögling soll gute Sachkenntnisse haben, dann folgen die Wörter schon überreichlich nach, und er wird sie [an den Haaren] hinter sich herziehen, wenn sie nicht folgen wollen“ *(Mais que notre disciple soit bien pourvu de choses, les paroles ne suivront que trop; il les traînera, si elles ne veulent suivre).* Daraus darf wohl gefolgert werden, daß man nach Montaignes Überzeugung die Wörter ohne weiteres vergessen darf, wenn man nur die Sachen festhält.

Man sieht, daß die kritischen Äußerungen zum Gedächtnis bei Montaigne keineswegs bildungsfeindlich gemeint sind. Er selber war ja ein hochgebildeter Mann, der von einem deutschen(!) Hauslehrer Latein als seine erste(!) Sprache, noch vor „seinem“ Französisch, gelernt hat und mit den klassischen Autoren wie mit guten Freunden Umgang pflegte. Nicht einmal seine Versicherung, er selber sei von Natur aus „unglaublich schwach an Gedächtnis“ gewesen, können wir ihm ohne weiteres glauben, da ihm zu allen Lebenserfahrungen reihenweise die passenden Zitate griechischer und lateinischer Autoritäten einfallen. Aber er hat mit Hilfe seines Gedächtnisses, wie schlecht oder wie gut es auch gewesen sein mag, in seinem Kopf glänzende Ordnung gehalten, so daß der Leser auch in der scheinbaren Unordnung dieser Essays keinen Moment den Faden verliert.

So versteht man auch die weitere Maxime Montaignes, die in

Frankreich bei allen Gebildeten, und zwar sowohl bei den Freunden als auch bei den Verächtern des Gedächtnisses, zum geflügelten Wort geworden ist. Sie steht ebenfalls in dem genannten Essay über die Erziehung und gehört zu den Überlegungen, worauf bei der Auswahl des Lehrers zu achten ist. Der Satz lautet: „Ich möchte auch, daß man sorgfältig darauf achtet, für ihn [scil. den Schüler] einen Erzieher auszumachen, der den Kopf eher richtig gesetzt als richtig gefüllt hat" *(Je voudrais aussi qu'on fût soigneux de lui choisir un conducteur qui eût plutôt la tête bien faite que bien pleine).* Das ist eine an Deutlichkeit nicht zu überbietende Absage an das sammelnde, magazinierende Gedächtnis als Inbegriff aller pädagogischen Weisheit und eine Herabstufung der memorierenden Tätigkeit auf ein menschliches Maß.

Es ist daher einsichtig, daß in diesem neuen Erziehungsprogramm das Wissen nicht mehr, wie man seit dem 16. Jahrhundert in einem beliebten und weitverbreiteten Bild sagte, mit dem „Trichter" einzuflößen ist. Nur Buchwissen kann auf diese Weise in den Kopf kommen, und dagegen spricht nun eine weitere Maxime Montaignes: „Ärgerliche Bildung: eine Bildung rein aus Büchern" *(Fâcheuse suffisance qu'une suffisance pure livresque)*! Denn was für Menschen sollen das werden, die nur ihr Gedächtnis, nicht aber ihren Verstand zu gebrauchen gelernt haben? Sie verkümmern zu „bücherbeladenen Eseln" *(des ânes chargés de livres).* In diesem Kontext taucht bei Montaigne auch der schon auf Nietzsche vorausweisende Gegensatz von Gedächtnis und Leben auf. Die betreffende Äußerung lautet: „Der Lehrer soll [scil. bei seinem Schüler] nicht nur die Wörter der Lektion abfragen, sondern nach deren Sinn und Wesen fragen, und er soll seinen Lehrerfolg nicht nach dessen Gedächtnisleistungen, sondern nach dem Zeugniswert seines Lebens beurteilen" *(Qu'il ne lui demande pas seulement compte de mots de sa leçon, mais du sens et de la substance, et qu'il juge du profit qu'il aura fait, non par le témoignage de sa mémoire, mais de sa vie).*

Vom Vergessen ist in Montaignes Erziehungs-Essay nicht ausdrücklich die Rede. Aber die Erschütterung, die das bis dahin so unangefochten herrschende Gedächtnis durch die kritischen Bemerkungen des Moralisten Michel de Montaigne erfährt, schafft Raum für eine in der Öffentlichkeit lange unterdrückte Wahrnehmung des Vergessens als einer nicht ganz unbeachtlichen kulturellen Kraft. Insofern ist das Vergessen in Montaignes Gedächtniskritik implizit enthalten und wird in der Kulturgeschichte, oft mit direktem Bezug auf Montaigne, bald explizit zutage treten.

2. Wieviel Gedächtnis braucht der Geist? (Cervantes, Huarte/Lessing, Cordemoy, Helvétius)

In Kants Abhandlung zur Anthropologie findet sich ein Gedanke, der ohne historischen Kommentar schwer zu verstehen ist. Er besagt, „daß Witzlinge selten ein treues Gedächtnis haben". Zum richtigen Verständnis dieser Stelle müssen alle Assoziationen an das Scherzen und Witzemachen ferngehalten werden. Mit dem Ausdruck „Witz" übersetzt Kant nämlich in seine deutsche Begriffssprache den Ausdruck *ingenium*, der seit Cicero in der lateinischen Fachterminologie der Psychologie zur Bezeichnung der natürlichen Geistesveranlagung des Menschen eine zentrale Stelle einnimmt.[1] Der „Witzling" entspricht daher dem Menschentyp oder Charakter des *ingeniosus*, und Kant selber stellt neben seinen oben zitierten Lehrsatz die Rückübersetzung ins Lateinische: *ingeniosis non admodum fida est memoria.* Der deutsche Sprachgebrauch hat jedoch diese Bedeutung von „Witz", „Witzling" nicht festgehalten.[2]

Was nun den hier erkennbaren prekären Zusammenhang von Ingenium/Witz und Gedächtnis betrifft, so müssen wir, um ihn zu erklären, noch einmal in der Zeit weit zurückschreiten und werfen zunächst einen kurzen Blick auf eine vielgelesene Schrift des Aristoteles, die meistens unter ihrem lateinischen Titel *De memoria et reminiscentia* zitiert wird.[3] In ihr unterscheidet der Philosoph also zwischen dem „Gedächtnis" (griech. *mneme*, lat. *memoria*) und der „Erinnerung" (griech. *anamnesis*, lat. *reminiscentia*), doch deckt sich die aristotelische Unterscheidung nicht mit den Bedeutungen, die wir seit der Romantik mit diesen Begriffen verbinden (vgl. unten Kap. VII, 1). Bemerkenswert ist nun an der aristotelischen Schrift vor allem, daß der Philosoph gleich im ersten Satz einen empirischen Zusammenhang herstellt zwischen dem Gedächtnis und der Erinnerung einerseits und der unterschiedlichen Geistesveranlagung der Menschen andererseits, wie man sie später mit solchen Begriffen wie Ingenium und Witz charakterisiert hat. Nach seiner Auffassung zeigt sich nämlich bei den Menschen, die im Sinne der zitierten Unterscheidung über ein gutes Gedächtnis verfügen, ein „langsames" Ingenium, während bei denjenigen, die über eine gute Erinnerungsfähigkeit verfügen, ein „rasches" Ingenium zu beobachten ist, mit dessen Hilfe diese Individuen auch die Lehren der Wissenschaft schnell auffassen können.

Diese Zusammenhänge haben sich die Aristoteliker aller Zeiten gut gemerkt, und wir finden sie beispielsweise in ähnlicher Weise wieder bei Plotin, Avicenna, Averroes, Albertus Magnus sowie vor allem bei Thomas von Aquin in seinem ausführlichen Kommentar zur genannten Schrift des Aristoteles. Auch das Kant-Zitat, mit dem dieses Kapitel eröffnet worden ist, gehört natürlich in den gleichen Zusammenhang, verrät aber auch die sonderbare Rezeptionsverdrehung, die dadurch entstanden ist, daß die philosophische Nachwelt mit der aristotelischen Unterscheidung zwischen Gedächtnis und Erinnerung (in *seiner* Begriffsbedeutung!) nicht viel anfangen konnte und allen Nachdruck auf den *einen* Lehrsatz gelegt hat, daß bei den meisten Menschen zwischen dem nunmehr isoliert gedachten Gedächtnis und einem alerten Ingenium oder Witz kein gutes Einvernehmen zu bestehen pflegt.

Das ist nun im Laufe der Jahrhunderte nicht nur Philosophenwissen geblieben, sondern hat sich über viele Kanäle in das allgemeine Weltwissen ausgebreitet, besonders wirkungsvoll im Spanien des 16. und 17. Jahrhunderts, des großen Zeitalters *(Siglo de Oro)* der spanischen Literatur. Dort sehen wir sie vor uns, die beiden ungleichen Charaktere: den Ritter Don Quijote, groß und hager, und neben ihm seinen Schildknappen Sancho Panza, klein und rundlich, der eine auf seinem Pferd, der andere auf seinem Esel reitend, so wie die ikonographische Tradition, die unmittelbar auf die physiognomische Beschreibung der beiden Charaktere in dem unsterblichen Roman des Miguel de Cervantes (1547–1616) zurückgeht, sie archetypisch dargestellt hat. Mit ihnen reitet das Gedächtnis, und zwar auf dem Esel – sowie das Vergessen, und zwar zu Pferde.[4]

Daß diese psychischen Fähigkeiten in der Weise, wie ich sie hier – zunächst etwas vereinfacht – beschrieben habe, auf die beiden Charaktere verteilt sind, ist der nacharistotelischen Temperamentenlehre und der auf ihr beruhenden Ingenium-Psychologie zuzuschreiben, von denen sich Cervantes bei der Charakterzeichnung seiner Helden bis in die physiognomischen Einzelheiten hinein hat anregen lassen. Don Quijote ist demnach als der melancholische, Sancho Panza als der phlegmatische Held des Romans aufzufassen.[5]

Das melancholische Temperament Don Quijotes beruht auf einer bestimmten „Mischung“ (lat. *temperamentum*) der Körpersäfte (lat. *humores*), wobei für seine Geistesveranlagung – wie noch im einzelnen zu zeigen sein wird – die Qualität der Trockenheit dominant ist. Durch sie kommt auch die Konstitution seiner körperlichen Gestalt zustande, so daß er folgerichtig von seiner Umwelt als der Ritter von der „Traurigen“ Gestalt wahrgenommen wird. Noch bedeutsamer für den Charakter des Ritters ist jedoch, daß bei ihm als Melancholiker in allen Äußerungen seines Temperaments ein besonders hochqualifiziertes Ingenium (span. *ingenio*) zum Ausdruck kommt, das ihn zu den erstaunlichsten Geistestaten befähigt. Er ist, wie schon der Titel des Romans von ihm sagt, „der *ingeniöse* Junker Don Quijote von der Mancha". Ein solches Ingenium gewinnt seine Kraft nicht aus dem Gedächtnis, sondern aus den Leistungen eines scharfsinnigen Verstandes und einer überbordenden Phantasie. Mit dieser Veranlagung ist der ingeniöse Junker aber auch aufs höchste gefährdet, einem melancholietypischen Wahn anheimzufallen.

Vor solchen Gefahren bleibt Sancho Panza aufgrund seines phlegmatischen Temperaments verschont.[6] Die Qualitäten der Kälte und Feuchtigkeit, die nach den Vorstellungen der Zeit dieses Temperament und als sein Substrat eine entsprechend gerundete Leibesgestalt hervorbringen, verleihen dem Charakter eines solchen Menschen zwar nur mindere Geistesgaben, bewahren ihn aber zum Ausgleich vor allen extremen Ausschlägen der Verrücktheit. So ein Mann mit seinem „simplen" Ingenium gleicht dann wohl, wie Don Quijote zu verschiedenen Malen von Sancho seufzend bemerkt, dem Tier, auf dem er reitet, dem Esel also, von dem die Naturgeschichte schon seit der Antike weiß, daß er das Tier mit dem kleinsten Verstand, aber mit dem größten Gedächtnis ist.[7]

So einer also ist Sancho Panza. Die bescheidenen Geistesgaben, mit denen er sein Leben bestreiten muß, bestehen in erster Linie aus einem bemerkenswert guten Gedächtnis, in dessen feucht-kaltem Gehirnsubstrat die Erinnerungsbilder lange haften. Aus diesem Gedächtnis kann er seine ganze Lebensweisheit schöpfen. Sancho Panza ist daher in diesem Roman – zunächst nur nach Eselsart *(asnalmente)*, dann mit immer eindrucksvollerem Selbstbewußtsein – der Gedächtnismann. Was er in seinem unerschöpflichen Gedächtnis vor allen Dingen gespeichert hat, sind die zahllosen Sprichwörter, an denen die spanische Volkskultur so reich ist. Sie purzeln Sancho beim Reden gleich reihenweise aus dem Mund:

> *Sé más refranes que un libro, y viénenseme tantos juntos a la boca cuando hablo, que riñen por salir unos con otros; pero la lengua va arrojando los primeros que encuentra, aunque no vengan a pelo.*
>
> Ich weiß mehr Sprichwörter als ein Buch, und wenn ich spreche, kommen mir davon soviele zusammen auf die Zunge, daß sie

> miteinander um den Vortritt zanken, aber die Zunge packt sich dann schon die erstbesten, auch wenn sie nicht genau passen.

Andere erstaunliche Weltklugheiten, die Sancho bei passenden oder unpassenden Gelegenheiten von sich gibt, werden von ihm selber damit erklärt, daß er sie in den Predigten des Pfarrers oder des Fastenpredigers aufgeschnappt und seitdem fest im Gedächtnis bewahrt hat. Mit Hilfe all dieser Sprichwörter und seines sonstigen Gedächtniswissens hat Sancho, der natürlich nicht lesen und schreiben kann, dem „kurzen" und „groben" Ingenium seines Bauernkopfes zum Trotz, soviel Volksweisheit gespeichert, daß alle Welt verblüfft ist und das immer wieder gedächtnisstarke Ingenium dieses „Weltklug-Einfältigen" *(simple discreto)* bewundert, der schließlich sogar als Gouverneur einer Insel seinen Mann zu stehen weiß.

Im Kontrast zu diesem phlegmatischen Temperament Sancho Panzas wollen wir nun noch einmal etwas genauer das melancholische Temperament Don Quijotes betrachten, durch dessen Wirkung er schlechthin „ingeniös" (span. *ingenioso*) genannt werden kann.[8] Das Temperament der Melancholie kommt nun nach den Vorstellungen der Zeit eigentlich durch das Zusammenwirken der Qualitäten Trokkenheit und Kälte zustande. Doch gibt es, wie man im einzelnen bei den medizinischen Autoritäten der Zeit nachlesen kann, eine Sonderform der Melancholie, die durch Überhitzung der schwarzen Galle entsteht und in der lateinischen Fachsprache der Medizin als *melancholia adusta* (spanisch: *melancolía por adustión* 'Melancholie durch Hinzubrennung') bezeichnet wird. Für diese spezifische Melancholie soll eine in der ganzen Geschichte der Ingenium-Psychologie als maßgeblich angesehene Erfahrungsregel des Aristoteles gelten, derzufolge „alle Ingeniösen Melancholiker gewesen sind" (in Ciceros lateinischer Fassung: *omnes ingeniosos melancholicos fuisse*). Noch Goethe sagt von diesem Zitat, es werde „oft angeführt". Was nun Don Quijote betrifft, so kommt die Überhitzung seines melancholischen Temperaments durch die Wirkung der Droge Lesen zustande, nämlich durch die maßlose Lektüre von Ritterromanen, mit der er in seinem Dorf in der Mancha, an dessen Namen der Romanautor sich „nicht erinnern will" (!), sein Junkerleben verbringt, bis das folgende Ereignis eintritt:

> *En resolución, él se enfrascó tanto en su letura, que se le pasaban las noches leyendo de claro en claro, y los días de turbio en turbio; y así, del poco dormir y del mucho leer se le secó el celebro de*

> *manera, que vino a perder el juicio. Llenósele la fantasía de todo aquello que leía en los libros, así de encantamentos como de pendencias, batallas, desafíos, heridas, requiebros, amores, tormentas y disparates imposibles; y asentósele de tal modo en la imaginación que era verdad toda aquella máquina de aquellas sonadas soñadas invenciones que leía, que para él no había otra historia más cierta en el mundo.*
>
> Kurz und gut, er versenkte sich so sehr in seine Lektüre, daß er die Nachtstunden von Tageslicht zu Tageslicht und die Tagesstunden von Dämmerung zu Dämmerung mit Lesen zubrachte. So kam es, daß ihm vom wenigen Schlafen und vielen Lesen das Gehirn austrocknete. Und nun füllte sich seine Einbildungskraft mit all dem an, was er in den Büchern zu lesen fand: Verzauberungen ebenso wie Waffengänge, Feldschlachten, Herausforderungen, Verwundungen, Herzen und Kosen, Liebschaften, Seestürme und die unmöglichsten Wirrnisse. Und der Gedanke, daß dieser ganze Apparat mit all seinen klangvoll ausgedachten Phantastereien, von denen in seinen Büchern die Rede war, der reinsten Wahrheit entsprach, setzte sich so sehr in seiner Einbildungskraft fest, daß er sich in der ganzen Welt keine glaubwürdigere Geschichte vorstellen konnte.

So wird Don Quijote nun zum medizinisch-psychologischen „Fall". Zu dessen Symptomen gehört als erstes, daß er alles um sich herum vergißt, die Ausübung der Jagd ebenso wie die Verwaltung seines Gutes *(que olvidó casi de todo punto el ejercicio de la caza, y aun la administración de su hacienda).* Daß sein Ritterwahn das Vergessen der realen Welt zur Voraussetzung hat, erklärt sich aus der Beschaffenheit und den Veränderungen seines melancholischen Ingeniums, das ja weder in seiner natürlichen Mischung (Trockenheit und Kälte) noch in seiner pathologisch angeheizten Form (Trockenheit und Hitze) dem Gedächtnis, das vor allem Feuchtigkeit des Gehirns braucht, günstige Bedingungen bietet. Hervorragend können sich jedoch unter den Bedingungen der Überhitzung Verstand *(entendimiento)* und Einbildungskraft *(imaginación)* entfalten, die eben diese Qualität verlangen und somit die ingeniöse Form der Melancholie, den Wahn-„Witz", hervorbringen. Die Disposition zum Vergessen ist also bei dem melancholischen Ritter ein natürlicher Aspekt seines Wahns und eine notwendige Voraussetzung seiner Ingeniosität oder seines Genies, wie man später sagen wird, wenn man den Zusammenhängen von „Genie und Wahnsinn" noch genauer nachgehen wird. Und in der Genialität dieses Wahns liegt zugleich auch der Grund dafür, daß Generationen von Lesern – und schon Cervantes selber im Maße, wie er im Erzählen seiner Geschichte voranschreitet – diesem liebenswürdigen Helden ihre Sympathie und Bewunderung in reicher Fülle entgegengebracht haben.[9]

Wie endet die Geschichte? Durch eine Intrige der Vernünftigen wird der Ritter von der Traurigen Gestalt mit List wieder an seinen Heimatort in der Mancha zurückgebracht. Dort erkrankt er an einer ebenfalls als Melancholie diagnostizierten Krankheit, fällt dabei in einen tiefen Schlaf, den man wohl als Heilschlaf interpretieren muß, und ist plötzlich wie durch ein Wunder von seinem Wahn und Weltvergessen – leider auch von seinem Genie – befreit: *memoria ex machina.* Als der gute Mann von nebenan *(Alonso Quijano el Bueno)* stirbt er eines friedlichen Todes.

*

Woher hatte Cervantes sein psychologisch-medizinisches Wissen, wie es in der literarischen Formung seiner Romancharaktere zum Ausdruck kommt? Er muß es wohl von dem spanischen Arzt und Naturphilosophen Juan Huarte (ca. 1529–1591) bezogen haben, der in der Kulturgeschichte des Gedächtnisses und des Vergessens eine bedeutende Rolle spielt. Huarte hat im Jahre 1575 ein Buch unter dem Titel *Examen de ingenios* veröffentlicht, das in ganz Europa viel gelesen und vielfach kommentiert worden ist.[10] Für die weitreichende Wirkung dieses Buches auf die europäische Geisteswelt spricht unter anderem die Tatsache, daß es noch fast zweihundert Jahre später, nämlich 1752, von keinem Geringeren als dem jungen Lessing unter dem Titel „Prüfung der Köpfe" ins Deutsche übersetzt worden ist.

Mit Berufung auf antike Autoritäten wie Aristoteles, Galen, Cicero und Augustinus, jedoch auch im Rückgriff auf die eigene Erfahrung als Arzt, unterscheidet Huarte drei Grundkräfte (Lessing: Vermögenheiten) der Seele: das Gedächtnis *(memoria)*, die Einbildungskraft *(imaginativa)* und den Verstand *(entendimiento).* Diese drei Grundkräfte sind nach seiner Auffassung in ihrer Beschaffenheit davon abhängig, wie sich im Körper, insbesondere im Gehirn, die vier Grundqualitäten Wärme, Kälte, Trockenheit und Feuchtigkeit verteilen und mischen. Davon hängt für jedes Individuum sein gutes oder weniger gutes Temperament ab. Wenn ein Gehirn viel Feuchtigkeit hat, so kommt das dem Gedächtnis zugute, da die „Ein-Drücke" der Erinnerungsbilder von der zäh-klebrigen Gehirnmasse lange festgehalten werden. Ein trockenes Gehirn begünstigt demgegenüber den raschen Verstand, und ein warmes Gehirn regt die lebhafte Phantasie an. Ein kaltes Gehirn schließlich ist zu gar nichts nutze und macht den Geist nur starr und unbeweglich.

Wie nun die genannten Qualitäten auf die einzelnen Menschen verteilt sind, ist dem Ingenium (Lessing: Genie) eines jeden Individuums von Natur aus eingegeben. Aufgabe der empirischen Psychologie (Huarte sagt: *filosofía natural*) ist es daher, das Ingenium der einzelnen Menschen auf seine jeweilige Beschaffenheit hin zu untersuchen (Huarte: *examinar*, Lessing: „prüfen") mit dem besonderen Ziel, junge Menschen auf die für sie richtigen Berufe hin lenken zu können – eine Art wissenschaftlicher Berufsberatung. So erklärt sich auch der spanische Buchtitel *Examen de ingenios* ebenso wie Lessings Titelübersetzung „Prüfung der Köpfe".

Was nun im besonderen das Gedächtnis angeht, das ja nach Huartes fester Überzeugung zum guten Funktionieren eine feuchte Gehirnmasse voraussetzt, so steht es in einem prekären Verhältnis zu den anderen Grundkräften der Seele, also zum Verstand und zur Einbildungskraft. Einerseits wirken diese Kräfte in einem wohltemperierten Kopf glücklich zusammen, insofern die Einbildungskraft dem Gedächtnis die Merkbilder liefert, die dieses sich „ein-prägt", woraufhin das Gedächtnis diese Bilder dem Verstand möglichst lange zur Verfügung hält. Aber andererseits kann Huarte in seiner fast schon strukturalistischen „Weltweisheit" (so Lessing) nicht übersehen, daß von den vier Grundqualitäten des Leibes jeweils zwei nicht miteinander kompatibel sind, nämlich Wärme und Kälte, Trockenheit und Feuchtigkeit. Das betrifft nun in besonderem Maße die Seelenkräfte Gedächtnis und Verstand. Da nämlich das Gedächtnis ein feuchtes und weiches, der Verstand hingegen ein trockenes und hartes Gehirnsubstrat braucht, kann ein Mensch nur eines von beiden haben, entweder das (weiche) Gedächtnis oder den (harten) Verstand. Daraus folgert Huarte:

> *Desta doctrina se infiere claramente que el entendimiento y la memoria son potencias opuestas y contrarias; de tal manera, que el hombre que tiene gran memoria ha de ser falto de entendimiento, y el que tuviere mucho entendimiento no puede tener buena memoria, porque el celebro es imposible ser juntamente seco y húmido a predominio.*

In Lessings Übersetzung lautet dieser Abschnitt wie folgt:

> Aus dieser Lehre fliesset unwidersprechlich, daß der Verstand und das Gedächtnis ganz entgegengesetzte und widrige Vermögenheiten sind, so daß der, welcher ein starkes Gedächtnis hat, notwendig am Verstande Mangel haben muß und der, welcher einen großen Verstand besitzet, kein gutes Gedächtnis besitzen kann, weil das Gehirn ohnmöglich zugleich übermäßig trocken und übermäßig feucht sein kann.

An dieser Stelle seiner Lehre ist Huarte sich übrigens darüber im klaren, daß er dem großen Aristoteles widerspricht. Der hatte sich nämlich mit seiner Unterscheidung von *mneme* und *anamnesis* (lat. *memoria* und *reminiscentia,* deutsch: *Gedächtnis* und *Erinnerung*) einen Weg offengehalten, wenigstens eine dieser Fähigkeiten, die Erinnerung, mit dem Verstand kompatibel zu machen. Huarte hingegen übernimmt diese Unterscheidung nicht und läßt sich ohne jeden Vermittlungsversuch zu der Konsequenz hinreißen, zwischen Verstand und Gedächtnis „Feindschaft" *(enemistad)* zu erklären. Die Schärfe dieses Gedankens ist auch der zeitgenössischen Zensur nicht entgangen: sie hat diesen Satz für die zweite Auflage gestrichen. Seit Huarte ist nun also, an der Zensur vorbei, in aller Brisanz dieser Gedanke in der Welt: Verstand und Gedächtnis sind feindliche Brüder. Man kann nicht beider Freund sein. Von Glück kann der sagen, dem die Natur ein trockenes Gehirn und folglich eine natürliche Disposition zum glücklichen Gebrauch seines Verstandes oder (wenn Wärme hinzutritt) seiner Einbildungskraft verliehen hat. Wem das natürliche Temperament seines Ingeniums es jedoch anders bestimmt hat, dem steht nur die rein passive (Lessing: leidende) Fähigkeit des Gedächtnisses zu Gebote, um ihm den Weg durch das Leben zu bahnen. Und bei der Berufswahl sind dann auch nur wenige Wissenschaften für ihn geeignet, unter denen allerdings die Sprachkunde an erster Stelle zu nennen ist, denn für Huarte, den Weltweisen, steht außer Frage, daß man die Sprachen mit dem Gedächtnis erwirbt *(con la memoria se adquieren).*

Doch sind in diesem Zusammenhang noch einige Aspekte wegen ihres anekdotischen Wertes zu erwähnen. Zwar ist Huarte in seinem Buch ein unermüdlicher Anwalt der Verschiedenheiten, die in der Welt anzutreffen sind, was sich, konkret gesprochen, darin niederschlägt, daß es in seinem Werk sehr viele Plurale gibt *(ingenios, habi-*

lidades, diferencias, grados, ciencias...), doch findet man auch Abschnitte, in denen er bedenklich typisiert. Die jungen Leute, so lehrt er beispielsweise, haben eine weichere Gehirnsubstanz und folglich auch ein besseres Gedächtnis als die Alten, die mit ihrem vom langen Leben getrockneten Gehirn schneller vergessen. Ferner wird auch den Frauen, denen er wenig Geist zutraut, zum Ausgleich für diesen Mangel ein sehr leistungsfähiges Gedächtnis zugeschrieben. Und schließlich läßt er auch die Geographie in den Seelenhaushalt hineinspielen. Wes Geistes Kind mögen wohl die Völker sein, fragt er sich, die im feuchtkalten Norden Europas wohnen, zum Beispiel die Deutschen? Seine Antwort, die von Lessing nicht unterschlagen wird, lautet klar und knapp: „Die Deutschen: starkes Gedächtnis und wenig Verstand" *(Los Alemanes grande memoria y poco entendimiento).*

Vom Vergessen ist in Huartes Weltweisheit nur am Rande die Rede. Aber es ist natürlich in seinem System implizit enthalten. Denn wer durch sein Ingenium zu Höchstleistungen des Verstandes oder der Einbildungskraft disponiert ist, braucht um seine damit verbundene Vergeßlichkeit nicht besorgt zu sein. Ein Genie darf ohne weiteres vergessen. Fehlt ihm dann etwas in seinem Wissensvorrat, so wird er das Fehlende leicht aus Eigenem ersetzen und Neues erfinden können. Es beginnt hier eine Ära der europäischen Kulturgeschichte, in der das Gedächtnis seine bis dahin unbestrittene Glanzrolle in der Öffentlichkeit einbüßt und auf der Treppe des kulturellen Prestiges unaufhaltsam absteigt oder auch abrutscht, was nun gleichzeitig einen Prestigezuwachs für das Vergessen bedeutet.

*

Etwa auf halber historischer Strecke zwischen dem Spanier Juan Huarte und seinem deutschen Übersetzer Lessing begegnen wir in Frankreich dem Philosophen Géraud de Cordemoy (1626–1684), der ebenfalls den Zusammenhängen von Genie und Gedächtnis nachgegangen ist, vor allem in einem sprachphilosophischen Werk, das er unter dem Titel *Discours physique de la parole* (etwa: „Diskurs über die Körperlichkeit des Wortes", 1668) veröffentlicht hat.[11] Cordemoy ist Cartesianer; er hat es folglich primär mit dem Leib-Seele-Problem zu tun, das sich vor allem deshalb als ziemlich kompliziert darstellt, weil bei Descartes der Leib als ein Ausgedehntes *(res extensa)* und die Seele als unräumliches Bewußtsein *(res cogitans)* grundverschiedene Substanzen sind, deren Zusammenspiel problematisch ist (vgl. unten IV, 1).

Cordemoy hat nun den interessanten Einfall, das Leib-Seele-Problem von der Sprachphilosophie her zu beleuchten, da beim Sprechen offensichtlich Leibliches (die Lautung) und Seelisches (die Bedeutung) ebenso zusammenwirken, wie es für Leib und Seele generell anzunehmen ist. Dieses Zusammenwirken geschieht im sprachlichen Zeichen, dessen physische Außenseite die Lautung und dessen psychische Innenseite die Bedeutung ist. Cordemoys Sprachphilosophie stellt sich also als eine cartesianische Semiotik dar.

Aus diesem sprachphilosophischen Ansatz ergibt sich auch, daß Cordemoy der Konstitution des Leibes mindestens die gleiche Aufmerksamkeit zuwenden muß wie der Natur der Seele. Dabei kommt ihm die Temperamentenlehre, wie wir sie bei Huarte kennengelernt haben, sehr gelegen, und auch er nutzt sie, um mit ihrer Hilfe das Ingenium der Menschen zu „prüfen" *(examiner).* Denn in den verschiedenen Temperamenten wirkt der Leib offensichtlich auf die Seele ein, und zwar über das Gehirn. Das zeigt sich in der Erfahrung, wenn man die verschiedenen Charaktere der Menschen auf ihre natürlichen Unterschiede hin untersucht. Dabei interessiert ihn besonders das geistige Niveau der Individuen. Je nachdem nämlich, ob das Gehirn aus feinerer oder gröberer Substanz besteht, kann die Seele entweder höhere oder niedere Geisteskräfte entwickeln.

Hier kommt nun bei Cordemoy das Gedächtnis *(mémoire)* ins Spiel, das er zu den niederen Seelenkräften rechnet. Es hat als körperliches Substrat gröbere und festere Gehirnpartien *(les parties du cerveau plus grosses et plus fixes),* in denen die Sinneseindrücke und Empfindungen lange haften. Wer nun in seinem Kopf ein Gehirn beherbergt, in dem diese besondere Beschaffenheit überwiegt, der kann nicht gleichzeitig auf eine rasche Auffassungsgabe und Gefühlsstärke Anspruch erheben. Diese Eigenschaften setzen nämlich ein Gehirn voraus, dessen Teile sich locker und lebhaft bewegen können. Das aber bringt wiederum ein schlechtes Gedächtnis mit sich. Man kann folglich auch nach der Überzeugung dieses Autors nicht beides zugleich haben, Geist und Gedächtnis, und die Menschen unterscheiden sich danach, ob sie von ihrem Gehirn her für das Höhere, den Geist, oder für das Niedere, das Gedächtnis, geschaffen sind.

Wie zeigt sich das konkret, beispielsweise bei einem Redner? Es gibt nach Cordemoy zwei Arten von Rednern. Die einen haben als angeborene Seelenkraft nur ihr Gedächtnis zur Verfügung. Sie können folglich nur die Worte anderer „kopieren", und zwar „ohne je etwas Eigenes hervorzubringen" *(sans jamais rien produire qui soit original).* Ganz anders der Redner, der von der Beschaffenheit seines Gehirns her ein *homme de génie* ist. Bei ihm erweist sich die Fruchtbarkeit seines Geistes darin, daß er bei jedem Sachverhalt, im Zusammenspiel von Vernunft und Imagination, sofort die jeweiligen Stärken und Schwächen erkennt und folglich auch genau weiß, wie er in der Rede die Akzente zu setzen hat. So kann er auch ohne weiteres über jeden beliebigen Gegenstand reden, ohne je fürchten zu müssen, daß ihm die richtigen Worte nicht einfallen: diese stellen sich von selber ein, wenn er den Sachverhalt beherrscht. Auf ein gutes Gedächtnis kann ein solcher Geist daher leichten Herzens verzichten, und die diesbezügliche Bilanz lautet für das Genie: „wenig Gedächtnis" *(peu de mémoire).*

*

Wir begeben uns nun noch einmal in das Jahrhundert der Aufklärung und kommen damit wieder in die zeitliche Nähe von Kant, von dem wir in diesem Kapitel ausgegangen sind. Zu sprechen ist von dem französischen, aber aus Deutschland stammenden Philosophen Claude-Adrien Helvétius (1715–1771) und im besonderen von dessen beiden Büchern *De l'esprit* (Über den Geist, 1758) und *De l'homme* (Über den Menschen, postum 1773).[12] Dabei ist besonders zu beachten, daß der Begriff „Ingenium" in der französischen Sprache meistens durch das Wort *esprit,* manchmal jedoch auch durch das Wort *génie* wiedergegeben wird.

Die Problemlage, mit der sich Helvétius auseinandersetzt, ist dadurch gekennzeichnet, daß Descartes am Anfang seines *Discours de la Méthode* den gesunden Menschenverstand die bestverteilte Sache der Welt nennt. Jedem Menschen ist demnach vom Schöpfer das gleiche Quantum an *bon sens (sens commun)* zugeteilt. Man muß nur mit philosophischer Hilfe eine geeignete Methode finden, um von seinem gesunden Menschenverstand den rechten Gebrauch zu machen.

Von diesem philosophischen Lehrsatz will auch Helvétius nicht abweichen, doch legt er sich – ähnlich wie Cordemoy – die Frage vor, wie diese cartesianische Lehre mit der notorischen Erfahrungstatsache zu vereinbaren ist, daß die einzelnen Menschen über höchst ungleiche Geistesgaben *(la grande inégalité d'esprit)* verfügen können und insofern auch in ihrer Menschennatur verschieden sind. Das ist natürlich wieder die von Huarte in aller Deutlichkeit aufgeworfene Frage nach den „Unterschieden der Ingenia" *(diferencias de ingenios).* In der Kantschen Anthropologie wird diese Frage ebenfalls erörtert und als Gegensatz zwischen dem „gemeinen und gesunden Verstand" und dem „Witz" behandelt, wobei sich der erstere auf das „wahre Bedürfnis" beschränkt, während der Witz *(ingenium)* „eine Art von Luxus der Köpfe" darstellt.[13]

Helvétius hingegen interessiert sich in besonderem Maße (und mehr als Kant) für den Luxus Geist, und er denkt insbesondere darüber nach, ob die erheblichen Unterschiede der intellektuellen Begabung, die bei den einzelnen Menschen festzustellen sind, wohl mit ihren unterschiedlichen Gedächtnisfähigkeiten erklärt werden können. Besteht vielleicht ein Zusammenhang zwischen der „Höhe" des Geistes und der „Weite" *(étendue)* des Gedächtnisses? Dabei will Helvétius nun keineswegs in Frage stellen, daß der menschliche Geist nur im Zusammenwirken mit dem Gedächtnis tätig werden kann. Dieser ist ja nur dann in der Lage, Gegenstände zu vergleichen und vergleichend zu beurteilen, wenn er sich diese Gegenstände auch gleichzeitig vorzustellen vermag. Aber zu dieser notwendigen Hilfestellung scheint dem Philosophen schon ein gewöhnliches Gedächtnis ausreichend zu sein, so wie man es bei jedermann antreffen kann.

Welche Vorteile sind darüber hinaus von einem „großen" Gedächtnis zu erhoffen? Von einem solchen Gedächtnis erwartet Helvétius allenfalls solche „unfruchtbaren Gegenstände" wie Namen, Zahlen und Daten, für die bei „Leuten von Geist" *(gens d'esprit)* keinerlei Interesse aufzubringen ist. Wer je für sein Nachdenken dergleichen Wissen braucht, kann es sich mit geringer Anstrengung *ad hoc* beschaffen. Dafür gibt es auch historische Zeugen, die das vorgelebt haben. Augustinus und Montaigne zum Beispiel, von denen Helvétius aus seiner Lektüre wissen will, daß sie nach eigenem Bekunden nur mit einem schwachen Gedächtnis ausgestattet waren, sind durch diesen Mangel offensichtlich nicht im geringsten daran gehindert worden, dem Menschengeschlecht neue Wege zu weisen. Was haben denn andererseits die notorischen Gedächtniskünstler *(prodiges de mémoire)* – hier zitiert der Autor zum Beleg die heute nur noch den Philologen bekannten Namen Scaliger, Hardouin und Longuerue – an geistigen Leistungen vorzuweisen, wenn man sie mit solchen Geistesgrößen vergleicht, wie sie die Weltgeschichte – außer den Genannten – mit Tacitus, Newton und Machiavelli hervorgebracht hat! Auch an Descartes und Milton denkt Helvétius in diesem Zusammenhang mit Hochachtung; sie haben sich in die Geschichte des Geistes nicht etwa dadurch eingeschrieben, daß sie Altbekanntes aus dem Gedächtnis wiederholten, sondern verdanken ihren Ruhm der offenkundigen Tatsache, daß sie im Reich des Geistes erregend neue Entdeckungen gemacht haben.

Ist also dem Geist überhaupt damit gedient, daß ihm das Gedächtnis mehr als die gewöhnliche Nahrung bietet? Ein solcher Zusammenhang ist für den aufgeklärten Philosophen Helvétius nicht mehr erkennbar. Eine überreiche Nahrungszufuhr vom Gedächtnis her scheint vielmehr dem Geist eher abträglich zu sein – wie umgekehrt natürlich auch ein chronischer Nahrungsmangel. Aus all dem folgert Helvétius schließlich:

> *Le grand esprit ne suppose point la grande mémoire: j'ajouterai même que l'extrême étendue de l'un est absolument exclusive de l'autre.*
>
> Geistesgröße setzt keineswegs ein weites Gedächtnis voraus; ja, ich will sogar hinzufügen, daß eine äußerste Ausdehnung des Gedächtnisses mit Geistesgröße schlechterdings unvereinbar ist.

Positiv vereinbar sind nach seiner Überzeugung Geist und Gedächtnis allenfalls dann, wenn das Gedächtnis einer strengen Zucht unterworfen wird, wenn es sich also selber vom Geist formen und ordnen läßt. Wie schafft der Geist diese Ordnung im Gedächtnis? Das leistet die Aufmerksamkeit, die je nach der Situation bald diesen und bald jenen Gedächtnisbereich besonders anleuchtet. Dadurch versinkt andererseits das von der Aufmerksamkeit jeweils nicht Beleuchtete im Dunkel des Vergessens. So wird im Gedächtnis ständig das Wichtige vom Unwichtigen gesondert. Und es gehört für Helvétius Mut dazu, vieles, ja „unendlich vieles" nicht wissen zu wollen, wenn nur um diesen Preis das wenige Wesentliche scharf erkannt werden kann. Große Geister können jedenfalls, sofern sie Helvétius folgen wollen, ohne Furcht und Besorgnis das Gedächtnis vernachlässigen und in ihrem Kopf das natürliche Vergessen wirken lassen. Solange also die Aufklärung das Sagen hat, bleibt es bei der von Helvétius formulierten Regel: „Das Genie ist nicht das Produkt des großen Gedächtnisses" *(Le génie n'est pas le produit de la grande mémoire).*

IV. Aufgeklärtes Vergessen

1. Vernünftiges Denken, methodisches Vergessen (Descartes, Thomasius)

Am Ausgang der Renaissance treten noch einmal die Lehrmeister der Rhetorik auf und versprechen, mit einer (letzten?) gewaltigen Kraftanstrengung des Gedächtnisses all das alte und neue Wissen, über das die Menschheit nunmehr verfügt, doch noch unter Kontrolle zu bringen. Einer von ihnen ist der Rhetoriklehrer Lambert Schenkel, der im Jahre 1593 einen gelehrten Traktat *De memoria* geschrieben hat.

Der Philosoph René Descartes (1596–1650) hat, wie schon bei Frances A. Yates zu erfahren ist, diesen Autor gelesen und für seine mnemotechnischen Ratschläge ein amüsiertes Interesse aufgebracht.[1] Offenbar hat er gerade bei der Lektüre von Lambert Schenkels Werk gemerkt, daß dessen Methode für ihn ganz und gar nicht geeignet ist. Er, Descartes, wird einen anderen Weg einschlagen und versuchen, das Problem des Gedächtnisses weitab von jener altbekannten Mnemotechnik und gegenläufig zu deren Künsten zu lösen. In seinen *Cogitationes privatae* (1619–1621) schreibt er dazu:

> Als ich die anregenden Dummheiten des Lambert Schenkel las, habe ich mir überlegt, daß ich wohl leicht alles das, was ich je entdeckt habe, mit meiner Vorstellungskraft umfassen könnte, wenn ich nur immer die Sachen auf ihre Ursachen zurückführte *(per reductionem rerum ad causas).* Und wenn diese dann schließlich noch auf eine einzige Ursache zurückgeführt werden, dann wird wohl klar, daß für die Wissenschaften insgesamt überhaupt kein Gedächtnis nötig ist *(patet nulla opus esse memoria ad scientias omnes).* (...) Darin besteht die wahre Gedächtniskunst *(vera ars memoriae),* im äußersten Gegensatz zu der, wie sie jener Dummkopf betreibt. Nicht daß er mit seiner Kunst ganz erfolglos bliebe, doch vergeudet er mit ihr einfach zuviel Papier, weil er nicht die richtige Ordnung einhält. Diese aber besteht darin, daß die Gedächtnisbilder in ein Verhältnis gegenseitiger Abhängigkeit gebracht werden. Schenkel hingegen verfehlt wil-

> lentlich oder unwillentlich gerade das, was den Schlüssel des ganzen Geheimnisses *(clavis totius mysterii)* bildet.[2]

Descartes' Bemerkungen zur „abwegigen" Mnemotechnik des Lambert Schenkel laufen also ingesamt auf die Kritik hinaus, daß diese Art Gedächtniskunst ohne Vernunft gemacht ist. Wenn der Philosoph sich statt dessen auf die Vernunft beruft, kann er mit ihrer Hilfe das ganze Gedächtnisproblem „mit Leichtigkeit" auf andere Weise, nämlich strikt rational lösen.

Das tut Descartes ein paar Jahre später, im Jahre 1637, in seinem *Discours de la méthode.*[3] Doch ist in diesem – französisch verfaßten – Gründungsdokument des philosophischen Rationalismus vom Gedächtnis explizit weniger die Rede als in den vorher und nachher von ihm zum gleichen Thema publizierten lateinischen Schriften, nämlich in den *Regulae ad directionem ingenii* (1628) und in den *Meditationes de prima philosophia* (1641), so daß auch deren Äußerungen hier zu berücksichtigen sind.[4] Was nun zunächst den *Discours de la méthode* betrifft, so besteht der Denkweg, den der Autor in dieser Schrift seinen Lesern nahelegt, aus zwei Etappen.[5] Auf der ersten Etappe zwingt sich Descartes zu dem unerhörten, nur starken Geistern zu empfehlenden Kraftakt, aus dem Bewußtsein sämtliche Inhalte, die irgendwie irrig oder trügerisch sein könnten, zu eliminieren. Davon sind alle Vorstellungen *(idées)* betroffen, die der Vernunft je von den Sinnen, von der Phantasie oder vom Gedächtnis angeboten worden sind, sowie des weiteren alle überkommenen Lehrmeinungen *(opinions),* die sich seit den Philosophenschulen der Antike und zumal seit der Scholastik durch Gewohnheit an diese Vorstellungen geheftet haben. Es mag ja sein, räumt Descartes ein, daß nicht alle Bewußtseinsinhalte eine so radikale Zurückweisung verdienen, aber schon der leiseste Zweifel muß den konsequent handelnden Philosophen veranlassen, lieber zu viele als zu wenige Bewußtseinsinhalte zu verwerfen *(rejeter).*

Am Ende dieses kritischen Musterungsprozesses bleibt dem skeptischen Geist nur eine einzige Gewißheit übrig: die intuitive Existenzgewißheit seiner selbst als eines denkenden Wesens *(res cogitans),* ausgedrückt in der berühmten Formel „ich denke, also bin ich" *(je pense, donc je suis,* später in den *Meditationes* lateinisch genauer: *sum cogitans*). Diese unmittelbare Gewißheit der eigenen Existenz zeichnet sich nun durch eine „klare und deutliche Vorstellung" *(clara et distincta perceptio)* aus, wie sie durch keinen Zweifel erschüttert werden kann. Mit einer solchen Selbstgewißheit – die des weiteren durch die ebenso gewisse Erkenntnis eines wahren Gottes definitiv täuschungsfest gemacht werden kann – geht Descartes sodann zur zweiten Etappe seines Denkweges über, auf dem er alle diejenigen Bewußtseinsinhalte, die er vorher aus vielleicht übertriebenem Skrupel verworfen hatte, Schritt um Schritt wieder in sein Bewußtsein aufnimmt, jedoch nur insoweit sie vor dem Kriterium der *clara et distincta perceptio* bestehen können.

Was hat diese Methode des vernünftigen Denkens nun mit dem Gedächtnis und mit dem Vergessen zu tun?[6] Das soll zunächst hinsichtlich der ersten Etappe des cartesianischen Denkweges geprüft werden. Von dieser Etappe ist zu sagen, daß sie ihrer ganzen Konzeption nach eine umfassende Strategie des Vergessens darstellt. Nicht nur diejenigen Gegenstände, die dem Bewußtsein vom Gedächtnis zugeliefert werden, sondern überhaupt alle Inhalte, die sich in diesem „Haus" des Geistes vorfinden, werden einem methodisch geregelten Vergessen überantwortet. Sind sie damit vollständig aus dem Bewußtsein verschwunden? Diese Frage ist mit den Denkmitteln, die Descartes seinen Lesern zur Verfügung stellt, nicht eindeutig zu beantworten. Descartes denkt ja nicht psychologisch, sondern metaphysisch. Wir können dieser Tatsache etwa dadurch Rechnung tragen, daß wir von den verworfenen Bewußtseinsinhalten der ersten Etappe sagen, sie seien in einem Zwischenlager deponiert, wo sie dem Zugriff des Bewußtseins für eine gewisse Zeit entzogen sind. Sie befinden sich aber damit für das Bewußtsein noch nicht außerhalb seiner Rückrufweite; denn nach der kritischen Musterung in der zweiten Etappe des Denkweges können ja entweder alle oder doch wenigstens einige von ihnen „wiedererinnert" werden. Nur die Primärgewißheit der eigenen Existenz als *res cogitans,* verbunden mit der gleichfalls unmittelbar einleuchtenden Gottesgewißheit, ist von dem notwendigen Durchgang durch jenes bewußtseinsferne Zwischenlager des Geistes ausgenommen und bildet ohne temporäre Quarantäne die Grundlage des neuen Bewußtseins.

Dem Willen („der von Gott empfangenen Willenskraft") schreibt Descartes in diesem Denkprozeß eine besondere Rolle zu.[7] Vor Beginn des kritischen Denkprozesses ist der Geist von allen möglichen Vorstellungen und Meinungen „besetzt", die sich dort „gegen den Willen" des Subjekts eingenistet haben. Sie verschwinden nicht von selber, sondern müssen erst durch einen Willensakt aus ihm vertrieben werden. Descartes' methodisches Vergessen ist folglich ein willentliches Vergessen.

Im Gegensatz zu dieser ersten Etappe des cartesianischen Denkweges ist dessen zweite – und eigentliche – Etappe in besonderer Weise mit dem Gedächtnis verbunden, wie es Descartes insbesondere in seinen „Regeln" und „Meditationen" mehrfach deutlich macht.[8] Denn wenn das vernünftige Denken von seinen primären Gewißheiten zu weiteren Erkenntnissen gleichen Gewißheitsgrades übergehen soll, muß es dabei – induktiv oder deduktiv – längere Argumentationsketten durchlaufen, die in ihren „klaren und deutlichen" Zusammenhängen nur dann intuitiv zusammengeschaut werden können, wenn das Gedächtnis auf diesen Zweck hin ausdrücklich trainiert worden ist. Wenn das erfolgreich geschehen soll, ist nicht nur ein neues Gedächtnis, sondern in Ansätzen sogar eine neue Mnemotechnik nötig.

Noch in einer anderen und vielleicht grundsätzlicheren Hinsicht stellt Descartes das Gedächtnis in den Dienst seiner Vernunftphilosophie. Die Anhänger des Cartesianismus haben vielleicht nicht immer genügend beachtet, wieviel Bedeutung Descartes in seinem *Discours de la méthode* verschiedenen Umständen beimißt, deren Vernunftrelevanz auf den ersten Blick nicht zu erkennen ist. Descartes' philosophischer „Diskurs" ist ja über weite Strecken hinweg und bis in die entscheidenden Sätze über die Existenzgewißheit hinein eine autobiographische Erzählung der Lebensumstände, unter denen er eines Tages zu seiner großen Entdeckung gekommen ist.[9] Mit seinen eigenen Worten kann man von diesen narrativen Textabschnitten sagen, sie seien als eine „Geschichte seines Geistes" anzusehen. Dazu gehört auch eine Mitteilung an die Leser wie die, daß er sich selber ein weit besseres Gedächtnis gewünscht hätte, als es ihm tatsächlich zuteil geworden ist. Aber warum breitet Descartes darüber hinaus so viele episodische Einzelheiten aus seiner Lebensgeschichte aus, wie sie in jeden Roman besser passen würden als in einen philosophischen Traktat von grundsätzlicher Bedeutung? Wir erfahren zum Beispiel im einzelnen, wie der dreiundzwanzigjährige René Descartes, damals Offizier in Diensten Herzog Maximilians von Bayern, den Winter 1619/1620 in Deutschland verbracht hat. Das Winterquartier, das für ihn konkret eine gutgeheizte Stube bedeutet, bringt keinerlei Abwechslung mit sich, so daß der junge Mann, anstatt sich die Zeit standesgemäß mit allerhand Zerstreuungen zu vertreiben, seine ganze Mußezeit darauf verwenden kann, über sich und sein Denken nachzudenken – mit dem bekannten Ergebnis, daß Descartes diese Zeit als die große Wende seines Philosophenlebens erfährt. Was aber können uns heutige Leser diese Einzelheiten angehen, da wir doch andererseits durch die im deutschen Winterquartier gefundene Methode davor gewarnt werden, dem „lügnerischen Gedächtnis" *(mendax memoria)* Vertrauen zu schenken?[10] Muß diese Warnung nicht (mit einer von Endel Tulving eingeführten Unterscheidung) gegenüber dem von Descartes hier bemühten „episodischen Gedächtnis" noch mehr gelten als gegenüber einem „semantischen Gedächtnis"?[11]

Ich denke, hier sollte man wieder die beiden Etappen der cartesianischen Methode berücksichtigen, mit der zwischen ihnen liegenden Zäsur der Existenzgewißheit, welche die erste Etappe des methodisch induzierten Vergessens von der zweiten Etappe des methodisch kontrollierten Wiedererinnerns trennt. Denn wenn der metaphysische Ertrag des bayerischen Winterquartiers von 1619/1620 wirklich eine so weitreichende Bedeutung für das Denkgeschäft der Philosophie gehabt haben soll, dann darf dieses Denkereignis selber natürlich keinesfalls dem Vergessen anheimfallen, sondern muß sich, wie Descartes schreibt, „dem Geist so tief eingraben, daß er es nie mehr vergessen kann".[12]

Das zu bewirken, ist noch einmal der Wille aufgerufen, der gewiß, wenn er schon auf der ersten Etappe des Denkweges zuverlässig für ein methodisches Vergessen sorgen konnte, nun auch auf dessen zweiter Etappe der sichere Garant dafür werden kann, daß die Fortschritte, die auf diesen neuen Wegen des Denkens errungen werden, nicht wieder durch Vergessen verloren gehen. Es scheint, daß Descartes hier instinktiv, ohne selber in seiner philosophischen Fachsprache schon diese Unterscheidung zur Verfügung zu haben, dem narrativ-episodischen mehr als dem systematisch-semantischen Gedächtnis vertraut hat.

Bei den späteren Cartesianern macht das Denken einen viel cartesianischeren Eindruck als bei Descartes selber, doch teilen sie mit ihrem Schulhaupt die Geringachtung des Gedächtnisses. Als Beispiel dafür kann die an Descartes orientierte „Vernunftlehre" dienen, die der Hallenser Professor Christian Thomasius (1655–1728) im Jahre 1691 in deutscher Sprache (das war damals eine Sensation!) veröffentlicht hat.[13] Es handelt sich um eine für damalige Zeiten streng formal abgefaßte Logik in zwei Teilen. Der erste Teil unter dem Titel „Einleitung zur Vernunftlehre" kann nach heutigem Sprachgebrauch eine reine oder theoretische Logik genannt werden, der zweite Teil trägt den Titel „Ausübung der Vernunftlehre" und ist eine angewandte oder praktische Logik. Hauptsächlich in diesem Teil stehen die Überlegungen des Verfassers zur Rolle des Gedächtnisses im Denkprozeß.

Thomasius ist, wie auch schon sein mutiger Gebrauch der deutschen Sprache als Wissenschaftssprache zeigt, ein Professor mit pädagogischer Begabung. Er fragt sich nämlich, wie er als Philosoph das Denken lehren kann, wenn seine eigene Lehrmethode nicht das Nachdenken, sondern nur das Nachreden fördert. Bitter beklagt er sich über diejenigen Professoren, die ihren Studenten nur Lehrsätze diktieren, anstatt mit ihnen über deren Geltung zu disputieren. Das Auswendiglernen solcher Lehrsätze mag ja vielleicht bei den Studenten das Gedächtnis stärken, doch leistet es vor allem dem *praeiudicium auctoritatis* Vorschub und schwächt folglich die Urteilskraft (bei Thomasius noch *iudicium* genannt). Er selber wird daher „wenig oder nichts dictiren", und sein wichtigster Ratschlag lautet: „Verlaß dich in Erforschung der Wahrheit niemahlen auff die *autorität* einiges Menschen, er sey auch wer er wolle!"

In diesem Zusammenhang macht sich Thomasius ebenso wie vor ihm Cartesius (so nennt er Descartes), Gedanken über die Gedächtniskunst, von ihm *ars mnemoneutica* genannt. Ist diese Kunst überhaupt zu irgend etwas gut? Ja, antwortet Thomasius, der eine oder andere „Handgriff" mag wohl dem Gedächtnis förderlich sein, doch muß man sich vor den vielen „pedantischen und phantastischen Possen" hüten, die sich dieser Kunst im Laufe der Zeit beigesellt haben. Man darf daher die Gedächtniskunst nicht überschätzen und auf keinen Fall einen „Hort der Weisheit" (*thesaurus sapientiae)* in ihr sehen. Denn es kommt in der Wissenschaft niemals auf die Wortwahl an, sondern immer nur auf „die Sache selbst". Eine Sache, die man richtig erkannt hat, kann ohne weiteres „mit vielerley Worten" ausgedrückt werden. Leider aber, so setzt Thomasius hinzu, wird gegen diese Regel oft „gröblich angestoßen", und viele Schüler beten Unverstandenes nach „wie die Nonnen den Psalter". Auch der Papagei (bei Thomasius „Papegoye") dient ihm in diesem Kontext als Emblemtier des falschen, nachplappernden Lernens, besonders bei Kindern. Das Denken bemißt sich nach einem anderen Maß, denn „ein quintigen judici ist höher zu achten als ein Pfund Gedächtniß".

Für das diesen beiden Denkern, Cartesius und Thomasius, nachfolgende Jahrhundert, das man auch das Jahrhundert der Vernunft genannt hat, steht nunmehr fest, daß die Vernunft ihren eigenen Weg zu gehen hat und sich vom Gedächtnis und der Gedächtniskunst tunlichst fernhält. Das Gedächtnis hat in Zukunft seinen Platz nicht mehr bei der Urteilskraft *(iudicium),* sondern beim Vorurteil *(praeiudicium, préjugé)*, dem die Aufklärung den Kampf angesagt hat. So fest ist die

Verbindung von Gedächtnis und Vorurteil im Jahrhundert der Aufklärung geworden, daß Hegel am Ende dieser Geschichtsperiode feststellen kann, die Verachtung des Gedächtnisses habe sich selbst zum Vorurteil verfestigt.[14]

2. Geregelte und ungeregelte Erfahrungen mit dem Vergessen (Locke, Voltaire)

Die Empiristen können mit dem Gedächtnis nicht so kurzen Prozeß machen wie die Rationalisten. Wenn nämlich alles Wissen, wie John Locke (1632–1704) in seinem *Essay Concerning Human Understanding* (1689/90) lehrt[1], aus der Erfahrung stammt, und zwar entweder aus der äußeren Erfahrung, das heißt, aus der Sinneswahrnehmung *(sensation)*, oder aus der inneren Erfahrung oder Empfindung *(reflection)*, dann muß es in der Seele für die Vorstellungen *(ideas)* einen „Speicher" *(storehouse, repository)* geben, in dem diese eine gewisse Zeit überdauern können. Das Gedächtnis hält also die Vorstellungen fest *(retention)* und ermöglicht es, sie bei Gelegenheit wieder hervorzuholen, jeweils jedoch mit der abschwächenden Begleitvorstellung, daß es sich dabei um *Vergangenes* handelt. Auf diese Weise können auch die vergangenen mit den gegenwärtigen Vorstellungen verglichen und verrechnet werden: eine wichtige Bedingung für den Erwerb von Erfahrung und Wissen. Gleichwohl ist es nicht schwierig, vergangene von gegenwärtigen Vorstellungen zu unterscheiden. Ist beispielsweise eine gegenwärtige Vorstellung mit Leid und Schmerz *(pain)* verbunden, so kann sie sich ohne weiteres, wenn sie im nachhinein erinnert wird, von dieser Begleitvorstellung lösen.

Aber ist das Gedächtnis auch wohl für solche Leistungen gut gerüstet? In dieser Hinsicht kommen dem englischen Philosophen erhebliche Bedenken. Locke kennt zwar einige Personen, deren Gedächtnis so dauerhaft ist wie eine in Marmor gemeißelte Inschrift, andere Menschen aber schreiben ihre Gedächtnisinhalte nur auf Sandstein oder in den Sand. Diese individuellen Unterschiede haben ihren Grund im Gehirn: *The temper of the brain makes this difference.* Doch will Locke in seinem Essay von diesen Unterschieden absehen und nur allgemein feststellen, daß jedes Menschengedächtnis einem „Verfall in der Zeit" *(decay in time)* ausgesetzt ist, so daß man es mit einem Grabmal *(tomb)* vergleichen kann, dessen Inschrift allmählich verwittert. Krankheiten aller Art können überdies das Vergessen *(oblivion)* beschleunigen.

Das Vergessen gehört somit zum Gedächtnis als sein ständig drohender „Defekt". Und das ist, wenn er eintritt, ein schlimmer Mangel, denn ohne Mitwirkung des Gedächtnisses bleiben die übrigen Seelenkräfte nach Lockes Überzeugung „zum großen Teil nutzlos".

Außer in England selber hatte John Locke seine treuesten Parteigänger in Frankreich. Aus ihrer Schar will ich einen Autor herausgreifen, der den Lehren des Engländers nicht nur mit Argumenten, sondern auch mit Witz Geltung verschafft hat: Voltaire (1694–1778). Davon profitiert auch Lockes sonst eher beiläufig abgehandelte Lehre vom Gedächtnis und Vergessen. Allerdings ist von Voltaire zunächst zu sagen, daß diese Fragen für ihn gleichfalls nicht im Mittelpunkt des philosophischen Interesses stehen. In seinem *Dictionnaire philosophique* (1764) kommen beispielsweise die Stichworte Gedächtnis und Vergessen gar nicht vor. Und ob sie in seinen philosophischen Debatten mit dem Preußenkönig am Potsdamer Hof eine besondere Rolle gespielt haben, ist nicht belegt. Im hohen Alter jedoch (1775) hat Voltaire zu diesem Thema unter dem Titel „Abenteuer der Memoria" *(Aventure de la Mémoire)* ein kurzes Prosastück, man möchte sagen, eine philosophische Fabel geschrieben, in der dem englischen Philosophen – er heißt dort mit britischer Untertreibung nur *un Anglais* – alle Wahrheit über das Gedächtnis zugesprochen wird.[2]

Am Anfang seiner Fabel repetiert Voltaire kurz die einander unverträglich gegenüberstehenden Gedächtnislehren der innativistischen Cartesianer auf der einen und der sensualistischen Lockianer auf der anderen Seite. Ist also das Gedächtnis metaphysisch belanglos, weil der Seele schon von Geburt an alle Vorstellungen eingeboren sind *(ideae innatae)*, wie die Anhänger des Descartes lehren, oder hat das Gedächtnis, wie die auf Locke schwörenden Sensualisten meinen, eine wichtige Seelenfunktion bei der Speicherung der Sinneseindrücke? Die Sorbonne (bei Voltaire zur *Nosobre* 'nicht nüchtern' verdreht) verurteilt bald die eine, bald die andere Lehrmeinung, aber immer verurteilt sie etwas. Für die „denkende Menschheit" hingegen – das ist nach Voltaire nur der hunderttausendste Teil des Menschengeschlechts – ist klar, daß nur die englische Partei im Recht sein kann. Frau Memoria selbst, auf griechisch Mnemosyne, die Mutter der Musen, stimmt dieser Ansicht bei. Und nun wird die Sache fabelhaft. Die Musen zetteln im Auftrag ihrer Mutter ein großes, gewissermaßen cartesianisches „Abenteuer" an, das darin besteht, der Menschheit für ein paar Tage jegliches Gedächtnis zu nehmen und die Welt in ein totales Vergessen zu stürzen. Sogleich bricht das Chaos aus, schlimmer noch als nach der Sprachverwirrung von Babel. Die Menschen erinnern sich nicht einmal mehr, wie sie ihre elementarsten Bedürfnisse befriedigen können, was nicht nur die Nahrungsaufnahme betrifft, sondern auch deren Gegenteil. Und natürlich hat kein Mensch mehr moralische Hemmungen zu stehlen oder zu huren. Doch kann man nicht einmal solche Vergehen wie Diebstahl beim Namen nennen, denn auch die Bedeutungen der Wörter sind in Vergessenheit geraten. Das Ergebnis: „Alles war durcheinander, alles drohte mangels Verständigung in Hunger und Elend zugrunde zu gehen" *(Tout était confondu, tout allait périr de misère et de faim, faute de s'entendre).*

Nach ein paar Tagen Chaos haben jedoch die Musen und mit ihnen ihre Mutter Memoria/Mnemosyne ein Einsehen, und sie erbarmen sich der gedächtnislosen Menschheit. Die armen Sterblichen, von ihren cartesianischen Philosophen genarrt und von der Sorbonne/Nosobre an der Nase herumgeführt, scheinen nun genügend „aufgeklärt" *(éclairés),* um zu erkennen, was sie bei Locke schneller und einfacher hätten lernen können, daß es nämlich ganz ohne Gedächtnis doch nicht geht. *Quod erat demonstrandum.*

3. Nichts mehr auswendig lernen müssen (Rousseau)

Nach seiner eigenen Einschätzung hatte Jean-Jacques Rousseau (1712–1778) nur „ein bißchen Gedächtnis" *(mon peu de mémoire).*[1] Dieses Faktum, wenn es denn als solches gelten darf, verdient es wohl, auf seine psychischen Gründe hin befragt zu werden. Man kann sich ja leicht vorstellen, wie Jean-Jacques, der vielleicht von Natur aus ein ganz normales Gedächtnis hatte, aus seiner helvetischen Heimat nach Paris kam und bald merken mußte, daß alles, was er in seinem provinziellen Gedächtnis mit sich trug, dort wenig galt. Man mußte beispielsweise, um in der Konversation der literarisch-philosophischen Salons mithalten zu können, sein Gedächtnis so organisiert haben, daß auf ein gegebenes Stich- oder Reizwort *prompt* eine witzige Antwort erfolgte. Es sind Anzeichen dafür vorhanden, daß Rousseau mit solchen Gedächtnisleistungen um der brillanten Konversation willen nicht gut zurecht gekommen ist und daraus kleinmütig den Schluß gezogen hat, er sei eben ganz von seinem Gedächtnis verlassen. Zugleich hat er aber in seinem Innern gegen diese *conditio oblivionalis* rebelliert und verzweifelte Versuche gemacht, sein Gedächtnis zu zwingen, ihm auch in den Pariser Salons zu Willen zu sein. So hat er beispielsweise bei den Schauspielern abgeschaut, wie sie ihre Texte auswendig lernen, und er hat selber Zitate und schöne Stellen aus antiken und modernen Schriftstellern seinem widerspenstigen Gedächtnis einzuprägen versucht, aber ganz vergeblich, denn sein Gedächtnis hat sich unter diesen Zwängen verständlicherweise noch mehr verkrampft und solche unnatürlichen Dienste verweigert. So etwa ist mit den Gesichtspunkten einer heutigen Gedächtnispsychologie Jean-Jacques „krankhafte" Vergeßlichkeit zu erklären.

Für diese Erklärung spricht auch, daß Rousseau offenbar, wenn er sein Gedächtnis nach den Gesetzen seiner eigenen Psyche in Anspruch nahm, von keinem ungewöhnlichen Vergessen behindert worden ist. Denn dieser angeblich so vergessensgeplagte Schriftsteller ist ja gleichzeitig, wie seine „Bekenntnisse" und die „Träumereien des einsamen Wanderers" ausweisen, einer der großen Meister der Autobiographie geworden. Wie kann aber ein Autor mit Begebenheiten aus seinem Leben die Leser fesseln, wenn er sich an nichts richtig erinnert? Tatsächlich bestehen gerade die von seinen zahlreichen Lesern am meisten geschätzten Abschnitte seiner Bücher aus höchst lebhaften Erinnerungen, deren Schönheit oft im Detail der „Gedächtniszeichen" *(signes mémoratifs)* liegt, so daß Jean-François Perrin einmal zu seinem Lobe schreiben kann, es sei dem Autor gelungen, „das Ganze des Gedächtnisses in dem Nichts der Anekdote oder des scheinbar uninteressanten Details" lesbar werden zu lassen.[2] Hat Rousseau hier wohl, mangels authentischer Erinnerungen, seiner Phantasie freien Lauf gelassen? Hat hier ein notorischer Vergesser seine Erinnerungen einfach erfunden?

Ein solches Vergessen dürfte ein Mann, der die Aufrichtigkeit *(sincérité)* zum Grundprinzip seiner Lebensbeichten gemacht hat, unter keinen Umständen auf sein Gewissen laden.[3] Und so bemüht er sich in seinen „Bekenntnissen" nicht nur, möglichst wenig von der Gedächtniswahrheit abzuweichen, sondern er nimmt auch die späteren „Träumereien" zum Anlaß, über den Gehalt an Dichtung und Wahrheit in seinen autobiographischen Erzählungen Rechenschaft abzulegen. Es stimmt wohl, so gibt er nun in aller Aufrichtigkeit zu, daß nicht alle Einzelheiten seiner Autobiographie authentische Gedächtnistatsachen sind. Das Gesetz des Vergessens hat sich auch bei ihm zwischen die damaligen Ereignisse und ihre heutige Vergegenwärtigung geschoben, und so sind viele seiner Erinnerungen verwischt oder gelöscht. Dem Schreiber bleibt da keine andere Wahl, als die „Lücken" seines Gedächtnisses mit Hervorbringungen seiner Phantasie zu füllen. Der Gedächtnismann und der Vergessensmann müssen zusammen dieses Buch schreiben.

Also haben wir doch keine „aufrichtigen“ Bekenntnisse Rousseaus vor uns, jedenfalls nicht solche, die vor den gleichfalls mit dem Pathos der Aufrichtigkeit geschriebenen Bekenntnissen des heiligen Augustinus bestehen können? Bei dieser Frage müssen wir nun Jean-Jacques Glauben schenken, wenn er hinsichtlich seiner Erinnerungen zwischen einem Fakten- und einem Gefühlsgedächtnis unterscheidet. Die tatsächlichen Ereignisse seines Lebenslaufes, so räumt der Autor leichten Herzens ein, mag er wohl oft vergessen haben, doch die positiven oder negativen Gefühlswerte, die ihnen in der Lebenswirklichkeit anhafteten, haben sich dem Menschen Jean-Jacques so tief in die Erinnerung eingegraben, daß er von ihnen immer dann, wenn er sie sich beim Schreiben vergegenwärtigt, mit der gleichen Heftigkeit wie damals erschüttert wird. Von dem seinerzeitigen Erbeben der Seele zittert ihm noch heute die Feder.

In der Konstanz seiner Gefühle *(sentiments)* über viele Jahre seines Lebens hinweg liegt demnach die Wahrheit des Gedächtnisses, das Jean-Jacques Rousseau von seinem Schöpfer verliehen worden ist und das sich nun bei ihm von jeder seelischen Verkrampfung gelöst hat. Wieso kann es da schaden, daß eine Menge Fakten dem Vergessen anheimgefallen ist! Was tatsächlich vergessen wurde, verdiente auch, vergessen zu werden.

Nun haben wir in unserem bisherigen Kommentar zur Lebensgeschichte des Jean-Jacques Rousseau einen großen Sprung gemacht von der Ankunft des jungen Genfer Provinzbürgers in der Weltstadt Paris bis zu den *Confessions* und *Rêveries* seiner späten Jahre. Dazwischen liegt eine lange Lebenszeit, erfüllt und geprägt von kritischen Gedanken über die Welt, in der dieser Autor zu leben hatte und in der, wie er sich klar machte, auch in Zukunft junge Menschen leben sollten. Die Rede muß nun von dem Erziehungstraktat sein, dem Rousseau nach dem Namen des zu erziehenden Zöglings den Titel *Emile* (1762) gegeben hat. Die Frage, wie bei der zugleich natürlichen und vernünftigen Erziehung dieses jungen Mannes mit dem Gedächtnis zu verfahren ist, spielt in Rousseaus Traktat eine Schlüsselrolle.[4]

Es wird dem Leser von Anfang an klar gemacht, daß die bisherige Erziehungspraxis in Schule und Wissenschaft an dem Erzübel einer maßlos übertriebenen Gedächtnisdressur leidet. Was müssen die jungen Menschen in ihrer freudlosen Jugend nicht alles gedankenlos auswendig lernen! Die lange Reihe der Könige im Geschichtsunterricht, die Masse der sonstigen Geschichtsdaten, die endlosen Nomenklaturen von Geographie und Astronomie – und an erster Stelle natürlich die alten Sprachen und alle damit verbundenen Gedächtnislasten! Und dann sind Lehrer und Eltern noch stolz, wenn es ihnen gelungen ist, ihre Kinder hinsichtlich des Gedächtnisses zu „kleinen Wunderkindern" *(petits prodiges)* abzurichten!

Das ist alles eine grundfalsche Pädagogik. Nach Rousseaus mit aller Leidenschaft vertretenen Überzeugung bezeichnet diese Gedächtnis-Pädagogik, der er auch ausdrücklich die antike Mnemotechnik zurechnet, einen verhängnisvollen Irrweg der Erziehung. Wenn also Emile nach den Gesetzen der Natur und der Vernunft erzogen werden soll, muß die Bildung, die ihm zuteil werden muß, von Grund auf umgestaltet werden, und als erstes ist die ganze Wörterwissenschaft *(science de mots)* mit ihrem Ballast an Gedächtnismaterial zu verabschieden. Dazu gehören für ihn auch die bisher so hochgeschätzten Sprachen, die er ohne Umstände als „Nutzlosigkeiten der Erziehung" *(inutilités de l'éducation)* abtut. Eine einzige Sprache genügt für den Anfang der Erziehung; jede weitere stiftet nur Verwirrung im Gedächtnis des Schülers. Erst für spätere Schuljahre läßt Rousseau bei fortgeschrittenen Schülern den Lateinunterricht zu.

Schließlich opfert Rousseau in seinem Erziehungsplan für Emile zugleich mit dem leidigen Auswendiglernen auch den ganzen Unterricht in den Anfangsgründen der Literatur, hier vertreten durch La Fontaines Fabeln, die in Frankreich (wie in Deutschland Schillers Balladen) den klassischen Gegenstand literarischer Gedächtnisübungen bilden. Rousseaus Worte lassen es hier an Deutlichkeit nicht fehlen:

> *Emile n'apprendra jamais rien par cœur, pas même des fables, pas même celles de La Fontaine, toutes naïves, toutes charmantes qu'elles sont. (...) On fait apprendre les fables de La Fontaine à tous les enfans, et il n'y en a pas un seul qui les entende; quand ils les entendraient ce serait encore pis, car la morale en est tellement mêlée et si disproportionnée à leur âge qu'elle les porterait plus au vice qu'à la vertu.*

> Emile soll nie etwas auswendig lernen, nicht einmal Fabeln, nicht einmal die von La Fontaine, so harmlos und liebenswürdig sie auch sein mögen. (...) Man läßt alle Kinder die Fabeln von La Fontaine auswendig lernen, und es gibt kein einziges Kind, das sie verstünde; wenn sie aber verstanden würden, wäre es wohl

noch schlimmer, denn die Fabelmoral ist so vermischt und so wenig altersgemäß, daß die Kinder durch sie eher zum Laster als zur Tugend angehalten würden.

Um dieses Urteil Rousseaus richtig einschätzen zu können, muß man sich klarmachen, daß diese Kinder, denen man die Fabeln zu lernen aufgibt, nach seiner Überzeugung noch nicht das Alter der Vernunft *(l'âge de la raison)* erreicht haben. Folglich haben sie entweder noch gar keine Urteilskraft oder doch nur eine solche, die sich altersgemäß auf Gegenstände und Handlungen erstreckt, wie sie zur Welt der Kinder gehören. Die eigentliche „Moral" der Fabeln hingegen, bei der es um Gut und Böse, List und Gewalt, Herrschaft und Knechtschaft geht, hat in dieser Kinderwelt noch keinen Platz. Wenn die Kinder trotzdem angehalten werden, solche Fabeln auswendig zu lernen und sich deren Moral einzuprägen, werden ihnen Gedanken eingeflößt, die keiner Vernunftkontrolle unterliegen und die folglich den „gefährlichen Vorurteilen" *(dangereux préjugés)* Vorschub leisten.

Wird der junge Emile also gar nichts lesen? Auf diese Frage gibt Rousseau eine recht geschickte Antwort. Emile soll nach seinem Willen in dem großen „Buch der Natur" lesen und bei der Anschauung der Natur seinen Geist an den Sachen *(choses)* statt an den Wörtern *(mots)* bilden. Emiles Gedächtnis wird demnach zuerst ein „Sachengedächtnis" *(mémoire des choses, memoria rerum)* und erst später ein Wörtergedächtnis *(mémoire des mots, memoria verborum)* werden müssen, da sich bei denen, die mit den Sachen Bescheid wissen, die passenden Wörter von selber einstellen. So hatte es in Rom übrigens schon der alte Cato gelehrt: „Halte die Sachen nur fest, dann stellen sich die Wörter schon ein!" *(Rem tene, verba sequentur)*.

Ein einziges Buch wird aus Rousseaus Leseverbot ausgenommen: Defoes *Robinson Crusoe.* Dessen Geschichte darf Emile lesen, ja, er soll sie sogar lesen als Beleg dafür, daß ein Mensch sich ohne fremden Beistand seine eigene Welt schaffen kann. Der Schiffbruch, durch den Robinson auf eine einsame Insel verschlagen und von der Zivilisation abgeschnitten worden ist, wurde ja für diesen Abenteurer der fruchtbare Anreiz, seinen eigenen Kräften unerhörte Leistungen abzuverlangen, wie er sie in den Bequemlichkeiten seines früheren Lebens niemals erbracht hätte. Robinsons Geschichte ist somit ein Gleichnis dafür, daß auch Emile in der Lage sein wird, ohne die Vorleistungen der Zivilisation aus eigener Kraft seinen Lebensweg zu gehen.

Wird nun Emile auf diese Weise zum Vergessen erzogen? Das ist nicht direkt die Absicht Rousseaus. Nach seinem Willen soll Emile vielmehr als tätiger Mensch sein „wahres Gedächtnis" *(la véritable mémoire)* finden. Doch wird der so erzogene Emile, und das bleibt sein persönliches Risiko, ein – allerdings liebenswürdiger – „Fremder" *(un aimable étranger)* in seiner Umwelt sein, da diese ihn ja, solange sie selber nicht zur Umkehr bereit ist, wie einen Menschen behandeln wird, der alles das vergessen hat, was bis dahin als kulturelles Gedächtniswerk allgemeine Anerkennung gefunden hat. Diesem kollektiven Gedächtnis gegenüber ist er ein kulturvergessener Fremder – jedoch auf die ferne Hoffnung hin, daß eines Tages, wenn alle Menschen wie Emile erzogen sein werden, nicht er, sondern umgekehrt jene Wunderkinder des Wörtergedächtnisses die wirklich Fremden in ihrer kulturellen Umwelt sein werden, wie es in Europa ja auch tatsächlich eingetreten ist.[5]

4. Warum muß der Name Lampe völlig vergessen werden? (Kant)

Über das Leben und Sterben des Philosophen Immanuel Kant (1724 bis 1804) sind wir aus zahlreichen Quellen gut unterrichtet. Unter ihnen haben besonderen Zeugniswert die drei noch in seinem Todesjahr publizierten Biographien seiner Schüler Borowski, Jachmann und Wasianski. Auf ihnen beruhen auch Thomas De Quinceys Prosastück *The last days of Immanuel Kant* (1827) sowie der französische Studiofilm *Les derniers jours d'Emmanuel Kant* von Philippe Collin (1995)[1].

Aus diesen und einigen weiteren Quellen wissen wir auch, daß Kant während langer Jahre seines Philosophenlebens, das keinen Verwirrungen durch Frau und Kinder ausgesetzt war, einen treuen Diener namens Martin Lampe um sich hatte, der ihm in allen Angelegenheiten des häuslichen Daseins zur Hand ging, vom morgendlichen Wekken pünktlich um fünf („Es ist Zeit!") über das Mittagessen pünktlich um eins („Die Suppe ist auf dem Tische!") bis zum abendlichen Anspitzen der Federkiele, die der Philosoph für die Schreibarbeiten des nächsten Tages benötigte. Was sonst noch zum Beispiel zu den Aufgaben des Dieners gehörte, geht aus dem allerdings etwas respektlosen Bericht hervor, den Heinrich Heine in seiner Schrift „Zur Geschichte der Religion und Philosophie in Deutschland" (1834) von dem streng geregelten Tagesablauf des Königsberger Philosophen gegeben hat. Der Bericht lautet:

Ich glaube nicht, daß die große Uhr der dortigen Kathedrale leidenschaftsloser und regelmäßiger ihr äußeres Tagewerk vollbrachte wie ihr Landsmann Immanuel Kant. Aufstehn, Kaffeetrinken, Schreiben, Kollegienlesen, Essen, Spazierengehn, alles hatte seine bestimmte Zeit, und die Nachbarn wußten ganz genau, daß die Glocke halb vier sei, wenn Immanuel Kant in seinem grauen Leibrock, das spanische Röhrchen in der Hand, aus seiner Haustüre trat und nach der kleinen Lindenallee wandelte, die man seinetwegen noch jetzt den Philosophengang nennt. Achtmal spazierte er dort auf und ab, in jeder Jahreszeit, und wenn das Wetter trübe war oder die grauen Wolken einen Regen verkündigten, sah man seinen Diener, den alten Lampe, ängstlich besorgt hinter ihm drein wandeln, mit einem langen Regenschirm unter dem Arm, wie ein Bild der Vorsehung.[2]

Die Vorsehung hat indes nicht verhindert, daß Kant sich eines Tages von seinem Diener getrennt hat. Das geschah im Jahre 1802, als Kant schon 78 Jahre alt war und deutliche Spuren der Altersschwäche zeigte. Wasianski berichtet im einzelnen über diesen Vorgang, weiß aber keinen genauen Grund für die Entlassung des Dieners zu nennen. Von Kant selber hat der Biograph nur erfahren, Lampe habe sich so sehr gegen ihn vergangen, daß er es zu sagen sich schäme.

Es ist jedoch nicht auszuschließen, daß Wasianski selber, der in Kants letzten Lebensjahren sein vertrauter Sachwalter und Hausfreund – nach seinem Tode auch sein Testamentsvollstrecker – war, nicht nur Zeuge, sondern auch Agent dieser „Abschaffung" war. Lampe konnte sich anscheinend an die neue Nebenherrschaft im Hause Kant nicht gewöhnen und leistete sich in dieser Lage die eine oder andere „Insubordination". Jedenfalls stand, als Lampe schließlich ging, schon der von Wasianski ausgesuchte Ersatzmann bereit, ein altgedienter Soldat namens Johann Kaufmann, an den sich Kant aber nicht mehr recht gewöhnen konnte, vor allem weil er eine so militärisch laute Stimme hatte. Ob also wohl der Dienerwechsel im hohen Alter für den Junggesellen (Heine: „Hagestolz") die richtige Entscheidung war? Da sind einige Zweifel angebracht. Denn die Person des alten Dieners hatte sich offenbar so fest mit den alltäglichen Gewohnheiten des Philosophen verbunden, daß ihm der Name Lampe nicht aus dem Kopf gehen wollte. Eine besondere Anstrengung war wohl nötig, um den vertrauten Namen aus dem Gedächtnis zu vertreiben. So hat Kant allem Anschein nach nicht nur den kategorischen Vorsatz gefaßt, Lampe nun endlich zu vergessen, sondern er hat dieses „Muß" auch zu Papier gebracht. Unter den Merkzetteln, deren Gebrauch sich der alte Kant zur Stützung seines Gedächtnisses angewöhnt hatte, fand sich nämlich auch ein Papier, auf dem von der Hand Kants geschrieben stand: „Der Name Lampe muß nun völlig vergessen werden".[3]

Über diesen Fund unter den Papieren Kants verwundert sich aufs höchste der Nachlaßverwalter Wasianski, der in der Notiz „ein sonderbares Zeichen von Kants Schwäche" erkennt – was nach dem Kontext als Altersschwäche zu verstehen ist. Denn das Aufschreiben, so setzt Wasianski zur Erläuterung seiner Einschätzung hinzu, dient doch bekanntermaßen dazu, daß etwas besonders zuverlässig im Gedächtnis bewahrt und gerade nicht vergessen werden soll. Das Gedächtnis zu bemühen, um das Vergessen zu befördern, das scheint dem Kant-Schüler Wasianski eine *contradictio in adiecto* zu sein, die einem Professor der Logik nicht zuzutrauen ist.

So einfach können wir allerdings in diesen nachfreudianischen Zeiten mit Kants irritierendem Verhalten nicht mehr umgehen. Könnte es sich bei dem Zettel nicht beispielsweise um eine interessante „Fehlleistung" handeln, bei der sich Kant aus noch zu ermittelnden Gründen ver-tan, ver-sehen, ver-schrieben hat? Oder gleicht sein Verhalten schon dem seines späteren und fiktiven Nachfahrn, des Professors Kien (er sollte ursprünglich Kant heißen) in Elias Canettis Roman „Die Blendung" (1935), von dem es im Text heißt, er habe, weil mit einem „wahrhaft phänomenalen Gedächtnis" begabt, die Gewohnheit angenommen, in einem Notizbuch alle Dummheiten einzutragen, die er vergessen wollte.[4] Was leistet oder fehl-leistet also das Schreiben im Dienst des Vergessens, *ancilla oblivionis?*

*

Kant hatte in seinem privaten und beruflichen Leben offenbar keine Gedächtnisprobleme. Borowski bescheinigt ihm ein „herrliches", Jachmann ein „ungeheures" Gedächtnis. Aus seiner Schulzeit wußte er noch im Alter lange Passagen aus griechischen und lateinischen Schriftstellern auswendig. Von den neueren deutschen Schriftstellern kamen Bürger, Hagedorn und vor allem Haller hinzu, dessen Gedichte er nach dem Zeugnis Borowskis ebenfalls „größtenteils auswendig" wußte. Auch hatte er aus dem Gedächtnis einen großen Anekdotenschatz zur Verfügung, von dem er bei Tisch im heiteren Gespräch mit seinen Gästen einen geschickten Gebrauch machte. Kant war nämlich, was man seinen philosophischen Schriften nicht unbedingt anmerkt, ein glänzender Gastgeber und Causeur, dessen Urbanität und Witz in der Konversation, gerade auch mit Damen, in der Königsberger Gesellschaft sehr geschätzt waren.

Auch als Universitätslehrer konnte er sich auf sein Gedächtnis verlassen. Sein Kathedervortrag war „ganz frei" (Jachmann). Offenbar hatte er für seine Tätigkeit als Wissenschaftler eine eigene Gedächtniskunst entwickelt, die er auch seinen Studenten zur Übung ihrer Gedächtniskraft empfahl. Sie bestand nach dem Zeugnis Borowskis darin, sich den Wissensbesitz als „zerteilt in verschiedene Behältnisse in unserm Kopfe" vorzustellen, so daß man das auf diese Weise Gespeicherte bei Bedarf aus dem jeweiligen „Fach" herausholen kann – eine regelrechte Topik im Sinne der rhetorischen Memorierkunst, jedoch auf philosophische Bedürfnisse zugeschnitten.[5]

Auch in seinen philosophisch-pädagogischen Ansichten hat Kant keinen Zweifel daran gelassen, daß eine gewisse Gedächtnisleistung notwendig ist, wenn jemand an Kultur und Wissenschaft Anteil haben soll.[6] Deshalb muß nach seiner Auffassung schon in jungen Jahren das Gedächtnis geübt werden, und zumal beim Sprachenlernen führt kein Weg an einer stetigen Anstrengung des Gedächtnisses vorbei. Auch in solchen Fächern wie Geschichte und Geographie erscheint ihm „ein gewisser Mechanism" im Gebrauch des Gedächtnisses unerläßlich. Für den gesamten Bereich der Pädagogik stimmt Kant schließlich der alten Regel zu: „Wir wissen nur soviel, wie wir im Gedächtnis behalten haben" *(tantum scimus, quantum memoria tenemus).* Er warnt sogar ausdrücklich davor, nur für irgendein Examen, das heißt, „auf zukünftiges Vergessen hin" *(ad futuram oblivionem)* zu lernen.

Aber dies alles sind in seinem philosophischen Werk nur marginale Bemerkungen. Denn neben seinen drei Kritiken, die sukzessive der reinen Vernunft, der praktischen Vernunft und der Urteilskraft gelten, hat Kant keine vierte Kritik, die Gedächtniskraft betreffend, geschrieben. Nur unter praktischen Gesichtspunkten, nämlich in seinen Vorlesungen zur Anthropologischen Didaktik und zur allgemeinen Pädagogik, hat er sich mit dem Gedächtnis und dem Vergessen näher befaßt. Jedenfalls hat er es nicht als notwendig angesehen, sein philosophisches System durch eine explizite Gedächtnistheorie zu vervollständigen. Bei ihm wie auch bei den anderen Denkern der Aufklärung steht das Gedächtnis nicht im Zentrum des Nachdenkens.

So legt Kant nun an den Stellen seines Werkes, an denen er sich überhaupt mit dem Gedächtnis befaßt, größten Wert darauf, die Vernunftprinzipien der Aufklärung auch gegenüber dieser Geisteskraft zur Geltung zu bringen. Er empfiehlt daher, drei Formen des Gedächtnisses zu unterscheiden, die wie folgt zu benennen sind: das mechanische, das ingeniöse und das judiziöse Memorieren.[7] Diese drei Formen des Gedächtnisses gelten ihm gleichzeitig als Wertrangstufen. Sie steigen von einem gänzlich wertlosen über einen problematischen zu einem vernunftgemäßen Umgang mit dem Gedächtnis auf.

Das an erster Stelle und auf der untersten Rangstufe genannte *mechanische Memorieren* kann in keinerlei Hinsicht den Beifall des aufgeklärten Philosophen finden, nicht einmal für den Schulunterricht der frühen Jugendjahre. Wenn Kinder „bloß" (Kant liebt dieses Wort!) mechanisch auswendig lernen, wenn sie also, anders ausgedrückt, bloß dressiert und abgerichtet werden, dann ist nicht zu erwarten, daß der Unterricht je dazu führt, daß sie „denken lernen".

Kants Bedenken gegen das mechanische Memorieren gelten ganz besonders für den Religionsunterricht. Wenn dieser sich darin erschöpft, daß die Kinder nur eine starre Formelsprache „herbeten" lernen und sich auf diese Weise an „bloße Nachahmung und alleiniges Affenwerk" gewöhnen, gibt man ihnen einen verkehrten Begriff von Frömmigkeit. Mit einer „bloß buchstäblichen Wiederholung" darf wirkliche Erziehung nicht verwechselt werden. Das gleiche gilt erst recht für jedes höhere Niveau der Wissensvermittlung. Wenn Kant also beispielsweise eine Vorlesung zur allgemeinen Philosophie oder Weltweisheit hält, dann steht für ihn fest, daß diese Wissenschaft, die es als fertige Lehre noch gar nicht gibt, nicht über das Gedächtnis erworben werden kann. Nur mit einer „forschenden" Methode kann man sich einer solchen Wissenschaft nähern.

Nun gibt es freilich, wie Kant einräumen muß, einige Wissenschaften, die stärker als andere auf memorierbare Wissensbestände angewiesen sind. In ihnen haben sich manche Humanisten und Philologen als „Wundermänner des Gedächtnisses" hervorgetan. Diese Autoren, so schreibt er, schaffen mit ihren Gedächtnisleistungen ganze Kamelladungen wissenschaftlicher Materialien heran, die dann von anderen Köpfen, die denken gelernt haben, verarbeitet werden können. Insofern will Kant von solchen Gedächtniskünstlern auch nicht verächtlich reden, was er aber schließlich doch tut, wenn er ein Gedächtnis dieser Art nur zu den niederen Seelenkräften rechnet und zusammenfassend ziemlich schnöde feststellt:

> Die untern Kräfte haben für sich allein keinen Wert, z. E. ein Mensch, der viel Gedächtnis, aber keine Beurteilungskraft hat.

> Ein solcher ist dann ein lebendiges Lexikon. Auch solche Lastesel des Parnasses sind nötig, die, wenn sie gleich selbst nichts Gescheutes leisten können, doch Materialien herbeischleppen, damit andere etwas Gutes daran zu Stande bringen können.[8]

An zweiter Stelle und auf der mittleren Rangstufe der Intelligenz hat bei Kant das *ingeniöse Memorieren* seinen Platz. Unter diesem Ausdruck ist die alte, dem Ingenium zugeschriebene Mnemotechnik zu verstehen, wie sie auch zu seiner Zeit immer noch ihre Anhänger hatte. Was ist von dieser rhetorischen Kunst zu halten? Nicht viel oder sogar gar nichts, gibt Kant zur Antwort, sofern sie darauf beruht, daß die Gedächtnisinhalte, die vor dem Vergessen bewahrt werden sollen, willkürlich mit anderen Vorstellungen assoziiert werden, von denen anzunehmen ist, daß sie selber besser im Gedächtnis haften. Für Kant ist das eine widersinnige Methode, die darauf hinausläuft, das Gedächtnis bei jedem Gegenstand nicht nur einfach, sondern doppelt zu belasten. Für die psychische Paradoxie, daß zwei oder mehr miteinander verbundene Gegenstände eventuell leichter und dauerhafter behalten werden als einzelne Gegenstände, bringt Kants rationales Denken kein Verständnis auf. Vielleicht hat ihm hier auch seine Vorliebe, Gedächtnisinhalte als Lasten und Ladungen zu metaphorisieren, den Zugang zu solchen Überlegungen versperrt. Wie dem auch sei, in der willkürlichen „Zusammenpaarung" (so verdeutscht er einmal den Fachausdruck Assoziation) vermag Kant nur ein ganz und gar „ungereimtes", vor der Vernunft nicht zu rechtfertigendes und regelloses Verfahren zu erblicken. Kein Wunder also, daß Kant nach diesen kritischen Überlegungen kategorisch feststellt: „Eine Gedächtniskunst *(ars mnemonica)* als allgemeine Lehre gibt es nicht."

Es bleibt nun noch an dritter Stelle und auf der obersten Rangstufe der Intelligenz das *judiziöse Memorieren* zu erörtern. Es hat seinen Namen von der Urteilskraft *(iudicium)*, hier verstanden als die Fähigkeit, unter der Masse der Gedächtnisinhalte eine vernünftige Auswahl zu treffen. Die Urteilskraft hat also gegenüber dem Gedächtnis eindeutig eine reduktive Funktion. Als Beispiel für judiziöses Memorieren nennt Kant in erster Linie das Linnésche System der natürlichen Arten, das zwar dem Gedächtnis immer noch zu schaffen macht, doch bei all seiner Komplexität so beschaffen ist, daß von sämtlichen denkbaren Gesichtspunkten der botanischen und zoologischen Taxonomie nur ein einziger, die Fortpflanzung nämlich, zur Grundlage des ganzen Systems gemacht ist. Als weitere Beispiele nennt Kant in diesem

Zusammenhang die „Topik" einer wohlgeordneten Bibliothek sowie die Abstraktionskunst der Kartographie. In diesen Zusammenhang gehört sicher auch die oben erwähnte quasi-rationale Vorstellung von den „Fächern" oder „Behältnissen" im Kopf, an denen Kant sich selber mnemotechnisch orientierte. Von all diesen Formen des judiziösen Memorierens erhofft Kant sich nicht nur eine spürbare Reduktion der zu speichernden Gedächtnisinhalte, sondern auch eine wirksame Hilfe, um jeweils Vergessenes schnell und zuverlässig ins Gedächtnis zurückrufen zu können.

Man sieht an diesen Überlegungen, wie bei Kant das Gedächtnis, soweit es überhaupt Beachtung findet, ständig zur Raison gerufen und in seinem übrigen psychischen Eigenleben eher eingeschränkt wird. Immer muß sich das Gedächtnis vor der Kontrollinstanz der Vernunft ausweisen und wird dabei in den meisten Fällen für unzureichend legitimiert befunden. Namentlich das „bloß" mechanische Auswendiglernen, aber auch die „bloß" mit ihren Assoziationen spielende Gedächtniskunst müssen es schließlich hinnehmen, daß sie aus dem Haus der Wissenschaften vertrieben werden. Nur das der Urteilskraft strikt unterworfene und von ihr zu vielen Verzichten gezwungene Gedächtnis gilt dem aufgeklärten Philosophen als genügend rationalisiert, um bei dem kritischen Geschäft, „selbst nachzudenken und zu schließen", mitwirken zu dürfen. Bei Kant hat man fast den Eindruck, daß dem kritischen Philosophen beim Vergessen wohler ist als beim Memorieren; denn wer vergißt, ist wenigstens kein „Nachbeter" und „blinder Nachäffer" und kann auch als Vergessender, da er durch keine falschen Meinungen daran gehindert wird, als „Selbstdenker" tätig werden und auf diese Weise „würklich aufgeklärt" sein.

*

Um diese Überzeugungen Kants in ihrer Tragweite genauer einschätzen zu können, empfiehlt es sich, sie in einen Zusammenhang mit den Praktiken des Schreibens zu stellen. Dabei gehen wir wieder von den „Denk- und Erinnerungszetteln" (Borowski) aus, deren sich Kant im Alter zur Stütze seines natürlichen Gedächtnisses bedient hat, einschließlich jenes rätselhaften Zettels, auf dem Kant sich das dringlich zu Vergessende gemerkt hat. Ist das nun ein geeignetes Verfahren, wenigstens dem Gedächtnis aufzuhelfen? Davon dürfte Kant in der Tat überzeugt gewesen sein, da er in seiner Anthropologie das Schreiben eine „herrliche Kunst" nennt, die ohne weiteres das Fehlen eines natürlichen Gedächtnisses kompensieren kann. Das ist bei Kant durchaus praktisch zu verstehen; der Philosoph hatte nämlich, zumal bei seinen allabendlichen Spaziergängen (bei denen er keine redenden Begleiter duldete) die Gewohnheit angenommen, eine Schreibtafel in der Tasche mit sich zu führen, um auf der Stelle seine Einfälle zu notieren, und er nennt diese Art Gedächtnisstütze „eine große Bequemlichkeit". Auch der Lampe-Zettel scheint in den gleichen gedächtnispraktischen Zusammenhang zu gehören. Selbst für uns Heutige ist dieser Zusammenhang wohl plausibel, da wir nun, sofern wir Wasianskis Erinnerungen an Kants letzte Lebensjahre gelesen haben, zugleich mit den Nachrichten über das Leben des Philosophen auch den Namen seines Dieners Lampe in unser Gedächtnis aufnehmen können, was ohne die Speicherung in Schrift und Druck wohl nicht möglich wäre.

Nun aber die Umkehrung, an der Wasianski so sehr Anstoß genommen hat. Durfte Kant denn hoffen, den Namen Lampe dadurch, daß er seinen Vergessensvorsatz aufschrieb, besser und schneller zu vergessen? Kann man überhaupt nicht nur das Gedächtnis, sondern sogar sein Gegenteil, das Vergessen, dadurch befördern, daß man etwas aufschreibt? Für diese Paradoxie scheint Kant selber ein deutliches Problembewußtsein gehabt zu haben. Zum Zusammenhang von Schrift und Vergessen, statt von Schrift und Gedächtnis, schreibt er nämlich einmal mit Bezug auf Platon: „Einer der Alten sagte: Die Kunst zu schreiben hat das Gedächtnis zu Grunde gerichtet (zum Teil entbehrlich gemacht)". Als eigenen Kommentar setzt Kant diesem Platon-Zitat hinzu: „Etwas Wahres ist in diesem Satz."[9]

Es ist tatsächlich etwas und sogar ziemlich viel Wahres daran, daß die Erfindung der Schrift, für Griechenland in vorhomerischer Zeit, einerseits der Menschheit eine unerhörte Ausweitung des kulturellen Gedächtnisses gebracht hat, andererseits aber dem bis dahin „oral" funktionierenden Gedächtnis einen erheblichen Stoß versetzen mußte. Hat man nur dieses natürliche Gedächtnis im Sinn, so ist die Schrift eher eine Verbündete des Vergessens als des Erinnerns zu nennen. Die „skripturale Revolution" *(the literate Revolution,* so Havelock) hat dieses natürliche Gedächtnis träge gemacht, und oft ist der Akt des Schreibens oder wenigstens Aufschreibens mit einer gleichzeitigen Löschanweisung an das mit dem Schriftgebrauch konkurrierende natürliche Gedächtnis verbunden, so wie es einmal der französische Schriftsteller Bernardin de Saint-Pierre im 18. Jahrhundert ausgedrückt hat: „Was ich zu Papier bringe, nehme ich aus meinem Gedächtnis heraus, und folglich vergesse ich es" *(Ce que je mets sur papier, je l'ôte de ma mémoire, et par conséquent je l'oublie).*[10]

Den nächsten Schub oder Stoß erhält das natürliche Gedächtnis in der Geschichte durch die Erfindung und Verbreitung des Buchdrucks seit dem ausgehenden 15. Jahrhundert. Nun werden die Bücher, die Borges „Trugbilder des Gedächtnisses" *(simulacros de la memoria)* nennt, für die Allgemeinheit erschwinglich und leicht erreichbar. Das kulturelle Gedächtnis ist seitdem in vielen öffentlichen und privaten Bibliotheken materiell vorhanden, und wenn jetzt auch vieles nicht mehr auswendig gewußt wird, so weiß man doch, wo es leicht zu finden ist.

Auf jeden der beiden Innovationsschübe, die dem handgeschriebenen oder gedruckten Gedächtnis einen kulturellen Vorsprung vor dem natürlichen Gedächtnis verschafften, hat die Gedächtniskultur auch epistemisch geantwortet. Die Antwort auf den mit der Erfindung der Schrift verbundenen Innovationsschub ist die von der Rhetorik entwickelte Mnemotechnik. Sie geht einher mit dem Übergang von der in gebundener Form überlieferten Dichtung (im weitesten Sinne des Wortes) zur Rhetorik der Prosa-Literatur. Denn die Mnemotechnik der Rhetorik ist für die Prosa gemacht, die auf solche mnemophilen Hilfsmittel wie Metrum und Reim verzichten muß.

Auf den zweiten Schub, die Erfindung des Buchdrucks und die damit verbundenen Umschichtungen in der Speicherung des Wissens antwortet epistemisch die intellektuelle Gedächtniskritik, zunächst bei den Moralisten (Montaigne), dann bei den Aufklärern, von Descartes bis Kant. Sie stellt mit zunehmender Radikalität die naive Akkumulation des Wissens in Frage und läßt von diesen Informationen nur gelten, was in die von der Vernunft bereitgestellten „Fächer" und „Behältnisse" paßt. So wird das natürliche Gedächtnis den Vernunftkriterien der Urteilskraft unterworfen. Man kann bei vielen Autoren des aufgeklärten Zeitalters, besonders deutlich bei Rousseau in seiner neuen Pädagogik, von einem regelrechten Krieg zwischen der Vernunft und dem Gedächtnis sprechen, der eindeutig zugunsten der Vernunft und zuungunsten des Gedächtnisses entschieden wird.

Auch bei Kant sind in dieser Hinsicht die Fronten klar. Auf der Gedächtnisseite stehen die „Nachbeter", wobei man das Beten auch wörtlich nehmen darf, auf der anderen Seite die „Selbstdenker", denen Kant auch sich selber zurechnet. Die letzteren zeichnen sich dadurch aus, daß sie, wie Borowski es von Kant sagt, „ohne die mindeste Rücksicht auf Autoritäten (...) Wahrheit, reine Wahrheit aufsuchen und die gefundene dann verbreiten". In Kants Wissenschaft macht das den Unterschied aus, der das bloße Lehren der Philosophie vom authentischen Philosophieren trennt. Nur in der Abwendung vom Gedächtnis, wie es noch in der von ihm vorgefundenen Schulphilosophie herrschte, konnte Kant der „große Zerstörer im Reiche der Gedanken" (Heine) und der „alles Zermalmende" (Mendelssohn) werden, auch wenn diese gewalttätigen Metaphern sonst gar nicht zu dem Charakterbild des Mannes passen wollen, von dem Borowski gesagt hat: „Das Wort Kindlichkeit drückt den ganzen Kant aus".

*

Zurück zu Lampe. Von welcher Art war denn in dieser aufgeklärten Zeit das Gedächtnis eines einfachen Mannes namens Lampe? Darüber haben uns natürlich die Biographen, die ja Kants und nicht Lampes Leben aufzeichnen wollten, keine direkte Auskunft gegeben. Nur von seinem Nachfolger mit der lauten Stimme, Kaufmann, den Wasianski selber ausgesucht hatte, teilt dieser mit, daß er nach einiger Zeit bereits in der Lage war, Kants lateinische Zitate, wenn sie ihm nicht mehr vollständig einfallen wollten, fehlerfrei zu ergänzen. Ob Kant darüber wohl erfreut war?

Doch können wir in Kants philosophischen Schriften selber einige Hinweise finden, die geeignet sind, ein Licht auf Lampes Gedächtnis zu werfen, und indirekt damit auch auf sein eigenes Erinnern und Vergessen. Das Problem, das dem Philosophen zu diesen Bemerkungen Anlaß gibt, ist das der Vergeßlichkeit, in seiner philosophischen Fachsprache auch *obliviositas* genannt.[11] Die Vergeßlichkeit wird von Kant recht anschaulich als ein Zustand beschrieben, bei dem der Kopf „wie ein durchlöchertes Faß" ist. Alte Leute haben nach Kants Erfahrung besonders unter diesem Übel zu leiden, doch tritt es nicht naturwüchsig als unvermeidliche Alterserscheinung auf, sondern ist vielfach darauf zurückzuführen, daß diese Personen ihr Gedächtnis von Jugend an durch allerhand Zerstreuungen verdorben haben. Das zügellose Romanlesen beispielsweise ist nach Kants strenger Überzeugung eine Beschäftigung, die den Geist an Zerstreutheit gewöhnt und dadurch für das Nachdenken verdirbt. Schon in der Schule muß folglich darauf geachtet werden, daß sich keine „habituellen Zerstreuungen" im Kopf der Schüler festsetzen, sonst erzieht man sie zur Vergeßlichkeit.

Nun könnte man vielleicht bei Kant und seinem Diener Lampe meinen, es müsse wenigstens der Philosoph, den man sich kaum als unaufmerksamen Schüler oder als kulinarischen Romanleser vorstellen kann, in seinem langen Leben wohl gelernt haben, mit den Gefahren der Zerstreutheit und Vergeßlichkeit fertigzuwerden, während man gerade bei Lampe in dieser Hinsicht eher besorgt sein müßte. Aber das Gegenteil scheint der Fall zu sein. Kant selber verzeichnet einmal als seine Lebenserfahrung, daß der „gemeine Mann" (und da können wir natürlich sofort an Lampe denken) bei seinen alltäglichen Geschäften offensichtlich keine Schwierigkeiten hat, die Inhalte seines Gedächtnisses ohne langes „Vernünfteln" auf die Reihe (Kant sagt: „auf die Schnur") zu bringen. Der Gelehrte hingegen wird bei seinem Nachdenken unentwegt von Zerstreuungen geplagt, die ihn von der klaren Linie seiner Gedanken ablenken. So ist es nach dem Bericht des Biographen Jachmann auch von Kant selber bezeugt. In seinen Vorlesungen konnte schon ein fehlender Knopf an der Jacke eines Studenten und mehr noch die neue Mode der „geniemäßig" langen Haare eine solche Zerstreuung des Philosophen auslösen. Doch auch auf höherer Ebene blieben ihm Anfechtungen dieser Art nicht erspart, da nach einer Bemerkung Borowskis selbst das Amt des Rektors, das er an der Universität Königsberg zweimal ausübte, und zwar mit großer Pflichttreue, „viel Zerstreuendes" für ihn bereithielt. Gut also, wenn ein solcher Gelehrter, rundum von Zerstreuungen bedroht, einen Diener Lampe hat – der „Theoretiker" einen „Praktiker" (Wasianski) –, der als gemeiner Mann dem gelehrten Herrn das Gedächtnisgeschäft des Alltags abnehmen kann. Das ist offenbar, wie man von Jachmann erfahren kann, sehr vollständig geschehen. Als Kant nämlich einmal seinen Diener Lampe dafür tadelte, daß dieser statt der vorgeschriebenen weißen Livree ausnahmsweise einen gelben Leibrock trug, erfuhr er als dessen Entschuldigung nicht nur, daß der Bediente in dieser Kleidung am nächsten Tag heiraten wollte, sondern vernahm auch zu seiner großen Überraschung, daß Lampe schon viele Jahre lang verheiratet gewesen war.

Als nun also der Philosoph eines Tages, aus welchen Gründen auch immer, diesen bequemen Bediensteten mit seinem geradlinigen Gedächtnis entlassen hat, da haben offenbar die Zerstreuungen, insbesondere die „vielen fremdartigen Nebengedanken" an „häusliche Angelegenheiten", mit dem Gelehrten noch heftiger ihr verwirrendes Spiel getrieben, als sie es ohnehin schon immer getan hatten. Ja, die Erinnerung an Lampe, den bequemen Gedächtnisdiener, könnte wohl selber zur großen, über alle Maßen quälerischen Zerstreuung geworden sein, die das Denken des Gelehrten lahmlegte, so daß dieser, wenn es bei ihm mit dem Philosophieren überhaupt noch weitergehen sollte, zuallererst den Namen Lampe vergessen mußte.

*

Nun ist aber bisher ein Aspekt des Kantschen Lebens und Philosophierens ausgespart geblieben, der allerdings geeignet ist, auf den Vergessenszettel, Lampe betreffend, ein vielleicht noch andersartiges Licht fallen zu lassen. Einer der Gründe nämlich, weshalb gleich drei Biographen noch in seinem Todesjahr 1804 ein Lebensbild des Philosophen vorgelegt haben, ist darin zu sehen, daß Kant in seinen letzten Lebensjahren von einer seine Königsberger Umwelt tief erschreckenden Schwächung seiner Geisteskräfte befallen wurde, die nach einiger Zeit in einer völligen „Geistesohnmacht" (Jachmann) endete. Diese Schwäche äußerte sich vor allem in einem zunächst schleichend einsetzenden, dann rapide fortschreitenden Schwund seiner Gedächtniskraft, die vielleicht, wenn die Symptome heute noch richtig gelesen werden können, als Alzheimer-Krankheit *avant la lettre* diagnostiziert werden kann.[12] Jenes herrliche, ungeheure Gedächtnis also, das zu rühmen sein früheres Leben soviel Anlaß gegeben hatte, zerfiel in nichts, und mit ihm der Geist dieses „größten Weltweisen seiner Zeit" (Jachmann). Ein Bild des Jammers bot sich den Freunden, und Jachmann – tief erschüttert, daß ihn der geliebte Lehrer eines Tages nicht mehr erkannte – schreibt: „Der Mann, der durch seine Lehre die Weisen Europas in Erstaunen versetzte, mußte sich von seiner alten Schwester, die vormals den Geist und die Sprache ihres Bruders nie begriffen hatte, einzelne Wörter zur Bezeichnung ganz gewöhnlicher Gedanken vorsagen lassen." Doch legt derselbe Biograph in diesem Zusammenhang großen Wert darauf, daß Kants Befindlichkeit keinesfalls als „Geisteskrankheit", sondern nur als „Geistesschwäche" aufzufassen ist. Das erinnert daran, mit welchen Schwierigkeiten rund einhundert Jahre später der „Irrenarzt" Alois Alzheimer bei seinen Fachgenossen zu kämpfen hatte, als er das später nach ihm benannte Leiden als eine ganz normale Krankheit diagnostiziert und behandelt sehen wollte.

Wann hat nun dieses Leiden – Altersschwäche oder Alterskrankheit – bei Kant eingesetzt? Darüber gehen die Angaben auseinander. Am weitesten geht Wasianski, der überhaupt Kants Gedächtnis am wenigsten preist und angesichts seines Gedächtnisschwundes im Alter darauf hinweist, daß Kant selber von sich schreibt, er sei schon in seiner frühesten Jugend ziemlich „vergeßsam" gewesen. So habe er doch tatsächlich einmal beim Spielen nach der Schule seinen Ranzen mit den Schulbüchern auf dem Spielplatz vergessen! Im fortgeschrittenen Alter habe er sich dann zwar an früheste Begebenheiten noch gut, an Jüngstvergangenes jedoch manchmal schlecht erinnert – was man aus heutiger Sicht als eine ganz normale Variation über das bekannte Thema *Old men forget* (Shakespeare, *Henry V*) auffassen kann.

Aber wir finden dann bei demselben Biographen auch einige genauer beobachtete Symptome. So bemerkt er beispielsweise in seinen immer bedrückender werdenden Unterhaltungen mit Kant, dieser habe die Alltagssprache nur noch mit großen Schwierigkeiten, die Fachsprache der Wissenschaften hingegen noch mit großer Genauigkeit beherrscht. Das scheint vor allem die Gespräche bei Tisch erschwert zu haben, für die Kant sonst die strikte Regel aufgestellt hatte, daß keinesfalls über philosophische Gegenstände und am allerwenigsten über seine eigenen Bücher gesprochen werden durfte. Schließlich macht Wasianski noch auf eine Begebenheit aufmerksam, die in das Jahr 1802 fällt, in eine Zeit also, für die der Biograph schon eine gewisse, auch von Kant selber bemerkte „Abnahme seines Gedächtnisses" verzeichnet. Eben aus diesem Grunde hat Kant um diese Zeit bereits die Gewohnheit angenommen, sich „zur Vermeidung der Wiederholung und aus Vorsorge für die Mannigfaltigkeit der Unterhaltung" Merkzettel und -hefte anzulegen. Als nun im Sommer dieses Jahres Kants Studierstube neu geweißt wurde und der Philosoph seine Sachen aufräumen mußte, wollte er den ganzen Stapel der Merkzettel, die sich bis dahin angesammelt hatten, verbrennen. Gleichviel, ob nun diese Absicht als Ausdruck seines Ordnungstriebes oder aber als willentliche Vergessenstrategie zu deuten ist, die Verbrennung kommt jedenfalls nicht zustande, weil Wasianski sich die Papiere als Erinnerungsgegenstände erbittet. Da Lampe zu diesem Zeitpunkt bereits ein halbes Jahr „abgeschafft" war, befand sich möglicherweise auch die Lampe-Notiz bei diesem „Vorlaß", wie man heute zu sagen pflegt. Auf diese Weise ist nun, wenigstens was die Nachwelt betrifft, der Vergessensvorsatz Kants, seinen Diener Lampe betreffend, in sein genaues Gegenteil verkehrt worden, und wir erinnern uns heute an diesen treuen oder auch weniger treuen Diener vor allem deshalb, weil durch Kants Vergeß-Erinnerung ein so „merkwürdiges" Licht auf ihn gefallen ist.

Wie die gleiche Notiz nun bei Kant selber gewirkt hat, ob zum Erinnern oder zum Vergessen hin, entzieht sich unserer Kenntnis vor allem deshalb, weil sich etwa um die gleiche Zeit bereits die Symptome der Alzheimer-Krankheit dramatisch über Kants Bewußtsein ausbreiten. In dem großen Vergessen, als das man diese Krankheit auch bezeichnet hat, verliert sich für uns auch das Vergessen oder Nicht-Vergessen Lampes. Oder dürfen wir vielleicht sogar vermuten, es könnte im Leben Immanuel Kants gerade die nicht zu vergessende Trennung von seinem Vertrauten Lampe dasjenige Ereignis gewesen sein, das dem Leben des Philosophen auf dem Weg in die Nacht des Vergessens den letzten Stoß versetzt hat? Ist der Lampe-Zettel dann vielleicht gar nicht Merkzettel für einen lebenspragmatischen Imperativ, sondern Ausdruck der frommen Ergebung in das mit fataler Notwendigkeit über ihn hereinbrechende Verhängnis des Vergessens, in dessen Nacht er nun eintauchen *muß?*

V. Von den Risiken des Erinnerns und Vergessens

1. Vergessene Liebschaften, treu erzählt (Casanova)

Nach einem Jura-Studium in Padua empfing Giacomo Casanova (1725–1798) fünfzehnjährig aus den Händen des Patriarchen von Venedig die vier niederen Weihen.[1] Er trug nun die Soutane und war auch durch seine Tonsur als Kleriker zu erkennen. Einfache Leute sahen in ihm schon einen Priester, seine Großmutter gar einen „Apostel". Sie war glücklich über ihren Enkel, durch dessen geistliche Berufung sie sein Seelenheil und vielleicht das der ganzen Familie für gesichert ansah.

In der Kirche des Pfarrers Tosello soll der junge Kleriker seine erste Predigt halten. Als Thema wählt er einige Verse von Horaz. Der Entwurf mißfällt dem Pfarrer: heidnische Dichter gehören nicht in die Kirche. Bald wird dem jungen Mann jedoch eine neue Gelegenheit geboten, sich als Prediger zu bewähren; am 19. März 1741, nachmittags 4 Uhr, soll er auf die Kanzel steigen und zu Ehren des heiligen Josef, des keuschen Bräutigams der Jungfrau Maria, die Festtagspredigt halten. Casanova arbeitet die Predigt aus und lernt sie auswendig, indem er sie sich abends vor dem Schlafengehen und morgens nach dem Aufwachen aufsagt. Mit dem Gedächtnis hat er keine Probleme, das hat sich schon beim Studium gezeigt.

Nun hat aber der Jungkleriker Casanova um diese Zeit auch schon Zugang zur feinen Gesellschaft Venedigs gefunden. Und so wird er just am Festtag des heiligen Josef beim Grafen von Monreale zum Mittagessen eingeladen. Man speist gut und spricht auch dem Wein tüchtig zu. Fast hätte Casanova seine Predigtpflichten vergessen. Ein Bote muß ihn holen. Gerade noch rechtzeitig kommt Casanova in der Kirche an.

Nun steht der junge Kleriker, müde vom Essen und benommen vom Wein, auf der Kanzel, vor sich hat er die Gesichter der versammelten Gemeinde. Die Einleitung der Predigt, das „Exordium", gelingt ihm noch einigermaßen, doch dann verliert er den Faden, verhaspelt sich. Die Zuhörer tuscheln, unterdrücken nur mühsam das Lachen. Nun gerät Casanova vollends in Panik, er „verliert den

Kopf", und die ganze mühsam auswendig gelernte Predigt ist vergessen. Nur durch eine halb gespielte, halb echte Ohnmacht kann er der Peinlichkeit entkommen. Er bricht auf der Kanzel zusammen, schwer schlägt sein Kopf gegen die Kanzelwand. Der Ohnmächtige wird in die Sakristei getragen. Seine Katastrophe *(mon désastre)* ist komplett, und der so fatal vergeßliche Casanova hat seinen Entschluß gefaßt: „Ich habe ganz auf diesen Beruf verzichtet" *(J'ai entièrement renoncé à ce métier).*

Jetzt ist der Weg frei für Casanovas erotische Berufung. Sie nimmt ihren Anfang ebenfalls bei dem Pfarrer Tosello, genauer gesagt, bei dessen schöner Nichte Angela.[2] Giacomo liebt Angela, Angela liebt Giacomo und ist auch bereit, seine Frau zu werden. Bis dahin jedoch bewacht sie „wie ein Drache" ihre Tugend und gewährt dem Liebhaber nicht die geringste Gunst und Freiheit vorab. Der „Geiz" dieser „negativen" Angela macht den Liebhaber ganz verstört, und die ihm auferlegte Enthaltsamkeit „trocknet ihn aus". Die Liebe wird ihm zur Qual, er muß „die grausame Angela für einige Zeit vergessen".

Dazu verhilft ihm ein Aufenthalt auf dem Land, wo er bei seinen Gastgebern die vierzehnjährige Pförtnerstochter Lucia kennenlernt, die ihm in ihrer rührenden Naivität wie ein menschgewordener Engel vorkommt.[3] Tage- und nächtelang kämpft Casanova mit sich, ob er das arglose Kind verführen soll oder nicht. Es bleibt schließlich dabei, daß er sie nur mit kosenden Worten umschmeichelt und ohne Attacke auf den Sitz ihrer Keuschheit den Landaufenthalt beendet.

Mit der Rückkehr nach Venedig flammt auch die zeitweilig vergessene Liebe zu Angela wieder in ihm auf. Casanova bedrängt sie aufs neue mit seinen Wünschen, und sie bleibt weiterhin standhaft – aber doch nicht ganz. Denn Angela verbringt bald eine Nacht bei ihren Freundinnen, den Schwestern Nanette und Marton. Mehr diese leichtsinnigen Geschöpfe als die bedenklichere Angela lassen Casanova für die Nacht ins Haus und ins Zimmer ein. Die einzige Kerze ist bald heruntergebrannt, und Casanova macht sich die schönsten Hoffnungen. Aber nun beginnt im stockdunklen Zimmer ein Tändel- und Verwirrspiel (Casanova sagt: *badinage*), bei dem es unter dem Gelächter der beiden Freundinnen der kokett-keuschen Angela die ganze Nacht hindurch gelingt, sich von ihrem Liebhaber nicht einfangen zu lassen. Es wird „eine ärgerliche Nacht" *(une fâcheuse nuit).*

Zornig verläßt Casanova die Stadt und holt sich in Padua seinen Doktortitel ab. Was Angela betrifft, so wird er sie jetzt definitiv vergessen. Dazu genügt aber ein Doktortitel nicht. Wirksame Vergessenshilfe erfährt er vielmehr, sobald er nach Venedig zurückgekehrt ist, von den bis dahin wenig beachteten Freundinnen, der sechzehnjährigen Nanette und der vierzehnjährigen Marton. Es wird, mit Angelas Einverständnis, eine glücklichere Wiederholung der Unglücksnacht vereinbart. Als es soweit ist und Casanova, diesmal mit einer Flasche Zypernwein und einer geräucherten Zunge versehen, im Schlafzimmer erscheint, fehlt Angela. Nun reicht es dem Liebhaber: „Es ist vorbei. Ich hasse Angela" *(C'en est fait. Je déteste Angéla)*. Doch ist die Nacht lang genug für Casanova, um sich mit den beiden verbleibenden Nachtgefährtinnen unter der Bettdecke zu vergnügen, ein Liebesgenuß, von dem Casanova bemerkt, er habe ihn hier zum ersten Mal in seinem Leben erfahren *(une jouissance dont je goûtais pour la première fois de ma vie)*. Nun ist Angela endgültig vergessen, und Casanova kann in der Überschrift dieses Kapitels (I, 5) seiner Lebensgeschichte schreiben: *J'oublie Angéla.*

Dies alles wissen wir, wie nun schon angedeutet, aus der von Casanova in französischer Sprache verfaßten und erst lange nach seinem Tod unter dem Titel *Histoire de ma vie* publizierten Autobiographie, die er im Jahre 1797, zweiundsiebzigjährig, auf dem böhmischen Schloß Dux fertiggestellt hat. Dort war er Gast des jungen Grafen Waldstein, der ihm kurz vor seinem Tod, als ihn die Welt schon fast vergessen hatte, eine letzte Freistatt bot. Dem Grafen Waldstein verdanken wir es auch, daß Casanova mit diesen Lebens- und Liebeserinnerungen ein Meister der erotischen Literatur und ein Klassiker der Weltliteratur geworden ist. Es gehört zu den reizvollen Eigenheiten und Paradoxien dieser „Bekenntnisse" (so sagt der Autor gelegentlich mit Blick auf Augustinus und Rousseau), daß Casanova sich auch an die Umstände seines Vergessens aufs genaueste erinnert.

Um als alter Mann, fern von den Affären der Welt, diese Erinnerungen schreiben zu können, hat Casanova zeitlebens sein Gedächtnis, das ihn nur einmal, wie wir gesehen haben, schnöde verlassen hat, durch Aufzeichnungen gestärkt und auch viele der Briefe, die er geschrieben oder empfangen hat, aufbewahrt. So kann er sich an die zahllosen Frauen, die er in seinem Leben geliebt hat, ohne Mühe erinnern. Doch hat er sich nie der Vielzahl seiner Liebesabenteuer gerühmt. Casanova ist kein Don Giovanni, und er hat keinen Leporello bei sich, der das Register seiner zahlreichen „Eroberungen" führt. Von den Frauen, denen er unermüdlich, solange noch Liebeskraft in seinem Leibe war, den Hof gemacht hat, sagt Lydia Flem in ihrer Casanova-Biographie,[4] daß er sie „eine um die andere" *(une à une)* geliebt hat. Gewiß, Casanova sucht in jedem neuen Liebesabenteuer, zu dem ihm seine Wanderungen durch Europa verhelfen, immer wieder aufs neue die Sinnesfreuden *(les plaisirs de mes sens)*, aber es reizt ihn dabei nicht das, was an diesem Spiel immer gleich ist, sondern das, was seine „Neugierde" *(curiosité)* auf jeweils andere Weise befriedigt. Der Bücherliebhaber, der Casanova auch war, will in jeder Frau wie in einem Buch lesen, und dazu gehört, daß er als Leser, um ein Buch aufschlagen zu können, ein anderes schließen muß. So liegt zwischen zwei Amouren, zwei Lektüren jeweils eine Zäsur, die in der erotischen Sprache des casanovistischen Zeitalters Vergessen genannt wird und tatsächlich auch, im Sinnestaumel der nächsten Begegnung, Vergessen bedeutet, jedoch immer nur ein solches, das späteres Wiedererinnern nicht ausschließt.[5]

Das zeigt sich am eindringlichsten in Casanovas schönster Liebesgeschichte, die von seiner Begegnung mit Henriette handelt und in seinen Lebenserinnerungen einen kleinen, in sich geschlossenen Liebesroman bildet.[6] Henriette, so nennt sich eine junge „Abenteuerin", die Casanova durch Zufall in einem Gasthaus kennenlernt. Sie ist Französin und reist, als Mann verkleidet, in Begleitung eines sechzigjährigen ungarischen Hauptmanns durch Italien. Er kann nicht Französisch, sie nicht Ungarisch: die Verständigung kommt durch Zeichensprache, unterstützt durch etwas Latein, zustande. Casanovas Neugierde ist geweckt: *Qui est donc Henriette?* Die Bekanntschaft mit dem ungleichen Paar ist schnell hergestellt, und Casanova ist entzückt von der ebenso schönen wie klugen und gebildeten Frau, die einen natürlichen Geschmack besitzt und über Geometrie wie ein Geometer, über Philosophie wie Cicero in seinen Tuskulanischen Disputationen zu plaudern weiß. Sie spielt konzertreif Cello und erlernt Italienisch in dreißig Tagen. Wer also ist bloß diese „göttliche Henriette" *(la divine Henriette)?*

Das weiß weder der ungarische Hauptmann, noch erfährt es der neugierige Venezianer. Henriettes Lebensgeschichte bleibt ihr Geheimnis, was natürlich den Reiz des Abenteuers für Casanova noch steigert. Bald ist er hell entflammt für die Französin, und auch sie ist ihm gewogen. Mit dem ungarischen Hauptmann, dem das Abenteuer schon etwas über den Kopf gewachsen ist, wird er schnell einig. Im allgemeinen Einvernehmen wechselt Henriette zu Casanova über und wird dessen neue Geliebte. Dem Hauptmann, der nun allein seines Weges zieht, schärft sie beim Abschied noch das strikte Gebot ein, nicht nach ihrem Verbleib zu forschen und sie in Zukunft, wenn ihr Weg den seinen noch einmal kreuzen sollte, wie eine Unbekannte zu behandeln. Mit einem Wort: *Oubliez-moi.*

Den Venezianer, der diesen Abschiedsdialog mitangehört hat, macht das strikte Vergessensgebot nachdenklich, und er gibt seiner neuen Begleiterin zu verstehen, daß möglicherweise ein Franzose, nie jedoch ein Italiener auf Kommando vergessen kann. „Vergiß mich, ist schnell gesagt" *(Oubliez-moi est bientôt dit),* undenkbar ist es für ihn, willentlich zu vergessen. Von diesem Wortwechsel an ist das Vergessensmotiv in den Gedanken des Paares präsent.

Casanova und Henriette reisen nun, lieben sich, sind glücklich. Wird das Glück dauern? *Muß* es denn dauern, fragt Henriette zurück, *kann* Glück überhaupt dauern? Allmählich erfährt oder errät Casanova einiges Merkwürdige aus ihrem Leben. Henriette (oder wie immer sie in Wirklichkeit heißen mag) entstammt offenbar einer provenzalischen Adelsfamilie, ist vor der Gefahr, ins Kloster gesteckt zu werden, geflohen und wird nun von ihrer Familie gesucht. Es wird kaum zu verhindern sein, daß sie gefunden wird. Das bedeutet Trennung von Casanova. Diese Drohung des Schicksals schwebt über ihnen beiden. Das weiß Henriette, und das ahnt auch ihr Liebhaber, will es aber lange Zeit nicht wissen oder jedenfalls nicht wahrhaben. Er, der Virtuose des Vergessens, will diesmal nicht vergessen.

Der Knoten schürzt sich in Parma. Ein zufällig dort anwesender Franzose, auch er ein Neugieriger, erkennt die Abenteuerin. Briefe gehen zwischen Italien und Frankreich hin und her, und bald ist für Henriette die gefürchtete Stunde der Rückkehr gekommen. Beschwerten Herzens fügt sich auch Casanova in das gemeinsame Schicksal. Er begleitet Henriette noch bis nach Genf, wo sie beide in dem Hotel *A la Balance* Wohnung nehmen. Noch ein paar glückliche Tage, Stunden, Minuten sind ihnen vergönnt, dann entführt eine herrschaftliche Kutsche die wieder eingefangene Abenteuerin in ihre provenzalische Heimat. Zurück bleibt im Genfer Hotel ein tief trauriger, am Glück und an der Liebe verzweifelnder Casanova.

Eine Abschiedsbotschaft erreicht ihn. Sie enthält zunächst nur das Wort *Adieu.* Dann entdeckt Casanova, mit einem Diamanten in eine Fensterscheibe des Hotels eingeritzt, weitere Abschiedsworte Henriettes. Sie enthalten das von ihm insgeheim immer schon gefürchtete Vergessensmotiv: „Du wirst auch Henriette vergessen" *(Tu oublieras aussi Henriette).* Ein Casanovist unserer Tage will in dem genannten Genfer Hotel diese Inschrift noch mit eigenen Augen gelesen haben, allerdings in der etwas abweichenden Form: „Eines Tages wirst du Henriette vergessen" *(Un jour tu oublieras Henriette).* Wenn diese Nachricht keine Mystifikation oder Legende ist, dann stellt sich hier die Frage, welches die authentische Fassung der Inschrift ist. Die beiden Fassungen besagen ja nicht genau das gleiche. Insbesondere das Wörtchen „auch" in der Fassung von Casanovas Lebensgeschichte macht einen erheblichen Unterschied aus. Hat Henriette ihren Casanova in den drei Monaten ihres Zusammenlebens vielleicht schon als Vergessenskünstler kennengelernt, so daß sie sich nun „auch" in die Reihe der vergessenen Geliebten einzureihen bereit ist? Oder besteht sie nach der Fassung des casanovistischen Amateur-Detektivs darauf, daß selbst das Vergessen, wenn es denn „eines Tages" zwischen sie tritt, ein einmaliges Ereignis sein wird?

Die Wahrheit dieses Abschieds scheint jenseits beider Hypothesen in der Fassung eines Briefes zu liegen, den Casanova bei der Rückkehr nach Parma von ihrer Hand geschrieben vorfindet und dessen genauen Wortlaut er in seiner Lebensgeschichte mitteilt. Der das Vergessen betreffende Abschnitt des Briefes lautet:

> Ich bin es, mein einziger Freund, der Dich verlassen mußte. Mach Deinen Schmerz nicht dadurch größer, daß Du an meinen Schmerz denkst. Bilden wir uns doch ein, wir hätten einen angenehmen Traum geträumt, und beklagen wir uns nicht über unser Schicksal, denn nie hat ein so angenehmer Traum so lange gedauert. Rühmen wir uns also, daß wir es verstanden haben, uns drei Monate nacheinander vollkommen glücklich zu machen; es gibt kaum Sterbliche, die ein gleiches von sich sagen können. So wollen wir einander also nie vergessen *(ne nous oublions donc jamais),* und wir wollen uns in Gedanken oft unserer Liebe erinnern, um sie in unseren Seelen wiederzubeleben, wo wir uns ihrer trotz unserer Trennung noch viel lebhafter erfreuen werden. Ziehe daher keine Erkundigungen über mich ein, und wenn der Zufall Dir das Wissen zuspielen sollte, wer ich bin, dann verhalte Dich so, als ob Du es nicht wüßtest. Laß Dir sagen, mein lieber Freund, daß ich meine Verhältnisse in Ordnung gebracht habe und daß ich für den Rest meines Lebens glücklich sein werde, soweit ich es ohne Dich sein kann. Ich weiß nicht, wer Du bist; aber ich weiß, daß niemand auf der Welt Dich besser kennt als ich. Ich werde in meinem ganzen zukünftigen Leben keine Liebhaber mehr haben, aber ich wün-

sche, daß Du nicht das gleiche im Sinn hast. Ich möchte, daß Du noch weiter liebst, und daß Du sogar noch eine andere Henriette findest. Adieu.

Hat Casanova Henriette vergessen? Wie er schreibt, nein: „Ich habe sie nicht vergessen“ *(Je ne l'ai pas oubliée).* Wir glauben es ihm. Aber er hat Henriette nie wiedergesehen, obwohl er in der Provence, wo sie auf ihrem Schloß lebte, nach ihr gesucht hat. Sie hat sich vor ihm verborgen gehalten. Doch haben die beiden Liebenden bis an sein Lebensende freundschaftliche Briefe gewechselt.

Ist damit dem Vergessen bei Casanova ein für allemal der Boden entzogen? Wohl nicht ganz. Denn hören wir nun, wie Casanovas Lebensgeschichte weitergeht. Nach der Lektüre des Abschiedsbriefes von Henriette ist Casanova ein paar Tage wie gelähmt. Er ißt nicht, trinkt nicht, ist für niemanden ansprechbar. Dann gelingt es einem Freund doch, ihn zum *remedium amoris* ins Theater zu schleppen. Dort passiert unverzüglich das, was Casanova im Titel des Folgekapitels „ein ärgerliches Abenteuer mit einer Schauspielerin“ *(une fâcheuse aventure avec une actrice)* nennt. Es trägt ihm eine unangenehme venerische Krankheit ein, die ihm für mindestens sechs Wochen Enthaltsamkeit auferlegt. So lange dauert nämlich der Heilungsprozeß bei einer Quecksilberkur *(cure de mercure).* Während dieser Zeit hat Casanova Gelegenheit, an Henriette und ihre Prophezeiung seines Vergessens zurückzudenken. Er schämt sich, daß er sie so schnell vergessen wollte.

*

Nun wäre an dieser Stelle nichts aufschlußreicher, als parallel zur Casanova-Lektüre eine Autobiographie Henriettes zur Hand nehmen zu können und in ihr zu lesen, mit welchen Gedanken und Gefühlen diese Frau den Mann Casanova gesehen und ob sie ihn ihrerseits vergessen oder nicht vergessen hat. Es gibt diese Autobiographie nicht, und wir können nur aus dem oben abgedruckten, von Casanova überlieferten Brief sowie einigen fragmentarischen Indizien der Casanova-Forschung erahnen, welche interessante Lektüre uns hier entgangen ist. Für die Tatsache nun, daß Casanova die Geschichte dieser Liebe aufgeschrieben hat, Henriette aber nicht, ist der Grund nicht schwer zu erraten: Casanova war ein Mann, Henriette eine Frau. Wenn es schon in früheren Jahrhunderten überhaupt selten war, daß eine Frau sich über die Normen der weiblichen Schicklichkeit hinwegsetzte und wie ein Mann zur Feder griff, so kam es doppelt selten und nach meinen Kenntnissen so gut wie gar nicht vor, daß Frauen sich in der prekären Kunst des Vergessens öffentlich zu profilieren wagten. Wie sollten sie auch! Sie waren ja in der Geschichte diejenigen, die leicht in die Rolle der Vergessenen zu drängen waren. Oder wenn sie nicht ganz vergessen wurden, wie Casanovas Angela, Lucia, Nanette und Marton (wir kennen nur ihre Vornamen, sozusagen ihre Spielnamen!), so können wir, da sie nichts aufgeschrieben haben und wohl auch gar nicht schreiben konnten, von ihren Empfindungen nur ahnende Kenntnis haben. Wie diese jungen Mädchen über das Vergessen und Vergessenwerden gedacht haben, ist ganz und gar von ihrem Schweigen zugedeckt. Allenfalls können wir vermuten, daß sie, wie ein reichliches Jahrhundert später die „Zia Maria“ in dem Roman *La via del male* (1896) der sardischen Schriftstellerin Grazia Deledda, zu einem Gnadenbild in der Nachbarschaft gepilgert sind, um von der Madonna das Erinnern des Richtigen und Vergessen des Falschen zu erlangen, ganz so wie die römischen Mädchen es sich von dem Götterbild des *Amor Lethaeus* erbeten haben (vgl. oben II, 3). Hier, in Sardinien, treffen wir also ausnahmsweise auf eine Frau, die als Schriftstellerin solche Vergessensprobleme aufgezeichnet hat. Aber nur beiläufig hat sie es getan, in einem Roman, der sonst ganz anderen und sehr männlich-gewalttätigen Handlungslinien folgt.[7]

So mangelt es auch dem Buch, das der Leser jetzt vor sich hat, zwar nicht an hochinteressanten Frauenrollen, die durch das Vergessen und mehr noch durch das Vergessenwerden geformt worden sind, doch fehlen auf der ganzen Linie die großen Autorinnen, die selber aus ihrer Schreibperspektive dieses große Thema der Kulturgeschichte mitgeformt hätten. Lethe ist zwar eine Göttin, doch über die Frauenliteratur herrscht sie – bisher – nicht. Das ist ein Faktum und Phänomen in der Kulturgeschichte des Vergessens, das selber einer kulturgeschichtlichen Interpretation bedarf. Ob es auch beklagenswert zu nennen ist, wage ich nicht zu entscheiden, solange diese weißen Seiten in der letheischen Wissenschaft nicht besser beschriftet sind, was in der Zukunft sicher nicht ausbleiben wird.

2. Eine Ode auf das Vergessen (Friedrich der Große)

Im Jahre 1737, drei Jahre vor seiner Thronbesteigung als König Friedrich II. von Preußen, für die Geschichte Friedrich der Große, hat der fünfundzwanzigjährige Kronprinz Friedrich auf seinem märkischen Schloß Rheinsberg in französischer Sprache eine „Ode auf das Vergessen“ *(Ode sur l'oubli)* verfaßt. Das Gedicht besteht aus sechs Strophen zu je zehn achtsilbigen Versen, die nach dem Reimschema der großen Malherbe-Oden gereimt sind:[1]

Ode sur l'oubli

Fatal ennemi des études,
Par qui mon savoir est détruit,
Qui de mes travaux les plus rudes
Dérobes le pénible fruit,
Oubli, rival de ma mémoire,
Ne t'oppose plus à ma gloire,
Respecte mes intentions;
Je veux que la raison m'éclaire,
Que des vertus la loi sévère
Guide toutes mes actions.

L'exemple des héros de Grèce,
Immortalisés par Rollin,
Porte mon cœur à la sagesse
Dont leur caractère est empreint.
Leur valeur et leur grandeur d'âme
Nourrit en moi la même flamme
Dont brûlait jadis leur ardeur;
J'imite le juste Aristide;
Tandis que Socrate me guide,
Alexandre anime mon cœur.

Quand j'étudie, et que j'espère
Avoir gravé dans mon esprit
Ce que la paix, ce que la guerre
De plus remarquable produit,
Je cherche en vain dans ma mémoire,
Je ne retrouve plus l'histoire
Que je savais ce même instant;
Et, tel qu'un sillon peu durable
Qui se voit tracé sur le sable
Est effacé du moindre vent,

Tu fais périr sans différence
Le scélérat, l'homme de bien,
Et le mérite et la puissance
Contre toi ne servent de rien.
Ah! que notre grandeur est vaine!
Voyez, on méconnaît Eugène:
Il vient de subir le trépas;
Son monument, ses funérailles
Et tant de fameuses batailles
De l'oubli ne le sauvent pas.

L'amant se plaint que sa maîtresse
Le quitte avec légèreté,
Et qu'Alcidon, qu'elle caresse,
A triomphé de sa fierté.
C'est toi qui causes ce parjure;
Il en gémit, il en murmure,
Et pour mieux se venger de toi,
Il termine sa longue absence,
Chasse l'oubli par sa présence,
Et remet Chloris sous sa loi.

Mais si tu causes des alarmes,
Tu nous délivres de nos maux,
Car nos chagrins, que tu désarmes,
Cèdent la place au doux repos;
Et c'est cette aimable magie
Qui nous fait ton apologie.
Nous sommes nés pour les malheurs;
Sans toi s'accroîtraient nos misères.
Et les matrones, plus sévères,
N'auraient pas de consolateurs.

Ce 22 janvier 1737, à Remusberg *FREDERIC*

Ich übersetze die Ode in Anlehnung an das deutsche Versmaß vierhebiger Jamben:

Ode auf das Vergessen

Du Feind und Schicksal meines Fleißes,
Zerstörer meines ganzen Wissens,
Der du den Mühen meines Geistes
Die hartverdiente Frucht entreißt:
Vergessen, laß mir Ruhm und Ehre,
Wetteifere nicht mit dem Gedächtnis.
Hab Achtung auch vor meinem Willen,
Denn die Vernunft soll mich erleuchten,
Auf daß nur das Gesetz der Tugend
Mit Strenge all mein Handeln lenkt.

Das Beispiel griechischer Heroen,
Unsterblich durch das Wort Rollins,
Erhebt mein Herz zu jener Weisheit,
Die diese großen Seelen prägte.
Ihr tapferer Mut, ihr edler Sinn
Nähren in mir das gleiche Feuer,
Das ihren Eifer einst entfachte.
Gerecht wie Aristides will ich sein,
Sokrates soll mein Vorbild bleiben,
Mein großer Ansporn Alexander.

Wenn ich beim Studium der Historie,
Was Krieg und Frieden in der Welt
Bedeutendes geschaffen haben,
Mir voller Hoffnung eingeprägt,
Frag ganz umsonst ich mein Gedächtnis.
Nichts weiß es mehr von der Geschichte,
Die ich soeben doch noch wußte.
Und so wie eine flache Furche,
Die durch den Sand gezogen ist,
Beim schwächsten Windhauch schon verweht,

So läßt du gleich und gleich verwesen
Den Schurken und den Ehrenmann.
Verdienste haben, Macht besitzen,
Das alles nützt nichts gegen dich.
Wie eitel, ach, ist unsere Größe!

Seht her, wer kennt noch Prinz Eugen?
Soeben ist er hingeschieden,
Doch retten Denkmal, Totenfeier
Und seines Schlachtenruhms Gedenken
Ihn nicht vor des Vergessens Macht.

Da klagt ein Liebender, daß die Liebste
Leichtsinnig ihn verlassen hat.
Alcidon, den sie jetzt liebkoset,
Hat nicht viel Widerstand gefunden.
Wer hat die Schuld? Nur du, Vergessen.
Nun jammert er, nennt treulos sie,
Doch um sich auch an dir zu rächen,
Läßt er sie nun nicht mehr allein.
Anwesend wird er nicht vergessen,
Und bald ist Chloris wieder sein.

Doch wie du Unruhe bereitest,
So nimmst du auch so manches Übel.
Der Kummer, der von dir entwaffnet,
Vertreibt nicht mehr die süße Ruh.
Und dieser Charme ist's, dieser Zauber,
Der uns für dich zum Anwalt macht.
Fürs Unglück sind wir zwar geboren,
Doch wär' mehr Elend ohne dich,
Und selbst die strengen Parzen fänden
Auf Erden keine Tröster mehr.

Am heutigen 22. Januar 1737, zu Remusberg *FRIEDRICH*

Friedrichs *Ode sur l'oubli* ist keine große Dichtung. Sie ist in einem noch etwas ungelenken Französisch geschrieben[2] und lehnt sich zunächst eng an die konventionelle Memoria-Topik an. Das ist besonders in der ersten Strophe spürbar, die ganz aus der Perspektive eines strebsamen Schülers geschrieben zu sein scheint. Das Vergessen wird als ein lästiger Störenfried des Lernens apostrophiert. Die zweite Strophe setzt diese Perspektive fort und verleiht ihr zusätzlich ein humanistisches Pathos. Das Vorbild Alexanders leitet dann zur Thematik der dritten Strophe über. Ihr Thema ist die für die Prinzenerziehung besonders wichtige Historie mit ihren Großtaten in Krieg und Frieden. Aber nicht einmal dieser Lernstoff will im Gedächtnis des Kronprinzen haften; was er „soeben" *(ce même instant)* noch gewußt hat, ist schon jetzt wieder vergessen.

Ein ebenfalls traditionell erscheinendes Gleichnis des Vergessens leitet zur vierten Strophe über. Wenn die Gedächtnisspur nur als „eine wenig dauerhafte Furche" *(un sillon peu durable)* durch den Sand gezogen ist, dann wird schon der schwächste Windhauch sie verwehen. Mit diesem Bild nimmt der Autor das *Vanitas*-Motiv auf, und zwar in einer Gestalt, wie man es beispielsweise aus den *Trionfi* des Petrarca kennt.[3] Bei diesem ist es das „blinde Vergessen" *(cieca oblivion)*, das mit der Zeit über Gerechte und Ungerechte, über Macht und Verdienste „triumphiert". Das Gesetz der Vergänglichkeit aller irdischen Werte wird von Friedrich sodann mit einem Beispiel aus der neuesten Geschichte belegt. Es ist Prinz Eugen, dessen Tod im Jahre 1736 für den Autor des Gedichts ein zeitgenössisches Ereignis war, und zwar um so mehr, als der junge Kronprinz im Jahre 1734 noch unter seinem Kommando gegen die Franzosen gekämpft hat. Die hier auf den „soeben" hingeschiedenen Feldherrn Eugen – auch er ein Prinz – gemünzte Vergänglichkeitsklage erhält durch die exemplarische Erwähnung der Totenfeier *(funérailles)* und des Gedenksteins *(monument)* eine ausdrückliche Wendung auf das Gedächtnis hin. Das Vergessen triumphiert hier über das Gedächtnis.

In der fünften Strophe findet der seit kurzem verheiratete prinzliche Autor ein Wort für die Liebe, schäferlich gewandet. Chloris hat ihren Liebhaber verlassen und liebt nun Alcidon: ein klassischer Vergessensfall. Bevor wir aber den Liebhaber, dem der Autor keinen Namen gibt, allzu sehr bedauern, wollen wir beachten, aus welchem Grunde er nach dem Wortlaut der weiteren Verse so schnöde versetzt worden ist. Er hat seine Geliebte vernachlässigt, und zwar durch langes Fernsein *(longue absence)*. Ist das nicht gleichfalls Ausdruck eines Vergessens? So scheint, wie schon bei Ovid, das *remedium amoris* der koketten Chloris darin zu bestehen, daß sie *sein* Vergessen durch *ihr* Vergessen heilt. Das Rezept ist wirksam, und der verlassene Liebhaber, wie es wörtlich heißt, „beendet seine lange Abwesenheit und vertreibt das Vergessen durch seine Anwesenheit" *(Il termine sa longue absence / Chasse l'oubli par sa présence)*. So findet das beiderseitige Vergessensspiel ein glückliches Ende.

In der sechsten und letzten Strophe seiner Ode wendet Friedrich die bis dahin vorherrschende Klage über das Vergessen zu einer „Apologie" der Vergessensmacht. Es mag ja alles wohl gelten, was er bisher in seinem Gedicht gegen das Vergessen vorgebracht hat; nun aber muß er – *audiatur et altera pars* – als Advokat der Verteidigung auftreten und zum Lob des Vergessens vorbringen, daß es uns Menschen glücklicherweise auch von der Erinnerung an manches Unheil befreit und auf diese Weise dafür sorgt, daß wir wieder gut schlafen können. So hat auch das letzte Wort der Ode Gewicht, das Wort „Tröster" *(consolateur).*

Warum hat nun der preußische Kronprinz diese Ode auf das Vergessen geschrieben? Ist das etwa ein naheliegendes Thema für einen fünfundzwanzigjährigen Mann, der seit einem Jahr, jungverheiratet, auf seinem eigenen Schloß Rheinsberg lebt, das er schon sein „Sanssouci" nennt und wo er „den Sommer des Lebens" zu verbringen glaubt? Hier spielt er Flöte und genießt es, Mittelpunkt eines Hofstaates zu sein, von dem schon, wie später noch deutlicher in Potsdam, intellektueller Glanz ausgeht. Aber der Kronprinz nimmt auch seine Pflichten als zukünftiger Herrscher ernst. Dazu gehört unter anderem ein strenges, selbstauferlegtes Lese- und Lernprogramm, dem viele Tages- und Nachtstunden gewidmet sind. Doch wird ihm dieses Pensum nicht zur Last, und es ist ihm zumute, als habe sein Leben erst vor einem Jahr mit dem Einzug in Rheinsberg begonnen. Er schreibt in einem Brief: „Ich habe noch nie so glückliche Tage verlebt wie hier."[4]

Also noch einmal gefragt: Hat dieser junge, glückliche Mann gleichwohl etwas zu vergessen? Vieles spricht nun tatsächlich dafür, daß er ein schicksalhaftes Ereignis zu vergessen hatte, das sich bereits einige Jahre zuvor mit gewaltiger Last auf sein junges Leben gelegt hatte. Ich meine den schweren Konflikt, den er mit seinem königlichen Vater durchzustehen hatte, und im Zusammenhang damit den gewaltsamen Tod seines Freundes Katte im Jahre 1730, als Friedrich 18 Jahre alt war.[5]

Der Vater, König Friedrich Wilhelm I., war für sein Land ein wohlmeinender Despot und für seinen Sohn ein unerbittlich strenger Vater, der den präsumtiven Thronfolger einem eisernen Erziehungsregiment unterwarf. Der junge Kronprinz empfindet diesen stumpf-militärischen Drill als so drückend, daß er zusammen mit seinem Freund, dem Gardeleutnant Hans Hermann von Katte, die Flucht nach England plant. Das Vorhaben wird entdeckt, die Flucht vereitelt. Der König ist außer sich über seinen „ungeratenen Sohn". Das Kriegsgericht soll über „den entlaufenen Oberstleutnant Fritz" und seinen Fluchthelfer befinden. Doch das Gericht erklärt sich als nicht zuständig für das Vergehen des Thronfolgers. Für die geplante Desertion des Leutnants Katte verhängt es jedoch als Strafe „ewiges Gefängnis". Dieses Urteil wird von dem König als zu milde empfunden und kassiert; mit der Machtfülle des absoluten Herrschers verhängt er von sich aus über den Angeklagten die Todesstrafe. Am 6. November 1730 wird Katte in der Festung Küstrin enthauptet, und zwar auf ausdrückliche Order des Königs vor den Augen des Kronprinzen, der vom Fenster seiner Zelle, wo er in strengem Arrest gehalten wird, der Hinrichtung zuschauen muß. Es nutzt nichts, daß Friedrich dem gnadenlosen Vater sein eigenes Leben zum Tausch gegen das Leben des Freundes anbietet. Der König läßt sich nicht umstimmen, und so kann Friedrich nur noch dem auf dem Sandhügel des Hinrichtungsplatzes knienden Freund zurufen: *Je vous demande mille pardon,* ehe der Henker das Todesurteil vollstreckt. Dreimal nacheinander versinkt Friedrich in tiefe Ohnmacht.

Die Prozeßakten und sonstigen Geschichtsquellen lassen keinen Zweifel daran, daß diese grausame Tragödie von allen Beteiligten als ein exemplarisches Drama des Erinnerns und Vergessens erlebt worden ist. Schon das Delikt der Fahnenflucht wird von dem Kriegsgericht in seinem Kern als Vergessensdelikt betrachtet, da der Leutnant Katte „mit Vergessung seines so theuren geleisteten Eides (...) desertiert" sei. Auch der Kronprinz selber, obwohl er vor der gleichen Strafe verschont bleibt, muß sich in einer Kabinettsorder seine „Gott- und ehrvergeßne That" vorhalten lassen, so daß er lange Zeit daran zweifelt, ob sein königlicher Vater dieses Verbrechen wohl „völlig vergeben und vergessen" wird.

Aus der Sicht des Königs wird die Hinrichtung des Deserteurs vor den Augen des gleichfalls desertierten Kronprinzen als ein notwendiges Exempel zur Erziehung des kronprinzlichen Gedächtnisses angesehen. Das vom Leib getrennte Haupt des Freundes – dem abgetrennten Haupt des Rebellionshelfers Bertrand de Born in Dantes *Inferno* vergleichbar (vgl. oben II, 5) – soll sich als unvergeßliche *imago agens* tief in das Gedächtnis des Kronprinzen einsenken und nie mehr aus ihm entschwinden.[6]

Hat der König sein grausames Erziehungsziel erreicht? Hier sind wir auf Indizien angewiesen. Es gibt für die Hinrichtung Kattes zunächst das Zeugnis eines beteiligten Regimentskameraden, des Majors von Schack. Dieser gibt am 2. Dezember 1730 über Katte zu Protokoll: „Seine Standhaftigkeit und Unerschrockenheit werde mein Tage nicht vergessen, und durch seine Zubereitung zum Tode habe vieles gelernet, so noch weniger zu vergessen wünsche." Ob nun der Kronprinz selber dieses Ereignis – mindestens – ebenso tief empfunden hat wie der Major Schack, ist durch den Schleier der dreimaligen Ohnmacht verdeckt. Doch bezeugt der Generalmajor von Lepel, der ihn am Tag nach der Hinrichtung aufgesucht hat, der Kronprinz habe mit bitteren Worten geklagt: „Der König meinet, Er habe mir Katte genommen, ich sehe ihn aber ja vor meinen Augen stehen." Und einen Tag später gibt der Feldprediger Müller, der dem Kronprinzen auf Geheiß des Königs ins Gewissen zu reden hat, seinem Auftraggeber untertänigst zu bedenken, er befürchte für Friedrich „eine schwere Gemüthskrankheit, daraus keine Errettung sein dürfte".

Friedrich wird schließlich vom König begnadigt. Nach und nach werden ihm alle Rechte und Pflichten des Thronfolgers wieder übertragen. Und Friedrich fügt sich. Er arbeitet mit Fleiß und Ausdauer in der staatlichen Finanzverwaltung, und schon am 19. Dezember 1730 meldet sein neuer Mentor, der Kammerdirektor Hille, dem König: „Se. Königliche Hoheit sind lustig wie ein Buchfink." Ein seltsames Zeugnis! Der französische Friedrich-Biograph Ernest Lavisse mißbilligt solche Lustigkeit und kommt zu dem Urteil, das ganze Drama sei von beiden Protagonisten, dem König und dem Kronprinzen, in gleicher Weise mit „übermenschlicher Kaltblütigkeit" *(un sang-froid surhumain)* in Szene gesetzt worden, und so läßt es ihn, den Biographen, ebenfalls kalt: „Ihre Leiden sind nicht von der Art, daß sie bewegen" *(Leurs souffrances ne sont pas de celles qui émeuvent).* Der kritische Biograph erwägt jedoch bei seinem strengen Urteil gar nicht die Möglichkeit, daß Hille dem König gegenüber eine fortschreitende Heilung des Kronprinzen von den Folgen seiner Melancholie vorgespielt haben könnte. Schließlich ist auch noch alternativ daran zu denken, daß einige Jahre später der Flötenspieler von Rheinsberg in einer deutschen Gedichtzeile von sich selber mit sicherlich anderem Tonfall gesagt hat: „Ich bin ein Zeisig, der im Käfig singt." Mit diesem Käfig kann kaum das geliebte Schloß Rheinsberg gemeint sein. Eher ist wohl der Käfig der Erinnerung gemeint und der Buchfink oder Zeisig des Vergessens in ihm.

Nach diesem Rückblick von Rheinsberg nach Küstrin und dem Vorausblick von dort wieder nach Rheinsberg wollen wir Friedrichs Ode auf das Vergessen noch einmal lesen. Dabei dürfen wir allerdings, wenn als Epoche die erste Hälfte des 18. Jahrhunderts in Rechnung zu stellen ist, von Friedrich keine Bekenntnislyrik erwarten. Immerhin erhalten jedoch die beiden ersten Strophen, die zunächst einen schülerhaften Eindruck machten, mehr existentielles Gewicht, wenn der Leser sich vergegenwärtigt, daß hier nun ein junger Mann, der während seiner Jugendjahre fern von Literatur und Kultur erzogen worden ist, bis an die Grenzen seiner Fassungskraft mit Lust und Überschwang nachholt, was ihm so lange verwehrt war. Auch ist in diesen Strophen bereits drei Jahre vor der Thronbesteigung und vor den ersten Kriegshandlungen der friderizianischen Regierungszeit von Heldenmut und Unsterblichkeit die Rede. Schon nehmen auch in seinen Beispielen die Feldherren Aristides (der von Marathon) und Alexander (der von Issos) den friedliebenden Sokrates in die Zange. Aber da kommt es nun in der dritten Strophe zu einem beängstigenden Ausfall des Gedächtnisses. Alles Denkwürdige verweht dem Lernwilligen im Sand. An dieser Stelle der Gedichtlektüre kann es nicht verwehrt sein, an jenen Sandhügel in der Festung Küstrin zu denken, auf dem der Leutnant Katte enthauptet wurde – wenn doch ein Wind die Blutspuren in diesem Sand verwehen würde! Denn nicht ein „Schurke" *(scélérat)*, sondern ein „Ehrenmann" *(homme de bien)* hat dort sein Leben gelassen – für ihn, den Kronprinzen, der jetzt klagt: „Wie eitel, ach, ist unsere Größe!" Das anschließende Beispiel des Prinzen Eugen lenkt dann allerdings wieder von dieser gefährlichen Thematik ab. Und so möchte ich auch die fünfte Strophe als eine Ablenkungsstrophe lesen, und zwar um so eher, als Friedrich selber in seinen späteren Ehejahren der immerwährend Abwesende gewesen ist. Erst mit der letzten Strophe, in der nun zum ersten Mal in der Ode das Vergessen als Balsam gepriesen wird, erreichen wir wieder den Boden einer möglicherweise tiefsitzenden Melancholie, die mit den Ausdrükken Übel *(maux)*, Kummer *(chagrins)*, Unglück *(malheur)* und Elend *(misères)* mehr verdeckt als aufgedeckt ist, die aber gleichwohl die aufrichtige Sehnsucht nach „süßer Ruhe" *(doux repos)*, sagen wir: nach einem Sanssouci, durchscheinen läßt.

Der Schreiber dieses Gedichts hatte demnach schon als junger Mann, wenn er als Kronprinz weiterleben und sich auf das Herrscheramt in Preußen vorbereiten wollte, einiges zu vergessen, freudianisch gesprochen, zu verdrängen. Ob er vielleicht aus diesem Grunde der Zyniker und Menschenverächter geworden ist, als den ihn der französische Botschafter, der Marquis de Valori, schon zu Rheinsberger Zeiten beschrieben hat?[7] Diese Frage, die vielleicht eine tiefenpsychologische Erörterung verdient, mag der Leser für sich selber beantworten. Was jedoch weiterhin das Vergessen betrifft, so fällt auf, daß Friedrich schon in seinem ersten Brief, den er am 8. August 1736 von

Rheinsberg aus – und natürlich in französischer Sprache – an Voltaire richtete, das Gedächtnis und das Vergessen zum Thema macht.[8] Friedrich schreibt zunächst von Voltaires Werken, daß sie in seinem Gedächtnis ebenso lange Bestand haben werden wie dieses selbst. Dann kommt er auf sein eigenes Gedächtnis zu sprechen und setzt hinzu: „Da ich die geringe Weite meines Gedächtnisses kenne, schwanke ich lange bei der Auswahl derjenigen Dinge, die ich für wert erachte, dort Platz zu finden" *(Connaissant le peu d'étendue de la mienne, je balance longtemps avant de me déterminer sur le choix des choses que je juge dignes d'y placer).* Das ist nun schon fast ein Selbstkommentar zu den ersten Strophen seiner Ode, die bald darauf entsteht und auf den 22. Januar 1737 datiert ist. Mit einem Begleitbrief vom 8. Februar 1737 schickt er die Ode sodann zur kritischen Begutachtung an Voltaire. Dabei weist er ausdrücklich darauf hin, daß seines Wissens noch niemand diesen Gegenstand behandelt hat. Im übrigen ermutigt er Voltaire zur „ganzen Strenge eines Meisters und harten Unbeugsamkeit eines Zensors" gegenüber seinen Versen.

Mit einem Brief vom April des gleichen Jahres kommt Voltaire der Bitte des Kronprinzen nach. Nachdem er eingangs die Königliche Hoheit dafür gelobt hat, daß sie mit diesem Gedicht die französische Sprache zu ehren und die französische Literatur zu verschönern geruht hat, nimmt er sich *en détail* die einzelnen Gedichtzeilen vor und spart dabei nicht mit Kritik. Voltaires kritische Anmerkungen kann man in seinem Brief an Friedrich vom 25. April 1737 nachlesen. Sie sind wirklich so „unerbittlich" ausgefallen, wie der jugendliche Autor es leichtsinnigerweise herbeigewünscht hatte. Denn in seinem Antwortbrief an Voltaire vom 14. Mai 1737 spricht Friedrich von einer „Verdammung" seiner Ode und gibt *en bloc* alle Fehler zu, die Voltaire bei seiner „aufrichtigen" Prüfung der Verse gefunden hat. Gleichwohl will er sich durch dessen Kritik nicht entmutigen lassen und gibt seinem Wunsche Ausdruck, mit dem berühmten französischen Autor auch persönlich in Verbindung zu treten – wie es ja auch geschehen ist, zunächst besuchsweise im Rheinsberger und dann für längere Zeit im Potsdamer Sanssouci. So begann im Zeichen des Vergessens eine denk- und erinnerungswürdige Episode der deutsch-französischen Literatur- und Kulturgeschichte.

3. Fälle und Unfälle des Vergessens *(Tutti, con brio)*

Was ein Fall ist, wissen am besten die Ärzte, Juristen, Theologen und andere „Kasuisten", die häufig, um sich von dem jeweiligen Fall ein zutreffendes Bild machen zu können, auch gute Geschichtenerzähler sein müssen. Und natürlich interessieren sie sich allesamt weniger für die Glücksfälle als für die Problem- und Unglücksfälle, wie sie auch das Vergessen in Fülle mit sich bringt. Es folgt daher, in Gestalt von neun Fallgeschichten, eine kleine Kasuistik des Vergessens, geschöpft aus verschiedenen narrativen Gattungen der Weltliteratur.

Erster Fall: Der zerstreute Professor (Valerius Maximus)

Wir haben in diesem Buch bereits den Philosophen Immanuel Kant als zerstreuten (und an seiner Zerstreutheit leidenden) Professor kennengelernt. Doch ist in der Kulturgeschichte des Vergessens nicht er das Urbild dieses vergeßlichen Gelehrtentypus, sondern – zwei Jahrtausende vor ihm – der griechische Philosoph Karneades (ca. 214– ca. 129 v. Chr.), der hinsichtlich seiner Lehre der skeptischen Schule der Athener Akademie zuzurechnen ist.

Karneades ist in der Philosophiegeschichte etwas zwiespältig beleumundet. Er hat nämlich bei einem offiziellen Besuch in Rom als Mitglied einer Philosophengesandtschaft aus Athen seinen Ruf als Wissenschaftler in bedenklicher Weise dadurch aufs Spiel gesetzt, daß er vor seinem römischen Auditorium an zwei aufeinander folgenden Tagen zwei Vorträge über die Gerechtigkeit gehalten hat, und zwar *in utramque partem,* das heißt, einmal *für* und einmal *gegen* die Gerechtigkeit. Der Text dieser beiden Vorträge ist nur in Fragmenten erhalten, so daß wir nicht abschätzen können, wie ein Philosoph hier mit zwei einander widersprechenden Argumentationen der nach seiner Meinung empfehlenswerten Skepsis gegenüber allen großen Begriffen das Wort geredet hat.

Ob nun gut oder schlecht angesehen, Karneades muß jedenfalls ein Philosoph gewesen sein, der vom Eros der Wissenschaftlichkeit und Gelehrsamkeit so durchdrungen war, daß in seinem Leben nichts anderes mehr Platz fand. Für alles Weltliche, das seine kreatürliche Existenz betraf, war er ein hoffnungslos „Zerstreuter", der in seiner Selbstvergessenheit so wenig lebenstauglich war, daß die Personen seiner Umgebung nicht wußten, wie sie ihn überhaupt dazu bringen konnten, Nahrung zu sich zu nehmen. Wenn er nämlich bei Tisch saß, so berichtet der römische Anekdotensammler Valerius Maximus, vergaß Karneades regelmäßig, den Löffel (die Gabel war damals noch nicht erfunden) zum Mund zu führen. Seine Frau oder Lebensgefährtin Melissa (ihr Verhältnis zu Karneades ist bei den Autoren strittig) mußte ihn wie ein Kind – eine spätere Quelle sagt: wie ein Vöglein – füttern. So zerstreut war er, so selbstvergessen.

Oder war er das gerade nicht? Diese Frage wird ganz zu Recht von dem Historiker Gadi Algazi aufgeworfen, dem ich auch die Hinweise auf die antiken und mittelalterlichen Quellen und Anregungen zum Verständnis dieser Anekdote verdanke.[1] Denn man kann natürlich mit fast der gleichen Berechtigung sagen, daß Karneades für die Probleme seiner Wissenschaft gerade nicht zerstreut war und seine gelehrten Gedanken selbst bei den Mahlzeiten unverrückbar fest im Auge behielt. In dieser Hinsicht ließ er sich also ganz und gar nicht zerstreuen und gestattete der gefährlichen Feindin Vergeßlichkeit keinen Augenblick, ihn von den Themen seines Nachdenkens abzulenken. „Nur" aus der Perspektive seiner treuen Melissa zeigt sich bei ihm die andere Zerstreutheit, die Lebenszerstreutheit, und zwar am deutlichsten bei Tisch. Denn wäre nicht Melissa gewesen, die ihm die Hand mit dem Löffel zum Mund führte, so hätte dieser zerstreute Professor, wie subtil und sublim auch sonst seine Gedanken gewesen sein mögen, in der wirklichen Welt, der Melissa-Welt, nicht überleben können.

Zweiter Fall: Die vergeßliche Witwe von Ephesos (Petronius)

Die Geschichte der schnell vergessenden Witwe von Ephesos wird zum erstenmal von dem lateinischen Schriftsteller Petronius (1. Jahrhundert n. Chr.) in einer Episode seines Romans *Satyricon* überliefert. Eumolp heißt der Erzähler, und Matrosen sind seine amüsierten Zuhörer. Nach Petronius haben noch viele andere Autoren der Weltliteratur die Geschichte weitererzählt, so daß La Fontaine zu Beginn seiner Erzählung *La Matrone d'Ephèse* sich fragt, ob es ihm wohl gelingen werde, eine so oft erzählte und breitgetretene Geschichte noch einmal zu verjüngen. Aber diese Frage hat ihn nicht davon abgehalten, die alte Geschichte des Petronius zu einer neuen Parabel mit der Männermoral „Frau bleibt Frau" *(la femme est toujours femme)* umzuformen. Und so sind noch viele andere Versionen dieses Wandermotivs entstanden, bis hin zu Jean Cocteaus Dramolett „Die Schule der Witwen" *(L'Ecole des veuves, 1936)*, das dem berühmten Muster der „Schule der Frauen“ *(L'Ecole des femmes)* von Molière folgt und ihrem Inhalt nach auch wohl eine Schule des Vergessens genannt werden kann.[2]

Was ist geschehen in Ephesos? Ein alter Mann ist gestorben. Wird nun seine Witwe (Petronius: *matrona quaedam*) ihn wohl schnell vergessen? Davon kann allein deshalb keine Rede sein, weil diese junge und schöne Frau beschlossen hat, dem toten Gemahl nachzusterben. Sie läßt sich also mit ihrer treuen Dienerin in der Grabkammer des lieben Verstorbenen einschließen und hungert ihrem eigenen Tod entgegen: „ein Beispiel der Liebe und Treue“ (Petronius), „eine Zierde des weiblichen Geschlechts“ (La Fontaine). Cocteau weiß noch einen anderen Grund für diesen heroischen Entschluß: sie will es der Welt zeigen, besonders der Frauenwelt und ganz besonders ihrer neidischen und flatterhaften Schwägerin, die sich soviel Treue überhaupt nicht vorstellen kann. „Die Zukunft wird meinen Namen bewahren. Vielleicht bekomme ich auch eine goldene Büste in der Säulenhalle des Tempels, und die schlechten Ehefrauen werden erröten, wenn sie an mir vorbeigehen.“ Für das immerwährende Gedächtnis ihrer selbst also wird die Witwe sterben.

Nun begibt es sich aber, daß auf dem gleichen Friedhof drei hingerichtete Verbrecher am Kreuz (so Petronius) oder am Galgen (so La Fontaine und Cocteau) hängen. Ein Grabwächter ist dafür verantwortlich, daß niemand die Leichen stiehlt, um sie etwa ehrenhaft zu bestatten. Der Wächter wird nun aber auf die einsame Grabkammer mit den beiden Frauen aufmerksam, bei denen nach fünf Tagen Hunger eine erste Besinnung eingesetzt hat, wem denn ihr Opfer wohl nützen kann (Petronius: *Quid proderit?* La Fontaine: *Qu'importe?*). Der Wächter hilft mit guten Reden und einem bescheidenen Nachtmahl (Petronius: *cenula*) dem aufkeimenden Lebenswunsch nach, und als die beiden Frauen erst einmal von den Speisen gekostet haben, da ist auch die Liebe auf gutem Wege. Es dauert nicht lange, da geht das Leben der schönen Witwe mit ihrem zweiten Mann, dem Grabwächter (Petronius: *victor miles*), glücklich weiter. So hat sich hier für einmal in der Literatur (im Leben wohl öfter) Essen auf Vergessen gereimt, und das Leben, mit beiden im Bunde, hat gesiegt.

Noch droht jedoch eine Gefahr. Während in der Grabkammer des toten Ehemanns die neue Liebe blüht, wird draußen auf dem Friedhof der Leichnam eines der drei zu bewachenden Verbrecher gestohlen. Das bedeutet höchste Gefahr für den Wächter; er kann sein Leben (so Petronius) oder seine Stellung (so Cocteau) verlieren. Was ist zu tun? Ein frecher Einfall (bei Petronius: der Witwe, bei La Fontaine: der

Dienerin, bei Cocteau: des Wächters) rettet die Situation. Im listigen Einvernehmen aller Beteiligten wird der Leichnam des eben noch bitter beweinten Ehemanns an das Kreuz oder an den Galgen gehängt. Diesen kleinen Dienst kann er den Lebenden wohl noch leisten, denn – so Cocteau –: „Ein Toter ist ein Toter" *(un mort est un mort).* Somit gilt auch wohl bei den Lebenden, wenigstens in Ephesos, der Satz: Wer vergessen ist, der ist vergessen.

Dritter Fall: Eine Vergessensintrige im Harem (1001 Nacht)

Bei dem Kalifen Harûn er-Raschîd geht in der Liebe nicht alles so, wie es soll. Unter den Sklavinnen seines Harems liebt er schon seit langem eine Schönheit, die er letztens jedoch etwas vernachlässigt hat. Hat er sie etwa vergessen? Darüber hat es zwischen den beiden Streit gegeben, und die Sklavin, die sich über das Zerwürfnis grämt, sucht Trost bei dem vom Propheten verbotenen Wein.[3]

Eines Nachts begegnet der Kalif dieser Sklavin, wie sie trunken durch den Palast wankt. Gerade das entflammt nun aufs neue die Leidenschaft des Kalifen, und er streckt die Arme nach ihr aus, um sie zu umarmen. Doch die Sklavin entwindet sich seinem Begehren und vertröstet ihn auf den folgenden Tag: dann sei sie besser auf sein Kommen vorbereitet. Als ihr nun der Kalif am nächsten Tag von einem Diener ankündigen läßt, er werde sie in ihrem Gemach aufsuchen, weigert sie sich, ihn zu empfangen, und läßt ihm die Botschaft ausrichten: „Der helle Tag verwischt das Wort der Nacht."

Wie sollen wir das abweisende Verhalten der Sklavin verstehen? Warum „vergißt" sie am Tage das in der Nacht gegebene Versprechen? Vielleicht weil der Kalif vorher die Geliebte vergessen hat? Dann befindet sich der Kalif in der komischen Rolle eines vergessenen Vergessers. Aber kann sich der „Beherrscher der Gläubigen" eine solche Abfuhr leisten? Hat die Sklavin hier vielleicht ein allzu riskantes Spiel gespielt?

Wir wollen sehen, wie die Geschichte weitergeht. Zur Überraschung des (heutigen) Lesers löst sich das Vergessensdrama im Harem von Bagdad friedlich-poetisch auf. Der Kalif ist beeindruckt von der Sklavinnenweisheit des Satzes „Der helle Tag verwischt das Wort der Nacht" und läßt an seine drei Hofdichter er-Rakâschi, Abu Mus'ab und Abu Nuwâs den Auftrag ergehen, jeder von ihnen solle auf der Stelle Verse dichten, deren Schlußzeile lautet: „Der helle Tag verwischt das Wort der Nacht."

So geschieht es. Von den drei Gedichten, die ihm vorgetragen werden, zeichnet er die Verse der Dichter er-Rakâschi und Abu Mus'ab mit Preisen aus. Das nachfolgende Gedicht des Dichters Abu Nuwâs geht hingegen leer aus:

Die Lieb war lang; wir waren fern einander.
Wir stritten auch; nicht frommte uns der Streit.
Da traf ich sie bei Nacht im Schlosse trunken;
Doch war sie züchtig noch in Trunkenheit.
Der Mantel sank herab von ihren Schultern
Beim Tändeln; das Gewand fiel auch geschwind.
Am Zweige, dran die zarten Äpfel hängen,
An schweren Hüften rüttelte der Wind.
Ich sprach: Gib deinem Lieb ein treu Versprechen!
Sie sagte: Morgen wird es schön vollbracht.
Ich kam am Morgen, sprach: Dein Wort? Sie sagte:
Der helle Tag verwischt das Wort der Nacht.

Leider können wir nicht wissen, wie es mit der Liebe des Kalifen zu seiner vergeßlichen Sklavin ausgegangen ist. Hat er nach diesen Versen des vorwitzigen Dichters, die der Wirklichkeit so bedenklich nahegekommen sind, ihr riskantes Vergessen wohl großmütig vergessen? Und vielleicht hat er trotzdem gelacht?

Vierter Fall: Mutabor – und nicht dabei lachen (Hauff)

Noch einmal begeben wir uns nach Bagdad. Dort regiert nun der Kalif Chasid. In den Regierungsgeschäften unterstützt ihn sein Vertrauter, der Großvezier Mansor. Sie langweilen sich beide, es passiert wenig in Bagdad.

Wie bringt nun der romantische Märchendichter Wilhelm Hauff (1802–1827) die Handlung des Märchens „Kalif Storch" in Gang?[4] Ein Krämer erscheint vor dem Palast und bietet allerhand Waren feil. Der Kalif und sein Großvezier kaufen ihm dies und jenes ab und werden schließlich aufmerksam auf eine Dose mit schwärzlichem Pulver und ein dazu gehöriges Papier mit fremden Schriftzeichen. Selim der Gelehrte weiß es zu entziffern. Das Papier erklärt in lateinischer Sprache, daß ein jeder, der von diesem Pulver schnupft und dazu das lateinische Wort *Mutabor* spricht, in jedes Tier seiner Wahl verwandelt werden kann und auch die Sprache der Tiere versteht. Keine Gefahr ist mit dieser Verwandlung verbunden, denn der Schnupfer braucht sich nur dreimal nach Osten hin zu verneigen und dazu wiederum das Zauberwort *Mutabor* zu sprechen, schon nimmt er wieder Menschengestalt an. Allerdings, so lautet die strenge Bedingung, darf er bei diesem Schnupf- und Verwandlungsspiel keinesfalls lachen, sonst gerät das Zauberwort augenblicklich in Vergessenheit.

Das Experiment wird gewagt. An einem nahe gelegenen Teich, wo ein Storchenpaar zu sehen ist, probieren der Kalif und sein Großvezier das Verwandlungspulver aus und finden sich auf der Stelle – *Mutabor* – in zwei Störche verwandelt. Und natürlich verstehen sie nun auch „Storchisch".

Es ist amüsant für den Kalif Storch und seinen gleichfalls gefiederten Begleiter, dem Geplauder und Geplapper des Storchenpaares zu lauschen und aus ihm zu entnehmen, daß es auch in einem Storchenleben recht menschlich zugeht. Als noch lustiger empfinden sie es aber, der jungen Störchin zuzuschauen, wie sie für ein Storchenfest allerhand wunderliche Tanzschritte probt. Und da können nun die beiden Neu-Störche nicht mehr an sich halten und brechen in ein „unaufhaltsames Gelächter" aus – sehr zu ihrem Unheil, denn eben dies dürfen sie ja nicht, sofern sie sich wieder in Menschen zurückverwandeln wollen. Und tatsächlich nützt es ihnen nun nichts, daß sie sich dreimal nach Osten hin verneigen und ihr Zauberwort zu memorieren versuchen. Es ist vergessen, und über ein lächerliches „Mu-Mu-Mu" kommt ihr verzweifelter Versuch nicht hinaus. Sie bleiben Störche und müssen von den Dächern Bagdads herab mitansehen, wie Mirza, Chasids Todfeind, mit dem Kalifat bekleidet wird.

Aber so grausam pflegen Hauffs Märchen nicht zu enden. Eine häßliche Nachteule, die auch verzaubert ist, kommt den Störchen zu Hilfe, und mit vereintem Geschick erlauschen sie bei dem bösen Zauberer, der bei ihnen allen die tückische Verwandlung angezettelt hat, das vergessene Zauberwort *Mutabor.* Durch dessen Kraft werden die beiden Störche wieder Kalif und Großvezier, die Nachteule erweist sich als eine ebenfalls verzauberte bildschöne Prinzessin, die der Kalif sogleich heiratet, und der böse Feind Mirza wird bestraft. So sind nun alle Gefahren, die aus dem Lachen und Vergessen entstanden sind, am Ende glücklich gebannt.

Wilhelm Hauff hat sein Märchen *Kalif Storch* und die anderen Märchen, die den *Märchenalmanach auf das Jahr 1826* ausmachen, „für Söhne und Töchter gebildeter Stände" geschrieben. Von ihnen (oder wenigstens den Söhnen) konnte er annehmen, daß sie auf dem Gymnasium Latein lernten und dabei auch so vertrackte Verbformen wie *mutabor* 'ich werde verwandelt werden' zu memorieren hatten. Einmal gelernt und in ihrer grammatischen Bauform einsichtig gemacht, stellt diese Verbform jedoch kein besonderes Gedächtnisproblem mehr dar, vorausgesetzt der Lateinunterricht wird mit dem gehörigen Ernst betrieben.

Deswegen ist es in diesem Märchen ein besonders reizvoller Einfall des Dichters, das Vergessensmotiv mit dem des Lachens zu verbinden. Kalif und Großvezier, die als Araber mit dem Lateinischen mindestens so viel Last haben mußten wie hierzulande die Kinder gebildeter Stände, durften nur dann hoffen, das Zauberwort im Gedächtnis zu behalten, wenn sie nicht durch irgend ein lustiges Ereignis zum Lachen gebracht und dadurch vom Ernst des Lernens abgelenkt wurden. Denn beim Gedächtnisgeschäft gibt es wenig zu lachen. Das Lachen verbündet sich besser mit dem Vergessen, und am besten gedeiht es – „Mu-Mu-Mu“ – an der Grenze von Vergessen und Erinnern. Am Ende aber siegt in diesem Märchen dennoch nicht das lustige Vergessen, sondern die heitere Weißt-du-noch-Erinnerung des Kalifen, wenn dieser nämlich in seinen Mußestunden den Großvezier als Storch nachahmt, zur Freude der Frau Kalifin und ihrer Kinder. Diese aber werden nun doch wohl hoffentlich das Zauberwort *Mutabor* (und was man sonst noch alles aus der Schule im Kopf zu behalten hat) nie mehr vergessen.

Fünfter Fall: Große Unordnung beim kleinen Simson (Heine)

Wir verweilen noch einen Moment in der Romantik und begleiten, indem wir Heinrich Heine (1797–1856) lesen, einen polnischen Edelmann, den Herrn von Schnabelewopski (wer bei diesem Namen lacht, vergißt ihn sofort), auf seiner Reise durch Europa.[5] Er kommt auch nach Leiden, wo er im Wirtshaus „Zur roten Kuh“ Wohnung nimmt und sogleich mit der Wirtin anbändelt, was unter anderem das Wirtshausessen verbessert. Davon profitieren auch die anderen Gäste, von denen der Reisende in seinen Memoiren berichtet.

Es sind sämtlich Originale. Einer von ihnen ist der kleine Simson. Von ihm vermeldet Heine in der Erzählerrolle des Herrn von Schnabelewopski, daß er als Jude mit Leidenschaft dem Deismus anhängt und in Gott den „Uhrmacher“ des Universums verehrt. Die anderen Tischgenossen im Wirtshaus „Zur roten Kuh“ erweisen sich jedoch als Atheisten, unter deren Gespött unser Deist nicht wenig zu leiden hat.

Der Fall kommt dadurch ins Rollen, daß der kleine Simson ängstlich darauf bedacht ist, niemand möge in seinem Zimmer auch nur den kleinsten Gegenstand verrücken. Denn, so der Erzähler, „seine Möbel und sonstige Effekten dienten ihm als Hilfsmittel, nach den Vorschriften der Mnemonik, allerlei historische Daten oder philosophische Sätze in seinem Gedächtnisse zu fixieren". Kann das gut gehen? Nicht, wenn eine Hausmagd da ist, die aufräumen will. Sie schafft in seiner Abwesenheit resolut einen alten Kasten aus dem Zimmer und räumt auch die Schubladen seiner Kommode leer. Die Katastrophe für das Gedächtnis ist da. Als der kleine Simson nämlich nach Hause kommt, findet er sich in seiner vertrauten Gedächtnislandschaft nicht mehr zurecht. Alles ist nun verwirrt und vergessen: die Daten der assyrischen Geschichte nicht weniger als die von ihm mühsam gesammelten und in den Schubladen der Kommode wohlgeordnet lokalisierten Beweise für die Unsterblichkeit der Seele.

Der Erzähler der Geschichte teilt seinen Lesern nicht mit, wie es nach diesem Unfall mit der Mnemotechnik des kleinen Simson weitergegangen ist. Hat er die verlorene Ordnung des Gedächtnisses wiederherstellen können? Hat die Hausmagd – eine späte Nachfolgerin der thrakischen Magd des griechischen Philosophen Thales – über den Mnemotechniker gelacht oder gar er über sie? Mit Sicherheit haben die Tischgenossen über beide gelacht, und Heine, der Spötter, lacht noch einmal über alle zusammen, denn für ihn gehört die Kunst des Gedächtnisses, schulmäßig praktiziert, schon längst zu den Lächerlichkeiten eines dunklen Zeitalters, die man nur noch zum Gaudi dem verdienten Vergessen entreißt.[6]

Von dem kleinen Simson, der sich von dem kraftstrotzenden großen Simson der biblischen Geschichte aufs peinlichste unterscheidet, ist in Heines Prosafragment noch mehrfach die Rede, jedoch nicht mehr im direkten Zusammenhang mit der Toposverwirrung im Leidener Wirtshaus. Es geht tragisch aus mit dem jungen Mann. Bei einem neuen Religionsstreit mit dem dicken Dribsen, der dem Deismus nichts abgewinnen kann, kommt es zwischen ihnen über diese theologische Streitfrage zu einem Duell mit blanken Waffen, in dessen Verlauf der schwächliche Simson, dessen „kläglich dünne" Ärmchen kaum den Degen führen können, durch einen Stich in die Lunge schwer verwundet wird.

Ist es zu diesem Disput und Unglück wohl nur deshalb gekommen, weil der kleine Theologe nach dem Mißgeschick mit seiner mnemotechnischen Zimmerlandschaft seine heillos verwirrten Gottesbeweise nicht mehr zusammengebracht hat? Hat er vielleicht nur deshalb nicht den dicken Dribsen von der Richtigkeit seiner deistischen Ansichten überzeugen können? Ein Wundfieber macht dem Leben des kleinen Simson ein Ende. Damit schließt das Fragment mit dem Titel „Aus den Memoiren des Herren von Schnabelewopski", eine Geschichte zum Lachen und ein bißchen auch zum Weinen. Eine Geschichte von Heine.

Sechster Fall: Hanno Buddenbrook bleibt stecken (Thomas Mann)

Im Hause Buddenbrook zu Lübeck wird noch gerne gelacht. Denn die Familie gedeiht, und das Geschäft floriert. So läßt nun Thomas Mann (1875–1955) seinen Roman mit einem unbeschwerten Gelächter beginnen.[7] Die achtjährige Tony, adrett gekleidet, sitzt auf den Knien ihres Großvaters, des wohlhabenden Firmeninhabers und Konsuls Johann Buddenbrook, und soll in Anwesenheit der Konsulin und weiterer Familienmitglieder den Katechismus aufsagen. Die Konsulin ruft einen wichtigen Glaubensartikel ab: „Ich glaube, daß mich Gott ...". Das Mädchen denkt einen Augenblick angestrengt nach und rezitiert dann mit wachsender Sicherheit den ganzen Artikel: „Ich glaube, daß mich Gott geschaffen hat samt allen Kreaturen ...".

Hier unterbricht der Erzähler schon den Gedächtnisvortrag des fromm-fügsamen Kindes und beschreibt die Memorierlust, die das mechanische Aufsagen in der Seele der kleinen Katechetin erzeugt hat. „Wenn man im Gange war, dachte sie, war es ein Gefühl, wie wenn man im Winter auf dem kleinen Handschlitten mit den Brüdern den Jerusalemsberg hinunterfuhr; es vergingen einem geradezu die Gedanken dabei, und man konnte nicht einhalten, wenn man auch wollte."

Glatt geht es also mit dem Memorieren des Katechismus, allzu glatt. Denn nun folgt im Text des Katechismus der summarische Katalog alles dessen, was Gott in seiner Gnade und Güte in der Welt erschaffen hat, und da mischen sich nun bei der hübsch herausgeputzten Tony allerhand mädchenhafte Wünsche mit in den Katalog, und sie rezitiert weiter: „Dazu Kleider und Schuhe, Essen und Trinken, Haus und Hof, Weib und Kind, Acker und Vieh ...".

Nun ist für den Großvater und Konsul endlich der Augenblick gekommen, vor lauter Vergnügen über die dahingeplapperte Deklamation in ein schon lange in Bereitschaft gehaltenes Lachen auszubrechen, in das auch sogleich die anwesenden Familienmitglieder miteinstimmen. Der Erzähler weiß sogar zu berichten, daß der alte Herr mit seiner Enkelin das „kleine Examen“ nur deshalb angezettelt hat, um sich bei dieser Gelegenheit über die Glaubenswahrheiten des christlich-protestantischen Katechismus (die Konsulin: „das Heiligste“) mokieren zu können. Es ist für den Lübschen Kaufmann längst nicht mehr zeitgemäß, heilige oder profane Wahrheiten mit dem bloßen Gedächtnis aufzunehmen, anstatt sie mit dem Verstand zu prüfen. Nur Kindern verordnet man noch jenen veralteten Zugang zur Religion und nimmt amüsiert zur Kenntnis, daß selbst ihnen beim Memorieren „geradezu die Gedanken vergehen“.

Antonie Buddenbrook, genannt Tony, ist eine gute Versuchsperson für derartige Gedächtnisexperimente. Sie verkörpert bei den Buddenbrooks, und zwar den ganzen Roman hindurch, das lebendige Gedächtnis der Familie und der Firma. Was ihr auch immer zustoßen mag – drei gescheiterte Ehen, eine immer unglücklicher als die andere –, sie lebt ganz aus diesem alten Gedächtnis und zehrt von dessen Prestige, auch als die lustlose Gegenwart längst den Glanz der Vergangenheit verdunkelt hat.

In scharfem Kontrast zu Tony, der Gedächtniskünstlerin, repräsentiert ihr jüngerer Bruder Christian, der nach achtjähriger Abwesenheit in die Heimat zurückkehrt, das totale Vergessen alles dessen, was die Familien- und Firmentradition der Buddenbrooks ausmacht. Immer wenn auf den Gedächtnisbestand des hanseatischen Kaufmanns die Rede kommt, ist Christian („Krischan“) nicht bei der Sache. Er trägt zwar den Namen Buddenbrook, hat aber kein Buddenbrook-Gedächtnis. Für seine Erlebnisse und Abenteuer in Valparaiso oder in schlecht beleumundeten Straßen Hamburgs verfügt er jedoch über ein ausgezeichnetes anekdotisches Gedächtnis, wie er auch für die Symptome seiner unzähligen Krankheiten ein vorzügliches neurotisches Gedächtnis hat. Wie er beispielsweise, zum Entsetzen der ganzen Familie, seine „durchaus nicht minderwertige“ Aline Puvogel kennengelernt hat, das wird er „nie vergessen“.

Aber nun kommt ein anderer Tag, ein Festtag. Das Haus Buddenbrook hat Grund zu feiern. Hundert Jahre besteht die Firma. Und der jetzige Firmeninhaber, Thomas Buddenbrook, ist als Konsul und Senator in der alten Hansestadt Lübeck höher angesehen als je ein Buddenbrook zuvor. Beinahe hätte er jedoch über den täglichen Verrichtungen und geschäftlichen Sorgen das bevorstehende Jubiläum vergessen. Wird ihn jemand daran erinnern? Natürlich tut es Tony, die sich mit ihrer ganzen Umgebung einig weiß: „Meinst du, die ganze Stadt könnte die Bedeutung dieses Tages vergessen?“

Der festliche Tag beginnt für den Senator mit Migräne. Gleichwohl nimmt er alle Repräsentationspflichten wahr, die das Jubiläum mit sich bringt. Zuerst gratuliert im Salon die Familie, enthusiastisch sogar die sonst so kühle Frau Gerda. Dann wird die Festgabe überreicht, eine große Gedenktafel, die das hundertjährige Gedächtnis der Familie feiert. Sie zeigt die Porträts der vier Inhaber der Firma und in Golddruck unter jedem Bild deren Namen und Jahreszahlen. Vertreten ist auch schon der gegenwärtige Firmeninhaber, der es als erster zum Senator gebracht hat: „Was für ein Tag!"

Nun steht dem Senator, bevor der offizielle Teil des Festprogramms beginnt, noch ein besonderes Ereignis bevor. Sein Sohn Hanno wartet im Salon, um aus Anlaß des Ehrentages ein Gedicht vorzutragen. Er nimmt Aufstellung neben dem Flügel, da wo noch vor kurzem die Gedenktafel gestanden hat. Erwartungsvolle Blicke richten sich auf den Jungen. „Schäfers Sonntagslied. Von Uhland." Dann die Verse, passend zum festlichen Anlaß: „Das ist der Tag des Herrn". Der Vater, streng, hat den Gedichtvortrag jedoch schon unterbrochen. Sein Sohn hat nämlich die Verbeugung vergessen und zeigt überhaupt eine schlaffe Haltung. Noch ein Vers kommt heraus: „Ich bin allein auf weiter Flur". Dann bleibt Hanno Buddenbrook endgültig stecken. Was ist los mit dem Jungen? Er lernt doch sonst so gut und kennt viele Gedichte aus *Des Knaben Wunderhorn* auswendig. Allerdings übermannt ihn oft das Übermaß der Empfindung beim Lesen und Lernen der Verse. Öffentlich „hersagen" könnte er sie nie.

Aber aus der Sicht der Öffentlichkeit, die öffentliche Person des Senators Buddenbrook eingeschlossen, stellt sich dieses Versagen anders dar. Es hat schmählich offenbar gemacht, daß der Sohn Hanno nicht genug Lebenskraft hat, das Gedächtnis des Namens Buddenbrook hochzuhalten. Mit ihm ist zu befürchten, daß die Familie, daß die Firma plötzlich in ihrer Geschichte steckenbleibt. So kommt es tatsächlich. Der „Verfall einer Familie" (so der Untertitel des Romans) ist nicht aufzuhalten. Und Hanno wird den Niedergang später noch einmal sinnfällig machen, wenn er im Gedächtnisregister der Familie unter dem Eintrag seines Namens „mit Goldfeder einen schönen, sauberen Doppelstrich über das ganze Blatt hinüber" zieht, einen Vergessens- und Schlußstrich also, denn: „Ich glaubte ... ich glaubte ... es käme nichts mehr."

Siebenter Fall: Mnemotechnik und Lethotechnik (Dr. Lurija)

Dieser Fall ist, wie man zu sagen pflegt, aus dem Leben gegriffen. Es handelt sich um eine medizinische Fallgeschichte, die der russische Arzt und Neuropsychiater Alexander Romanovitsch Lurija (1902–1977) auf Grund der etwa dreißigjährigen Beobachtung eines Patienten im Jahre 1968 publiziert hat unter dem Titel „Ein kleines Büchlein über ein großes Gedächtnis – Der Verstand eines Mnemonisten", ein Buch, das inzwischen in alle größeren Sprachen übersetzt und ein Klassiker der Memoria-Literatur geworden ist.[8] Der Titel deutet zunächst nicht auf das Problem einer Kunst des Vergessens, denn der Patient Šereševskij, dessen Fallgeschichte hier mitgeteilt wird, leidet nicht etwa an Gedächtnisschwund (Amnesie), sondern an einer vielleicht krankhaften oder auch nicht krankhaften, jedenfalls übermäßigen Gedächtniskraft (Hypermnesie). Was auch immer dieser Mann erfährt, erlernt, erlebt, geht unfehlbar in sein Gedächtnis ein und bleibt darin auf unabsehbare Zeit haften. Er ist ein Mann, der nichts vergessen kann. Liegt da vielleicht ein therapeutisches Problem vor? Zunächst scheint es nicht so, denn Šereševskij richtet sich in seiner Hypermnesie, die ja auch ihre Vorteile hat, häuslich ein und stellt seine Gedächtniskunst öffentlich zur Schau. Er wird professioneller Mnemonist, der auf der Bühne seine Zuschauer mit phantastischen Gedächtnisleistungen verblüfft. Im Laufe seiner Schaustellungen hat dieser Gedächtnismann, der vom Publikum zu immer vertrackteren Leistungen angetrieben wird, sein natürliches Gedächtnis noch durch allerhand Fertigkeiten verbessert, wobei er nebenbei auch ohne irgendeine historische Hilfestellung die verräumlichte Mnemotechnik der antiken Rhetorik für sich entdeckt und systematisch genutzt hat.

Was nun unser Problem im engeren Sinne betrifft, so ist ein Kapitel in Dr. Lurijas Fallgeschichte überschrieben: „Die Kunst des Vergessens". Denn der Autor, der in dieser Hinsicht mit Freud zu vergleichen ist, interessiert sich nicht nur für die grenzenlosen Leistungen eines einzigartigen Gedächtnisses, sondern darüber hinaus auch für die ganze Geistesstruktur dieses Menschen, der beträchtliche Schwierigkeiten hat, einen einfachen Allgemeinbegriff wie „Hund" zu bilden, bei dem ja schon so viele Einzeleigenschaften so vieler Einzelhunde vergessen werden müssen. Offensichtlich kann auch dieser erfolgreiche Gedächtniskünstler, um in Begriffen denken zu können, ja sogar, um seine Schaustellungen – bis zu vier Veranstaltungen an einem Abend – geordnet abwickeln zu können, auf gewisse Vergessensleistungen nicht verzichten. Aber wie? Auf welche Weise lernt man vergessen, wenn man ein unfehlbares Gedächtnis hat? Das ist eine Frage, die dem Mnemonisten und seinem ärztlichen Beobachter zum medizinisch-psychologischen Problem wird, und so denken sich die beiden zu diesem Zweck verschiedene hilfreiche Strategien aus, die als Elemente einer allgemeinen Kunst des Vergessens angesehen werden können. Dr. Lurija prägt dafür, parallel zum gut bekannten Begriff Mnemotechnik, den Neologismus „Lethotechnik", wobei der Fluß des Vergessens, Lethe, die lexikologische Patenschaft innehat. Die wichtigste und offensichtlich erfolgreichste Strategie dieser Vergessenskunst besteht nun nach Dr. Lurijas Bericht paradoxerweise darin, daß Šereševskij das, was er vergessen will, zu Papier bringt. Manchmal reicht dieses Kunststück schon aus, um den betreffenden Gedächtnisinhalt zu löschen, wenn nicht, dann zerreißt der nun zum Vergessenskünstler gewordene Gedächtniskünstler den beschriebenen Zettel und wirft die Papierfetzen weg, oder er verbrennt sie. Das scheint auf jeden Fall zu helfen. Es ist interessant, daß die Schrift, der wir sonst einen so hohen Stellenwert für das kulturelle und individuelle Gedächtnis einräumen, hier auf einem eigenartigen Umweg in den Dienst des Vergessens gestellt wird. Aber wir haben ja schon bei unseren vorausgehenden Überlegungen gesehen, daß Platon die Schrift, selbst wenn sie nicht gelöscht wird, als Feindin des natürlichen Gedächtnisses aufgefaßt hat.[9]

Achter Fall: Hypermnesie und Amnesie (Borges)

Einem ähnlichen Problem, jedoch ohne erkennbaren Zusammenhang mit der russischen Fallgeschichte, begegnen wir nun auch in der Literatur, und zwar am prägnantesten in der Erzählung „Funes mit dem großen Gedächtnis" *(Funes el memorioso)*, die Jorge Luis Borges im Jahre 1942 (also vor Lurija!) veröffentlicht hat.[10] Renate Lachmann hat den Parallelen zwischen Lurija und Borges einen interessanten Aufsatz gewidmet, dem ich verschiedene Anregungen entnehme.[11] Bei Borges geht es wieder um einen bemerkenswerten Fall und Krankheitsfall. Der Held der Geschichte ist ein ungebildeter Bauernjunge namens Ireneo Funes, der ein ganz normales Leben geführt hat, bis ihm eines Tages das Mißgeschick widerfährt, vom Pferde abgeworfen und bei dem Unfall gelähmt zu werden. Zugleich trägt er dabei eine Kopfverletzung davon, durch die seine Gedächtniskraft nun aber nicht etwa verloren geht, sondern im Gegenteil bis ins Grenzenlose gesteigert wird, ganz so wie wir es bereits in der Wirklichkeit bei Šereševskij kennengelernt haben. Im Handumdrehen lernt der Gelähmte Latein, Englisch, Französisch, Portugiesisch, speichert ohne Mühe nahezu endlose Vokabel- und Zahlenreihen und erinnert sich nicht nur an jeden Wald, den er einmal gesehen hat, sondern auch an jedes Blatt jeden Baumes jeden Waldes und sogar „an jedes einzelne Mal, da er es gesehen oder sich vorgestellt hat". Doch bereitet diese Begabung auch ihm die größten Schwierigkeiten, Allgemeinbegriffe zu bilden: allzu viele Einzelheiten hat er in seinem untrüglichen Gedächtnis gespeichert. Und natürlich kann er nicht schlafen. Denn Schlafen, so kommentiert der Erzähler, heißt, „sich von der Welt ablenken" *(dormir es distraerse del mundo).* Das einfache Bedürfnis zu schlafen verlangt daher schon nach einer elementaren Kunst des Vergessens. Sie besteht bei Ireneo Funes darin, daß er sich zum Einschlafen eine Reihe schwarzer Häuser vorstellt, „aus gleichmäßigem Dunkel gemacht". Auf diese Weise wird das Gedächtnis gleichsam abgedunkelt. In diesem Dunkel verschwinden auch, wenigstens auf Zeit, die Gedächtnisinhalte. Eine andere Strategie des Vergessens besteht bei ihm darin, daß er sich vorstellt, „er liege auf dem Grund eines Flusses, gewiegt und aufgelöst von der Strömung". Es erscheint mir nicht schwer, in diesem Fluß den Lethe-Strom des Mythos wiederzuerkennen, der hier die Gedächtnisinhalte gleichsam „liquidiert".

Neunter Fall: Ein Name zum Vergessen (Milan Kundera)

Der tschechische, aber seit 1975 nach Frankreich emigrierte Schriftsteller Milan Kundera (geb. 1929) hat in seinen Romanen und Essays, besonders in seinem „Buch vom Lachen und vom Vergessen" (*Le livre du rire et de l'oubli,* 1978) viel über das Vergessen nachgedacht, denn er hat lange unter einem Regime leben müssen, das über Gedächtnis und Vergessen nach politischem Gutdünken verfügte. Aber er müßte nicht Tscheche sein, wenn es dabei nicht von Fall zu Fall auch etwas zu lachen gäbe.[12]

So versammeln sich auch im Verlauf seines Romans „Die Langsamkeit" (*La lenteur,* 1995) einige Romanpersonen in Paris und nehmen an einem dort stattfindenden Entomologen-Kongreß teil.[13] Zu den Teilnehmern gehört auch ein tschechischer Fliegenforscher, der sich in seiner Disziplin durch die Entdeckung der *musca Pragensis* wissenschaftliches Ansehen verschafft hat. Jahrzehntelang war er in seinem Land verfemt und von den kommunistischen Machthabern daran gehindert, sein Wissen der Fachwelt vorzutragen. So hat ihn die Wissenschaft vergessen. Nun, nach dem Zusammenbruch des Kommunimus, ist er aber rehabilitiert und kann zum erstenmal in seinem Leben an einem internationalen Kongreß teilnehmen.

In der Halle des Kongreßgebäudes sucht die Tagungssekretärin seinen Namen in der Teilnehmerliste. Das erweist sich als schwierig. Er heißt Čechořipsky. Wer kann denn in Frankreich einen solchen Namen aussprechen, wer ihn schreiben, mit seinen zwei umgekehrten Zirkonflex-Akzenten, die auf keiner französischen Schreibtastatur zu finden sind! Und so muß der Professor sich Tchécochipi, Sechoripi, Chenipiqui, Chipiqui oder im Glücksfall Cêchôripsky nennen lassen, die letztgenannte Namenform immer noch mit zwei Zirkonflexen nach französischer Art und an der falschen Stelle. Aber Čechořipsky legt Wert auf seinen eigenen und richtigen Namen und will ihn respektiert sehen, wie er korrekt auszusprechen und nach der schon von dem Reformator Jan Hus eingeführten Orthographie richtig zu schreiben ist. Lange genug ist ja sein Name vergessen gewesen.

Der Kongreß beginnt. Zum vorgesehenen Zeitpunkt wird auch Čechořipsky vom Tagungspräsidenten aufgerufen, seinen Vortrag zu halten. Er betritt das Podium, beginnt mit einer persönlichen Einleitung, wie glücklich er doch ist, nun als freier Mann vor einer internationalen Zuhörerschaft von kompetenten Wissenschaftlern seines Faches sprechen zu dürfen – nach soviel Jahren der Unfreiheit. Brausender Beifall umgibt den tschechischen Gelehrten nach diesen bewegenden Worten. Bewegt ist auch Čechořipsky selber von diesem Beifall, dieser überwältigenden Sympathiebekundung. Und er verläßt das Podium, hat ganz vergessen, seinen Vortrag zu halten.

Eine peinliche Situation. Der Fall ist noch nie dagewesen. Hier und dort hört man ein unterdrücktes Lachen im Saal. Einen Moment lang ist auch der Tagungspräsident irritiert, dann ruft er schnell den nächsten Vortragenden auf. Ein Kongreß muß schließlich reibungslos verlaufen. Auf einem Kongreß lacht man nicht.

4. Nachrichten über den „Kauer“ von Paris (Victorien Sardou)

Am 5. Tag des Monats Thermidor (nach bürgerlicher Zeitrechnung am 23. Juli) des Jahres 1791 bestieg der Aristokrat Alexandre de Beauharnais in aufrechter Haltung das Schafott. Nicht weit vom Ort der Hinrichtung entfernt wartete in einem Verlies der revolutionären

Schreckensherrschaft seine Gemahlin Josephine, die später an der Seite Napoleons Kaiserin der Franzosen werden sollte, auf das gleiche Schicksal. Der Sturz Robespierres am 9. Thermidor rettete sie. Ein paar Wochen später wurde sie aus dem Gefängnis entlassen und lernte bald den Artillerie-General Bonaparte kennen, der sich sogleich lebhaft für die schöne und temperamentvolle Kreolin interessierte. Ihr weiteres Leben ist Geschichte.[1]

Wie kommt es nun, daß Josephine mit knapper Not vor der Guillotine gerettet wurde? Ein Zufall? Oder war es eine schwere Krankheit im Gefängnis, die ein mitleidiger Arzt als ohnehin zum Tode führend diagnostizierte? Die am besten dokumentierte Hypothese besagt, daß Josephine zusammen mit einer größeren Zahl anderer Häftlinge durch mutiges Handeln eines Schauspielers namens Charles Labussière gerettet wurde. Dieser Mann, von dessen sonstigem Leben fast nichts bekannt ist, außer daß er ein mittelmäßiger Schauspieler an kleineren Bühnen war, hatte sich in der Pariser Revolutionszeit als Gerichtsschreiber anstellen lassen und war unter der *Terreur* als Registrator im Büro des Komitees für öffentliche Wohlfahrt *(Comité de Salut publique)* beschäftigt. Bei dieser Institution liefen im Machtapparat Robespierres die Fäden der Schreckensherrschaft zusammen, und alle Anklagen, die in der Regel mit Todesurteilen endeten, gingen als Akten durch dieses Büro. Auch die Anklageschriften gegen Alexandre und Josephine Beauharnais müssen diesen Ort passiert haben, und wahrscheinlich sind sie auch durch die Hände des Schreibers Labussière gegangen. Dieser Mann hat nun später glaubhaft versichert, er habe Josephine gerettet, indem er ihre Kriminalakte zum Verschwinden gebracht hat.

Es ist in der Tat kaum zu bezweifeln, daß der Schauspieler und Hilfsschreiber Charles Labussière eine größere Zahl von Beschuldigten und Angeklagten (aber waren es wirklich zwölfhundert, wie er behauptet hat?) dadurch vor dem Tode gerettet hat, daß er an dieser Schaltstelle des Gerichtsterrors das Vergessen organisiert hat, zunächst wohl nur zugunsten einzelner Schauspielerkollegen, dann in größerem Stil für viele andere. Hier kommt nun vermutlich die Legende ins Spiel. Sie berichtet, Labussière habe die gefährlichen Akten, da er sie nicht einfach mitnehmen konnte, dadurch vernichtet, daß er das Papier, Seite um Seite, im Mund zerkaut und dann, mit Speichel vermischt, heruntergeschluckt habe. So hat man ihn auch später, als die Schreckensherrschaft vorüber war, mit Bewunderung den „Kauer“ *(le mâcheur)* genannt.

Eine gefährliche Nachricht, auf Papier geschrieben, dadurch vergessen zu machen, daß man den Zettel verschluckt, gehört zu den ältesten Strategien der Geheimhaltung. Botschafter und Spione in riskanter Mission haben immer schon, wenn sie abgefangen wurden, von dieser Methode Gebrauch gemacht. Leben oder Tod hingen davon ab, ob es rechtzeitig möglich war, das kompromittierende Papier im Verdauungsapparat zum Verschwinden zu bringen. So ist es weiterhin gut verständlich, daß auch im Gerichtswesen, zumal wenn die Kriminalakten das unerbittliche Gedächtnis einer verbrecherischen Blutjustiz repräsentieren, dieses Verfahren neu erfunden und perfektioniert werden konnte: eine wirksame Vergessenstechnik gegen die Tyrannei Robespierres, des Mannes, der nichts vergaß. Ob allerdings serienweise organisierte Errettungen dem mutigen „Kauer" zu verdanken sind, wollen wir dahingestellt sein lassen.

Was nun aber Josephine betrifft, so scheint sie fest daran geglaubt zu haben, daß ihre wunderbare Rettung vor dem Tod auf dem Schafott niemand anderem als dem Schauspieler Labussière zu verdanken war. Denn als dieser Mann in seinem späteren Leben in Not geriet und seine Schauspielerkollegen im Jahre 1803 eine Benefiz-Veranstaltung zu seinen Gunsten aufs Programm des Pariser *Théâtre de la Porte-Saint-Martin* setzten, nahm Josephine zusammen mit dem Konsul Bonaparte an diesem Ereignis teil und zahlte einen ungewöhnlich hohen Preis für ihren Logenplatz.

*

Dem genannten Theater werden wir noch wiederbegegnen, wenn wir nun sehen, welches literarische Denkmal der französische Dramatiker Victorien Sardou (1831–1908) dem mutigen Schauspieler und Hilfsschreiber Charles Labussière gesetzt hat. Zu reden ist von dem Drama *Thermidor,* das Sardou im Jahre 1891, hundert Jahre nach dem Wendejahr der Französischen Revolution, auf die Bühne gebracht hat.[2]

Die erste Szene des Dramas spielt zu früher Morgenstunde am Ufer der Seine. Unter den Frühaufstehern ist ein Angler, der einen Korb bei sich hat. Unauffällig wird beim Angeln der Inhalt des Korbes in den Fluß entleert. Es sind angefeuchtete Kugeln aus grauem Papier, die von den Wassern der Seine schnell fortgetragen werden. Einige andere Personen, die als lästige Störer auftreten, werden durch unverfängliche Gespräche abgelenkt. Dabei erfahren wir auch den Namen des vorgeblichen Anglers, er heißt Charles Labussière.

Nun wird eine Liebesgeschichte in die Handlung verwoben. Sie spielt zwischen einem Freund Labussières, einem gutherzigen Revolutionssoldaten mit dem kriegerischen Namen Martial, und einem bis zur Revolution von Nonnen erzogenen Mädchen namens Fabienne Lecoulteux. Martial rettet Fabienne vor einem bedrohlichen Flüchtlingsschicksal und verliebt sich in sie. Er denkt schon an Heirat.

Aber zunächst erfahren wir Näheres über Labussière. Sein eigentlicher Beruf – wir können es uns schon fast denken – ist Schauspieler, doch ist er zur Zeit – einige Tage vor dem 9. Thermidor des Jahres 1791 – als Schreiber auf dem Büro des *Comité de Salut publique* beschäftigt, wo er für die Kriminalakten der Verdächtigen zuständig ist, denen der Tod auf dem Schafott sicher ist. Auch sein eigener Name stand schon auf der „Liste“ der Todeskandidaten. Das hatte Labussière durch Zufall erfahren und daher eine günstige Gelegenheit ergriffen, dieses „schreckliche Amt“ in der „Höhle des Unholds“ antreten zu können, um seinen eigenen Namen von der Liste zu streichen, um sich also, wie er es selber nennt, „vergessen zu machen“ *(pour se faire oublier).* Als zweiten Todeskandidaten rettet er einen Schauspielerkollegen, und zwar immer mit der gleichen Taktik, die Akte unauffindbar zu machen. Um für diese „Unordnung“ im Aktenbestand nicht zu viele Erklärungen abgeben zu müssen, stottert er; man nennt ihn auch „Karl den Stotterer“ *(Charles le bégayeur).*

Wie schafft nun Labussière die Akten weg? Es scheint, daß Sardou das „Kauen“ als unverdächtige Vergessenstechnik für unwahrscheinlich gehalten hat. So läßt er seinen Protagonisten die Akten zunächst verbrennen, was für die ersten Papiere vielleicht noch glaubhaft sein mag, bei einigen Hundert Akten jedoch, wie auch im Drama die Kapazität des Aktenvernichters beziffert wird, als zu riskant und daher als zu unwahrscheinlich gelten muß. So denkt sich die Phantasie des Autors für seine Dramenperson folgendes Verfahren aus, das auch im größeren Stil als machbar erscheinen kann: In einer Waschschüssel seines Büros durchtränkt Labussière die zu vernichtenden Akten mit Wasser, zerreißt das feuchte Papier in kleine Fetzen und knetet diese sodann zu einem grauen Papierteig zusammen, der sich in Form von handlichen Bällchen unauffällig aus dem Büro schaffen läßt. Aber noch fehlt da die letzte Etappe dieser Strategie; sie spielt sich zu früher Morgenstunde am Ufer der Seine ab, wo ein unverdächtiger Angler den Inhalt seines Anglerkorbs dem fließenden Wasser der Seine übergibt. Nun sind die Namen dieser Verdächtigen endgültig für die Blutjustiz vergessen. Es liegt daher nahe, in der Seine, insofern deren Wasser die letzten Reste der zu vernichtenden Kriminalakten davonträgt, den Fluß des Vergessens, Lethe, wiederzuerkennen.

Das Drama *Thermidor* steuert jedoch noch einem tragischen Höhepunkt entgegen. Zwar wird auch in diesem Stück Robespierre gestürzt (3. Akt), doch laufen zunächst noch „die Räder dieser furchtbaren Tötungsmaschine" weiter. So kann auch, vom Polizeichef persönlich verfolgt, ein neues Opfer auf der Liste der eiligst Hinzurichtenden erscheinen: Fabienne. Labussière, durch dessen Hände auch diese Akte geht, wird von seinem Freund Martial beschworen, durch die bereits bewährte Vergessenstechnik auch dieses Mädchen vor dem sicheren Tod zu retten: „Man vergißt sie, und die Sache ist geregelt" *(On l'oublie et c'est fait).* Aber man hat gegen den Stotterer, der nach Robespierres Sturz plötzlich nicht mehr stottert, schon Verdacht geschöpft. Er kann den auffälligen Namen Fabienne Lecoulteux nur dann von der Liste streichen, wenn er zugleich den Namen eines anderen Opfers auf die Liste setzt, was dessen sicheren Tod bedeutet.

Darf man das tun? Hat ein Mensch das Recht, ein Verbrechensopfer, das ihm nahesteht, dadurch zu retten, daß er selber aus der Liste der Verdächtigen einen anderen, ihm mehr oder weniger unbekannten Menschen aussucht und ihn dem sicheren Tod ausliefert?[3] Zum Beispiel einen zweiundachtzigjährigen Mann mit dem ähnlich lautenden Namen Alexandre Le Couteux? Oder eher, wegen des passenden Geschlechts, die zweiundvierzigjährige Jeanne-Octavie Lecoutteux, die aber zwei Kinder hat? Oder schließlich die ebenso wie Fabienne sechsundzwanzigjährige und mit ihr den genau gleichlautenden Familiennamen führende Marie-Clotilde Lecoulteux, die ein bewegtes Leben als *fille galante* geführt hat und vor der Revolution die Mätresse eines Generals war?

Vor diesem schicksalhaften Dilemma wird das Drama (Szene III 9) zur moralischen Anstalt. Martial, der Soldat, hat keine Bedenken, seine Geliebte gegen diese fremde „Kreatur" auszutauschen: „Nimm die nur, die vergißt du schon!" *(Prends-la donc, celle-la, tu l'oublies).* Schwere moralische Bedenken hat hingegen Labussière, denn auch diese Person ist für ihn eine *créature humaine.* Doch läßt er sich schließlich umstimmen, um seinem Freund zu Willen zu sein: „Töten wir sie also" *(tuons-la donc)*!

Den weiteren Verlauf des Stückes in seinem dramatisch eher schwachen 4. Akt will ich nicht mehr im einzelnen darstellen, sondern von der Handlung nur so viel mitteilen, daß die Rettungsaktion für Fabienne in *extremis* mißlingt, vor allem deshalb, weil sie selber sich nicht retten lassen will. Denn sie hat inzwischen vor einem im Untergrund tätigen Bischof die ewigen Gelübde abgelegt und geht freudig ihrem Martyrium entgegen. Insofern ist sie, die Nonne, am Ende die am sichtbarsten tragische (oder melodramatische) Heldin des Stückes, und der eigentliche dramatische (und moralische) Held, Charles Labussière, geht leer aus.

Am 24. Januar des Gedenkjahres 1891 wurde das Drama *Thermidor* des angesehenen Bühnenautors Victorien Sardou von den Schauspielern der Comédie-Française uraufgeführt.[4] Die Aufführung wurde von einem Teil der Zuschauer als „antirepublikanische" Provokation aufgefaßt und in ihrem Ablauf durch ein Pfeifkonzert gestört. Unter den Verteidigern der nationalen und republikanischen Werte taten sich der Schriftsteller Maurice Barrès und der Politiker Georges Clémenceau durch besonders heftige Ausfälle gegen das Stück hervor. Der Theaterskandal hatte ein politisches Nachspiel im Parlament. Schnell war der Innenminister mit einem Verbot zur Hand: ein Nationaltheater darf sich nicht an der Nation und ihrer großen Revolution versündigen. Doch ein paar Jahre später setzte ein privates Theater das Drama *Thermidor* wieder auf den Spielplan; es war das schon erwähnte *Théâtre de la Porte-Saint-Martin*, wo schon im Jahre 1803 die Benefizveranstaltung zugunsten von Charles Labussière stattgefunden hatte. Auch auf vielen anderen Bühnen Europas wurde das Stück mit großem Erfolg gespielt.

VI. Neue Kraft aus der Kunst des Vergessens

1. Vergessener Schatten und neues Gedächtnis (Chamisso)

Für Frankreich bedeutete die Französische Revolution einen historischen Gedächtnissturz, dessen Auswirkung auf das öffentliche Leben weit über das hinausging, was die europäische Geschichte bis dahin als „Verdammung des Gedächtnisses" *(damnatio memoriae)* gekannt hatte. Alles, was an das *Ancien Régime* erinnerte, war nun verpönt, und Vergessen war die erste Bürgerpflicht. Zugleich wurden in schneller Folge die Merkzeichen eines neuen Gedächtnisses eingeführt, die das Vergessen des Alten erleichtern sollten.

Die erste Phase dieser Revolution des Gedächtnisses betraf die Sprache der mehr oder weniger zeremoniellen Höflichkeit, die in Frankreich als dem „Mittelpunkt der Höflichkeit" (La Bruyère) besonders tiefe Gedächtniswurzeln geschlagen hatte. So wurden nicht nur die monarchistischen Titel und Adelsprädikate abgeschafft, sondern auch die höflichen Anredeformen *Monsieur, Madame* und *Mademoiselle* durch „Mitbürger" und „Mitbürgerin" *(Citoyen* und *Citoyenne)* ersetzt. Auch die höfliche Unterscheidung von *vous* 'Sie' und *tu* 'du' sollte in Vergessenheit geraten – neben vielen anderen Zeichen der Erinnerung an das *Ancien Régime,* die selbst von der sehr höflich erzogenen Madame de Staël zu den vergessenswerten zeremoniellen Höflichkeitsformen gerechnet wurden.[1]

Weitere Anwendungsfelder des republikanischen Vergessens waren die Dimensionen von Raum und Zeit. Dem Vergessen geweiht waren nun, was zunächst die Topographie betrifft, alle „Gedächtnisorte" *(lieux de mémoire)* der vorrevolutionären Zeit und mit ihnen die traditionsreichen Geschichtslandschaften Frankreichs (Champagne, Burgund, Provence ...) zugunsten der neueingeführten, geometrisch verorteten Départements. Es ist bezeichnend für die damit verbundene Gedächtnisstrategie, daß es bis ins 20. Jahrhundert hinein zu den anerkanntesten Gedächtnisleistungen des republikanischen Schulwesens in Frankreich gehörte, die Namen der Départements in der richtigen Abfolge, am besten sowohl vorwärts wie rückwärts, auswendig hersagen zu können.[2]

Weniger dauerhaft als in der politischen Raumordnung war die Revolution des Gedächtnisses in der Ordnung der Zeit. Hier reichten die Ambitionen zunächst besonders weit. Der 1792 eingeführte republikanische Kalender, der die Jahre nicht mehr von Christi Geburt, sondern vom Jahre Eins der Republik an zählte, sollte insbesondere die Erinnerung an die christlichen Festtage aus den Köpfen vertreiben und zugleich die neuen republikanischen Feste ins kollektive Gedächtnis einpflanzen. Doch auch die mythologisch-historisch verwurzelten Wochentags- und Monatsnamen fanden keine Gnade vor den Augen der Revolutionäre. So war nun in der Zeit der *Terreur* nicht der Sonntag, sondern der *décadi* ('Zehntag' in der zeitweise geltenden Dezimalzählung der Wochentage) hinrichtungsfrei, und nicht am 28. Juli, sondern am 10. Thermidor wurde Robespierre selber hingerichtet. Im Jahre 1805 wurde dann der Revolutionskalender von Napoleon wieder abgeschafft. Auch die Versuche späterer Diktatoren (Lenin, Mussolini, Hitler), den jeweils intendierten Gedächtnissturz durch einen radikal oder partiell neuen Kalender zu besiegeln, waren nicht von Dauer.[3]

Was der Gedächtnissturz der Französischen Revolution für einen einzelnen Menschen bedeuten konnte, wollen wir nun an einer historisch-literarischen „Fallstudie" beobachten. Die Rede soll sein von dem deutschen Schriftsteller Adelbert von Chamisso (1781–1838), der als Sproß eines alten französischen Adelsgeschlechtes unter dem Namen Louis Charles Adélaïde Chamisso de Boncourt wenige Jahre vor der Revolution auf dem gräflichen Schloß Boncourt in der Champagne geboren wurde.[4] Die Aristokraten, die dieses Schloß bewohnten, wurden zwar von den Revolutionären nicht an der Laterne aufgeknüpft, mußten aber im Jahre 1792 ihren Adelssitz und die französische Heimat verlassen. Mit ihnen ging auch der elfjährige Adélaïde – mit diesem Mädchennamen wurde er in der Familie gerufen – nach Deutschland, wo man schon seit der Aufhebung des Toleranzedikts von Nantes im Jahre 1685 viele Emigranten aus Frankreich, zumal die protestantischen „Hugenotten", gastlich aufgenommen hatte. Gleichwohl waren die Flüchtlingsjahre eine harte Zeit für die gräfliche Familie, bis sie mit dem Ende der Aristokratenverfolgung wieder nach Frankreich zurückkehren konnte.

Der jüngste Sohn der Familie blieb in Deutschland. Nach einer Vorbereitungszeit als Page (er selber sagt „Edelknabe") im Gefolge der Königin Friederike Louise stand er als blutjunger Offizier – er ließ sich nun nicht mehr Adélaïde, sondern gut deutsch Ludwig nennen – in Diensten der preußischen Armee, die gegen die französische Revolutionsarmee unter Napoleon kämpfte. Er hatte inzwischen recht gut die deutsche Sprache erlernt und nutzte jede dienstfreie Stunde, um Werke der deutschen Literatur zu lesen. Mehr noch als seine französische Herkunft erregte diese unmilitärische Beschäftigung das Mißtrauen seiner preußischen Kameraden, doch konnte er bei der Belagerung von Hameln (1806), als der Kommandant die Festung kampflos und „feige" an die französischen Belagerer übergab, durch seine aufrichtige Empörung beweisen, welchem Land jetzt seine Loyalität galt. Adelbert von Chamisso – so nannte er sich von nun an bis ans Ende seiner Tage – scheint seine französische Heimat und die damit verbundenen Erinnerungen vollständig vergessen zu haben. Tatsächlich zeigt er, als ihm einige Zeit später die Heimkehr nach Frankreich ermöglicht wird, keine dauerhafte Neigung, in die Heimat zurückzukehren, und er richtet nun sein Leben fest in Deutschland ein.

Doch trügt vielleicht der Schein. Auf jener Reise nämlich, die ihn erstmalig wieder ins Land der Franzosen führte, hat Chamisso in der Champagne auch den alten Familiensitz Boncourt aufgesucht. Von dem Schloß seiner Väter hat er jedoch nichts mehr vorgefunden. Denn nachdem die gräfliche Familie in die Emigration gegangen war, hatten die neuen Herren das Schloß eine Zeitlang zum Verkauf angeboten. Als sich kein Käufer fand, wurde das Schloß abgerissen. Selbst die Steine wurden davongetragen, so daß nichts mehr an die alte Adelsherrschaft erinnerte. Aus dem aristokratischen Gedächtnisort war ein Wahrzeichen des republikanischen Vergessens geworden.

Adelbert von Chamisso, der voller Trauer an diesem Ort steht, läßt gleichwohl in sich keine Erbitterung aufkommen gegen die Vollstrecker dieses Vergessenswerks, am wenigsten gegen die Bauern, die nun dort, wo einstmals das stolze Schloß Boncourt stand, den Acker bestellen. Doch ersteht in seiner Erinnerung das Schloß seiner Kindheit neu vor seinen Augen, und er schreibt – nicht sogleich übrigens, sondern erst ein paar Jahre später – in deutscher und danach auch in französischer Sprache sein schönstes Gedicht „Das Schloß Boncourt":

Ich träum als Kind mich zurücke,
Und schüttle mein greises Haupt;
Wie sucht ihr mich heim, ihr Bilder,
Die lang ich vergessen geglaubt?

Hoch ragt aus schattgen Gehegen
    Ein schimmerndes Schloß hervor,
Ich kenne die Türme, die Zinnen,
    Die steinerne Brücke, das Tor.

Es schauen vom Wappenschilde
    Die Löwen so traulich mich an,
Ich grüße die alten Bekannten,
    Und eile den Burghof hinan.

Dort liegt die Sphinx am Brunnen,
    Dort grünt der Feigenbaum,
Dort, hinter diesen Fenstern,
    Verträumt ich den ersten Traum.

Ich tret in die Burgkapelle
    Und suche des Ahnherrn Grab,
Dort ists, dort hängt vom Pfeiler
    Das alte Gewaffen herab.

Noch lesen umflort die Augen
    Die Züge der Inschrift nicht,
Wie hell durch die bunten Scheiben
    Das Licht darüber auch bricht.

So stehst du, o Schloß meiner Väter,
    Mir treu und fest in dem Sinn,
Und bist von der Erde verschwunden,
    Der Pflug geht über dich hin.

Sei fruchtbar, o teurer Boden,
    Ich segne dich mild und gerührt,
Und segn ihn zwiefach, wer immer
    Den Pflug nun über dich führt.

Ich aber will auf mich raffen,
    Mein Saitenspiel in der Hand,
Die Weiten der Erde durchschweifen,
    Und singen von Land zu Land.

Dieses Gedicht kann in seinen ersten Strophen gewiß als Bekräftigung des alten vorrevolutionären Gedächtnisses gelesen werden, das dem republikanischen Vergessensgebot zum Trotz („ihr Bilder, die lang ich vergessen geglaubt") nach einem poetischen Ausdruck sucht. Das Schloß mit seinen Zinnen und Wehrtürmen, mit Wappen und Waffen, mit Burgkapelle und Ahnengrab steht ja da, als sei es „treu und fest" eine schimmernde Vision des *Ancien Régime.* Aber in einem umfassenderen, die Intention des Gedichts wohl genauer treffenden Verständnis ist Chamissos Gedicht eher als ein poetischer Dialog mit dem Vergessen aufzufassen. Denn das wirkliche, aus Steinen errichtete Schloß ist ja vom Erdboden verschwunden, und wo es einstmals gestanden hat, geht jetzt der Pflug des Bauern über den Acker. Diesen Bauern aber mitsamt dem Grund und Boden, der nun ihm gehört, „segnet" der Dichter „mild und gerührt" (im französischen Text steht: „heiteren Herzens" – *d'un cœur serein*), und er sanktioniert damit seine eigene Abkehr vom alten, raum- und besitzbezogenen Adelsgedächtnis, das er für seine Person durch ein neues Gedächtnis ersetzt.[5]

Dieses neue Gedächtnis hat zunächst einige Eigenschaften, wie sie für das Wissenschaftsverständnis seiner Zeit charakteristisch sind. Denn Adelbert von Chamisso wird Wissenschaftler, genauer: Naturwissenschaftler. Nach einem Studium der Medizin und verschiedener Naturwissenschaften an der Berliner Universität nimmt er in den Jahren 1815–1818 als „Titulargelehrter" an einer naturwissenschaftlichen Expedition und Weltumseglung auf der russischen Brigg „Rurik" teil und schreibt darüber hinterher einen Expeditionsbericht und mehrere wissenschaftliche Aufsätze, die in der gelehrten Zunft viel Beachtung finden. Eine ehrenvolle Berufung zum Kustos der Königlichen Gärten in Berlin drückt die Wertschätzung aus, die dieser *justly distinguished naturalist* (so Charles Darwin) in der wissenschaftlichen Welt gefunden hat. Wir verstehen, daß dieser Mann im Bericht seiner Weltreise von sich schreiben kann: „Ich werde nicht eitel die Vergangenheit unserer Geschichte zurückrufen, in welcher ein Adel bestand, zu dem meine Väter gehörten. (...) Ich bin ein Mann der Zukunft. (...) Laßt die Vergangenheit fahren, sintemalen sie vergangen ist."[6]

Ist das nun ein Bekenntnis zum Vergessen als Motor des wissenschaftlichen Innovationstriebes? Ganz so einsinnig denkt Chamisso von der Wissenschaft nicht. Denn innerhalb des Systems Wissenschaft bemüht sich Chamisso durchaus um einen angesehenen Gedächtnisplatz und läßt es zum Beispiel nicht ungern geschehen, daß ein Kollege die von ihm entdeckte kalifornische Lupine *Lupinus chamissonis,* ein anderer eine Schmetterlingsart Brasiliens, ebenfalls zu seinen Ehren, *Papilio chamissonis* nennt. Nicht wenig stolz ist Chamisso auch darauf, daß auf der Route der Rurik-Expedition unweit der Behring-Straße eine Insel und auf der Inselgruppe der Karolinen in der Südsee ein Hafen nach ihm benannt werden. Man darf es demnach wohl wörtlich nehmen, wenn Chamisso schon in seinem ersten Expeditionsbericht schreibt, er sehe diese Publikation als sein wissenschaftliches Hauptwerk an und wünsche, sich damit einen Namen zu machen, so daß sie „der Vergessenheit entzogen" werden.[7] Schließlich soll auch noch diejenige wissenschaftliche Leistung erwähnt werden, mit der Chamisso als Wissenschaftler die höchste Anerkennung gefunden hat: die Entdeckung des Generationswechsels bei den Salpen. Die Salpen sind – so erklärt es ein modernes Konversationslexikon unter ehrender Erwähnung des Biologen Chamisso – Manteltiere, die sich abwechselnd geschlechtlich und ungeschlechtlich vermehren. Es gibt also aufgrund dieser und anderer Verdienste im Wissensspeicher der Naturwissenschaften, vor allem innerhalb der Linnéschen Nomenklatur, ein nicht unbedeutendes Chamisso-Gedächtnis, das einen Vergleich mit dem Standesgedächtnis einer Grafenfamilie wohl aushalten kann. Es zeichnet sich in jedem Einzelfall dadurch aus, daß mit einer relevanten Entdeckung oder sonstigen Erstleistung eine neue Gedächtnisreihe initiiert wird, ganz so, wie Chamisso es von seinem eigenen Salpen-Aufsatz gesagt hat: „Es setzt etwas Neues".[8]

*

Nun würden wir sicher dieses innovatorische Gedächtnis Chamissos eine bloße Sache des Sprachspiels Wissenschaft sein lassen, wenn wir nicht von Adelbert von Chamisso, wie jeder Literaturfreund weiß, „Peter Schlemihls wundersame Geschichte" hätten, die der Autor im Jahre 1813 geschrieben und im Jahre 1814 (also *vor* seiner großen Expedition) veröffentlicht hat.[9] In dieser „Fabel" (so Chamisso), die man aber auch ein „Märchen" (so sein Freund Hitzig) oder einen modernen „Mythos" (so Denis de Rougemont) nennen kann, geht es noch einmal und diesmal am Beispiel einer archetypischen Gestalt um das Problem von Gedächtnis und Vergessen. Denn der unglückliche Held dieser Geschichte ist ein Mann, der dem Teufel seinen Schatten verkauft hat und danach ohne Schatten weiterleben muß. Schlemihl heißt der Held dieser Geschichte und trägt damit einen Namen, der in einer jüdisch-jiddischen Erzähltradition, wie sie auf den Talmud zurückgeht, einen Typus Mensch bezeichnet, der – von allem Glück und vielleicht von Gott vergessen – vielerlei Unheil und allerlei Art Schlamassel (die Wörter Schlemihl und Schlamassel sind über das Jiddische miteinander verwandt) wie ein Magnet an sich zieht und daran zugrunde geht.

Am Anfang von Chamissos wundersamer Geschichte, als Peter Schlemihl mittellos, nur mit einem Empfehlungsbrief an einen Herrn Thomas John ausgestattet, in einer norddeutschen Hafenstadt, vielleicht Hamburg, eintrifft, ist dieser junge Mann zwar ein Niemand, aber noch kein Schlemihl. Er gleicht eher jenem namenlosen Handwerksburschen, der in Johann Peter Hebels tiefsinniger Geschichte „Kannitverstan" in Amsterdam ankommt und fassungslos vor einem so üppigen, andersartigen Leben steht, bis er schließlich dafür den alles erklärenden, alles begütigenden Namen findet: Kannitverstan. Gleichermaßen verständnislos bewegt sich Peter Schlemihl durch die elegante Gesellschaft, die sich im Park um den reichen Herrn John und seine schöne Geliebte Fanny versammelt hat. Auch Schlemihl erhält übrigens eine summarische Erklärung solcher für ihn so neuen Verhältnisse; sie lautet, mit den zynischen Worten des Herrn John: „Wer nicht Herr ist wenigstens einer Million, (...) der ist, man verzeihe mir das Wort, ein Schuft!"

In dieser Situation tritt nun der Teufel als unauffälliger Mann im grauen Rock auf und bietet seinen Handel an. Eine ständig gefüllte Börse und alles, was man sich damit an Glücksgütern in der Welt verschaffen kann („Fortunati Glückssäckel"), im Tausch gegen jenes Nichts von Schatten, der allerdings, das räumt der Graue ein, „ein schöner, schöner Schatten" ist. Peter Schlemihl wird für einige Zeit des Teufels inoffizieller Mitarbeiter.

Bevor wir uns nun der Frage zuwenden, was es mit diesem Schatten und seinem Verlust für Peter Schlemihl auf sich hat, wollen wir uns den Teufel etwas genauer ansehen, mit dem dieser Pakt geschlossen worden ist. Es handelt sich, wie aus allen Beschreibungen deutlich wird, um einen recht unansehnlichen Teufel, einen Teufel fast ohne Eigenschaften, da selbst die wenigen Merkmale, an denen er zu identifizieren ist – „ein stiller, dünner, hagrer, länglichter, ältlicher Mann" in einem „altfränkischen, grautaffentnen Rock" mit „bescheidener, ja demütiger Gebärde" – nur Chiffren seiner Eigenschaftslosigkeit sind. Insbesondere fällt jedoch auf – zumal wenn man ihn mit den großen, namhaften Teufeln der Welt- und Literaturgeschichte vergleicht: Luzifer, Beelzebub, Leviathan, Asmodeus, Mephistopheles – daß er namenlos ist. Er heißt nur „der Graue", und auch diese Bezeichnung kann als bloße Chiffre seiner Namenlosigkeit gelesen werden. Ein namenloser Teufel also, ein anonymer Führungsoffizier vereinnahmt Peter Schlemihls Schatten, doch hat er bei allem ein unfehlbares Gedächtnis, in dem keine Schuldverschreibung in Vergessenheit gerät. Erst dadurch entfaltet sich auch bei seinem Schuldner das Gedächtnispotential dieses Namens, so daß der Mann namens Peter Schlemihl zu einem Schlemihl „im wahren Sinne des Wortes" wird.

Unter den skizzierten Bedingungen können wir Schlemihls verlorenen Schatten mit einem relativ unspezifischen und überdies anachronistischen Ausdruck sein kollektives Gedächtnis nennen. Dieser Ausdruck ist, wie man weiß, in den zwanziger Jahren des 20. Jahrhunderts von Maurice Halbwachs geprägt worden und in den letzten Jahren ins Zentrum der gegenwärtigen Gedächtnisforschung gerückt.[10] Er hat zum Inhalt die evidente Tatsache, daß ein individuelles Gedächtnis keineswegs in allen seinen Aspekten dem betreffenden Individuum allein eigen ist, sondern von vielen anderen sozialen Gedächtnissen nach den Gewohnheiten der jeweiligen Familie, Landschaft, Berufsgruppe, Klasse, Religion und anderer gesellschaftlicher Gruppierungen mitgeformt ist. Es deckt also in seinem Kern auch das ab, was Chamisso selber, über Schlemihls Schatten befragt, „das Solide" an diesem nennt und was Thomas Mann später in seinem schönen Chamisso-Essay als seine „bürgerliche Solidität" verdeutlicht.[11] Allerdings erfahren wir von Chamisso fast nichts Konkretes über Peter Schlemihls Vorgeschichte; es ist, als wäre ein Schleier des Vergessens über sie gelegt. Aber alle Personen der Geschichte bemerken sofort bei diesem Herrn, der als reicher Mann nicht unbeobachtet bleibt, das Fehlen des Schattens und nehmen spontan Anstoß an diesem Stigma, am meisten die junge und schöne Mina und ihre brave Familie, in der ein Schwiegersohn ohne Schatten, er möge noch so reich sein, unvorstellbar ist. Ein kollektives Vergessen wird ihm nicht gewährt.

Daß Schlemihls Schatten etwas mit Gedächtnis und Vergessen zu tun haben muß, geht auch aus der Entstehungsgeschichte dieses literarischen Motivs hervor. Auf einer Reise, so erzählt Chamisso in anekdotischem Ton, sind ihm einmal Hut, Mantelsack, Handschuhe, Schnupftuch und sein ganzes bewegliches Gut abhanden gekommen. Als das sein Dichterfreund Friedrich de la Motte Fouqué hört – auch er französischer, genauer hugenottischer Abkunft –, fragt dieser in neckendem Tone zurück, ob Chamisso nicht vielleicht auch seinen Schatten verloren habe. Beide lachen und malen sich zusammen das

Mißgeschick aus. Die unerhörte Begebenheit als Kern der Novelle ist geboren.[12]

Das ist zweifellos eine amüsante Anekdote, die sogar als wahre Geschichte genommen werden kann, der man jedoch von ihrem Witz nichts nimmt, wenn man in ihr etwas mehr sieht als nur den etwas lächerlichen Ausdruck einer momentanen Vergeßlichkeit. Es paßt nämlich zu dieser Anekdote ein Traum oder Angsttraum, von dem Chamisso einige Jahre später, als er den *Schlemihl* schon geschrieben hatte, heimgesucht und offenbar gequält worden ist.[13] Das Traumgeschehen versetzt den Autor zurück in seine Dienstzeit beim preußischen Militär. Als junger Offizier, so der Traum, hat er an einer Parade teilzunehmen und bemerkt zu seinem Entsetzen, daß er seinen Degen vergessen hat. Das ist nun nach den Vorstellungen der Zeit ein weit schlimmeres Vergessen als die vorher in der Anekdote erwähnte Vergeßlichkeit, die wohl verzeihlich ist, da sie nur das beliebige Hab und Gut eines „Zivilisten" betrifft. Den Degen jedoch vergessen zu haben, ist für einen Offizier, wie es Chamisso einmal war, eine ehrenrührige und unverzeihliche Vergeßlichkeit, die das Vergessen mit Schuld belädt.

So verhält es sich nun auch, ins Bürgerliche gewendet, mit Peter Schlemihl, der seinen Schatten ja nicht einfach „verloren" hat. Er hat ihn vielmehr dem Grauen für Geld abgetreten, was von Schlemihls Umwelt sogleich als Stigma, das heißt, als sichtbares Zeichen für Ausgrenzung, wahrgenommen wird. Allerdings wollen wir nicht übersehen, daß der verlorene Schatten nicht auch die verlorene Seele bedeutet. Im Unterschied zu Fausts Teufelspakt hat Schlemihl dem Grauen „nur" seinen Schatten und nicht seine unsterbliche Seele verkauft, und es ehrt ihn, daß er sich von seiner ersten Schuldlast nicht durch eine zweite, größere Schuld freikauft. So bleibt er zwar ein Schlemihl, wird aber selber keiner von den Grauen, ganz im Gegensatz zu dem Herrn John, von dem wir im späteren Verlauf der Geschichte hören, daß er schon vor Peter Schlemihl ein Opfer des Grauen geworden war, ihm aber – offenbar ebenfalls auf dem Umweg über den abgetretenen Schatten – schließlich auch noch seine Seele überantwortet hat. Nun zahlt der reiche Herr John bereits den Preis seines schlimmen Handels im Jenseits, und wir hören am Ende der Geschichte seine Klage wie ein fernes Echo der *lex talionis* aus Dantes *Inferno:* „Nach Gottes gerechtem Gericht bin ich gerichtet" *(Justo judicio Dei judicatus sum).*

Peter Schlemihls Weg führt nicht in die Hölle. Doch gelingt es ihm auch nicht, den „halben" Handel mit dem Grauen rückgängig zu machen. So muß er sich nun für den Rest seines Lebens ohne Schatten in der Welt einrichten und dabei Sorge tragen, mit seiner Schattenlosigkeit möglichst wenig aufzufallen. Wie das nun geschieht, erzähltechnisch gesprochen: wie der Autor unter diesen Bedingungen seine Geschichte zu Ende erzählt, ist höchst interessant zu beobachten. Chamisso läßt sich nämlich einen Ausgang der Geschichte einfallen, den kein unbefangener Leser vorausahnen kann. Er läßt den nunmehr definitiv schattenlosen Peter Schlemihl das werden, was er selber ist: Naturwissenschaftler. Als „privatisierender Gelehrter“, so sagt Schlemihl von sich selber, tritt er eine „neue Lebensweise“ an. Der Übergang zu ihr wird allerdings in der Geschichte durch einige wundersam-märchenhafte Elemente verschleiert, insbesondere durch die zufällig gefundenen Siebenmeilenstiefel, mit denen er im atemberaubenden Tempo die Welt durchmißt, sowie durch ihr Gegenstück, die Hemmschuhe, mit denen er nach Bedarf das Tempo seiner Fortbewegung wieder abbremsen kann. Es handelt sich, wie man den Verächtern dieses sonderbaren, aber sehr leistungsfähigen Schuhwerks entgegenhalten muß, um eine sehr einfache, aber märchenhaft wirksame Zeit-Raum-Maschine, die manche Uchronien des 19. und 20. Jahrhunderts vorwegnimmt. Schlemihl benutzt nämlich diese beiden Hilfsmittel zu dem höchst realistischen (heutzutage längst schon alltäglichen) Zweck, rastlose Feldforschung in allen Kontinenten in raschem Wechsel mit ruhiger Schreibtischarbeit an abgelegenem Ort zu verbinden. Kurzum, er verhält sich als Forscher ziemlich zweckrational, ungefähr so, wie es die moderne Wissenschaft verlangt.

Das eigentlich Überraschende an dieser Wendung der Geschichte ist nun darin zu sehen, daß bei dem Naturforscher Schlemihl die früher so diskriminierende Schattenlosigkeit gar nicht weiter bemerkt wird. Sie ist schlechterdings unauffällig geworden und wird von der Gesellschaft einfach vergessen. Peter Schlemihls wundersame Geschichte kann daher – wiederum unvorhersehbar – mit einem sachlich-nüchternen Rechenschaftsbericht zu Ende gehen, den der Privatgelehrte Schlemihl seinem Autor, dem Privatgelehrten Chamisso, gibt und in dem es auf der letzten Seite der Geschichte heißt:

> Ich habe, soweit meine Stiefel gereicht, die Erde, ihre Gestaltung, ihre Höhen, ihre Temperatur, ihre Atmosphäre in ihrem Wechsel, die Erscheinungen ihrer magnetischen Kraft, das Leben auf ihr, besonders im Pflanzenreiche, gründlicher kennen gelernt, als vor mir irgendein Mensch. Ich habe die Tatsachen mit möglichster Genauigkeit in klarer Ordnung aufgestellt in mehreren Werken,

meine Folgerungen und Ansichten flüchtig in einigen Abhandlungen niedergelegt. Ich habe ...

Glückliche, friedliche Wissenschaft, in der man, mit oder ohne Schatten lebend, das Gewesene entweder bedenkend oder es vergessend, gleich gut existieren und sich durch die Welt bewegen kann! Nicht einmal den Grauen braucht man zu fürchten, wenn dieses Märchen je Wirklichkeit wird.

2. Eine mephistophelische Kunst: Fausts Vergessen (Goethe)

Wir begeben uns nun in das Studierzimmer des Wissenschaftlers Heinrich Faust, Goethes Faust.[1] Der hochgelehrte Professor befindet sich auf dem Höhepunkt seiner Laufbahn, er ist ein „großer Mann". Gleichwohl ist er mit sich und seinen Denkanstrengungen von Grund auf unzufrieden. Seine Wissenschaft erscheint ihm als „Wissensqualm", sein Erkenntnisbemühen als Wortklauberei („und tu' nicht mehr in Worten kramen"), das Labor als ein „verfluchtes dumpfes Mauerloch":

Vor mir verschließt sich die Natur.
Des Denkens Faden ist zerrissen,
Mir ekelt lange vor allem Wissen.

Es handelt sich offenbar um eine schwere Sinn- und Schaffenskrise, wie man sie aus der Biographie mancher Wissenschaftler kennt, die aber bei Faust bis in die tiefsten Schichten seiner Existenz reicht.

Die Osterglocken und Auferstehungschöre bewahren Faust vor dem Suizid. Genauer gesagt ist es, da für ihn kein Glaube mit dieser Osterbotschaft verbunden ist, die durch sie ausgelöste Erinnerung an unbeschwerte Kindheits- und Jugendjahre:

Und doch, an diesen Klang von Jugend auf gewöhnt,
Ruft er auch jetzt zurück mich in das Leben.
(...)
Erinnerung hält mich nun, mit kindlichem Gefühle,
Vom letzten, ernsten Schritt zurück.

Es ist hier bemerkenswert, daß unter allen Geistesgaben, die diesem

Wissenschaftler reich zur Verfügung stehen, offenbar nur noch das Gedächtnis Halt im Leben verleiht.

Mephistopheles tritt auf. Mit ihm schließt Faust die bekannte Wette ab. Sie wird mit Blut bekräftigt, das bedeutet, in Mephistos Worten: „Bedenk' es wohl, wir werden's nicht vergessen". Der Teufel hat offenbar ein ausgezeichnetes Gedächtnis. Was gewinnt Faust bei dieser Wette? Es tut sich vor ihm ein ungeahntes, unermeßliches Forschungsfeld auf, Leben genannt, das er nun mit des Teufels Hilfe in aller Länge und Breite, Höhe und Tiefe durchmessen und „immer strebend" erfahren soll. Daß dieses beglückende Streben nie an ein Ende kommen wird, dafür „steht" die Wette. Und was hofft Mephistopheles zu gewinnen? Der Teufel will immer nur das eine: die Seele, und dieses Ziel erreicht er, so ist sein Kalkül, dann am besten, wenn er, der selber nichts vergißt, den Doktor Faust durch einen tollen Wirbel von Ereignissen von einem Vergessen zum nächsten treibt, bis dieser am Ende – vielleicht – sich selber vergißt. Wir sehen, wenigstens der Teufel glaubt an die Kunst des Vergessens und weiß sich ihrer zu seinen Zwecken zu bedienen.

Erste Station der mephistophelischen Vergessenskunst ist Auerbachs Keller. Für einen Wissenschaftler, studierstubenbleich, ein ausgezeichneter Ort, um zu vergessen – meint Mephistopheles. Vielleicht hat er Luis Vives gelesen, bei ihm steht ja der Satz: *vinum memoriae mors.*[2] Das ist nun ein richtiger Lehrsatz, der gleichzeitig in einer Kunstlehre des Gedächtnisses wie auch in einer solchen des Vergessens stehen kann. Wie dem auch sei, der Teufel hat hier seinen Vergessensschüler unterschätzt. Faust bleibt mürrisch und einsilbig: „Ich hätte Lust nun abzufahren."

Mephistopheles wechselt jetzt die Strategie und denkt sich für seinen Professor eine andere Art Zerstreuung aus. Die Voraussetzung dafür wird in der Hexenküche geschaffen: der etwa Sechzigjährige wird verjüngt, und zwar um dreißig Jahre, also um die Zeitspanne einer Generation, wie man aus dem Text erfahren kann. Ein Generationswechsel bringt ja immer Gedächtniskrisen mit sich und bietet dem Vergessen eine Chance. Mit Fausts Verjüngung ist auch ein Standeswechsel verbunden: aus dem Gelehrten wird ein Mann von Welt, ja, von Adel („Junker"). Durch beide Veränderungen macht Fausts Vergessen nach Mephistos Plan einen großen Sprung vorwärts: mit den gelöschten Lebensjahren geraten auch die bisherigen Lebensumstände in Vergessenheit. Selbst als nach etwa zehn Jahren, wie man an den Zeitangaben des Textes nachrechnen kann, die Szene des Dramas wieder in das „hochgewölbte gotische Zimmer“ und in das „Laboratorium“ des Gelehrten zurückspringt, gibt es kein Wiedererinnern. Faust verschläft diese Szene, und wir erfahren nichts von Fausts Erinnerung oder Gedächtnis. Als er erwacht, denkt er voraus an Helena, deren Phantasiebild ihm im Traum erschienen ist.

Fausts Umwelt hat hingegen durchaus ein gutes Gedächtnis für alles, was geschehen ist. So hat Famulus Wagner, der nach Fausts unaufgeklärtem Verschwinden sein Nachfolger im Amt geworden ist und nun dessen Forschungsarbeiten weiterführt, aus Pietät an Fausts Studierstube nichts verändert, sie also als Gedächtnisstätte erhalten, und auch der seinerzeitige Schüler, nun zum Baccalaureus promoviert und noch unerträglicher als damals, erinnert sich genau der Umstände der früheren Studienberatung durch den berühmten Professor Faust (wie er nach wie vor meint, in Wirklichkeit: Mephistopheles). Alle erinnern sich also und natürlich auch Mephistopheles selber, der die Regie führt, denn sonst hätte er ja diesen Ort nicht ausgesucht. Auch drängt es ihn, sich selber seines guten Gedächtnisses zu versichern:

> Blick' ich hinauf, hierher, hinüber,
> Allunverändert ist es, unversehrt;
> Die bunten Scheiben sind, so dünkt mich, trüber,
> Die Spinneweben haben sich vermehrt;
> Die Dinte starrt, vergilbt ist das Papier;
> Doch alles ist am Platz geblieben;
> Sogar die Feder liegt noch hier,
> Mit welcher Faust dem Teufel sich verschrieben.
> Ja! tiefer in dem Rohre stockt
> Ein Tröpflein Blut, wie ich's ihm abgelockt.

So treibt es wohl den Täter an den Ort der Tat zurück. Faust hingegen merkt von alledem nichts. Mit den sonstigen Sinnen des Schläfers ist in dieser Szene auch sein Gedächtnis gelöscht.

Mephistos Vergessenskunst, an Faust erprobt, erreicht ihren Höhepunkt in den Gretchen-Szenen.[3] Dort erweist sie zweimal eine besondere Kraft: am Anfang, als Faust durch seine Liebe zu dem Mädchen Margarete alles andere vergißt, und noch einmal an deren Ende, als Faust selbst diese Liebe vergessen wird, obwohl er doch mit bestem Glauben geschworen hat: „Ich kann sie nie vergessen, nie verlieren.“ Das ist alles ganz anders als bei Margarete selber; sie hat ein gutes natürliches Gedächtnis, das in das kollektive Gedächtnis ihrer Umwelt eingebettet ist. Sie weiß daher, daß es mit der „ewigen Liebe", die der Liebhaber ihr schwört, vielleicht nicht so weit her ist, denn sie kennt das Sprichwort: „Aus den Augen, aus dem Sinn". Sprichwörter drücken in knapper Form aus, was als soziales Wissen im kollektiven Gedächtnis aufbewahrt ist.

Allerdings hat Margarete sich selber an die Weisheit dieses Sprichwortes nicht gehalten. Sie hat „sich vergessen", wenn auch nur einmal, wie die Heiligen am Ende der Tragödie ihr zugute halten:

> Gönn' auch dieser guten Seele
> Die sich einmal nur vergessen,
> Die nicht ahnte daß sie fehle,
> Dein Verzeihen angemessen.

Faust hat Margarete schnell vergessen. Schon „übermorgen" ist Walpurgisnacht. Abreise, Ablenkungen, neue Zerstreuungen: das sind alles bewährte *remedia amoris*, die dem Vergessen förderlich sind. Und Mephistopheles ist der mächtige Vergessenshelfer, der als „Schlepper" allezeit zu Diensten steht:

> Den schlepp' ich durch das wilde Leben,
> Durch flache Unbedeutenheit.

Hier hat nun der von Mephistopheles mit teuflischem Geschick zerstreute Professor sein Hexen-Sabbatical: eine Orgie des Vergessens. Faust ist hingerissen. Aber da taucht plötzlich, von beiden Harz-Reisenden unerwartet, ein Erinnerungsbild vor Fausts Augen auf, „ein blasses, schönes Kind": Gretchen.

Wir sehen, Faust ist noch nicht der Virtuose des Vergessens, zu dem ihn Mephistopheles mit seiner Kunst erziehen will. So muß dieser sich auch den Vorwurf anhören: „Und mich wiegst du indes in abgeschmackten Zerstreuungen". Mephistopheles darauf: „Sie ist die erste nicht." In seinem Gedächtnis häufen sich Fälle dieser Art.

„Nacht, offen Feld". In dieser kurzen Szene eilt Faust, zusammen mit Mephistopheles, „auf schwarzen Pferden daher brausend", Margarete zu Hilfe. Der Rabenstein, an dem ihr Ritt entlangführt, ist schon ein Vorzeichen der Richtstätte: eine beklemmende Vorwärts-Erinnerung. Auch sie wird von Mephistopheles mit raschen Gesten weggewischt: „Vorbei! Vorbei!". Es folgt die Kerkerszene. Noch einmal geht es im Dialog zwischen Faust und Margarete um Erinnern und Vergessen. Faust zu ihr:

> Laß das Vergang'ne vergangen sein,
> Du bringst mich um.

Selbst in dieser Situation setzt Faust noch auf das Vergessen. So gibt es auch keinen Ausweg aus dem Kerker, wenngleich die Türen offen stehen. Fausts Vergessen ist Margaretes Schicksal.

Der Tragödie zweiter Teil beginnt in einer „anmutigen Gegend".[4] Faust, ermüdet, sucht den Schlaf. Er wird ihn mit Elfenhilfe erhalten. Denn Lethe, der Fluß des Vergessens, strömt durch diese anmutige Gegend, und die Elfen, von Ariel angeregt, werden Faust mit den Wassern dieses Flusses netzen. Zugleich ist diese Vergessenskur – das ist die neue Variante der mephistophelischen Vergessenskunst – ein Heilschlaf im medizinischen Sinne des Wortes, als „Lethargus" also (in diesem Wort ist „Lethe" noch einmal enthalten). Bemerkenswert ist an dieser Szene auch, daß Mephistopheles sich hier gar nicht mehr mit seiner Person als Agent des Vergessens zu bemühen braucht. Er hat in Ariel und den Elfen milde, sanfte (oder soll ich sagen: harmlose, ahnungslose?) Helfer gefunden, die dieses Werk auch ohne seine Hilfe an Faust vollbringen. Das Vergessen scheint gar nicht mehr anstrengend zu sein, ein angenehmes Gefühl der Erleichterung breitet sich aus:

> Schon verloschen sind die Stunden,
> Hingeschwunden Schmerz und Glück;
> Fühl' es vor! Du wirst gesunden;
> Traue neuem Tagesblick.

Auf das Wort „neu" kommt es hier an. Denn das Vergessen – wir werden das bei Nietzsche noch genauer sehen – macht den Weg frei für Neues. Der Lockruf des Neuen ertönt immer wieder in der mephistophelischen Vergessenskunst:

> Habt ihr nun bald das Leben g'nug geführt?
> Wie kann's euch in die Länge freuen?
> Es ist wohl gut, daß man's einmal probiert;
> Dann aber wieder zu was Neuen!

Und in der Walpurgisnacht treibt er die Trödelhexe an:

Verleg' sie sich auf Neuigkeiten!
Nur Neuigkeiten ziehn uns an.

Immer wieder Neuigkeiten, modern gesprochen Innovationen, scheinen in der Idee des Teufels die wirksamsten Köder des Vergessens für den Doktor Faust zu sein. Der scheint die Gefahr selber zu spüren, denn er antwortet auf die soeben zitierten Verse mit dem besorgten Ausruf: „Daß ich mich nur nicht selbst vergesse!" Aber eben das droht zu geschehen, und so bleibt das Vergessen die unvermeidliche Kehrseite seines Strebens bis ans Ende seiner Lebenstage, als der gealterte Wissenschaftler sich immer noch, beim Projekt der Neulandgewinnung, von der Faszination des Neuen blenden läßt. Der Teufel weiß wohl, welchen Profit er daraus ziehen kann.

So geht es nun weiter durch die nördliche und die südliche Hemisphäre, durch die alte, mittlere und neuere Zeit, mit raschen und desorientierenden Ortswechseln, so daß nicht nur im 3. Akt, sondern an vielen anderen Stellen des zweiten Teils die Regieanweisung stehen könnte: „Der Schauplatz verwandelt sich durchaus". Und dies alles steht unter dem Gesetz des Tempos:

Ich bin nur durch die Welt gerannt.
Ein jed' Gelüst ergriff ich bei den Haaren,
Was nicht genügte ließ ich fahren,
Was mir entwischte ließ ich ziehn.

Und mit all den abrupten Veränderungen dieser Art sind nun immer wieder aufs neue rasche Gedächtnislöschungen verbunden: „Vergangenheit sei hinter uns getan". Und das sagt nicht etwa der Vergessenskünstler Mephistopheles, sondern sein Meisterschüler Faust, der sich hier wieder einmal eine neue Existenz ausmalt: „Arkadisch frei sei unser Glück!"

Hat Germaine de Staël also recht, wenn sie in ihrem Deutschland-Buch Faust einen „unbeständigen Charakter" *(un caractère inconstant)* nennt?[5] Das ist bei der klassisch geschulten Französin ein empfindlicher Tadel, denn „Charakterkonstanz" ist in der aristotelischen Poetik eine zugleich dramatische und mnemotechnische Grundqualität, die im Drama die Einheit der Handlung garantiert. Was ist also bei Faust, um es mit dem Titel eines bekannten Goethe-Gedichtes auszudrücken, die „Dauer im Wechsel"? Welches ist das Ziel bei diesem Lauf, und mit welchem Nutzen wird Faust „den Cursum durchschmarutzen"? Es ist oft gesagt worden und steht so auch in vielen Versen des Dramas in deutlichen Worten zu lesen, daß Fausts „Streben" dieses Ziel ist, so daß ein absolut gesetztes, an immer neuen Gegenständen und Ereignissen sich erprobendes Streben gleichsam per definitionem nicht zu Rast und Ruhe gelangen kann und ein „Verweile doch" von diesem „Streber" (dieses Wort hatte zu Goethes Zeiten noch keinen schlechten Klang) nicht zu erwarten ist. Oder vielleicht doch? Aber dann ist die Wette verloren. Oder vielleicht doch nicht?

Die Entscheidung fällt in den letzten Szenen des Dramas, das bis zum Schluß ein Gedächtnis- und Vergessensdrama sein wird. Ist der alte, nach dem Willen des achtzigjährigen Goethe nun hundertjährige Faust immer noch der um den Preis des Vergessens vorwärtsstürmende, nach neuen Ufern ausgreifende Heros der Tat, der nun sein diffuses Handeln durch eine letzte große Aktion im Dienste der Menschheit krönen will? Faust ist, als er in dieser Szene tatsächlich dazu neigt, sein „Verweile doch" zu sprechen, ein armer, alter und blinder Mann, dessen Streben am Ende, wie er in einigen Momenten seines früheren Lebens schon gelegentlich befürchtet hatte, „ins Leere" geht. Sind damit für das Gedächtnis wieder bessere Bedingungen gesetzt? Das kann man nicht sagen. Faust bleibt bis ans Ende seiner Tage derjenige, zu dem er sich mit Mephistos Hilfe selber gemacht hat. Er bleibt, wenn es gestattet ist, mit der Autorität des Grimmschen Wörterbuches diesen alten Ausdruck wiederzubeleben, der Vergesser. Möglicherweise hat er, am Rande des Grabes angelangt, nach einer ingeniösen Vermutung Adornos sogar seine Wette vergessen, „samt aller Untat, die der Verstrickte beging oder gestattete".[6] Das wäre dann allerdings der äußerste Triumph, den Mephistopheles für seine Vergessenskunst verbuchen könnte – was ihm jedoch gleichwohl nicht die ersehnte Beute, Fausts Seele, einbringt, da der Himmel auch seine Künste hat, die wohl, wenn nicht alle Zeichen trügen, für das Gedächtnis und nicht für das Vergessen zu Buche schlagen. Ganz so einfach jedenfalls, wie Mephistopheles sich die Vergessenskunst ausgedacht hat, nämlich als Katalog von Zerstreuungen und Verdrängungen, scheint es sich mit dieser Kunst doch nicht zu verhalten.

3. Prekäres Projekt Vergeßlichkeit (Nietzsche)

Eines der schönsten Gedichte über das Vergessen (oder über die Heiterkeit, das Glück, die Einsamkeit ...) findet man bei Friedrich Nietzsche (1844–1900) im Zyklus seiner Dionysos-Dithyramben unter dem Titel „Die Sonne sinkt". Es lautet:

Heiterkeit, güldene, komm!
        du des Todes
heimlichster süßester Vorgenuß!
– Lief ich zu rasch meines Wegs?
Jetzt erst, wo der Fuß müde ward,
        holt dein Blick mich noch ein,
        holt dein Glück mich noch ein.

Rings nur Welle und Spiel.
        Was je schwer war,
sank in blaue Vergessenheit,
müßig steht nun mein Kahn.
Sturm und Fahrt – wie verlernt er das!
        Wunsch und Hoffen ertrank,
        glatt liegt Seele und Meer.

Siebente Einsamkeit!
        Nie empfand ich
näher mir süße Sicherheit,
wärmer der Sonne Blick.
– Glüht nicht das Eis meiner Gipfel noch?
        Silbern, leicht, ein Fisch
        schwimmt nun mein Nachen hinaus ...[1]

Wir wollen, ehe wir den Blick auf die „blaue Vergessenheit" in diesem Gedicht richten, beachten, daß nicht dem Vergessen die sehnliche Apostrophe des Eingangsverses gilt, sondern der Heiterkeit, und daß nicht die Vergessenheit durch die Emphase des Sperrdrucks hervorgehoben wird, sondern das Glück. Aber es ist wohl ein Glück gemeint, das nur im Zustand tiefer Mattigkeit und Erschöpfung zu erlangen ist, eine Heiterkeit, die ihre dunkle Grundierung vom Tod her nimmt. So gehört also wohl auch das Vergessen, sofern es zu „blauer Vergessenheit" sublimiert ist, in diesen Zusammenhang und steht mit dem Glück und der Heiterkeit in einem geheimnisvollen Bunde.

Davon berichtet in eindrucksvollen Bildern die zweite Strophe. Es ist die Lethe-Strophe dieses Gedichtes. Doch hat sich der Strom des Vergessens zum Meer geweitet, und der Kahn, der eigentlich an irgendein Ufer gelangen sollte, hat bei eingezogenen Rudern seine Fahrt verloren und steht nun still über dem Blau des Wassers, in dessen Tiefe all jenes Wünschen und Hoffen, das *dieser* Heiterkeit und *diesem* Glück noch entgegenstand, ertrunken und vergessen ist.

Nachdem nun in dieser vollkommenen („siebenten") Einsamkeit, wie es scheint, alles Schwere durch Vergessen aufgehoben ist, öffnen sich dem Blick in der Ferne neue Räume, in die hinein der Nachen, nun ein Fisch, *leicht* entgleiten kann. Ein apollinischer Prospekt, so scheint es, beschließt dieses dionysische Gedicht. Aber wohin geht hier die Fahrt, wenn doch „die Sonne sinkt"?

*

Nietzsches Position zwischen Erinnern und Vergessen ist nicht leicht zu bestimmen, und die Frage ist, ob es bei ihm in dieser Hinsicht überhaupt *eine* Position gibt. So müssen wir ihn, wenn wir darüber Genaueres wissen wollen, zu verschiedenen Stationen seines Lebens begleiten und beginnen in Basel, wohin Nietzsche im Jahre 1869, vierundzwanzigjährig, als Professor der Klassischen Philologie berufen worden ist. Seine Lehrtätigkeit an der Universität Basel berührt auch das Vergessen und die Vergeßlichkeit. Das gilt insbesondere für seine Vorlesung über die Rhetorik im Wintersemester 1872/73, die eine *ars memoriae* einschloß.[2] Ob Nietzsche auch über die konkurrierende Idee einer *ars oblivionalis* unterrichtet war, ist nicht bekannt. Immerhin ist in der Hauptquelle für seine Vorlesungsvorbereitungen, Richard Volkmanns 1872 erschienener Monographie „Die Rhetorik der Griechen und Römer", auch die Themistokles-Anekdote verzeichnet.[3] Nietzsche dürfte sie folglich gekannt haben.

Doch beim Vergessen sind wir noch nicht angelangt, noch nicht ganz. Denn zuvor huldigt der junge Professor, wie es seines Amtes ist, dem Gedächtnis.[4] Die Wissenschaft, die er in Forschung und Lehre zu vertreten hat, die Klassische Philologie also, war damals – und ist auch wohl heute noch – eine durch und durch historisch-philologische Disziplin. Wir befinden uns ja in der hohen Zeit des Historismus. So schreibt Nietzsche auch sein erstes Buch als Professor dieser Disziplin mit der erklärten Absicht, einen Beitrag zu deren großem Gedächtniswerk zu leisten: „Die Geburt der Tragödie aus dem Geiste der Musik" (1872). So weit greift er mit diesem historisch-philologischen Werk in die Geschichte des Abendlandes zurück, daß Sokrates bei ihm schon fast als ein Moderner erscheint. Trotzdem haben wenigstens die professionell philologischen Leser diesem Buch sofort angemerkt, daß es seinem Verfasser im letzten nicht um Vergangenheit, sondern um Gegenwart geht: Richard Wagner ist Nietzsches geheimer Gewährsmann für die immer wieder mögliche Entstehung und Erneuerung der Tragödie aus dem Geiste der Musik. Das Ärgernis (Joachim Latacz heute dazu: das „fruchtbare Ärgernis") ist da.[5] Ein junger und damals noch ganz unbekannter Wissenschaftler seines Faches, Ulrich von Wilamowitz-Möllendorf, zelebriert eine „vernichtende" Kritik und fordert den nur wenige Jahre älteren Professor öffentlich auf, von seinem Baseler Katheder herabzusteigen und seine „Zukunftsphilologie" außerhalb der akademischen Welt zu betreiben.[6] Dieser Angriff wird von ihm 1872/73 geführt, also um die gleiche Zeit, als Nietzsche sein Rhetorik-Kolleg hält. Wenig später, nämlich im Jahre 1873, wird dieser die zweite seiner „Unzeitgemäßen Betrachtungen" schreiben und sie im darauf folgenden Jahre unter dem Titel „Vom Nutzen und Nachteil der Historie für das Leben" publizieren. Damit sind wir wieder beim Vergessen angelangt, denn diese Schrift ist in ihrer Substanz eine Apologie des Vergessens. Sie ist sogar in gewissem Sinne eine regelrechte Kunst des Vergessens, wenigstens nach den Vorstellungen ihres dreißigjährigen Verfassers, der hier seinen Lesern und vor allem wohl sich selber mit beredten Worten „die Kunst und Kraft, vergessen zu können" empfiehlt.

Was will Nietzsche vergessen, kunstvoll vergessen? Die summarische Antwort lautet: die Historie,[7] und das ist die in Kunst und Wissenschaft verwandelte Geschichte, von den Anfängen bis zur Gegenwart, die mit der Vermehrung ihrer Kenntnisse, aber auch schon durch ihr bloßes Fortschreiten in der Zeit, zu immer größerer Komplexität anwächst und sich als lastende Masse auf das Gedächtnis des historisch gebildeten Menschen legt, bis dieser vor lauter Erinnerungsballast die elementare Tauglichkeit zu leben und zu handeln verliert. Ein tiefes anthropologisches, stellenweise an Rousseau und Herder erinnerndes Bedenken steht also dem wuchernden Gedächtnis entgegen: „Und zwar wird dieses Wissen um die Bildung als historisches Wissen dem Jüngling eingeflößt oder eingerührt; das heißt, sein Kopf wird mit einer ungeheuren Anzahl von Begriffen angefüllt, die aus der höchst mittelbaren Kenntnis vergangener Zeiten und Völker, nicht aus der unmittelbaren Anschauung des Lebens abgezogen sind" – eine „greisenhafte Beschäftigung"! Einem geringen Nutzen steht also ein gewaltiger Nachteil der Historie für das Leben gegenüber, und im Streit zwischen dem Gedächtnis und dem Vergessen erhält das Vergessen den Zuschlag. Denn, so weiterhin Nietzsche: „Zu allem Handeln gehört Vergessen."

Nicht ganz ohne Einschränkung soll jedoch diese Maxime gelten. Nietzsche bekämpft in seiner Schrift zwar mit Leidenschaft den Historismus, von ihm „historische Krankheit" genannt, er sagt sich jedoch nicht völlig von der Geschichte und Geschichtsschreibung los. Jeder Mensch und jedes Volk, so räumt er einmal ausdrücklich ein, braucht „eine gewisse Kenntnis der Vergangenheit". So unterscheidet er insbesondere mit einer stellenweise an Montesquieu erinnernden Typologie zwischen einer monumentalischen, einer antiquarischen und einer kritischen Geschichtsbetrachtung und zielt mit seiner Polemik vor allem auf die antiquarische Historie, an der er nur „das widrige Schauspiel einer blinden Sammelwut, eines rastlosen Zusammenscharrens alles einmal Dagewesenen" erkennen will. Gelten läßt er hingegen in gewissen Grenzen die monumentalische Geschichtsschreibung, was wir im Sinne Nietzsches auch als Huldigung an seinen großen Baseler Kollegen Jacob Burckhardt auffassen können. Dessen im Jahre 1870 gehaltene Rede über historische Größe hat Nietzsche nach dem Zeugnis eines Briefes an Gersdorff „mit Genuß" angehört und dabei ausdrücklich vermerkt, daß Burckhardt sie frei aus dem Gedächtnis vorgetragen habe. Diese monumentalische Geschichtsbetrachtung also, die zugunsten der großen Gestalten und Ereignisse in der Geschichte die Kleinigkeiten zwischen den „großen Momenten" vernachlässigt, soll Geltung behalten, ebenso wie die schon auf Walter Benjamin vorausweisende kritische Geschichtsbetrachtung, die so beschaffen ist, daß sie die Vergangenheit „vor Gericht zieht, sie peinlich inquiriert und endlich verurteilt". Es ist jedoch bezeichnend, daß sich Nietzsche unmittelbar nach der letztzitierten Äußerung auf Mephistopheles beruft, und zwar auf dessen Wort: „Denn alles was entsteht, / Ist wert, daß es zu Grunde geht; / Drum besser wär's daß nichts entstünde".[8]

Damit sind wir zu Mephistopheles und seiner Vergessenskunst zurückgekehrt. Anders als Faust hat Nietzsche zwar keinen Mephistopheles als seinen Vergessenshelfer und Mentor der Vergessenskunst an seiner Seite und ist für seine Apologie des historischen Vergessens selber verantwortlich. Davon aber abgesehen, bestehen zwischen Faust, dem Protagonisten des Vergessens, und Nietzsche, dem Apologeten dieser Fähigkeit, einige erstaunliche Übereinstimmungen und Parallelen. Stellen wir uns daher, die Grenze zwischen Fiktion und Wirklichkeit gering achtend, die Personen Heinrich Faust und Friedrich Nietzsche gleichzeitig vor, und vergleichen wir sie etwa so, wie Plutarch die großen Griechen und Römer einer „Vergleichung" unterzogen hat. Beide sind anfänglich jung, um die dreißig Jahre alt – wobei ich allerdings, was Faust betrifft, bereits die Verjüngung in der Hexenküche in Rechnung stelle. Beide haben jedenfalls zu dieser Zeit das Leben noch vor sich. Voraussetzung dafür ist, daß sie den Rücken frei haben, daß Faust also das „Tiergeripp' und Totenbein" der Studierstube, Nietzsche das „wimmelnde Philologengezücht" seiner akademischen Profession hinter sich lassen kann. „Vergangenheit sei hinter uns getan!" ist also – ich habe sie schon einmal zitiert – Fausts Devise, und bei Nietzsche lesen wir in anderen Worten den gleichen Ausruf: „Weg mit allem Vergangenen!" Ferner: nur wer die Kunst des Vergessens beherrscht, ist nach Fausts Worten in der Lage, „zum höchsten Dasein immerfort zu streben" oder – in Nietzsches Formulierung – jenes „Streben ins Unendliche" zu wagen, das dieser in seiner Tragödien-Schrift ein „dionysisches Phänomen" nennt.

Wenn wir nun in Kenntnis der Umstände, unter denen Nietzsche seit der Veröffentlichung der Tragödien-Schrift sein akademisches Amt an der Universität Basel auszuüben hatte, seine Apologie des historischen Vergessens biographisch hinterfragen und – schon mit einigen Gedanken an Freud vorausdenkend – nach dem Unlustprinzip suchen wollen, das unserem Autor wohl diese Diatribe gegen das Gedächtnis eingegeben haben mag, dann können wir bei der Lektüre der Zweiten Unzeitgemäßen Betrachtung einen Mann – einen jungen Mann! – beobachten, der sich mit einem Befreiungsschlag aus dem Konflikt zwischen philologischem Amt und philosophischer Neigung sowie aus der Unlust einer öffentlichen Demütigung zu lösen versucht hat. Tatsächlich hat sich Nietzsche ja einige Jahre später aus dieser unerträglich gewordenen Lage befreit, wodurch dann bei ihm der Grund für die Verachtung des Gedächtnisses hinfällig geworden ist. Aber die These war gleichwohl in der Welt, und viele Leser haben seitdem aus Nietzsches Zweiter Unzeitgemäßer Betrachtung, zumal als diese längst zeitgemäß geworden war, eine philosophische Rechtfertigung dafür herausgelesen, mit bestem philosophischen Gewissen dem kulturellen Gedächtnis den Garaus zu machen, und das ist ihnen schließlich in mancherlei Hinsicht auch gelungen, und zwar viel vollständiger, als Nietzsche selber es gewollt oder auch nur für denkbar gehalten hat.

Was ist nun das Grundprinzip dieser Vergessenskunst Nietzsches? Es beruht darauf, den bisher treulich bewahrten Gedächtnisinhalten, hier der historischen Bildung, die Motivationsbasis zu entziehen und vom Handeln, vom Leben, von der Zukunft her eine neue, konkurrierende Motivation aufzubauen, von der aus das Gedächtnis neu zu organisieren ist. „Selig sind die Vergeßlichen", lautet hier Nietzsches Verheißung.[9] Das utopische Denken wird sich später aus dieser Vergessenskunst entwickeln.

Die Zweite Unzeitgemäße Betrachtung ist nicht Nietzsches letztes Wort zur Kunst des Erinnerns und Vergessens. Vierzehn Jahre nach dieser Betrachtung, im Jahre 1887, kommt der Autor in seiner Schrift „Zur Genealogie der Moral", und zwar in der zweiten der unter diesem Titel publizierten Abhandlungen, auf das Thema zurück und unterwirft nun seine früheren Äußerungen einer grundsätzlichen Retraktation. Zwar ist ihm dabei durchaus gegenwärtig, was er seinerzeit als junger Mann für das lebensdienliche Vergessen zu Protokoll gegeben hat – er selber hatte ja ein ausgezeichnetes Gedächtnis. Davon will er auch jetzt nicht abrücken, und es soll auch in seiner neuen Schrift dabei bleiben, daß in der „aktiven Vergeßlichkeit", so sagt er nun mit Vorliebe, „eine Form der starken Gesundheit" zu sehen ist, mit der man als Mensch recht glücklich leben kann. Aber kann man damit auch, wie Nietzsche es sich nun vorgenommen hat, eine Moral begründen?

Die zweite Abhandlung zur Genealogie der Moral, in der Nietzsche sich diese Frage vorlegt, trägt die Überschrift: *„Schuld", „schlechtes Gewissen" und Verwandtes.*[10] Damit ist schon die Grundrichtung seiner Überlegungen angedeutet. Nietzsche nähert sich hier dem Problem der Moral nicht von der Vorderseite, wo die Fassade der Tugenden glänzt, sondern von der dunklen Rückseite, wo es um Schuld und Sühne geht. Und auch auf diesem Weg macht er noch einmal einen Umweg und fragt sich, bevor er auf das Schuldproblem zu sprechen kommt, was eigentlich im Umgang der Menschen miteinander Schulden bedeuten. Dieser auf den ersten Blick harmlosere Plural des Wortes Schuld gibt nun einen interessanten Blick auf die Moral insofern frei, als das in Schulden ausgedrückte Verhältnis zwischen einem Schuldner und einem Gläubiger ein funktionierendes Gedächtnis voraussetzt. Was den Gläubiger betrifft, so liegt es in seinem vitalen Interesse, sich an die von ihm gewährte Vorleistung zu erinnern. Nur wenn er sehr großzügig oder mildherzig ist, kann er sein Guthaben vergessen. Der Schuldner hingegen, dessen egoistisches Interesse ihm vielleicht raten würde, die empfangene Vorleistung nicht zurückzuerstatten und sie einfach zu vergessen, muß sich gleichwohl, wenn er seine Kreditwürdigkeit bewahren und auch in Zukunft noch einmal einen Gläubiger finden will, an das von ihm gegebene Rückzahlungsversprechen erinnern. Unter diesen Bedingungen sind Schulden Erinnerungsposten.

Das gilt nun auch, wenn wir Nietzsches Gedankenwegen weiter folgen wollen, für den gefährlicheren Singular des Wortes, also für die Schuld, die Sühne erfordert. Im schlechten Gewissen des Täters ist die Schuld als Erinnerungsposten gegenwärtig. Das weiß auch die Öffentlichkeit, soweit diese sich eine Rechtsordnung gegeben hat, die für alle Verstöße gegen die Moral, für Schuld also, ein sensibles Gedächtnis hat. Erst die gesetzlich festgelegte Sühne macht die Schuld vergessen, und das Leben kann danach ohne die böse Gedächtnislast weitergehen.

Diese Überlegungen Nietzsches zur Genealogie der Moral sind mindestens in einer Hinsicht bahnbrechend. Sie unterscheiden sich nämlich von anderen und älteren Begründungen der Ethik, wie sie von Aristoteles bis Kant zu finden sind, wesentlich dadurch, daß die Moral hier auf eine – modern gesprochen – kommunikative Grundlage gestellt wird. Im Medium der Schulden kommunizieren mindestens zwei Personen miteinander, der Gläubiger und der Schuldner, und ihre Kommunikationsbasis ist das Gedächtnis. Das gleiche gilt auch für das Rechtswesen mit seinen strafrechtlichen Bedingungen von Schuld und Sühne, und so werden diese ebenfalls kommunikativ, nämlich in der mündlichen Rede und Gegenrede einer öffentlichen Gerichtsverhandlung, ausgehandelt. Wenn die Moral daher insgesamt aus dem Geistesstoff ist, aus dem die Schulden und die Schuld gemacht sind, dann ist sie ebenfalls von kommunikativer Natur und setzt bei allen Personen, die mit ihr zu tun haben, ein funktionsfähiges und funktionsbereites Gedächtnis voraus. Daraus folgt weiterhin, daß für denjenigen, dem an der privaten und öffentlichen Moral gelegen ist, kein Weg an der Notwendigkeit vorbeiführt, das Vergessen in Schranken zu halten. Die Grundfrage der Moral lautet daher, in Nietzsches Worten: „Wie macht man dem Menschen-Tiere ein Gedächtnis?“. Die Antwort lautet in Übereinstimmung mit den skizzierten Überlegungen zu Schulden und Schuld: „Man brennt etwas ein, damit es im Gedächtnis bleibt: nur was nicht aufhört, weh zu tun, bleibt im Gedächtnis.“ Dieses Prinzip nennt Nietzsche auch seine „Mnemotechnik“.

Die Frage bleibt hier allerdings offen, ob diese moralstrenge Mnemotechnik bei dem „Menschen-Tier“ so erfolgreich ist, wie der Autor es fordert. Denn etwa um die gleiche Zeit, in seiner Schrift „Jenseits von Gut und Böse“, notiert Nietzsche als Aphorismus:

> „Das habe ich getan“, sagt mein Gedächtnis. „Das kann ich nicht getan haben“ – sagt mein Stolz und bleibt unerbittlich. Endlich – gibt das Gedächtnis nach.[11]

Wir haben es also insgesamt, wenn ich das Gesagte zusammenfassen darf, mit „zwei Nietzsche" zu tun, die ich der Einfachheit halber als den Philologen und den Philosophen Nietzsche unterscheiden will. Der eine fordert eine Kunst des Vergessens, der andere schränkt diese Forderung aus moralischen Gründen wieder ein. Mit den zwei Nietzsche im Sinn können wir auch wissen, daß mit der Frage nach dem Gedächtnis und dem Vergessen fast unausweichlich die Moralfrage gestellt ist. Es geht also nicht nur darum, was wir – mit oder ohne Kunst – erinnern oder vergessen *können,* sondern auch darum, was wir – mit oder ohne Kunst – unbedingt erinnern *müssen* und vielleicht, vielleicht aber auch nicht, vergessen *dürfen.* Daran schließt nun unmittelbar die Frage an, ob und in welchem Umfang die Leistungen des Gedächtnisses und des Vergessens überhaupt in unserer Macht stehen, ob wir also das, was wir nach bestem Wissen und Gewissen entweder erinnern oder vergessen *wollen,* auch tatsächlich erinnern oder vergessen *können.* An dieser Stelle verlassen wir Nietzsche und werden uns bei unseren Überlegungen von Sigmund Freud weiter beraten lassen.

4. Unbefriedetes und befriedetes Vergessen (Freud)

Sigmund Freud (1856–1939) und die Psychoanalyse in eine Verbindung mit dem Vergessen zu bringen, versteht sich nicht von selbst.[1] Unter den 331 Fachbegriffen, die im Vokabular der Psychoanalyse von Laplanche/Pontalis aufgeführt sind, fehlt der Begriff des Vergessens.[2] Es fehlen dort sogar die Begriffe Erinnerung und Gedächtnis. Aus diesem terminologischen Befund ist jedoch nicht ohne weiteres ein Desinteresse Freuds an solchen Fragen abzuleiten. Was zunächst das Gedächtnis betrifft, so beobachtet Freud an sich selber „außergewöhnliche Gedächtnisleistungen", und auch eine wissenschaftliche Beschäftigung mit dem Gedächtnis rechnet er fest zu den Aufgaben der psychologischen Forschung. Sogar für die Mnemotechnik bringt er Interesse auf. In der psychoanalytischen Praxis geht es ebenfalls nicht ohne Gedächtnis; Freud schärft dem behandelnden Arzt nachdrücklich ein, sich während der Behandlung keine Notizen zu machen. Erst im nachhinein soll der Gang des therapeutischen Gesprächs zwischen dem Patienten und dem Analytiker aus dem Gedächtnis niedergeschrieben werden.[3]

Mit dem Phänomen des Vergessens befaßt sich Freud zunächst im

Symptomzusammenhang der Fehlleistungen. Was liegt psychisch vor, wenn jemand sich ver-hört, ver-spricht, ver-liest, ver-schreibt oder wenn er etwas ver-legt, ver-liert, ver-gißt? An der gemeinsamen Vorsilbe ver- erkennt Freud hier schon „die innere Gleichartigkeit" und kann daher ausschließen, daß hier bloße Zufallshandlungen vorliegen. Offensichtlich sind all diese „Fehlleistungen" im Vergessen fundiert, und so konzentriert sich Freud bald auf jene Fälle, bei denen das Vergessen ihn am meisten „in Erstaunen setzt". Dazu gehört an bevorzugter Stelle auch das Phänomen des Namenvergessens. Warum vergißt man gerade Eigennamen so schnell, auch er selber übrigens? Das ist verräterisch. Gibt es einen Grund dafür, daß ausgerechnet Personennamen besonders leicht vergessen werden? Hat Heine den Grund am deutlichsten gesehen? Von ihm zitiert Freud in diesem Zusammenhang den Vers: „Nicht gedacht soll seiner werden!" Das ist der letztlich aus dem römischen Recht stammende und von Dante weitergebildete Gedanke der *damnatio memoriae*: Vergessen als äußerste Strafe, schlimmer als der Tod (vgl. oben II, 5).[4]

Um den Zusammenhang von Gedächtnis und Vergessen im Werk Freuds genauer zu erfassen, empfiehlt es sich nun weiterhin, sorgfältig auf die Metaphern zu achten, mit deren Hilfe Freud diese psychischen Phänomene beschreibt. Hier kommen vor allem zwei Metaphern in Betracht, die schon seit der Antike in Umlauf sind und seitdem um sich herum ganze Bildfelder versammelt haben. Ich meine die Metaphern von der „Wachstafel" und vom „Magazin" des Gedächtnisses.[5] Was zunächst die erste dieser Metaphern angeht, so möchte ich auf eine kleine und wenig beachtete Überlegung aufmerksam machen, die Freud im Jahre 1924 unter dem Titel „Notiz über den Wunderblock" niedergeschrieben hat. Thema dieser Überlegung ist das Gedächtnis in seiner wichtigsten Materialisierung, also als Schrift. Da sind nach Freud zwei Arten des schriftlichen Gedächtnisses zu unterscheiden, je nach der Dauerhaftigkeit der Aufzeichnung. Papier, mit Tinte beschrieben, nimmt eine „dauerhafte Erinnerungsspur" an. Eine Tafel hingegen, auf die man mit Kreide geschrieben hat, kann leicht wieder gelöscht werden. Das eine „Erinnerungssystem" begünstigt also das auf lange Dauer eingestellte Gedächtnis, während das andere, auf kurzfristige Speicherung angelegt, dem Vergessen nähersteht.

Nun ist aber zu Freuds Zeiten gerade ein neuartiges Schreib- und Spielgerät auf den Markt gekommen, Wunderblock genannt, das beide Erinnerungssysteme verbindet. Es handelt sich nach Freuds Beschreibung um eine Wachstafel, deren Oberfläche durch ein durchsichtiges Papier und eine Zelluloidschicht so präpariert ist, daß man auf ihr mit einem Griffel schreiben und die Schrift, die sich auf diese Weise im Wachs abbildet, durch ein bloßes Abheben beider Bedekkungen leicht wieder löschen kann. Allerdings bleibt die Schriftspur des Schreibstiftes auf der Wachsschicht, auch wenn der Benutzer sie in der beschriebenen Weise aufs neue geglättet hat, unter bestimmten Bedingungen noch weiter sichtbar. Das ist dann der Fall, wenn die Wachsschicht in einer bestimmten Belichtung betrachtet wird. Insofern erhält der Wunderblock in seiner Wachsschicht zugleich ein vergängliches und ein dauerhaftes Gedächtnis, dem in der Umkehrung auch ein vorübergehendes und ein bleibendes Vergessen entspricht. In solchen „Dauerspuren" sieht Freud ein Analogon zum Unbewußten, das ebenfalls ein Vergessenes, wenn es vom Psychoanalytiker in eine bestimmte Beleuchtung gerückt wird, für das Bewußtsein wieder freigibt.

Auch die Metapher vom „Magazin" (Speicherraum) des Gedächtnisses nimmt in Freuds Werk einen Vorzugsplatz ein, allerdings ins Großbürgerliche verschoben und interessanterweise auf zwei Räume aufgeteilt. Freud denkt sich also einen „Salon", zu dem ein großer Vorraum gehört. In diesem Vorraum tummelt sich alles Unbewußte, während das Bewußtsein im Salon seinen Ort hat. Charakteristisch für die Freudsche Psychoanalyse ist nun, daß an der Schwelle zwischen den beiden Räumlichkeiten ein Wächter seines Amtes waltet, „der die einzelnen Seelenregungen mustert, zensiert und sie nicht in den Salon einläßt, wenn sie sein Mißfallen erregen": Zwischen dem „Vorraum des Unbewußten" und dem Salon als Raum, in dem das Bewußtsein weilt, sind die Seelenregungen in Bewegung. Denn das Unbewußte will bewußt werden, wird aber durch den „Widerstand" des Wächters an der Schwelle zurückgehalten und, falls es durch eine Unachtsamkeit dieser Instanz doch einen Fuß über die Schwelle gesetzt hat und damit „vorbewußt" geworden ist, aus dem Salon verdrängt. Man versteht, daß Freud das Verdrängen einen „topischen" Begriff genannt hat. Dieser Vorgang spielt sich in der Tat zwischen zwei „Örtern" *(topoi, loci)* ab.

Durch diese und ähnliche Hinweise angeleitet, zögere ich nicht, für die weiteren Überlegungen das Freudsche Unbewußte mit dem Vergessen (genauer: mit dem Vergessenen) gleichzusetzen. Zu unterscheiden sind die genannten Begriffe nur insoweit, als Freud hauptterminologisch vom Unbewußten und nur nebenterminologisch, jedoch deshalb keineswegs selten, vom Vergessen oder vom Vergessenen sprícht. Eine gewisse Unschärfe muß allerdings beim Begriff des Unbewußten ohnehin in Kauf genommen werden, da Freud nicht immer scharf zwischen dem Unbewußten und dem Vorbewußten unterscheidet. Sein ungeliebter Schüler C. G. Jung findet hier später einen Ansatzpunkt, Freuds Terminologie auf seine Art zu präzisieren, nämlich durch die Unterscheidung eines personalen und eines kollektiven Unbewußten.[6] Im Vordergrund der Aufmerksamkeit steht bei Freud jedenfalls das Unbewußte einer Person, das lebensgeschichtlich motiviert ist. Und dieses Unbewußte ist ein Vergessenes. Denn das Unbewußte im Sinne Freuds ist ja keinesfalls ein nicht Gewußtes. Die Straßennamen von Wladiwostok, die hierzulande vermutlich unbekannt sind, bilden kein Unbewußtes. Das Unbewußte ist folglich ein Ex-Bewußtes, das vergessen wurde, aber dadurch nicht etwa aus der Welt verschwunden ist. Es bildet nach wie vor eine „latente" Schicht der Seele, denn – so lautet ein grundlegendes Theorem der Psychoanalyse – im Seelenleben geht nichts unter. Alles Vergessen hat demnach einen Grund.

Diese Lehre ist ein Markstein in der Kulturgeschichte des Vergessens. Mit Freud hat das Vergessen seine Unschuld verloren. Von nun an muß einer, der etwas vergessen hat oder etwas vergessen will, sich rechtfertigen und auf eine – möglicherweise peinliche – Warum-Frage gefaßt sein, und dies um so mehr, je stärker er selber überzeugt ist, sein Vergessen sei keiner Rechtfertigung bedürftig, er habe etwas schlicht und einfach vergessen.

Freud hat nun, was die Gründe des Vergessens betrifft, einen spezifischen Verdacht. Das universale Motiv, das nach seiner Vermutung hinter allen Einzelfällen des Vergessens steckt und in der psychoanalytischen Behandlung als „die geheime Gesinnung des Vergessenden" mit Beharrlichkeit gesucht und ans Licht gebracht werden muß, ist das Unlustmotiv. Was mir unangenehm, ärgerlich, peinlich, gewissensquälerisch ist, das eben vergesse ich gerne und leicht und erreiche auf diese Weise mein psychisches Ziel: „Vermeidung von Unlust". Es ist bekannt, daß Freud gerade dieses dem Vergessen so förderliche Wirken des Unlustmotivs als Verdrängung bezeichnet. Er schreibt daher einmal: „das Unbewußte, das heißt, das Verdrängte".

Die geniale Entdeckung Freuds besteht nun darin, von diesem Verdrängt-Vergessenen anzunehmen, daß es nicht einfach weg und erledigt ist, sondern auch als Unbewußtes weiterhin wirkt, arbeitet, rumort und die Seele ängstigt. Dieses ungut Vergessene ist pathogen und bringt verschiedene Krankheiten der Seele hervor. „Die Hysterie (...)

ist meist durch ganz großartige Amnesien ausgezeichnet", schreibt Freud daher einmal und sieht darin eine primäre Erkenntnis, von der die ärztliche Kunst des Psychoanalytikers auszugehen hat. Falls diese Therapie unterbleibt oder nicht wirksam wird, ist der Patient gezwungen, das Verdrängt-Vergessene unablässig, und zwar unter Krankheitserscheinungen, zu wiederholen: eine Sisyphus-Arbeit.

Wenn wir diese Entdeckung Freuds bereits seiner Kunst im Umgang mit dem Vergessen zurechnen dürfen, dann sind wir vielleicht auch berechtigt, sie mit einem zentralen Gedanken der antiken Mnemotechnik zu vergleichen und zu erläutern, und ich bitte daher den Leser, mir an dieser Stelle einen kleinen Rückblick auf frühere Kapitel zu gestatten. Die antike Mnemotechnik war demnach eine Kunst des Konkreten und Anschaulichen. Ihre Regeln verlangten, alles Abstrakte konkret zu machen und alles Konkrete oder Konkretisierte überdies in Bildhaftes zu übersetzen. Insofern ist Mnemotechnik durch und durch Bildkunst; anders ausgedrückt, Imagination und Gedächtnis sind in dieser Perspektive nur zwei Seiten einer und derselben Sache.[7]

Unter den Gedächtnisinhalten, so haben wir weiter bei den alten Meistern der *ars memoriae* erfahren, haften im Gedächtnis besonders fest und dauerhaft diejenigen Bilder, die unsere Affekte anstoßen und die Seele in emotionale Erregung versetzen. Diese werden in den Lehrbüchern der Gedächtniskunst *imagines agentes* 'wirkmächtige Gedächtnisbilder' oder kurz 'Wirkbilder', genannt.[8] Wir erinnern uns, daß Dante ein genialer Meister dieser Bildkunst ist. In der Hölle begegnet er, wie wir schon gesehen haben, dem Troubadour Bertrand de Born, der als ewige Strafe seinen abgetrennten Kopf in der Hand trägt und ihn am Schopf wie eine Laterne vor sich schwenkt. Das ist eine echt Dantesche *imago agens.*[9] Dazu gibt es nun eine genaue Entsprechung in Freuds Lehre von den – wenn ich so sagen darf – „wirkmächtigen Vergessensbildern". Wirkbilder dieser Art, zumal wenn sie lebensgeschichtlich relevant sind, lassen sich auch durch die stärkste Unlust und Verdrängung nicht ganz aus der Psyche vertreiben und „wirken" eben weiter, und zwar, weil vom Ich oder Über-Ich nicht zugelassen, pathogen. Eine echt Freudsche *imago agens* ist beispielsweise, als Kindheitserinnerung Leonardo da Vincis, ein Geier, der diesem den Mund mit seinem Schwanz öffnet und sodann mit dem Schwanz viele Male gegen seine Lippen stößt. Man kann sich denken, warum Freud in seiner Vergessenslehre andere Körperteile handeln läßt als Dante in seiner Gedächtnislehre.

Die *imagines agentes* haben überdies bei Freud ihre eigene Signalsprache, in der sie sich dem kunstmäßig geschulten Psychiater vernehmbar machen, wenn auch nicht dem ungeschulten Patienten selber. Genauer gesagt sind es zwei Signalsprachen, auf die Freud seine besondere Aufmerksamkeit richtet: die Sprache der bereits erwähnten Fehlleistungen und die Sprache des Traumes. Es kann also beispielsweise eine verdrängt-vergessene Peinlichkeit durch die Fehlleistung eines sprachlichen Versprechers zum „Vorschwein" kommen. Und für die Wirkbilder des „Traumvergessens" (dieser Begriff ist auch von Freud) mag es genügen, an die zahlreichen, von Freud beschriebenen und analysierten Ödipusträume, Kastrationsträume oder Todeswunschträume zu erinnern.

Ich komme nun auf die Therapie zu sprechen, die nicht nur für Ärzte, sondern auch für Sprachforscher von größtem Interesse ist, weil sie ganz auf Sprache beruht.[10] Der Psychoanalytiker bringt ja den Patienten geduldig zum Sprechen, zum Erzählen zumeist. Er selber nimmt sich mit seinen sprachlichen Aktivitäten möglichst zurück, behält sich jedoch eine gewisse Kompetenz der persuasiven Rhetorik vor, durch die er den Patienten zu bestimmten Interpretationen im Sinne theoriegemäßer Handlungs- und Motivationsmuster anleitet. Hier soll nun eindeutig das Vergessen rückgängig gemacht werden. Diesen Aspekt der Psychoanalyse können wir nicht mehr als Ausdruck einer Vergessenskunst ansehen, sondern müssen ihn sogar ausdrücklich der Gedächtniskunst zurechnen. Namentlich das Erzählen und Sich-erzählen-lassen kann man nämlich als eine höchst erfolgreiche Gedächtnisstrategie auffassen, wie in Walter Benjamins Essay „Der Erzähler" im einzelnen nachzulesen ist.[11]

Welchem Heilzweck dient es nun, wenn mit den skizzierten, vorwiegend narrativen Mnemotechniken das Verdrängt-Unbewußte wieder ins Bewußtsein gehoben wird, anders ausgedrückt, wenn das Vergessene wieder nicht-vergessen gemacht wird? Freud beschreibt diesen Zweck mehrfach in juristischen Metaphern („Gleichnis vom Richter und vom Angeklagten"). Es soll ein Konflikt aufgefrischt, ein Fall wieder aufgerollt, ein Verfahren zweitinstanzlich neu verhandelt werden mit dem Ziel, „den damals erledigten Prozeß zur Revision zu bringen". Vielleicht gelingt es auf diese Weise, so hofft Freud, einen Freispruch zu erzielen oder jedenfalls mildernde Umstände zur Geltung zu bringen, die das einstmals ungut Vergessene nunmehr im Modus des Nicht-Vergessens zur Heilung kommen lassen.

Hier endet in der Regel die psychoanalytische Reflexion – wie in einem Roman, der bis zum glücklichen Ausgang geht und nicht weiter. Anders bei dem Freudianer Pierre Bertrand, der ein Buch über das Vergessen geschrieben hat und dabei ausführlich auch auf Freuds Kunst des Vergessens zu sprechen kommt.[12] Er fragt sich nämlich, wie es eigentlich bei Freud nach der Heilung weitergeht. Muß der geheilte Patient (falls er geheilt ist) das wiederbelebte Vergessene auf Dauer in seinem Bewußtsein behalten? Oder führt eine solche Aktivierung des Bewußtseins, wenn sie auf Dauer gestellt sein soll, am Ende zu anderen psychischen Schäden, die nur dann behoben werden können, wenn der geheilte Patient das, was er nunmehr mit psychoanalytischer Hilfe so glücklich erledigt hat, auch definitiv vergessen kann? Pierre Bertrand unterscheidet daher bei Freud oder jedenfalls in der Logik der Freudschen Analyse zwischen einem negativen oder schlechten und einem positiven oder guten Vergessen. Ich möchte diese zwei Formen des Vergessens, etwas stärker angenähert an Freuds Rechtsmetaphorik, lieber das unbefriedete und das befriedete Vergessen nennen. Ersteres ist jedenfalls das Vergessen *vor* der psychoanalytischen Behandlung, letzteres *nach* dieser Behandlung. Wenn diese Auffassung richtig ist, und sie scheint mir in der Konsequenz der Freudschen Lehre zu liegen, dann beruht Freuds Kunst des Vergessens wesentlich auf dieser Unterscheidung zwischen einem unbefriedeten und einem befriedeten Vergessen sowie auf der weitreichenden Erkenntnis, daß vom unbefriedeten Vergessen kein direkter Weg, etwa durch bloße Abschwächung der *imagines agentes*, zum befriedeten Vergessen führt. Der Umweg über das Bewußtsein ist nicht zu vermeiden, wobei eine gewisse Paradoxie der Freudschen Vergessenskunst darin besteht, daß dieser Umweg, wenn er erfolgreich bewältigt werden soll, der Gedächtniskunst anvertraut werden muß, so daß diese sich als Hilfskraft der Vergessenskunst *(ancilla oblivionis)* erweist.

VII. Von der Poesie des Vergessens

1. Dunkle Erinnerung und abgründiges Vergessen, mit einer Warnung vor Papageien (Mallarmé, Valéry)

Überlichtet von der heiteren Helligkeit der Klassik und geblendet von dem Lichtkegel der aufgeklärten Vernunft, vollzog die Poesie der Romantik in ganz Europa einen unvermuteten Lichtwechsel zu herabgestufter Ausleuchtung oder auch zu gänzlicher Verdunklung unter dem bergenden Mantel der Nacht. Die Wiederentdeckung des „dunklen" Mittelalters bei den Schlegels und bei Chateaubriand sowie die Poetisierung des Nachtdunkels in den „Hymnen an die Nacht" von Novalis und in den „Nachtstücken" von E.T.A. Hoffmann sind Erscheinungsformen des gleichen historischen Bewegungsimpulses, der vom Licht zum Dunkel und vom Taghandeln zur „Nachtbegeisterung" (Novalis) verlief und der Poesie neue Intensität zuführte. Mußte sie nun auf diesem Wege auch dem Vergessen, der „Tochter der Nacht", begegnen?

So kurz sind die Wege der Geschichte nicht. Zunächst machen die Romantiker eine andere Erfahrung. Sie entdecken die Erinnerung. Nun ist bekannt, daß schon Aristoteles in einer gleichnamigen Schrift zwischen Gedächtnis und Erinnerung (griech. *mneme* und *anamnesis*, lat. *memoria* und *reminiscentia*) unterschieden hatte.[1] Doch hat diese Lehre, ganz im Gegensatz zu den übrigen Lehrmeinungen des Aristoteles, in der Kulturgeschichte des Gedächtnisses relativ wenig Wirkung hinterlassen, und sie deckt sich auch ganz und gar nicht mit der heute geläufigen, den Vordenkern der Romantik zu verdankenden Unterscheidung. Für die Modernen ist die Erinnerung, die sie nun von der gesamteuropäischen Memoria-Tradition abspalten, eine Art privatisiertes und auf seine individuelle Erlebnisdimension zurückgeschnittenes Gedächtnis. Die Erinnerungen sind daher im Prinzip immer „meine" Erinnerungen; sie bewahren für mich und die Meinen (wer immer diese sein mögen), was ich in meinem Leben als merkwürdig erfahren und in diesem Sinne „erlebt" habe. In Verse gebracht, wird „Erlebnislyrik" daraus. Sie gilt als um so poetischer, je tiefer das Gedicht in die „Nacht der Aufbewahrung" (Hegel) hinabsteigt. Dichten ist Bergwerksarbeit, nur so kann der „Schatz" der Erinnerung gehoben werden.

Viele schöne Gedichte sind auf diese Weise entstanden, die wir Leser in unserem eigenen Erinnerungsschatz nicht missen möchten. Für die Kulturgeschichte des Gedächtnisses ist jedoch gleichwohl der negative Einschlag in dieser Entwicklung nicht zu übersehen. Wir müssen feststellen, daß sich das kulturelle Gedächtnis von den Schlägen und Erschütterungen, die es in den voraufgehenden Epochen durch die Moralisten und Aufklärer auszuhalten hatte, auch in deren Gegenbewegung, der Romantik, nicht vollständig erholt hat. Es entsteht eben „nur" eine Poesie der Erinnerung, die sich gewissermaßen an dem öffentlich gedemütigten Gedächtnis vorbeischleicht und sich mit dem einschränkenden Unbedenklichkeitsstempel des Privaten, Individuellen und Persönlichen wieder in das öffentliche Gespräch bringt, wobei sie allerdings eine beträchtliche Beiladung an „Tiefe", bei Kennern und Genießern hoch gehandelt, als Konterbande mit sich führt: Ungeahntes aus dem „dunklen Alkoven der Erinnerungen" (Baudelaire: *l'alcôve obscure des souvenirs*), Unverbrauchtes aus dem Gefühlsschatz innerer Sammlung (Wordsworth: *emotion recollected in tranquillity*) – alles dieses weit entfernt von der „kalten Abstraktionsgabe der Philosophen" (Herder) und von der „kalten Region des Gedächtnisses" (Schiller).[2]

Zum Vergessen gelangen wir indes noch nicht hier, in der Vor-, Früh- oder Hochromantik, sondern allenfalls in der Spät- oder Post-Romantik, die man auch kurz die Moderne nennen kann. Am offensichtlichsten wird diese Endphase der (post-)romantischen Erinnerungspoesie in Frankreich bei Mallarmé und Valéry erreicht. Bei ihnen schlägt die „dunkle" Erinnerung, wenn sie eine äußerste Tiefe der meditativen Sammlung erreicht hat, in abgründiges Vergessen um.

*

Stéphane Mallarmé (1842–1898) hat nicht viele Gedichte geschrieben, doch ist er in einigen von ihnen, obwohl gerade sie nicht selten als „dunkel" gelten, der ästhetischen Vollkommenheit erregend nahe gekommen.[3] Von diesen Gedichten schreibt Roger Dragonetti, daß „für Mallarmé das Vergessen eine essentielle Bedingung des poetischen Zustandes ist".

Wir wollen uns dem poetischen Vergessen Mallarmés zunächst von der theoretischen Seite nähern, die bei diesem Autor immer auch einen sprachlichen, ja sprachwissenschaftlichen Einschlag hat. So hat er im Jahre 1885 für den „Traktat über das Verb“ *(Traité du verbe)* des Sprachwissenschaftlers René Ghil ein Vorwort geschrieben, in dem er über die Bedeutungskraft eines von den Zwängen der Syntax befreiten Wortes nachdenkt. Die wichtigste Stelle, oft zitiert, lautet:

> *Je dis: une fleur! et, hors de l'oubli où ma voix relègue aucun contour, en tant que quelque chose d'autre que les calices sus, musicalement se lève, idée même et suave, l'absente de tous les bouquets.*
>
> Ich sage: eine Blume! Und aus dem Vergessen, wohin meine Stimme jeglichen Umriß verweist, erhebt sich musikalisch, von anderer Art als die bekannten Blütenkelche und als eigentliche, sanfte Idee die aus allen Sträußen Abwesende.[4]

Die Blume, die hier gemeint ist und die sich hochmütig über alle Blumenwirklichkeit erhebt, ist sprachlicher Natur. Sie entbehrt der scharfen Umrisse, durch die jede konkrete Blume ihre Anwesenheit anzeigt, und ist im Kontrast dazu eine Chiffre der Abwesenheit *(absence)*, aus der nach Mallarmés Erwartung der poetische Mehrwert des bloßen Wortes Blume stammt. Ort dieser poetischen Abwesenheit ist das Vergessen *(oubli)*, wo keine Unvollkommenheit der optischen Wahrnehmung die Reinheit der geistigen Anschauung beeinträchtigt. So entsteht im poetischen Sprechen aus dem Vergessen der Kontingenz eine Blume als innere Vorstellung und als Wort im Gedicht. Celan sagt es ähnlich: „Blume – ein Blindenwort.“[5]

Als Anschauungsbeispiel kann Mallarmés bekanntes Schwanensonett dienen, das ich im folgenden zunächst im Original und dann in meiner Übertragung vorstelle:

> *Le vierge, le vivace et le bel aujourd'hui*
> *Va-t-il nous déchirer avec un coup d'aile ivre*
> *Ce lac dur oublié que hante sous le givre*
> *Le transparent glacier des vols qui n'ont pas fui!*
>
> *Un cygne d'autrefois se souvient que c'est lui*
> *Magnifique mais qui sans espoir se délivre*
> *Pour n'avoir pas chanté la région où vivre*
> *Quand du stérile hiver a resplendi l'ennui.*

Tout son col secouera cette blanche agonie
Par l'espace infligé à l'oiseau qui le nie
Mais non l'horreur du sol où le plumage est pris.

Fantôme qu'à ce lieu son pur éclat assigne,
Il s'immobilise au songe froid de mépris
Que vêt parmi l'exil inutile le Cygne.

Jungfräuliches, lebendig schönes Heute,
zerreißt es wohl mit hartem Flügelschlag
den unter Reif vergessenen See, bedrängt
vom Gletscherglas der nicht gefrorenen Flüge?

Ein Schwan von damals denkt an sich zurück
an seine Pracht, doch kann sie nicht mehr helfen,
da er das Lebenkönnen nicht besungen,
als Wintertrübnis glänzend hier erstarrt.

Den weißen Tod zwar streift sein Hals wohl ab,
den die Beengung ihm, dem Vogel, drohte,
doch nicht den Zwang, den sein Gefieder hält.

Von seinem reinen Glanz fixiert, ein Geist,
verharrt er unbeirrt in kaltem Traume.
Verachtung des Exils ist Kleid des Schwans.

Das Szenario dieses Sonetts ist Lyriklesern gut vertraut: der See als poetischer Ort (vgl. Lamartine: *Le lac*) und der Schwan als Emblem des Dichters (vgl. die seit der Antike bekannte Paronomasie von Vergil als dem „Schwan von Mantua"). Aber durch die Versetzung in eine Winterlandschaft ist alle romantische Süße aus dem Bild herausgenommen. Der See ist zugefroren, und der Schwan hat sich an Land zurückgezogen. Er befindet sich dort etwa so im „Exil" wie Baudelaires bekannter „Albatros" – ein ins Exotische verfremdeter Schwan –, der an Bord des Schiffes siech und schwerfällig dahertappt *(exilé sur le sol ...).*

In Mallarmés Gedicht wird der zugefrorene See als „vergessen" charakterisiert *(ce lac dur oublié).* Warum und von wem ist der See vergessen? Das hat vor Jahren einen Mallarmé-Interpreten, Charles Chassé, auf den Gedanken gebracht, in einem großen, zu Mallarmés

Zeiten erschienenen Wörterbuch, dem *Littré,* nachzuschlagen. Dort hat er den etymologischen Hinweis gefunden, das französische Wort *oublier* 'vergessen' sei über das lat. *oblivisci, *oblitare* mit dem Adjektiv *lividus* (franz. *livide* 'bleigrau') verwandt. Er nimmt nun an, Mallarmé habe in seinem Gedicht das Partizip *oublié* im Sinne dieser etymologischen Tiefenbedeutung gebraucht und auf solche Weise eine klare Oberflächenbedeutung „dieser harte, bleigraue See" absichtlich ins Hermetische verdunkelt.

Der bereits genannte Roger Dragonetti tritt dieser Auffassung entgegen und nimmt den Autor vor einer solchen Trivialdeutung in Schutz. Nicht von einer etymologischen, sondern von einer poetologischen Bedeutung des Vergessens her müsse der Sinn des Gedichtes gesucht werden. Dieser Auffassung werde ich mich anschließen und will zunächst mit Blick auf dieses Gedicht Mallarmés Poetik des Vergessens wie folgt beschreiben:

Das Sonett *Cygne* hat eine konsistente Gedächtnisdimension, deren Pole das Heute *(aujourd'hui)* und das Damals *(autrefois)* sind. Vom frostigen Heute zu einem prächtigeren Damals geht die Erinnerung des Vogels, jedoch vergeblich *(sans espoir).* Im vergessenen See ist jede Erinnerung an die Zeit der Flüge eingefroren, und sie wird auch durch einen „schönen" Wintertag nicht freigesetzt. Der Schwan selber scheint hier festzufrieren. Doch gerade in dieser Wintertrübnis *(stérile hiver/ennui*), die er „kalt" negiert, leuchtet ein „reiner Glanz" auf, der die winterliche Verbannung durchbricht: „Verachtung des Exils ist Kleid des Schwans".

Noch in einem anderen Gedicht inszeniert Mallarmé das Vergessen an einem See. Es handelt sich hier um einen längeren Text unter dem Titel „Die weiße Seerose" *(Le Nénuphar blanc),* in dem der Autor in poetischer Prosa davon erzählt, wie er allein in einem Boot zu einer ihm unbekannten Frau rudert, um ihr einen Gruß auszurichten. Die Begegnung mit der Unbekannten kommt nicht zustande, und der Ruderer macht schließlich kehrt. Warum das geschieht, deutet sich schon in der ersten (Prosa-)Strophe an. Sie lautet:

> *J'avais beaucoup ramé, d'un grand geste net assoupi, les yeux au-dedans fixés sur l'entier oubli d'aller, comme le rire de l'heure coulait alentour. Tant d'immobilité paressait que frôlé d'un bruit inerte où fila jusqu'à moitié la yole, je ne vérifiai l'arrêt qu'à l'étincellement stable d'initiales sur les avirons mis à nu, ce qui me rappela à mon identité mondaine.*

> Ich hatte lange gerudert, schläfrig von großen glatten Schlägen, die Augen einwärts auf das vollkommene Vergessen der Fahrt gerichtet, da das Lachen der Stunde mich rings umfloß. So regungslose Stille lastete, daß, wie das Boot ein schwaches Rascheln streifte, darin es halb hineinglitt, ich diesen Halt erst wahrnahm, als das Namenszeichen auf den eingezogenen Rudern unbeweglich glänzte, was mir mein weltliches Dasein zurückrief.

Auch hier beginnt die poetische Erfahrung mit einem Vergessen. Der Autor rudert und vergißt, daß er rudert. Da wird das Boot durch ein Schilffeld festgehalten, und der Ruderer schreckt aus seiner Selbstvergessenheit auf. Nun kehrt die Erinnerung zurück (im Text: *me rappela)*, und die Fahrt hat in seinen Gedanken wieder Anfang und Ende. Welches Ende kann das sein? Ein banaler Besuch? Der Autor wählt die „Flucht" vor soviel Nähe und sucht, wie vom anfänglichen Vergessen schon präludiert, „die jungfräuliche Abwesenheit" *(la vierge absence).* Nur eine Seerose nimmt er von seiner Bootsfahrt mit als Merkzeichen einer „erlesenen Selbstverlorenheit".

Dragonetti zieht diese und ähnliche Erfahrungen, wie sie an Mallarmés Dichtungen gewonnen werden können, zu einem literarischen Urteil zusammen, das besagt: „Mallarmés Poetik gewinnt aus dem Vergessen das, was den Dingen abgeht, um es dann in den Wörtern erglänzen zu lassen." Es ist, so will ich hinzusetzen, eine Poetik tiefgründiger Negativität, die ihre wenigen Affirmationen nur aus „letheischen Teichen" *(étangs léthéens)* aufsteigen läßt.

*

Mallarmé, der Meister, hat in der Poesie und Kritik einen Schüler gehabt, der selber ein Meister geworden ist: Paul Valéry (1871–1945). Er teilt mit Mallarmé den sublimen Anspruch an die Poesie und die gleichermaßen hohen Anforderungen an ein Denken, dessen Substanz *poiesis* ('Mach-Kunst') ist. Hier hat auch das Vergessen wieder seinen Platz, und zwar in einer Tiefendimension, die dem Geist der Poesie nahesteht.[6]

Zunächst soll von den (ebenfalls wenigen!) Gedichten Valérys die Rede sein. In ihnen ist das Vergessen zwar nur ein Nebenmotiv, doch hat es die gleiche Würde wie bei Mallarmé als Quelle poetischer Intensität. So etwa in seinem frühen Gedicht „Die eitlen Tänzerinnen" *(Les vaines danseuses).* Diese Tänzerinnen, in denen wir vielleicht die flüchtigen Einfälle des noch nicht zur letzten Strenge der Kunst geläuterten Dichters erkennen können, sind in der Tat „eitel". Sie gleichen „leichten Blumen", ihre Bewegungen sind rhythmisch, zart und anmutig. Ist das etwa ein Bild der Poesie, wie Valéry sie verwirklichen will? Die Schlußworte geben ein abweichendes Bild, ein Gegenbild. Denn einige dieser Tänzerinnen, so erfahren wir, haben ein anderes Wesen:

Mais certaines,
Moins captives du rythme et des harpes lointaines,
S'en vont d'un pas subtil au lac enseveli
Boire des lys l'eau frêle où dort le pur oubli.

Einige doch,
nicht so gefangen vom Rhythmus und fernen Harfen,
schreiten leise dahin zum See, dem verhüllten,
trinken aus Lilien Wasser des reinen Vergessens.

Es ist naheliegend, in diesem (nebel?-)verhüllten See Valérys den vereisten See Mallarmés wiederzuerkennen. Das „reine" Vergessen ist beiden Gedichten gemeinsam. Es „schläft" *(il dort)* in der Tiefe des Sees und ergibt sich nur dann dem Dichter, wenn dieser auf alle leichten Triumphe verzichtet.

Noch ein anderes Gedicht Valérys, diesmal aus späterer Zeit, erinnert an Mallarmés Poetik des Vergessens, wie wir sie in dem Prosagedicht *Le Nénuphar blanc* kennengelernt haben. Es hat den Titel „Der Ruderer" *(Le Rameur)*. Der Dichter hat selber die Rolle des Ruderers inne und rudert gegen einen mächtigen Strom an *(contre un grand fleuve)*. Für die Schönheit der Natur um sich herum hat er keinen Blick, und harten Herzens *(le cœur dur)* zerschlägt er mit seinen Riemen ihr Spiegelbild im Wasser. Auch das Boot selber „zerfurcht", wie wir in der dritten Strophe des Gedichts sehen können, das heile Bild der Naturschönheit:

Arbres sur qui je passe, ample et naïve moire,
eau de ramages peinte, et paix de l'accompli,
Déchire-les, ma barque, impose-leur un pli
qui coure du grand calme abolir la mémoire.

Bäume, so weit, die unachtsam ich überwelle,
Wasser, buntzweigig, und Friede nach dem Vollbringen,
Reiße sie auf, mein Boot, und laß solche Ruhe
aufgefurcht aus dem Gedächtnis entschwinden.

Ein „Rebell", so sagt es die nächste Strophe, begehrt hier auf gegen Liebreiz *(charmes)* und Anmut *(grâces)* – und auch gegen das allzu glatte Gedächtnis, wie wir schon in der voraufgehenden Strophe erfahren haben. Es ist alles harte Ruderarbeit, wenn die Fahrt flußaufwärts geht, „der Quelle entgegen" *(je remonte à la source).*

*

Doch ist es, im Ganzen gesehen, nicht so sehr der Lyriker, als vielmehr der Denker Valéry, der dem Zusammenspiel von Gedächtnis und Vergessen nachgegangen ist. Denn dem schmalen lyrischen Werk Valérys steht ein umfangreiches essayistisch-kritisches Œuvre gegenüber, das noch durch die jahrzehntelangen Aufzeichnungen seiner *Cahiers* ('Hefte', 1894–1945) in seiner Bedeutung gesteigert wird. Gerade in dem letztgenannten Werk finden wir die vielseitigsten und tiefsinnigsten Überlegungen zu diesem Themenkreis. Beharrlich, fast sein ganzes Leben lang, hat Valéry sogar mit dem Gedanken gespielt, selber eine umfassende Gedächtnistheorie zu entwerfen, um die Gesetze dieses geheimnisvollen Vermögens *(mystérieuse mémoire)* zu ergründen und die Grenze zwischen Erinnern und Vergessen genau zu bestimmen. Dieses Buch hat er zwar nicht geschrieben, doch ist es aus den Aufzeichnungen seiner *Cahiers* sowie aus verschiedenen anderen Schriften des Autors in seinen Grundzügen deutlich erkennbar oder jedenfalls erschließbar.

Die nachfolgenden vier Sentenzen aus verschiedenen *Cahiers* geben ungefähr das Feld an, das Valéry bei seinem Nachdenken über Erinnern und Vergessen abschreitet:

> *Nous ne savons rien de la mémoire, rien, rien* („Wir wissen nichts vom Gedächtnis, nichts, nichts").
>
> *La mémoire serait une inélégance dans mon système* („Das Gedächtnis wäre eine Uneleganz in meinem System").
>
> *La mémoire ne nous servirait à rien si elle fût rigoureusement fidèle* („Das Gedächtnis wäre uns zu nichts nütze, wenn es unnachsichtig treu wäre").
>
> *Sans oubli on n'est que perroquet* („Ohne Vergessen ist man nur Papagei").

Bevor wir auf die stärker theoriegeleiteten Überlegungen Valérys zu dieser Thematik eingehen, wollen wir uns an einer bildhaften Vorstellung orientieren, die an verschiedenen Stellen seines Werkes erwähnt wird und ihm offenbar wichtig war. Es handelt sich um das Bild des Papageis (franz. *perroquet*). Nun steht der Papagei in der europäischen Bildungsgeschichte schon seit der frühen Neuzeit als Nachfolger des Esels für das dümmliche Tier schlechthin, mit der Besonderheit jedoch, daß er nicht nur wie jener über ein staunenswertes Gedächtnis verfügt, sondern mit seiner Hilfe zu allem Überfluß auch in der Lage ist, seine eigene Dummheit auszuplappern. In der Ablösung des Esels durch den Papagei als Tiersymbol der Dummheit und Unbildung hatte sich schon die Gedächtniskritik der Aufklärung profiliert. Als Lehrstück dafür mag der Abschnitt *Le Jaco ou Perroquet cendré* in Buffons *Histoire naturelle* aus dem Jahre 1779 dienen, wo diese Papageienart zwar einerseits wegen ihres Gedächtnisvermögens Bewunderung findet, wo aber andererseits mit der List der aufgeklärten Vernunft anekdotisch mitgeteilt wird, ein Papagei dieser Spezies im Besitz eines Kardinals (!) habe das apostolische Glaubensbekenntnis fehlerfrei hersagen können, und ein anderer habe sogar an Bord eines Schiffes als Schiffsgeistlicher gedient und den Matrosen den Rosenkranz vorgebetet, das heißt natürlich: vorgeplappert. Denn dieser Vogel ist nach Buffon ein Virtuose des Wiederholens *(répéter)*.[7]

Dem gleichen „Sprachvogel“ (so Goethe) begegnen wir nun an mehreren Stellen des Werkes von Paul Valéry, so zum Beispiel in dem Prosa-Dialog *L'Idée fixe* (1932). Die „fixe Idee“ des einen Dialogpartners besteht darin, den ungenauen Begriffen den Kampf anzusagen, weil sie das Denken verderben. Das ist, wie Jürgen Schmidt-Radefeldt in einem aufschlußreichen Vergleich mit Leibniz gezeigt hat, ein Kerngedanke des Valéryschen Sprachdenkens. Heilen kann man diese Schwäche unserer Begriffssprache nach Valérys Auffassung nur, indem man jedesmal, wenn ein Gedanke an seiner Unschärfe zu scheitern droht, die präzise Bedeutungsfrage stellt: „Was verstehen Sie genau unter diesem Wort?“ Vor dieser Frage werden sich dann, so hofft der Dialogteilnehmer, solche großspurigen Begriffswörter wie „Geist“, „Persönlichkeit“, „Hoffnung“, „Universum“ und „Natur“ blamieren. Wörter wie diese werden von ihm hier Papageienwörter genannt. Er hat sich daher, um solchen Unwörtern den Garaus zu machen, Pfeil und Bogen geschnitzt, mit deren Hilfe er alle Papageien, die den „Himmel des Geistes“ bevölkern, abzuschießen gewillt ist, an erster Stelle den Ober-Papagei *Univers* („den Papagei der Papageien“, *psit-*

tacus psittacorum), gleich danach aber auch das ebenso schlimme Papageienwort *Nature*, das als Papageienweibchen *(perruche)* anzusehen und ebenfalls unverzüglich umzubringen ist.

Der Freund dieses Papageienfeindes empfindet das Blutbad, das hier angerichtet werden soll, als unnötig grausam und empfiehlt, „den Bogen zu entspannen" und mit den Papageien schonender umzugehen. „Die Genauigkeit ist etwas Schönes, aber ..." *(La précision est une belle chose, mais ...)*. Doch findet er mit diesem Beschwichtigungsversuch kein Gehör, und der andere besteht auf seiner unerbittlich-strengen Methode. Warum? Weil diese Papageienwörter von der Art sind, daß man sie immer nur wiederholt, so wie man sie einmal gelernt hat: „Wir haben sie gelernt. Wir wiederholen sie." *(Nous les avons appris. Nous les répétons)*.

Hier zeigt sich nun deutlich, daß Valérys Sprachkritik in ihrer Substanz „poietische" Gedächtniskritik ist, und zwar in der elementaren Form einer Wiederholungskritik. Valéry verabscheut Wiederholungen aller Art und wird in seinen Aufzeichnungen nicht müde, die Tätigkeit des Wiederholens als geistwidrig zu verurteilen. Als eine unter vielen Äußerungen mag das folgende Urteil zitiert werden: „Der Geist verabscheut Wiederholung; insoweit man sich wiederholt, ist kein Geist da" *(L'esprit abhorre la répétition; et tant que l'on se répète, il n'y a pas d'esprit)*. Um dieser Gefahr und Versuchung zu entgehen, richtet Valéry sich bis zur Manie (so sagt er selber) nach der radikalen Regel, bei allen Tätigkeiten des Geistes „mit dem Anfang anzufangen".

Auch das Gedächtnis muß vom Anfang her gedacht werden. Dieser Anfang liegt in der Gegenwart. Es verwirklicht sich Valéry zufolge erst dadurch, daß die Gegenwart in die Vergangenheit „zurück"-greift, in sie hinein „interveniert" und ihr auf diese Weise eine neue Ordnung aufzwingt, wie sie den Handlungszwecken der Gegenwart gemäß und genehm ist. Da nun das gegenwärtige Handeln prinzipiell zukunftsoffen ist, kann man auch sagen, daß im lebendigen Gedächtnis die Vergangenheit von der Zukunft her geformt wird, was in dem Ausdruck „die Zukunft der Vergangenheit" *(l'avenir du passé)* ausgedrückt werden kann. Auch das Wortspiel *le souvenir de l'avenir* (etwas heideggerisierend könnte man übersetzen: „die Abkunft der Zukunft") läßt sich Valéry in diesem Zusammenhang nicht entgehen.

Für das Gedächtnis ergibt sich nun für Valéry aus den Bedingungen seiner Zeitlichkeit, daß ihm notwendig ein Moment des Vergessens eingeschrieben ist, insofern das Vergangene zumindest dieses vergessen muß, daß es vergangen ist: *le passé oublie qu'il est passé.* Allerdings spielt Valéry an einigen Stellen seiner Schriften auch mit dem Gedanken, zwei verschiedene Gedächtnisse zu unterscheiden. Eines von ihnen, das aber vielleicht nur als Gedankenexperiment existiert, kann *mémoire brute* genannt werden, was mit gleicher Berechtigung als „Roh-Gedächtnis" oder auch – da Valéry ökonomische Denkmodelle überaus geschätzt hat – als „Brutto-Gedächtnis" übersetzt werden kann. Dieses ist dadurch gekennzeichnet, daß es mit absoluter Treue alles festhält, was je sich ereignet hat. Auch folgt es in der Abfolge seiner Inhalte genau dem Zeitstrom, der von der Vergangenheit über die Gegenwart in die Zukunft verläuft. Valéry ist jedoch davon überzeugt, daß ein solches Gedächtnis, wenn es je existierte, zu nichts nütze wäre. Das andere Gedächtnis hingegen, das in der Psyche des Menschen wohl das einzig reale ist, bewahrt von der Masse der Begebenheiten nur das auf, was für das gegenwärtige oder zukünftige Handeln relevant ist und somit eine Zeitlichkeit eigenen Rechtes entwikkelt. Dieses Gedächtnis wird von Valéry auch als „begrenztes" oder „kluges" Gedächtnis bezeichnet. Er wäre sicher auch damit einverstanden gewesen, es als Gegenstück zu dem oben erwähnten Brutto-Gedächtnis ein Netto-Gedächtnis zu nennen.

*

Zwischen den beiden Gedächtnissen, dem Brutto- und dem Netto-Gedächtnis, anders gesagt, dem „dummen" und dem „klugen" Gedächtnis, verläuft eine Strukturgrenze, die Valéry am prägnantesten durch das folgende Theorem erläutert: *La mémoire est d'essence corporelle*. Ich übersetze: „Das Gedächtnis ist wesenhaft leiblich." Von diesem Leib, der immer mein/dein gegenwärtiger und auf die Zukunft gerichteter Leib ist, heißt es nun weiter bei Valéry, daß er dem Gedächtnis seine Bedingungen vorschreibt. „Nur durch den Leib kommt Ernst in das Denken" *(La pensée n'est sérieuse que par le corps)*. Das Instrument nun, dessen sich der Leib bedient, um die alltäglich-trivialen von den lebensdienlichen Erinnerungen zu sondern und auf diese Weise aus dem törichten ein gescheites Gedächtnis zu machen, ist das Vergessen. „Mein Gott, wenn ich nicht alles vergessen hätte, was ich vergessen habe" *(Ah, si je n'avais pas oublié tout ce que j'ai oublié)*! Dieser Seufzer der Erleichterung trifft jedoch vielleicht nicht die ganze, sondern nur die halbe Wahrheit. Bei genauerer Betrachtung hält Valéry es nämlich für ratsam, ein „Verlust-Vergessen" *(oubli-perte)* von einem positiv wirkenden Vergessen zu unterscheiden, das in mancherlei Hinsicht an Nietzsches heilsames und gleichsam geisteshygienisches Vergessen erinnert. Überlegungen dieser Art bringen bei Valéry den nur scheinbar widersprüchlichen Ausruf hervor: „Das Vergessen: welche Wohltat, aber auch welche Schwäche" *(Quel bienfait, mais quelle faiblesse que l'oubli)*! Parallel also zur doppelten Memoria gibt es auch ein verdoppeltes Vergessen, ein dummes und ein kluges. Aber nur das letztere interessiert Valéry im Grunde, da dieses allein dem Denken zu seiner Urteilskraft verhilft.

Was also leistet genau dieses zweckdienliche Vergessen, insofern es auch „organisch", „funktional", „artikuliert", „fruchtbar" oder sogar „schöpferisch" genannt werden kann? Die Frage ist nach Valérys Auffassung nicht leichtzunehmen und verlangt, wenn sie eine angemessene Antwort finden soll, eine gewisse Leidenschaft der Selbstbeobachtung. Valérys Bemühen läuft daher im ganzen darauf hinaus, an der eigenen Psyche den Vorgang des Vergessens möglichst genau zu beobachten, sich selber empirisch als einen Vergessenden zu erfahren *(regarder l'oubli, se voir oubliant)*. Dabei wächst dem Autor schließlich die Einsicht zu, daß dieses Vergessen, obwohl oder vielleicht gerade weil es eine „Störung" *(dérangement)* oder eine „Unordnung" *(désordre)* des Gedächtnisses darstellt, als eine Grundvoraussetzung des Denkens angesehen werden muß: „Das Denken hat als wesentliche Bedingung seiner Rolle beim Handeln das Vergessen" *(La pensée a pour condition essentielle de son rôle dans les actions, l'oubli)*. Die von Valéry an mehreren Stellen seines Werkes beschworene „Kunst des Denkens" *(l'art de penser)* hängt wesentlich von diesem zweckdienlichen Vergessen ab.

Hilfreich wäre es unter diesen Umständen, wenn jedermann, wie Valérys Monsieur Teste in dem gleichnamigen Prosastück, nach Belieben sich erinnern oder aber vergessen könnte. Doch das setzt ein so „eigenartiges Gedächtnis" *(une mémoire singulière)* voraus, wie es nur einem Gedankenmann wie Monsieur Teste und nicht gewöhnlichen Sterblichen gegeben ist. Valéry folgert daraus: „Unmöglich, willentlichen zu vergessen, ABER MAN KANN DEM VERGESSEN AUFHELFEN" *(Impossible d'oublier volontairement, MAIS ON PEUT AIDER A L'OUBLI)*. Für diesen Versuch steht nun bei Valéry eine andere literarische Figur ein, deren Charakter ihn offenbar zeitlebens beschäftigt hat und auch schon in *L'idée fixe* seine „fixe Idee" ist: Robinson. Valérys eigentliche Robinson-Aufzeichnungen (es sind nur Fragmente) umfassen in der Pléiade-Ausgabe etwa zehn Prosaseiten und stehen dort unter dem Titel „Zerbröselte Geschichten" *(Histoires brisées)*. Der Autor setzt mit seinen Notizen einige Zeit nach Robinsons Schiffbruch ein. Robinson hat erste Erfolge beim Aufbau der materiellen Kultur auf seiner einsamen Insel erzielt und kann sich nach harter Arbeit zum erstenmal Muße gönnen. Nun beginnt für ihn die zweite Phase des Aufbaus, die Wiederherstellung seiner geistigen Kultur. Er muß „wieder Mensch werden“ *(redevenir un homme)*. Dabei fällt dem Vergessen eine Schlüsselrolle zu.

Valéry hat sich nämlich gegenüber der Defoeschen Vorlage eine charakteristische Freiheit herausgenommen. Sein Robinson hat bei dem Schiffbruch nicht nur zu einem beträchtlichen Teil sein Hab und Gut und alle Zivilisationswerkzeuge verloren, sondern auch durch eine Sturzwelle einen Teil (!) seines Gedächtnisses eingebüßt. Die quasi-medizinische Diagnose könnte also lauten: (partielle) Amnesie. Valéry spricht in seinen Aufzeichnungen von vereinzelten „Gedächtnisinseln“ *(ilots de mémoire)*, die bei Robinson nur erhalten geblieben sind, darunter allerdings die wichtige Erinnerung, eigentlich mehr zu sein, als er jetzt ist *(être „plus“)*.

Die Frage ist nun, was dieser trotz allem „glückliche Robinson“ bei seinem geistigen Neuanfang in das Vakuum seines Gedächtnisses hineinlassen wird, nachdem ihm als „neuem Adam“ die unverhoffte Chance widerfahren ist, von so vielen unnützen Gedächtnisinhalten befreit zu sein. So sehen wir ihn nun also nachdenklich auf seiner Insel sitzen, inmitten zahlloser Papageien, deren Geplapper aus lauter Wiederholungen besteht. Hier ist es also wieder, das bei Valéry so beliebte Papageien- und Wiederholungsmotiv! *Dieses* überreichliche Gedächtnisangebot wird Robinson jedoch, so gibt Valéry zu verstehen, nicht annehmen, sondern statt dessen bei der allfälligen Wiederherstellung seiner Geistesbildung die strengsten Maßstäbe der Zweckdienlichkeit anlegen. All die vielen Reminiszenzen an frühere Lektüren zum Beispiel braucht er heute nicht mehr, sie sind daher zu „verwerfen“ *(rejeter)*. Das glückliche und in gewisser Weise utopische Ende der Robinsonade beruht also auf einer sinnvoll begrenzten „Re“-Konstitution der Kultur, wie sie der alten hypertrophen Kultur vor dem Schiffbruch weit überlegen ist. Jetzt erst hat Robinson in Wahrheit seine Insel gefunden, und zwar im Kopf.

2. Poesie der Erinnerung aus der Tiefe des Vergessens (Proust)

Das größte literarische Denkmal, das in modernen Zeiten dem kulturellen Gedächtnis errichtet worden ist, verdanken wir dem französischen Schriftsteller Marcel Proust (1871–1922) in Gestalt seines vielbewunderten Romanwerks „Auf der Suche nach der verlorenen Zeit" *(A la Recherche du temps perdu).*[1] Aber während dessen mittelalterliches Gegenstück, Dantes „Göttliche Komödie", zu einer Zeit entstanden ist, als das Gedächtnis in der europäischen Kultur noch in höchstem Ansehen stand, fällt die Entstehung des Proustschen Romans in eine Zeit, die den kulturellen Wert des Gedächtnisses so gering veranschlagte wie keine Zeit zuvor. Diese historischen Zusammenhänge sind Marcel Proust nicht fremd geblieben, und seine eigene Einschätzung des Gedächtnisses ist daher ambivalent. Einerseits wohnen in seinem Bewußtsein Dichtung und Gedächtnis nahe beieinander, und er ist überzeugt, daß sich für den Schriftsteller die Wirklichkeit überhaupt erst im Gedächtnis formt. So verwandelt sich eine Blume erst als Gedächtnisgegenstand in eine „wahre Blume" *(une vraie fleur).*[2] Andererseits bringt Proust – darin ganz im Einklang mit seiner Epoche – für das gewöhnliche Gedächtnis, durch dessen Wirken Erfahrenes, Erlerntes, Erlebtes vergessensresistent aufbewahrt wird, kaum Interesse auf. So finden sich in seinem Werk auch keine Anzeichen, daß er mit der rhetorischen Mnemotechnik irgend etwas im Sinn gehabt hätte.

Dieser auf den ersten Blick zu verzeichnende Widerspruch löst sich auf, wenn man aus genauerer Kenntnis seines Werkes (und aus der Beschäftigung mit einer großen Zahl hilfreicher Kommentare und Werkinterpretationen) darauf aufmerksam wird, daß Proust für die Konzeption seines Romanschaffens zwischen einem willkürlichen Gedächtnis *(mémoire volontaire)* und einem unwillkürlichen Gedächtnis *(mémoire involontaire)* unterscheidet.[3] Nur die letztgenannte Form des Gedächtnisses will er für seine Romanpoetik als relevant gelten lassen.

Fassen wir gleichwohl zunächst die erstgenannte Form des Gedächtnisses ins Auge. Proust bezeichnet sie, außer als willkürliches Gedächtnis, auch als „Vernunftgedächtnis" *(mémoire de l'intelligence).*[4] Für die Literatur ist dieses rational gesteuerte Gedächtnis „nutzlos" *(inutile),* da es nach Prousts Überzeugung kein wahres Bild des Vergangenen liefert. In diesem Sinne ist es auch zu verstehen, wenn Proust den Erzähler seines Romans bekennen läßt: „Die Anstrengungen meines Gedächtnisses und meiner Vernunft sind noch immer gescheitert."

Aus diesem Verruf rettet Proust jedoch den Wert des poetischen Gedächtnisses durch seine ingeniöse Erfindung der *mémoire involon-*

taire. Damit ist eine Form des Gedächtnisses gemeint, die sich der Steuerung mittels Vernunft und Willen dadurch entzieht, daß es deren Kontrolle geschickt unterläuft. Dieses Gedächtnis versucht nicht mehr, Erinnerungen durch Willensanstrengungen wachzurufen, und es verzichtet auch darauf, sie dann durch allerhand mehr oder weniger geschickte Kunstmittel vor dem Vergessen zu sichern. Das unwillkürliche Gedächtnis nimmt sich vor allem Zeit. Es kann lange, gegebenenfalls sehr lange warten, bis irgendwann, nach langen Intervallen, gewisse Erinnerungen „spontan" wiederkehren – falls sie überhaupt je von sich aus wiederkehren wollen. Um dafür die psychischen Voraussetzungen zu schaffen, muß ein Erinnernder unbedingt die Geduld aufbringen, sich hinsichtlich der Vergangenheit absolut passiv zu verhalten, damit nicht durch angestrengtes Erinnernwollen alles Erinnern verdorben wird.

Man weiß, wie Proust das Wirken des unwillkürlichen Gedächtnisses mit den suggestiven Ausdrucksmitteln seiner Erzählkunst dargestellt hat, und ich kann mich bei der Beschreibung kurz fassen.[5] Der Geschmack von ein bißchen Teegebäck, das Klappern eines Löffels gegen den Tellerrand, sogar der Benzingeruch eines Automobils sind die trivialen Botenstoffe dieses neuen und poetischen Gedächtnisses, mit deren Hilfe die Romanperson in weite Erinnerungslandschaften entführt wird. Damit wird gleichzeitig in ihrem Bewußtsein ein unerhörtes Glücksgefühl ausgelöst, ein sicheres Zeichen dafür, daß die Erinnerung hier die Zeit und vielleicht, wie der Erzähler hofft, den Tod besiegt hat.

Ist dies nun auch eine Mnemotechnik zu nennen? So würde ich Prousts Intention nicht kennzeichnen wollen. Eine „Kunst" im Sinne der Gedächtniskunst und eine „Technik" im Sinne der Mnemotechnik ist immer ein vernunftgesteuertes Verfahren mit einem eigens dafür geschaffenen Regelwerk, das daher notwendig auf der Seite des „Vernunftgedächtnisses" steht. Wenn wir mit Prousts Gedanken „das gewaltige Gebäude der Erinnerung" *(l'édifice immense du souvenir)* beschreiben wollen, das diesem Romanwerk zugrunde liegt,[6] sollten wir statt von einer Mnemotechnik eher von einer „Mnemopoetik" sprechen, die ganz andere Valenzen als jene hat.

Zum Beispiel die Sinne.[7] Die Mnemotechnik der Alten beruhte insgesamt auf dem Prinzip der Versinnlichung. Unter den fünf Sinnen galt ihnen dabei der Gesichtssinn als der oberste und der Vernunft nächststehende Sinn, der daher in der Mnemotechnik so sehr bevorzugt wurde, daß man Gedächtnisinhalte immer auch als Gedächtnisbilder *(phantasmata, imagines)* betrachten kann. Ebendiese *regula maxima* der alten Gedächtniskunst wird von Proust mit geradezu provozierender Deutlichkeit außer Kraft gesetzt. Bei ihm sind die Augen nicht mehr die bevorzugten Boten des Gedächtnisses. Er nennt daher das von ihm verschmähte Vernunftgedächtnis auch Augengedächtnis: *une mémoire de l'intelligence et des yeux.*[8] Nicht in erster Linie der Gesichtssinn also als der schärfste und intelligenteste Sinn soll dem Gedächtnis seine Wege vorgeben, sondern gerade die anderen, weniger scharfen Sinne werden von Proust aufgerufen, dem Gedächtnis ihre Dienste anzubieten. Das sind nach dem klassischen Kanon der fünf Sinne, in absteigender Linie, der Gehörsinn, der Geruchssinn, der Geschmackssinn und der Tastsinn. Alle diese bisher von der Gedächtniskunst verschmähten Sinne kompensieren nach Prousts Überzeugung ihren eventuellen Mangel an Sinnesschärfe durch die Dauerhaftigkeit ihrer Sinneseindrücke und stehen insofern dem Gedächtnis, das sich über eine lange Zeitdauer hinweg erinnern will, besser zu Diensten als der kurzzeitig vielleicht leistungsfähigere Gesichtssinn.

Unter diesen weniger prominenten Sinnen nimmt nun der Gehörsinn, den schon Herder den „mittleren Sinn" genannt hatte, eine Zwischenstellung ein.[9] Er steht ja auch, wie ebenfalls von Herder im einzelnen beschrieben worden ist, der (oralen) Sprache besonders nahe. Bei Proust richtet sich die Erinnerungskraft des Gehörsinns hauptsächlich auf das Wörtergedächtnis und da wiederum besonders auf die Eigennamen. Es sind bestimmte Personennamen wie *Champi* (aus Georges Sands Roman *François le Champi)*, und noch mehr als diese Personennamen sind es gewisse Ortsnamen, deren Nachklang im unwillkürlichen Gedächtnis dem Autor ein eigenes Romankapitel wert ist *(Noms de pays. Le nom).*[10]

Danach folgen in absteigender Linie die eigentlichen „niederen" Sinne. Als Leitbeispiel zunächst für den Geruchssinn mag die Proustsche Weißdornhecke dienen. Sie säumt einen Weg, der von dem „unsichtbaren und festen Duft" der Weißdornblüten *(leur invisible et fixe odeur)* erfüllt ist und in Marcel spontan ein „dunkles und schwebendes" Erinnerungsgefühl auslöst. Bekanntestes Beispiel und fast Schulbeispiel für die Erinnerungskraft des Geschmackssinns sodann ist das bereits erwähnte Teegebäck *(la madeleine),* durch dessen Geschmack der Erzähler im Moment des Schmeckens in seine Kindheit zurückversetzt wird, in eine weit zurückliegende Zeit also, da der kleine Marcel zum erstenmal in seinem Leben diesen besonderen Geschmack auf der Zunge gespürt hat.[11]

Schließlich der Tastsinn. Sein Wirken hat Proust nicht auf die tastende Hand begrenzt, sondern den ganzen Leib mit allen seinen Gliedern als Instrument des Tastsinns aufgefaßt. Wenn also Schultern, Hüften oder Schenkel im Schlaf unbewußt die eine oder andere Lage einnehmen, können sie dem Schläfer im Traum oder beim Aufwachen Langvergessenes aus der frühen Jugend ins Bewußtsein zurückrufen; sie sind für ihn „treue Wächter der Vergangenheit", und es gilt die allgemeine somatische Gedächtnisregel, daß man sein Gedächtnis in den Rippen, in den Knien und in den Schultern hat.[12] Auch den kinästhetischen Sinn, der nachklassisch dem Kanon der fünf Sinne hinzugefügt worden ist, können wir mit Proust als spezifische Erweiterung des Tastsinns auffassen und ihn ebenfalls den niederen Sinnen zurechnen.[13] Bekanntes Beispiel für diesen Sinn ist in Prousts Roman diejenige bewegungswahrnehmende Sinneserfahrung, die für einen Gehenden dann entsteht, wenn dieser mit seinen beiden Beinen über ungleich hohe Platten eines Steinbodens geht. So geschieht es auf der ungleichen Pflasterung des Anwesens von Guermantes, was auf der Stelle eine unwillkürliche Erinnerung an die ebenfalls ungleiche Pflasterung des Baptisteriums von San Marco in Venedig auslöst.[14] Das alles fügt sich bei Proust zwanglos zusammen zu einem weit in die Vergangenheit zurückreichenden „Gedächtnis des Leibes" *(mémoire du corps)*, in dem unbewußt für den Geist alles das aufgehoben ist, was nur noch von den besonders körpernahen, „niederen" Sinnen erreicht werden kann, weil diese weiter als der allzu geistnahe Gesichtssinn in das Innere der Menschennatur hineinreichen. Diese „tiefer" angesiedelten Sinne sind daher auch die poetischeren Sinne.

Ist nun wohl bei meiner bisherigen Darstellung der Proustschen Mnemopoetik das Vergessen selber in Vergessenheit geraten? Das ist nur dem ersten Anschein nach der Fall, da bei allem, was bisher zu Prousts unwillkürlichem Gedächtnis gesagt worden ist, immer schon das Vergessen im Hintergrund mitzudenken ist. Denn im Gegensatz zu den kurzfristigen Zwecken, denen das willkürliche Gedächtnis zu gehorchen hat, ist das unwillkürliche Gedächtnis, das sich der niederen Sinne bedient, ein Gedächtnis der langen Dauer, bezogen auf die Lebenszeit eines Menschen. Jahre und Jahrzehnte können zwischen der auslösenden Sinneswahrnehmung und dem dadurch wachgerufenen Erinnerungserlebnis liegen. Häufig handelt es sich dabei um den Rückgriff auf eine Erinnerung aus der frühen (jedoch nicht der frühesten!) Kindheit, die auf diese Weise mit einem großen Zeitsprung in die Welt eines erinnernden Erwachsenen vordringt. Zwischen diesen beiden Zeitpunkten liegt also ein langes Intervall, das jedoch – anders als bei Bergson – gerade nicht als Dauer erfahren wird, sondern in seiner zeitlichen Erstreckung unbewußt bleibt. Anders ausgedrückt, das unwillkürliche Gedächtnis untertunnelt ein langes und tiefes Vergessen. Vieles von dem, was schließlich durch eine mehr oder weniger zufällige Konstellation von Begebenheiten, die in sich belanglos sind, ins Gedächtnis gehoben wird, hat vorher vielleicht ein halbes Leben lang verborgen in den Tiefen eines abgründigen Vergessens geruht. Nun steigt es aus diesen unteren „Schichten" und „Ablagerungen" (Proust liebt geologische Metaphern) ans Licht.[15] Für dieses „unfehlbare" Zusammenspiel von Erinnern und Vergessen *(cette infaillible proportion ... de souvenir et d'oubli)* hat Proust in seiner Romanpoetik ein deutliches Bewußtsein entwickelt.[16] Er macht sogar in diesem Zusammenhang darauf aufmerksam, daß es jeweils auf eine „genaue Dosierung von Gedächtnis und Vergessen" *(un exact dosage de mémoire et d'oubli)* ankommt, wenn einem Menschen die Glücksgabe der poetischen Erinnerung gewährt werden soll. Offenbar liegt gerade in dem langandauernden Vergessen, in dessen Schoß ein reales Erleben zu seiner psychischen Eigentlichkeit ausreifen kann, die Quelle jenes poetischen Mehrwerts, der ein Stück Leben dann auszeichnet, wenn es das Vergessen durchschritten hat und aus ihm erneuert und verwandelt wieder hervortritt. Die Proustsche Mnemopoetik kann daher mit gleichem Recht eine Poetik des Vergessens wie auch eine Poetik der Erinnerung genannt werden, am besten wohl eine Poetik der Erinnerung aus der Tiefe des Vergessens.

Diese Proustsche Poetik hat nun, wie schon Walter Benjamin beobachtet hat, bestimmte Merkmale mit der Freudschen Psychoanalyse gemeinsam.[17] Das darf jedoch nicht so verstanden werden, als ob Proust Freudianer wäre oder sein Romanwerk ein geeignetes Objekt für eine psychoanalytische Literaturbetrachtung abgäbe. Viel eher können Freud und Proust als säkulare Gegenspieler angesehen werden, vorausgesetzt, daß zunächst hinsichtlich Erinnern und Vergessen das Gemeinsame der beiden Autoren betrachtet wird. Freud, so haben wir oben gesehen und können es nun mit Blick auf Proust etwas anders akzentuieren, geht wie dieser von einem bestimmten „Gedächtnis des Leibes" aus. Es manifestiert sich bei Freud jedoch als eine Krankheit, deren körperliche Symptome, unbewußt für den Geist, eine ungenügend abgearbeitete oder sonstwie quälende Erinnerung aufbewahren. Das ist Freuds unwillkürliches Gedächtnis, wie es durch ein tiefes und langandauerndes Vergessen vom herrschenden Bewußtsein und seinem willigen Instrument, dem „bewußten Gedächtnis", aus dem Leben abgedrängt worden ist. Wie kann nun diese Krankheit, die in ihrem psychischen Kern eine Gedächtniskrankheit ist, geheilt werden? Freuds Antwort ist die Psychoanalyse, das heißt, ein vom Psychoanalytiker willkürlich eingeleiteter und von ihm professionell gesteuerter Prozeß, der das in Träumen oder Erzählungen des Patienten unwillkürlich aufgehobene Vergessene durch geduldiges oder auch suggestives Verhandeln wieder an das Bewußtsein anschließt mit dem Ziel, das Unwillkürliche wieder dem Willkürlichen gefügig zu machen. Vereinfacht ist also der Freudsche Weg der Psychoanalyse beschreibbar nach der Formel: Vom unwillkürlich-pathogenen Gedächtnis durch tiefes und dauerhaftes Vergessen zum willkürlich-gesunden Gedächtnis (das seinerseits wieder, wie wir gesehen haben, in ein für die Gesundheit unschädliches, befriedetes Vergessen übergehen kann).

Die Proustsche Mnemopoetik ist als die genaue Umkehrung der Freudschen Psychoanalyse interpretierbar. Am Anfang des Prozesses steht bei Proust ein triviales, allen möglichen Alltagszwecken unterworfenes willkürliches Gedächtnis, wie es das gewöhnliche Leben begleitet. Es verabschiedet seine Inhalte, sobald deren Nutzwert abgelaufen ist, in das ebenso alltägliche Vergessen. Für die Poesie ist dieses Gedächtnis belanglos. Erst wenn das Vergessen lange genug gewährt hat und tief genug geworden ist, kann das unwillkürliche Gedächtnis tätig werden und ohne Kontrolle der Vernunft und Willenskraft aus diesem Abgrund des Vergessens Ungeahntes zutage fördern, das dann, da es durch die lange Dauer des Vergessens von aller Kontingenz gereinigt wurde, wesenhaft menschlich und von Grund auf poetisch ist. Stichwortartig und vereinfacht ausgedrückt, folgt Proust also der Maxime: Vom willkürlich-banalen Gedächtnis durch tiefes und dauerhaftes Vergessen hindurch zum unwillkürlich-poetischen Gedächtnis. Mit der letztgenannten Form des Gedächtnisses ist übrigens auch eine hilfreich-lebensdienliche Kraft verbunden. Sie heilt von den Ängsten der Zeit und des Todes und wird von den Menschen, die sich ihr anvertrauen, als glückbringend erfahren.

VIII. Recht auf Vergessen, Frieden durch Vergessen?

1. Fiktionen des vergessenen Ich *(Pirandello, Sciascia)*

Nach der Melancholie und Mattigkeit des Fin-de-Siècle mit seinem Weltschmerz-Raffinement wird Europa zu Beginn des 20. Jahrhunderts von einem neuen Lebensgefühl erfaßt, das Jugend und Aufbruch verheißt. Es lohnt sich wieder, Pläne zu schmieden und Tempo zu machen; die Zukunft ist vielleicht schon im Heute erreichbar. Aber wie wird die Zukunft ausfallen?

Der Italiener Luigi Pirandello (1867–1936) hat in seinen Romanen, Novellen und Theaterstücken dieses Spiel nicht nur mitgespielt, sondern auch mitinszeniert, doch hat er es zugleich als Fiktion entlarvt. Die Ironie (in seiner Sprache: *l'umorismo*) hat ihm dieses Doppelspiel ermöglicht.

Welchen Platz dabei dem Vergessen zukommt, zeigt zunächst der Roman „Der verewigte Mattia Pascal" *(Il fu Mattia Pascal, 1904).*[1] Der Held des Romans, der diesem auch den Namen gegeben hat, erzählt seine Geschichte in der Ich-Form. Doch ist es gleichsam eine Geschichte von jenseits des Grabes, denn für die Welt ist Mattia Pascal bereits tot und „verewigt" (der Ausdruck ital. *fu*, frz. *feu* stammt aus der lateinischen Aktensprache: *qui fuit*). Für sich selber lebt er jedoch weiter als ein unauffälliger Mann mit anderer Identität und mit anderem Namen, der nun ein neues Leben führt – aus der Phantasie statt aus der Erinnerung.

Der Identitätswechsel ist nicht geplant gewesen. Mattia Pascal lebte als Bibliothekar mehr schlecht als recht in einer italienischen Kleinstadt, zusammen mit seiner immer ungekämmten Frau Romilda und einer zänkischen Schwiegermutter, die ihm Tag für Tag das Leben schwer machte. Und drückende Schulden hatte Mattia Pascal auch. Am Ende einer der vielen häuslichen Auseinandersetzungen hat er einfach ohne Abschied und mit nur ein paar Lire in der Tasche seine Familie verlassen.

Das Geld reicht gerade für eine Fahrt nach Monte Carlo und für einen gewagten Einsatz auf dem Spieltisch. Das Glück ist ihm gewogen. Als reicher Mann verläßt er das Spielkasino. Nun könnte er zu seiner Familie zurückkehren, nach dreizehn Tagen Abwesenheit sein Eheleben wieder aufnehmen. Als er bereits im Zug sitzt, fällt sein Blick auf eine Zeitungsnotiz mit der Überschrift „Selbstmord". Ein Toter, so steht dort zu lesen, ist als der seit Tagen verschollene Mattia Pascal identifiziert worden, und zwar von seiner eigenen Frau.

Das nächste Kapitel des Romans ist überschrieben „Zugwechsel" *(Cambio treno).* Der Ausreißer kehrt nicht nach Hause zurück. Er ist ja tot, das heißt, er ist frei. Keine Frau, keine Schwiegermutter, keine Schulden bedrücken ihn mehr: *Libero, libero, libero!* Doch wenn Mattia Pascal nunmehr für die Welt tot ist, dann braucht der Weiterlebende einen neuen Namen. Er wird Adriano Meis heißen, ein anderer Mensch sein *(un altr'uomo)* und glücklich leben können ohne die Last der Vergangenheit *(senza più il fardello del mio passato).* Ein neues Lebensgefühl *(un nuovo sentimento della vita)* beflügelt diesen Adriano Meis, während für den „verewigten" Mattia Pascal die lange Reise in die Vergangenheit beginnt.

So geht es nun eine Zeitlang gut, ja, sogar sehr gut mit dem neuen Leben *(nuova vita)* von Adriano Meis. Er genießt nach Lust und Laune sein neues Ich, das noch nach Belieben zu formen ist, und legt sich mit Dichter- und Lügnerfreuden eine fiktive Biographie zu. Er „erfindet" sich. Und er genießt es, ein Fremder zu sein, ein Lebens-Fremder *(forestiere della vita).*

In einer römischen Pension, während er gedankenvoll auf den Tiber (alias Lethe) blickt, dessen Wasser sich bald im Meer verlieren werden (dieses Kapitel ist überschrieben: „Abends, den Fluß betrachtend": *Di sera, guardando il fiume*), weiß er, daß seine Vergessenheit – er selber denkt noch: seine „Freiheit" – an ihre Grenze gekommen ist. Nicht daß er erkannt würde. Sein „unveränderliches Kennzeichen", ein schielendes Auge, kann durch eine Operation in Ordnung gebracht werden. Aber die Liebe meldet sich nun zu Wort und läßt nicht mit sich spaßen. Die neugierige Signorina Caporale zeigt nämlich deutliches Interesse an dem scheuen Pensionsgast ohne Briefpost und Trauring, und Adriano Meis kann seinerseits die aufkeimenden Gefühle für ein anderes Fräulein, die stille Adriana, nicht zurückhalten. Ein unbedachter, flüchtiger Kuß für das Mädchen mit „seinem" Namen macht die Frage „Wer bist du?" unausweichlich. Noch einmal triumphiert für einige Zeit in der immer phantastischer ausgemalten Lebensgeschichte die nunmehr fast künstlerische Fiktion der neuen Existenz. Aber wie lange noch? Heiraten kann Adriano seine Adriana jedenfalls ohne amtlich beglaubigtes Gedächtnis nicht.

Noch einmal muß das Vergessen helfen. Adriana, der Adriano nur in Gedanken ein „Vergiß! Vergiß!“ *(Dimentica! Dimentica!)* zuruft, wird verlassen, und Adriano Meis kehrt als der nun nicht mehr verewigte Mattia Pascal zu seiner Familie zurück. Sein langes Verschwinden klärt sich auf, die Gewohnheiten werden wieder aufgenommen („Kaffee doch ohne Zucker, nicht wahr?“), indes ist seine „Witwe“ inzwischen wiederverheiratet, was der Heimkehrer mit Erleichterung zur Kenntnis nimmt und bald durch eine Scheidung legalisiert. Von den alten Bekannten kennt ihn jedoch kaum einer noch, es ist, als ob er nie existiert hätte *(come se non fossi mai esistito)*. Unbeachtet lebt er weiter an einem anderen Ort und besucht von Zeit zu Zeit den Friedhof, wo ein Unbekannter begraben liegt, auf dessen Grabstein der Name des verewigten Mattia Pascal eingemeißelt wurde.

Es ist nicht zu übersehen, daß zwischen Pirandellos verewigtem Mattia Pascal und Chamissos schattenlosem Peter Schlemihl einige auffällige Parallelen bestehen (vgl. oben VI, 1). Beide Personen führen am Anfang ein unbeachtetes Dasein bis zu jenem unerhörten Ereignis, das ihr Leben von Grund auf verändert. Mattia Pascal läßt sich als bürgerliche Person sterben und nimmt als Adriano Meis eine neue Identität an, was durch den unverhofft erworbenen Spielgewinn ermöglicht wird. Ähnliches widerfährt seinem deutschen Vorläufer Peter Schlemihl, der durch den unverhofften Tausch seines Schattens gegen „Fortunati Glückssäckel“ in die angenehme Lage versetzt wird, eine geldschwere Persönlichkeit darzustellen und von den Leuten als Graf Peter hofiert zu werden.

Ein Teufel in Person, der mit magischer Kraft diese Veränderungen bewirkt, tritt nur bei Chamisso auf; in Pirandellos Roman ist er in den Umständen versteckt. Was nun das Schatten-Motiv betrifft, das der Geschichte des Peter Schlemihl ihren besonderen Charakter verleiht, so wird es auch in der Geschichte des Adriano Meis alias Mattia Pascal aufgegriffen und an mehreren Stellen, besonders in dem Kapitel „Ich und mein Schatten“ *(Io e l'ombra mia)*, narrativ entfaltet. Pirandello hat dieses Motiv jedoch gleichsam umgedreht: Adriano Meis ist ein Mann, der nur noch ein Schatten seiner selbst ist *(un'ombra d'uomo)*, und wie ein Schatten auf der Straße fühlt er sich hilflos den Tritten der Menschen ausgeliefert.

Doch ist dies eine Erkenntnis, die dem neuen Ich des Adriano Meis nicht sogleich in den Sinn kommt. Zuerst erfreut er sich, ebenso wie Graf Peter, an den Annehmlichkeiten seines neuen Lebens, und zwar wiederum bei beiden Personen so lange, bis das gesellschaftliche Gedächtnis seine Rechte einfordert. In beiden Geschichten macht sich die Liebe zur ersten Botin dieses Gedächtnisses, denn Mina in Chamissos, Adriana in Pirandellos Geschichte wollen geheiratet werden. Beim Standesamt (oder beim Pfarrer) müßte also ein Aufgebot bestellt werden. Dafür aber muß man einen aktenkundigen Namen, gültige Ausweispapiere und – durch solche Dokumente ausgewiesen – eine beglaubigte Vergangenheit haben. Aus beiden Eheschließungen kann daher nichts werden, und der Mann ohne kollektives Gedächtnis – Mann ohne Schatten hier, Schatten ohne Mann dort – muß weiterziehen auf seiner ruhelosen „Wanderschaft" (Chamisso) und „Landstreicherei" (Pirandello: *vagabondaggio*).

Bei Pirandello, der fast ein Jahrhundert nach Chamisso schreibt, werden die gesellschaftlichen Aspekte des Gedächtnis- und Vergessensmotivs noch stärker betont als bei seinem deutschen Vorgänger. Was kann Adriano Meis beispielsweise unternehmen, als ihm eines Tages sein ganzes verbliebenes Geld gestohlen worden ist? Er kennt sogar den Dieb, könnte ihn bei der Polizei anzeigen, und so würde er sein Geld wahrscheinlich zurückerhalten. Aber wer ist er denn, daß er eine solche Anzeige erstatten könnte? Von Amts wegen, und damit für die Öffentlichkeit und Gesellschaft, existiert kein Adriano Meis, und auch für den verewigten Mattia Pascal wird auf den Ämtern keine Personalakte mehr geführt. In den Akten ist er also vergessen – unbeschadet der Tatsache, daß dieser amtlich nicht existierende Mann seine echte ebenso wie seine fingierte Lebensgeschichte mit allen Einzelheiten im Gedächtnis hat. Für die bürgerliche Öffentlichkeit ist er gleichwohl ein Mensch im Vergessensstand.

Das zeigt sich auch bei der nächsten Identitätskrise, der Adriano Meis sich ausgesetzt sieht. Da geht es um seine bürgerliche Ehre. Der Ehrenmann Adriano Meis wird beleidigt. Ein stolzer Spanier, der Maler Manuel Bernáldez, hebt im Streit die Hand gegen ihn auf und schlägt ihn (beinahe) ins Gesicht. Das ist nach dem zu Anfang des Jahrhunderts noch nicht ganz obsoleten Ehrenkodex eine förmliche Ehrabschneidung, die nur mit Blut gesühnt werden kann. Adriano Meis müßte den Beleidiger folglich zum Duell fordern, ihm durch einen Sekundanten die Forderung überbringen lassen und schließlich vor der Öffentlichkeit für alle rechtlichen Folgen des Zweikampfs einstehen. Aber auch das geht alles nur seinen Weg, wenn einer nicht nur für sich selber eine Identität hat, sondern diese auch der Öffentlichkeit präsentieren kann. Die Duellforderung unterbleibt also, und Adriano Meis muß „ehrvergessen" weiterleben.

Nach diesen und einigen anderen Erfahrungen mit der Macht des öffentlich-gesellschaftlichen Gedächtnisses hat Adriano Meis begriffen, daß er aus dem selbstgewählten Stand des Vergessens, in den er sich – *nolens volens* – hat gleiten lassen, mit der bloßen Kraft der Fiktion und Lüge nicht herauswinden kann. Einen Augenblick denkt er an Selbstmord. Aber wer würde denn da eigentlich sterben: Adriano Meis, den es nie gegeben hat, oder Mattia Pascal, den es schon lange nicht mehr gibt? So kehrt der Held des Romans nach zwei Jahren in seine Heimatstadt zurück und nimmt sang- und klanglos seine alte Identität wieder an. Ein gleiches versucht in Chamissos Erzählung zwar auch Peter Schlemihl, der gegen seinen alten Schatten gerne die ständig gefüllte Börse seines Tauschpartners rücktauschen würde. Aber der Graue läßt sich für dieses Geschäft nicht gewinnen, und so muß Peter Schlemihl schattenlos weiterleben. Aber das tut in gewisser Weise auch Mattia Pascal, der ja seinen früheren Platz im öffentlichen Gedächtnis nicht wieder einnehmen kann. Zwei Vergessene müssen hier also weiterleben, mit einer ins Märchenhafte verdrehten Perspektive bei Chamisso oder ganz ohne Perspektive, außer der des Grabes, bei Pirandello.

*

Fast eine Generation später, im Jahre 1930, hat Pirandello das ingeniöse Fiktionsspiel um die vergessene Identität unter veränderten Bedingungen noch einmal aufgegriffen. Verändert haben sich die Bedingungen vor allem durch den Ersten Weltkrieg, der von den beteiligten Nationen, auch Italien, als ein tiefer Absturz des politisch-kulturellen Gedächtnisses erlebt worden ist. Vor diesem Hintergrund werden nun diejenigen medizinisch-juristischen „Fälle" wichtig, bei denen ein Mensch durch Krankheit oder Verletzung sein Gedächtnis eingebüßt hat. Solche Amnesiefälle sind schon seit der Antike bekannt und werden in der Literatur mehrfach beschrieben. So berichtet der römische Schriftsteller Plinius der Ältere (23–79 n. Chr.) in seiner *Naturalis Historia*, neben mehreren Beispielen für ein abnormal gutes Gedächtnis (Hypermnesie), auch von verschiedenen Fällen eines pathologischen Gedächtnisverlustes (Amnesie), und schreibt: „Einer, der von einem Steine getroffen war, vergaß die Sprachlaute. Ein anderer, der von einem hohen Dach herabstürzte, vergaß seine Mutter, seine Verwandten und seine Freunde, wieder ein anderer vergaß in der Krankheit die Namen seiner Sklaven und der Redner Messala Corvinus sogar seinen eigenen Namen." Plinius folgert daraus, daß „nichts sonst im Menschen so zerbrechlich ist wie das Gedächtnis" *(nec aliud est aeque fragile in homine).*[2] Bei Simplicius Simplicissimus, der gleichfalls diesen Fallkatalog hersagen kann, lautet die gleiche Folgerung: „Am Menschen ist nichts so blöd als eben das Gedächtnis."[3]

Daß aus solchen medizinischen Befunden auch juristische Fälle werden können, ist seit dem 16. Jahrhundert bekannt. Aktenkundig und auch Montaigne bekannt ist beispielsweise die Geschichte eines Franzosen namens Martin Guerre, der beim Getreidediebstahl erwischt wird und daraufhin, ohne eine Nachricht zu hinterlassen, unter die Soldaten geht. Nicht einmal seine junge und schöne Frau Bertrande weiß etwas von ihrem verschollenen Mann. Acht Jahre später kehrt Martin Guerre zurück und nimmt das Eheleben wieder auf. Zwei Töchter werden geboren. Da erscheint ein Soldat auf dem Plan, der im Krieg ein Bein verloren hat. Der Hinkende behauptet, er sei in Wirklichkeit der wahre Martin Guerre und mit der schönen Bertrande verheiratet. Die Frau aber erkennt in ihm nicht ihren Ehemann.

Oder will sie ihn nicht erkennen? Daraus entsteht ein großer Rechtsstreit, bei dem nicht weniger als 150 Zeugen vorgeladen werden. Obwohl diese sich mehrheitlich gegen den Hinkenden aussprechen, kann seine Identität zweifelsfrei bewiesen werden. Er ist der echte Martin Guerre. Auch Frau Bertrande schlägt sich schließlich auf seine Seite. Der falsche Martin Guerre wird zum Tode verurteilt und gehängt.[4]

Rund vierhundert Jahre nach diesen Ereignissen hat der italienische Schriftsteller Leonardo Sciascia (1921–1989) in einem Buch unter dem Titel „Das Theater des Gedächtnisses" *(Il teatro della memoria)* an diesen berühmten Rechtsfall erinnert.[5] Er tut das im Zusammenhang eines ähnlichen Falles, der die italienische Öffentlichkeit in den zwanziger Jahren des 20. Jahrhunderts heftig bewegt hat. Im Jahre 1926 wird nämlich auf einem Friedhof der Stadt Turin ein Mann aufgegriffen, der dort offensichtlich Diebstähle begangen hat. Aber der Beschuldigte, der sich nicht ausweisen kann, erinnert sich an nichts. Er hat überhaupt kein Gedächtnis und weiß nicht einmal seinen Namen. So wird er unter der Nummer 44.170 in ein Pflegeheim eingewiesen. Nach einiger Zeit veröffentlicht die Zeitung *La Domenica del Corriere* sein Bild und fragt nach Zeugen. Es meldet sich ein Leser, der in dem Mann ohne Gedächtnis seinen im Krieg verschollenen Bruder, den Gymnasialprofessor Giulio Canella, wiederzuerkennen glaubt. Die Suche nach bestimmten Erkennungszeichen (Narbe, Muttermal) verläuft jedoch negativ. Aber es gibt ja die Ehefrau Giulia Canella, die mit ihren beiden Kindern dem seit zehn Jahren Verschollenen nachtrauert. Ihr Urteil wird alles entscheiden. In altmodischen Kleidern aus dem Jahre 1916 wird sie dem Mann ohne Gedächtnis gegenübergestellt und erkennt spontan in ihm ihren Ehemann. Die beiden nehmen das unterbrochene Eheleben wieder auf, und bald wird unter dem Beifall ganz Italiens ein drittes Kind geboren.

Jäh bricht in das neue Familienglück ein anonymer Brief ein; in ihm wird behauptet, der Mann ohne Gedächtnis sei gar nicht der bürgerlich wohlangesehene Giulio Canella, sondern der wegen Diebstahls polizeilich gesuchte Mario Bruneri. Als Schreiberin des Briefes bekennt sich bald die Ehefrau dieses Mannes: Rosa Bruneri. Aber Frau Giulia bleibt unbeirrt bei ihrem Zeugnis und steht treu zu ihrem Ehemann Giulio. Die italienische Öffentlichkeit nimmt leidenschaftlich Anteil an diesem Identitäts- und Gedächtnisstreit und teilt sich in die beiden Parteien der *Canelliani* und *Bruneriani* ungefähr so, wie zu Dantes Zeiten die Stadt Florenz in Ghibellinen und Guelfen gespalten war. In einem großen Prozeß, bei dem 142 Zeugen gehört und 14 Rechtsgutachten erstellt wurden, ergeht schließlich im Jahre 1931, nachdem alle Rechtsmittel ausgeschöpft sind, das letztinstanzliche Urteil, demzufolge der Amnestiker Nr. 44.170 nicht Giulio Canella, sondern Mario Bruneri ist. Dieser aber lebt weiter zusammen mit seiner Giulia und den drei Kindern, wandert mit der ganzen Familie nach Brasilien aus und schreibt seine Memoiren unter dem an Proust erinnernden Titel „Auf der Suche nach mir selber“.

*

Mit diesen historisch-anekdotischen Fallgeschichten im Sinn können wir wieder zu Luigi Pirandello zurückkehren, und zwar nun zu seinem Theaterstück „Wie du mich willst“ *(Come tu mi vuoi)*, das 1930 uraufgeführt wurde und, wie der Autor im Stück selbst andeutet, von der Canella/Bruneri-Geschichte beeinflußt ist.[6] Zeithintergrund dieses zwischen Tragödie und Komödie schillernden Theaterstückes ist, wie schon in der von Sciascia berichteten „wahren“ Geschichte, der Erste Weltkrieg, der mit seinen politischen und sozialen Verwerfungen einen weiteren, diesmal aber fiktiven Amnesiefall hervorgebracht hat.

Die Thematik ist nun zum weiblichen Geschlecht hin verschoben. Ohne Gedächtnis tritt hier eine etwa dreißigjährige, sehr ansehnliche Unbekannte auf (*L'Ignota* wird sie genannt), die außerdem bildschön ist *(bellissima)*. Da darf das Publikum sich wohl einen schönen Fall *(un bel caso)* versprechen, zumal ein Mann da ist, Bruno Pieri, etwa

35 Jahre alt, dessen ebenfalls bildschöne Ehefrau vor etwa zehn Jahren in den Kriegswirren unter ungeklärten Umständen verschwunden ist. Ist nun die Unbekannte ohne Gedächtnis diese Verschollene, so daß ein glückliches Ende der Geschichte abzusehen ist? Halt, so einfach läuft die Geschichte mit der Identität bei Pirandello nicht ab. Denn woran erkennt man eigentlich eine Person, die man zehn Jahre nicht gesehen hat? Daran, daß sie ebenso aussieht wie damals? Oder gerade umgekehrt daran, daß sie anders aussieht als damals? Und natürlich ist auch auf Zeugenaussagen und Selbstbekenntnisse nicht unbedingt Verlaß, denn Zeugnisse können erlogen, Bekenntnisse vorgetäuscht sein. Wer ist hier also wer, und wer spielt welche Rolle? Ein wunderliches Wechsel- und Verwechslungsspiel läuft ab für diese Personen, die ihren Autor suchen und ihn wieder einmal in Pirandello gefunden haben.

Am Ende des Stückes, als sich schon ein Identitätskonsens aller Beteiligten zugunsten der schönen Unbekannten abzuzeichnen scheint, taucht unversehens eine weitere weibliche Person auf, eine Verrückte. Außerdem ist sie, mehr noch als Mattia Pascals Frau Romilda, häßlich und verwahrlost. Ist vielleicht doch nicht die schöne Unbekannte, sondern diese struppige Verrückte die gesuchte Frau des Bruno Pieri? Das ist offenbar eine schwere Entscheidung für diesen Mann, zumal die Schöne die ganze Gedächtnisfrage wegwischt und den Blick des Zweifelnden verheißungsvoll auf „ein neues Leben" *(una vita nuova)* lenkt, in der sie ja vielleicht eine Frau ganz nach seinem Sinn sein kann: „Wie du mich willst" *(come tu mi vuoi).* Das aber lassen nun die „unveränderlichen Kennzeichen", wie die Mittel der Anagnorisis in der nüchternen Sprache der Pässe und Ausweise heißen, nicht zu. Ein banaler Leberfleck gibt schließlich den Ausschlag für die häßliche Verrückte, und die schöne Unbekannte muß wieder von der Bildfläche verschwinden. Ja, sie hat eine Komödie gespielt und das Spiel – leider? – verloren.

Verglichen mit dem Roman *Il fu Mattia Pascal,* ist Pirandello in seinem späteren Theaterstück höchst originell darin, daß er einen klassischen Amnesiefall zum Anlaß eines zugleich heiteren und beklemmenden Fiktionsspiels genommen hat. Statt des altbekannten, mit Erinnerungsbildern aller Art vollgestellten *Teatro della memoria* finden wir bei ihm eine durch das Vergessen geleerte Bühne, die ihren Akteuren noch alle Rollen bereitzuhalten scheint. Es ist ein Spiel mit hohem Einsatz, bei dem mit ein bißchen Vergangenheit die schönste Zukunft zu gewinnen oder zu verlieren ist. Für ein paar Jahrzehnte wird sich das theaterfreudige Europa an den Verwirrungen und Verwechslungen dieses „Pirandellismus" erregen und delektieren.

2. Vergessen, um neu anzufangen (Giraudoux, Anouilh, Sartre)

Kriege sind Orgien des Vergessens. Das hat Europa spätestens im Ersten Weltkrieg erfahren. Ist wenigstens diese Erfahrung nicht vergessen worden? Der Zweite Weltkrieg hat die bekannte Antwort auf diese Frage gegeben.

Unter den Schriftstellern nun, die in der Zeit zwischen den Kriegen mit der Feder dafür gekämpft haben, daß auf den Gedächtniskollaps des einen nicht die noch schlimmere Kulturkatastrophe eines Zweiten Weltkrieges folgte, ist an erster und ehrender Stelle der französische Romancier und Bühnenautor Jean Giraudoux (1882–1944) zu nennen. Er ist bald nach dem Ersten Weltkrieg auf das Problemfeld Amnesie aufmerksam geworden und hat sich zunächst von ihm zu seinem Roman *Siegfried et le Limousin* (1922), sodann zu seinem daraus entwickelten Theaterstück *Siegfried* (1928) inspirieren lassen.[1] Damit nimmt die Gedächtnis- und Vergessensthematik für die europäische Öffentlichkeit eine bemerkenswerte Wende, denn in beiden literarischen Werken behandelt Giraudoux den medizinischen Fall als politisches Problem. Dieses betrifft vor allem das Verhältnis der beiden Nationen Deutschland und Frankreich, von dem Giraudoux im Programmheft des Stückes *Siegfried* geschrieben hat: „Die Frage des deutsch-französischen Einvernehmens ist die einzige ernsthafte Frage der Welt. Alle anderen Probleme sind der Finanz oder dem Unheil zuzuordnen" *(La question de leur concorde est la seule question grave de l'univers. Tous les autres problèmes relèvent de la finance ou de la calamité).*[2] An der Person Siegfrieds, eines Frontsoldaten ohne Gedächtnis, zeigt Giraudoux nun mit literarischen Mitteln, daß dieses politische Problem in seinem Kern ein Gedächtnis- und Vergessensproblem ist.

Von Giraudoux will ich an dieser Stelle nur kurz berichten, daß zu seiner glänzenden Begabung auch ein hervorragendes Gedächtnis gehörte. Er studierte in Paris Germanistik und verbrachte ein Studienjahr als Stipendiat an der Universität München sowie als Hauslehrer beim Fürsten von Sachsen-Meiningen. Im Jahre 1910 trat er in die diplomatische Laufbahn ein und brachte es als Deutschlandkenner zu hohen Ämtern im Außenministerium. Im Ersten Weltkrieg kämpfte er an der Front; er wurde mehrfach verwundet und hoch dekoriert.

Während des Zweiten Weltkrieges war er 1939/40 für kurze Zeit sogar Minister *(Commissaire à l'Information).* Der Résistance schloß er sich nicht an, doch war er auch kein Mann von Vichy. Die Befreiung des Landes von der deutschen Besatzung hat er nicht mehr erlebt; er starb am 31. Januar 1944.

Den Roman *Siegfried et le Limousin* hat Giraudoux im Jahre 1922 in wenigen Wochen niedergeschrieben. Es ist kein bedeutender Roman geworden, der heute vielleicht vergessen wäre, wenn der Autor nicht aus ihm später sein Theaterstück *Siegfried* geformt hätte, das Theatergeschichte gemacht hat. Gleichwohl verdient auch der Roman Beachtung als ein für die damalige Zeit außerordentlich mutiges Werk, in dem zum erstenmal nach dem Krieg eine Spur von Versöhnung sichtbar wurde.[3]

Die Romanhandlung wird von einem Ich-Erzähler gelenkt, der wie Giraudoux mit Vornamen Jean heißt, wie Giraudoux aus der Gegend von Limoges stammt *(le Limousin)* und wie Giraudoux Germanistik studiert hat. Als dieser Germanist einmal die Frankfurter Zeitung liest, fällt ihm ein mit den Buchstaben S.V.K. gezeichneter Artikel auf, der ihm stilistisch bekannt vorkommt. Er fühlt sich durch diesen (deutschen) Text an die Diktion einer (französischen) Novelle erinnert, die aus der Feder seines im Krieg verschollenen Freundes mit dem Allerweltsnamen Jacques Forestier stammt. Was hat diese Ähnlichkeit zu bedeuten? Ein Plagiat? Aus dem Leser der Frankfurter Zeitung wird nun ein Detektiv, der über den Artikelschreiber recherchiert. Es handelt sich, so findet er bald heraus, um den deutschen und, wie man schon seinem Namen entnehmen kann, eminent deutschen Politiker Siegfried von Kleist, der in München lebt und als charismatischer Meinungsführer des Nachkriegs-Deutschlands gilt. Viele seiner Landsleute sehen in ihm den Retter, ja den Heiland (wie man den französischen Ausdruck *sauveur* auch übersetzen kann), der Deutschland aus der Niederlage wieder zu neuem Glanz führen wird. Zum Charisma dieses Mannes, so erfahren wir von dem Rechercheur, trägt erheblich die Tatsache bei, daß seine Herkunft im Dunkeln liegt. Man hat ihn im Krieg schwer verwundet und ohne Bewußtsein auf dem Schlachtfeld gefunden. Auch sein Gedächtnis ist durch die Verwundung gelöscht und für die Lebenszeit vor der Verwundung nicht wiedergekehrt. Er ist der „Mann ohne Gedächtnis" *(l'homme sans mémoire).* Eine deutsche Krankenschwester, Eva, hat ihn gesundgepflegt und den Namenlosen auf den Namen Siegfried „getauft". So umgibt nun die Aura einer geheimnisvollen Herkunft die Identität dieses großen Deutschen. Aber der germanistische Romanerzähler und Amateur-Detektiv aus Frankreich ist sich nun seines Verdachtes fast sicher. Er verständigt sich mit Geneviève Prat, der Verlobten des verschollenen Freundes, und beide brechen auf nach München, wo sie alsbald in dem deutschen Politiker Siegfried von Kleist den französischen Schriftsteller Jacques Forestier wiedererkennen.

An dieser Stelle verlassen wir den Roman und wollen nun an dem Theaterstück *Siegfried* das deutsch-französische Gedächtnisdrama weiterverfolgen.[4] Zwischen dem Roman von 1922 und dem Theaterstück von 1928 liegen politisch ereignisreiche Jahre. Der tiefste Punkt in den Beziehungen zwischen den beiden Nationen ist im Jahre 1923, dem Jahr der Ruhrbesetzung, erreicht. Doch zeigt sich ein erster „Silberstreif am Horizont“ (Stresemann) schon in den Verhandlungen, die zum Locarno-Pakt (1924) und zum Eintritt Deutschlands in den Völkerbund (1926) führen. Das wirkt sich auch auf das literarische Klima aus, und Giraudoux, der an diesen Ereignissen als Außenpolitiker und Diplomat persönlich mitgewirkt hat, tritt nun in seinem Theaterstück mit weniger ironischen Vorbehalten als früher im Roman und mit einer gewissen heiteren Selbstsicherheit für ein neu zu begründendes deutsch-französisches Vertrauensverhältnis ein. Ein wohlmeinender Kritiker hat das Stück *Siegfried* daher auch ein „Locarno in drei Akten“ genannt. Es wurde ein überwältigender Bühnenerfolg und begründete Giraudoux’ Ruhm als Bühnenautor. Nur auf der deutschen Seite mäkelte die Literaturkritik an dem Stück herum.

Es ist verständlich, daß Giraudoux in seiner dramatischen Version gegenüber der Romanfassung einige Änderungen vorgenommen hat. Mindestens eine dieser Änderungen ist auf die politischen Verhältnisse zurückzuführen. Denn zwischen den Daten 1922 und 1928 hat in München der Hitler-Putsch stattgefunden (1923). Ein Hitler sollte aber in Siegfried auf keinen Fall erkannt werden. Und so verlegte Giraudoux die Bühnenhandlung kurzerhand von München weg in die Kleinstadt Gotha, deren Name dem französischen Theaterpublikum vom Gothaer Adelskalender bekannt sein durfte. Man konnte auch eine Art Weimar in dem thüringischen Ort entdecken.

Aus anderen, nämlich dramaturgischen Gründen ist auch der Ich-Erzähler verschwunden. Als Person der Handlung wird er zwar weitergeführt von dem germanistischen Philologen Robineau, doch muß dieser seine Funktion als aufklärender Detektiv weitgehend abtreten an die Verlobte, die weiterhin Geneviève heißt, sich aber als Franko-Kanadierin ausgibt, um in dieser Tarnung besser ihr Aufklärungswerk betreiben zu können. Es geht ja darum, diesem Mann ohne Gedächtnis, Siegfried genannt, sein authentisches Gedächtnis und damit seine französische Identität als Jacques Forestier wiederzugeben: ein mühsamer Prozeß der Wiedererinnerung.

Das gelingt schließlich auch, und zwar auf eine sehr feinsinnige Art. Siegfried, der sich aus Gründen, die ihm selber unerklärlich sind, zu Frankreich hingezogen fühlt, will Französisch lernen und engagiert zu diesem Zweck eben jene Franko-Kanadierin, in der er natürlich die Verlobte seines früheren Lebens nicht erkennt. Der deutsche Politiker erweist sich sogleich als ein begabter Sprachschüler. Schon bald spricht er die Sprache des Erbfeindes völlig akzentfrei. Und in zwanzig Lektionen nach der Berlitz-Methode, in denen ihn die Sprachlehrerin auch viel Landeskundliches auswendig lernen läßt, in denen aber auch die unvergleichliche Lust am *imparfait du subjonctif* ihre Wirkung nicht verfehlt, kehrt im Medium der Sprache die Erinnerung an Frankreich, die Verlobte, an sein authentisches Ich zurück, und Geneviève nimmt ihm schließlich den letzten Zweifel: „Du bist Franzose, du bist mein Verlobter, Jacques, das bist du“ *(Tu es Français, tu es mon fiancé, Jacques, c'est toi).* Eine glücklich aufgefundene Erkennungsmarke des für verschollen erklärten Soldaten und das freudige Schwanzwedeln seines Hündchens Black besiegeln die Wiedererkennung oder Anagnorisis, wie man dergleichen glückliche Ereignisse seit der Narbe des Odysseus in der Literaturgeschichte zu nennen pflegt. Die Verlobten, die sich nun schrittweise auch in ihrem gemeinsamen Gedächtnis wiederfinden, kehren zusammen nach Frankreich zurück. Aber mit wem, genau gefragt, wird Geneviève nun in Frankreich zusammenleben, mit Siegfried oder mit Jacques? Ihr letztes Wort auf der Bühne lautet: „Siegfried, ich liebe dich“ *(Siegfried, je t'aime).*

Mein kurzer Bericht hat sicher gezeigt, daß Giraudoux mit seinem Theaterstück *Siegfried,* wie vorher schon in einem anderen Register mit seinem Roman *Siegfried et le Limousin,* den Amnesiefall eines kriegsverletzten Soldaten als Gleichnis einer anderen *crise d'amnésie,* nämlich der deutsch-französischen Vergessenskrise, dargestellt hat. Das Verhältnis der beiden Nachbarländer Deutschland und Frankreich, von Germaine de Staël zu Anfang des 19. Jahrhunderts noch als ein interessanter, stimulierender Kontrast aufgefaßt, hatte sich seit dem Krieg von 1870/71 und seit der Gründung des Deutschen Reiches immer mehr verhärtet und verkrampft und war schließlich im Ersten Weltkrieg ganz kollabiert: ein binationaler Gedächtnissturz mit den bekannten Folgen für Europa und den ganzen Planeten. Zu beiden

Seiten des Rheins schrumpften die kollektiven Gedächtnisse der Menschen wie ein Balzacsches Chagrinleder zu den kümmerlichen Dimensionen nationalistischer Rituale zusammen. Giraudoux, der inmitten dieser Vergessenswut seinen klaren Kopf behalten hat, spottet darüber schon in seinem Siegfried-Roman. Die deutschen Kinder, so lesen wir, sagen abends vor dem Schlafengehen ein auswendig gelerntes Gebet auf, das beginnt: „Heilige Maria, Mutter Gottes, mach die Welt frei von der schrecklichen Rasse der Franzosen. Du bist voll der Gnade, und mach auch durch deine Fürsprache beim Herrgott, daß die Orte, wo die Franzosen dich angeblich verehren, Lourdes und so weiter, zu Schreckensorten zerfallen ..." Und die französischen Kinder beten zur gleichen Zeit, was sie ebenfalls auswendig gelernt haben: „Heiliger Gabriel, wir reichen dir das Schwert zurück, das den kleinen Hindenburg besiegt hat. Heiliger Michael, wir reichen dir deinen Schild zurück, der den kleinen Ludendorff zu Boden gestreckt hat ..." *(Saint Gabriel, nous te rendons ton glaive qui a vaincu le petit Hindenburg. Saint Michel, nous te rendons ton bouclier qui a terrassé le petit Ludendorff ...).*[5]

Glücklicherweise gibt es aber in beiden Ländern ein paar Residuen, in denen ein anderes, nämlich ein kulturelles Gedächtnis überlebt hat. Giraudoux ist überzeugt, daß die Sprache eine solche Restzone des Gedächtnisses ist, genauer gesagt, der Stil, unter der Voraussetzung nämlich, daß der Stil, wie man seit Buffon weiß, Ausdruck einer besonders tiefen Schicht des Menschengedächtnisses ist: „Der Stil ist der Mensch selber" *(Le style est l'homme même).* Woran erkennt also der Ich-Erzähler des Romans die Verwandtschaft zwischen dem deutschen Zeitungsschreiber Siegfried von Kleist und dem französischen Novellenautor Jacques Forestier? Am sichersten identifiziert er ihn an einer gewissen stilistischen Vorliebe für den Gebrauch der Litotes. Die Litotes, so muß man hier wissen (denn der Autor sieht es nicht als nötig an, es zu erklären) ist eine rhetorische Figur, die sich in nuancenreichen Formen der Untertreibung äußert, indem man beispielsweise „nicht übel" statt „gut" oder „prächtig" sagt. Unter allen rhetorischen Figuren gilt die Litotes in Frankreich – wenigstens aber bei den französischen Literaten der zwanziger Jahre – als ein subtiles Kennzeichen klassisch französischer Kultur. So hat es am deutlichsten André Gide ausgedrückt, der in einem Prosastück von 1921 die französische Klassik, also die französische Literatur des 17. Jahrhunderts, wie folgt beschreibt: „Die Klassik neigt insgesamt zur Litotes. Das ist die Kunst, möglichst viel auszudrücken, indem man möglichst wenig sagt" *(Le classicisme tend tout entier vers la litote. C'est l'art d'exprimer le plus en disant le moins).*[6] Der Novellenautor Jacques Forestier, der diese ausdrucksökonomische Litotes liebt, ist also ein perfekter Repräsentant klassisch französischer Bildung. Deren Prinzipien hat er in seinem Gedächtnis verinnerlicht, und an diesem exquisiten Stilmerkmal, nicht an irgendeiner beliebigen Stilmarotte, wird nun auch Siegfrieds Franzosentum und seine Identität mit Jacques Forestier erkannt.

In der Bühnenfassung hat Giraudoux jedoch auf dieses subtile Erkennungsmittel verzichtet und statt dessen – vielleicht auf den Rat seines Regisseurs, des erfahrenen Theatermannes Louis Jouvet – auf die altbewährte Theaterrequisite Erkennungsmarke zurückgegriffen. Die Bühne verlangt deutlichere Signale. Aber auf das Bekenntnis zur Sprache als elementarem und fundamentalem Substrat des Gedächtnisses hat Giraudoux nicht verzichtet, denn im Medium der Sprache, von Lektion zu Lektion des Sprachunterrichts fortschreitend, gewinnt Siegfried im Roman ebenso wie im Drama sein Gedächtnis zurück.[7]

Welches Gedächtnis genau? Medizinisch ist der Fall klar. In der Amnesie des schwerverwundeten Frontsoldaten war das gesamte Gedächtnis vor dem Zeitpunkt der Gehirnverletzung gelöscht – bis auf jene archaischen und medizinisch nicht erklärbaren Reste der litotetischen Stilnuance. Mit diesem Typus einer mysteriösen, von seiner neuen deutschen Umgebung auratisch erlebten und charismatisch gedeuteten Gedächtnislosigkeit wird Siegfried zugleich zum Spielball und Manipulationsobjekt einiger politischer Drahtzieher, von der nationalpädagogischen Krankenschwester Eva bis zu den putschwilligen Generälen Waldorf, Lédinger und dem Hugenotten Fontgeloy – einem sehr preußisch fühlenden und zugleich sehr französisch räsonnierenden Militär. Die Wette gilt also: Wird der Plan – Eva sagt: der „Siegfried-Plan" *(le projet Siegfried)* – zum Erfolg führen, diesem Mann ohne Gedächtnis als dessen universales Substitut ein kollektives Gedächtnis einzupflanzen, in dem Deutsches und Deutsch-Nationales über alles geht? Wird es also dabei bleiben, daß Siegfried sagen kann: „Meine Familie, mein Haus, mein Gedächtnis waren Deutschland" *(Ma famille, ma maison, ma mémoire, c'était l'Allemagne)*? Oder wird es der tapferen Sprachlehrerin gelingen, das viel komplexere und nuanciertere, weil von Jugend an gewachsene kollektive Gedächtnis des Jacques Forestier wiederzubeleben, sein altes Gedächtnis wieder über ihn zu ziehen „wie eine Decke"? Das ist eine richtige Psychomachie wie auf alten Tafelbildern, mit dem Unterschied allerdings, daß Hölle und Himmel, Teufel und Engel, die um diese Seele ringen, nicht so *ein*deutig nach den Nationen zu unterscheiden sind, wie es die Chauvinisten unter den Verächtern dieses Autors gerne gesehen hätten.[8]

*

In der Nachfolge des Jean Giraudoux steht in Frankreich auch Jean Anouilh (1910–1987), der im Jahre 1936 mit seinem Drama „Der Reisende ohne Gepäck" *(Le Voyageur sans bagage)* seinen ersten großen Bühnenerfolg erzielt hat.[9] Es handelt sich ebenfalls um ein Amnesie-Drama, das wie bei Giraudoux einen männlichen Protagonisten hat. Die Aufführung des *Siegfried* hatte Anouilh als eine Offenbarung und als Anstoß zu seiner theatralischen Sendung erlebt. „Am Siegfried-Abend habe ich begriffen" *(C'est le soir de Siegfried que j'ai compris).* Von diesem Stück stammt auch die Metaphorik des Titels, denn schon Giraudoux hatte seinen gedächtnislosen Protagonisten einen Reisenden ohne Gepäck *(sans bagage)* genannt, und auch das Bahnhofsmotiv (bei Giraudoux ist es ein Grenzbahnhof, bei Anouilh ein Verschiebebahnhof) spielt in beiden Stücken eine symbolische Rolle. Aber ebenso wie Pirandello in Italien hat auch Anouilh in Frankreich das Motiv des Gedächtnisverlustes von der politischen Problematik abgelöst, abgesehen davon, daß auch hier der Krieg den Hintergrund bildet. Gaston, so heißt nun der Protagonist, hat nämlich ebenso wie Siegfried sein Gedächtnis durch eine Kriegsverletzung eingebüßt. So ist er „der lebendige unbekannte Soldat" *(le soldat inconnu vivant)* geworden. Und wie Siegfried sucht auch Gaston nach den Spuren seiner Identität und mustert die Familien, die sich als Kandidaten für seine Vergangenheit anbieten. Als untrügliches Erkennungszeichen kann eine Narbe dienen, die Gaston jedoch sorgsam verbirgt.

Nun verdichten sich die Hinweise, daß Gaston wohl der im Krieg verschollene Sohn Jacques der provinzbürgerlichen Familie Renauld sein muß. Die Mutter, die Schwägerin und das Hausmädchen Juliette erinnern sich genau, vielleicht zu genau an diesen Jacques, der nach ihrem übereinstimmenden Zeugnis als Kind und junger Mann ein rechtes Scheusal gewesen ist. Die Erinnerung an Jacques fördert nur Laster und Verbrechen zutage und bildet insgesamt ein Gruselkabinett: „Du warst ein richtiges Monstrum" *(Tu étais un vrai monstre).*

Was macht nun ein Mann, dem das Gedächtnis wiederkehrt, mit einer solchen Vergangenheit? Wird das Scheusal von Gaston diese finstere Erinnerung als sein Leben „annehmen", wird er sich an diesen fatalen Schatten „anlehnen"? Oder wird er vielleicht dieses Gedächtnis einfach verweigern, eine neue Identität begründen, wieder ganz

„rein" *(pur)* werden, „neu wie ein Kind", einfach sagen: „Ich existiere, ich, all euren Geschichten zum Trotz" *(J'existe, moi, malgré toutes vos histoires)*? So lautet also seine „existentielle" Alternative. Da kommt ein reicher Mann daher, der seinen verschollenen Neffen sucht, um ihm sein Vermögen zu vermachen. Sogleich weiß Gaston, daß ein solches Gedächtnisangebot ihm genau auf den Leib zugeschnitten ist. Mit diesem bequemen Gedächtnis wird er sein weiteres Leben verbringen. Gastons letztes Wort auf der Bühne in diesem „schwarzen Stück" *(pièce noire)* von Anouilh: „Laßt mich allein mit meiner Familie" *(Laissez-moi seul avec ma famille).*

*

Zum Ausblick möchte ich nach Anouilh noch Jean-Paul Sartre (1905 bis 1980) in der Reihe der Giraudoux-Nachfolger nennen. Auch er kann in gewisser Weise den Gedächtnisflüchtern zugerechnet werden, die solche Sätze sagen können wie: „Ich existiere, ich, all euren Geschichten zum Trotz." Damit spiele ich auf den sogenannten Existentialismus an, der von Sartre 1943 mit seiner Schrift „Das Sein und das Nichts" *(L'Etre et le Néant)* begründet worden ist und bald zur ersten intellektuellen Nachkriegsmode in Europa und Amerika wurde.[10] Der *homo existentialis,* so lernten hier die Angehörigen einer von monströsen Erinnerungen geschüttelten Nachkriegsgeneration – Opfer und Täter – von Sartre (und von Heidegger), definiert seine Existenz dadurch und nur dadurch, daß er sich handelnd in die Zukunft hinein entwirft und kraft dieses identitätsstiftenden Aktes genau der ist, der er sein will. Das ist bei Sartre durchaus moralisch gemeint, denn jener existentielle Akt begründet nach seiner Auffassung eine neue Verantwortung, durch die sich ein Mensch ethisch bindet – auch politisch übrigens, wie Sartre später hinzugesetzt und auch in seiner eigenen Existenz vorgelebt hat. In dieser Hinsicht ist Anouilhs Gaston, das Monstrum Gaston, alles andere als ein Sartrescher Existentialist. Gleichwohl besteht eine gewisse Verwandtschaft zwischen dem philosophisch-modischen Nachkriegstypus des Existentialisten und jenen gedächtnislosen Bühnenfiguren bei Giraudoux und Anouilh, denen das Schicksal, genauer gesagt: das Kriegsschicksal, die Chance zugespielt hat, noch einmal alles neu anfangen zu können: Amnesie als *tabula rasa* – in Deutschland entspricht ihr die berühmt-berüchtigte „Stunde Null". Ob diese Chance des Neuanfangs moralisch (Giraudoux, Sartre) oder amoralisch (Pirandello, Anouilh) genutzt wird, ist eine andere Frage, die zwar ihre Bedeutung behält, jedoch aus heutiger Sicht vielleicht weniger auffällig ist als die historische Übereinstimmung, die darin besteht, daß bei all diesen Autoren ein funktionierendes Gedächtnis als Antrieb und Maßstab des Handelns ausgeschaltet, zumindest aber eingeklammert wird. Das ist ein Phänomen, das aufmerksamstes Interesse verdient, gerade wenn eine neue Generation seit ein, zwei Jahrzehnten damit beschäftigt ist, diese Amnesie rückgängig zu machen und die historische, politische und moralische Relevanz des Gedächtnisses wiederzuentdecken.

3. Vergeben und Vergessen (Jesus, Fontane)

Das Christentum ist, ebenso wie das Judentum und der Islam, eine Buchreligion. In seinem Zentrum steht ein Buch, die Heilige Schrift. Bemerkenswert und in gewisser Weise paradox ist jedoch die Tatsache, daß Jesus von Nazareth, der Stifter dieser Religion, selber keine einzige Zeile geschrieben hat.[1] Er hat nur mündlich gelehrt und seine Heilsbotschaft ganz dem Gedächtnis anvertraut: „Tut dies zu meinem Andenken!" Dieses Abendmahlswort kann als Stiftungsakt des Christentums angesehen werden. Erst mehrere Generationen später und zunächst in beiläufiger Form ist die christliche Lehre auch schriftlich fixiert worden, und daraus ist dann im Laufe der Jahrhunderte der biblische Kanon des Neuen Testaments entstanden.

Oder hat Jesus doch einmal geschrieben? Ein einziges Mal nämlich berichtet der Evangelist Johannes von einer Begebenheit, in deren Verlauf Jesus schreibend vorgestellt wird.[2] Doch ist die Szene nur bei diesem einen Evangelisten überliefert, so daß sie von den maßgeblichen Bibel-Theologen nicht zum ursprünglichen Bestand der Evangelien gerechnet wird. Sie ist jedoch in den Kanon des Neuen Testaments aufgenommen worden. Wäre das nicht der Fall, wüßten wir gar nichts von einem schreibenden Jesus.

Zu bemerken ist ferner, daß Jesus nur mit dem Finger auf die Erde schreibt, und keiner weiß, was er dort in den Sand oder in den Staub geschrieben hat. Es ist nicht einmal gewiß, ob er wirkliche Schrift geschrieben oder vielleicht nur in den Sand gemalt oder „gekritzelt" hat. Die Szene steht bei Johannes im 8. Kapitel und hat in der Einheitsübersetzung den folgenden Wortlaut:

> Jesus aber ging zum Ölberg. Am frühen Morgen begab er sich wieder in den Tempel. Alles Volk kam zu ihm. Er setzte sich und

> lehrte es. Da brachten die Schriftgelehrten und die Pharisäer eine Frau, die beim Ehebruch ertappt worden war. Sie stellten sie in die Mitte und sagten zu ihm: Meister, diese Frau wurde beim Ehebruch auf frischer Tat ertappt. Mose hat uns im Gesetz vorgeschrieben, solche Frauen zu steinigen. Nun, was sagst du? Mit dieser Frage wollten sie ihn auf die Probe stellen, um einen Grund zu haben, ihn zu verklagen. Jesus aber bückte sich und schrieb mit dem Finger auf die Erde. Als sie hartnäckig weiterfragten, richtete er sich auf und sagte zu ihnen: Wer von euch ohne Sünde ist, werfe als erster einen Stein auf sie. Und er bückte sich wieder und schrieb auf die Erde. Als sie seine Antwort gehört hatten, ging einer nach dem anderen fort, zuerst die Ältesten. Jesus blieb allein zurück mit der Frau, die noch in der Mitte stand. Er richtete sich auf und sagte zu ihr: Frau, wo sind sie geblieben? Hat dich keiner verurteilt? Sie antwortete: Keiner, Herr. Da sagte Jesus zu ihr: Auch ich verurteile dich nicht. Geh und sündige von jetzt an nicht mehr!

Wir können uns die Szene gut vorstellen. Jesus lehrt im Tempel, natürlich in mündlicher Form. Nichts erfahren wir davon, daß im jüdischen Tempel die Thora aufbewahrt wird, die Heilige Schrift, die auch von Jesus bis zum letzten Jota als Gottes geschriebenes Wort angesehen wird. Oft beginnt ja sonst seine eigene Lehre mit den Worten: „Es steht geschrieben ..." (zum Beispiel Matth. 21,13 – die Szene spielt ebenfalls im Tempel). Gegenüber dieser Heiligen Schrift gesteht er sich selber nur das Recht der autoritativen Auslegung zu.

Aber gerade das ist ein Ärgernis für die „Schriftgelehrten und Pharisäer". Mit Niedertracht und Bosheit inszenieren sie Situationen, in denen sie Jesus Fangfragen stellen können. So auch in der oben zitierten Johannes-Geschichte. Sie zerren, offenbar mit Gewalt, eine Ehebrecherin herbei, die *in flagranti* ergriffen worden ist. Auf Ehebruch steht nach dem mosaischen Gesetzbuch unter bestimmten Bedingungen die Todesstrafe durch Steinigung.[3] Das wissen natürlich die Schriftgelehrten und die Pharisäer, und das weiß auch Jesus. Wenn in diesem Fall also nach der Überzeugung der Ankläger das Delikt des Ehebruchs erwiesen ist, wie wird dann der Rabbi aus Nazareth das mosaische Gesetz auslegen, und wie wird er es vor Zeugen auf diesen Fall anwenden? Wird er also die Ehebrecherin streng nach dem Gesetz verurteilen, oder wird er der Sünderin „christlich" verzeihen?

Dies ist die verfängliche Situation, in der Jesus seine mündliche

Lehre nicht fortführt, sondern statt dessen schweigend mit dem Finger auf die Erde schreibt, und zwar offenbar in einem längeren Schreibakt, der einmal durch seine mündliche Antwort unterbrochen wird. Man kann Jesu Verhalten zweifellos als eigenartig empfinden. Das wird indirekt durch ein späteres Zeugnis aus der christlichen Kirchengeschichte bestätigt. Der hl. Jean-Baptiste de la Salle (1651–1719) lehrt nämlich einmal in einer Schrift über die Regeln christlicher Höflichkeit: „Wenn man irgendwo sitzt, darf man sich nicht eines Stäbchens oder Stockes bedienen, um auf die Erde zu schreiben oder dort Figuren zu zeichnen: solches erweckt den Eindruck, daß man verträumt oder schlecht erzogen ist."[4]

Ungefähr wie hier getadelt, muß auch das Benehmen des Mannes aus der galiläischen Provinz auf seine hauptstädtischen Gegner gewirkt haben. Sie wollten den Rabbi provozieren und werden von ihm selber doppelt provoziert, einmal durch sein skandalös unaufmerksames In-den-Sand-Schreiben, dann durch sein empörend impertinentes An-der-Sache-vorbei-Reden, das sie als moralische Personen in Frage stellt. Dem sind sie nicht gewachsen, und so wagt es keiner der Anwesenden, mit der Steinigung zu beginnen. Niemand von ihnen ist offenbar sündenfrei, vielleicht auch gerade von *dieser* Sünde nicht frei.

Jesus bleibt mit der Sünderin allein. Wird *er* sie nun verurteilen, wie das mosaische Gesetz es verlangt? Wird er das Gesetz vielleicht sogar, wie er es in der Bergpredigt (Matth. 5,28) getan hat, unter Einschluß des bloß in Gedanken vollzogenen Ehebruchs, moralisch verschärfen? Hier, vor dem Tempel von Jerusalem, verurteilt Jesus die Ehebrecherin nicht und begnügt sich mit der Ermahnung: „Geh und sündige von jetzt an nicht mehr!"

Jesus und die Ehebrecherin: das ist ein archetypisches Bild christlichen Vergebens und Verzeihens. Denn die Litotes „nicht verurteilen" (Luther: „nicht verdammen") bedeutet nichts anderes als Vergeben im Sinne des Vaterunsers „Und vergib uns unsere Schuld", mit der anschließend gelobten Vergebensreplik: „wie auch wir vergeben unsern Schuldigern". Nicht bedingungslos ist also das Vergeben unter Christen zu haben; auch bei der Ehebrecherin des Johannes-Evangeliums gilt es ja nur unter der Bedingung, daß die Sünderin ihren Lebenswandel in Zukunft ändert. Aus all dem wird später, wie man weiß, die christliche Buß- und Beichtpraxis. Alle Sünden, selbst die „Todsünden", können von Gott vergeben werden, wenn der Christ sie bereut, Buße tut und auf den Weg der Tugend und Gerechtigkeit zurückkehrt.

Schließt dieses Vergeben nun auch das Vergessen ein, wie es das seit alters in der deutschen Sprache gebräuchliche Wortpaar „vergeben und vergessen" (engl. *forgive and forget*) nahelegt? Das muß vor dem Hintergrund einer anderen Bibelstelle erwogen werden, an die Jesus selber wahrscheinlich gedacht hat. In einem Gebet des verfolgten Propheten Jeremias steht folgendes zu lesen:

> Du Hoffnung Israels, Herr! / Alle, die dich verlassen, werden zuschanden,
> die sich von dir abwenden, / werden in den Staub geschrieben;
> denn sie haben den Herrn verlassen, / den Quell lebendigen Wassers. (Jer. 17, 13)

Die Gottvergessenen sind hier gemeint, die den Gedächtnispakt mit dem Herrn Israels brechen. Ihre Namen werden in den Staub (Luther: in die Erde) geschrieben. Dieses Schreiben dient hier also nicht der Erinnerung, sondern dem Vergessen. Es bleibt jedoch, was Jesus betrifft, ein ambivalentes Vergessen. Nach Jeremias ist denkbar, daß Jesus seine Versucher dem Vergessen überantwortet hat, indem er ihre Namen in den Sand geschrieben hat. Tatsächlich sind diese Namen ja, wenn nicht von Gott, so doch von der Geschichte vergessen worden. Vielleicht hat er aber auch, und das scheint mir von seiner Botschaft her näher zu liegen, die Schuld der Sünderin vergessen wollen, sofern sie zum „Quell lebendigen Wassers" zurückkehrt. So jedenfalls ist seine Lehre immer verstanden worden. Vergeben und Vergessen gehören demnach zusammen, sind zwei Seiten einer und derselben Sache. Mir scheint, ebendies ist in der biblischen Geschichte von Jesus und der Ehebrecherin mit geradezu mnemotechnischer Eindringlichkeit (als *imago agens*) ins Bild gesetzt worden. Denn während das Vergeben in Worte gefaßt wird („nicht verurteilen"), ist das Vergessen, das mit dem Vergeben einhergeht und es als weiterer Begriff umfaßt, in der Geste dessen enthalten, der hier als Herr über Erinnern und Vergessen die Schuld in den Sand schreibt.

*

Von der Ehebrecherin des Johannes-Evangeliums gehen wir über zu einer anderen Ehebrecherin, die von ihr durch viele Jahrhunderte und Gattungsgrenzen der verschiedensten Art getrennt ist. Doch das Problem ist im wesentlichen das gleiche geblieben. Von Theodor Fontane (1819–1898) stammt die Geschichte, kein Evangelium zwar, doch ein Roman von großem Wahrheitsgehalt. Ich meine den Roman „Effi Briest" (1895).

Das 25. Kapitel dieses Romans beginnt unter scheinbar glücklichen Vorzeichen.[5] Der bisherige Landrat Baron von Instetten ist zum Ministerialrat befördert und nach Berlin versetzt worden. Nun wird er dort zusammen mit seiner jungen Frau Effi, geborener von Briest, „ein Haus machen". Auch Effi, die in den letzten Jahren von manchen selbstquälerischen Gedanken heimgesucht wurde („als ob ihr ein Schatten nachginge"), läßt sich von diesen angenehmen Aussichten gefangennehmen und vergißt nach und nach, daß da in ihrer Vergangenheit, jedoch „weit, weit weg", eine Begebenheit verborgen liegt, die geeignet sein könnte, ihr weiteres Lebensglück zu zerstören. Sie hat vor Jahren ein Verhältnis mit dem Major von Crampas gehabt. Sie ist eine Ehebrecherin.

Das ist eine schlimme Sünde, so hat sie früher einmal ihrem Hausmädchen Roswitha klargemacht, das ein Verhältnis mit dem verheirateten Herrn Kruse hatte. Bei der Gelegenheit hat Effi auch erfahren, daß Roswitha in früherer Zeit ein uneheliches Kind zur Welt gebracht hat, anscheinend eine große Schande für sie und ihre Familie. Denn der Vater, Dorfschmied von Beruf, ist mit einer glühenden Eisenstange auf die mißratene Tochter losgegangen, und selbst ihre jüngere Schwester hat ihr ein Pfui nachgerufen. Gleich nach der Geburt hat man ihr das Kind weggenommen, und sie weiß nicht, was aus ihm geworden ist. Es ist, wie Effi sofort weiß, „immer dieselbe Geschichte".

Aber Roswitha ist katholisch, sie stammt vom Eichsfeld, wo alle Leute katholisch sind. Von den „Kattolschen" hat Effi, die selber „fest protestantisch" erzogen ist, zwar nur undeutliche Vorstellungen, weiß aber immerhin soviel, daß diese Leute immerfort in die Kirche rennen und zur Beichte gehen müssen, was jedoch manchmal vielleicht auch ein Glück ist, nämlich „wenn man etwas auf der Seele hat, daß es runter kann". So befragt sie Roswitha genau, wie es sich mit der Beichte, diesem Sakrament des Vergebens und Vergessens, verhält. Hilft es denn wirklich, wenn man von seinen Sünden freigesprochen wird und sie einfach durchstreichen kann, oder stimmt es doch, was die Leute sich von den Katholiken erzählen: „die Hauptsache sagen sie doch nicht".

Roswitha bestätigt für ihren Fall Effis skeptische Vormeinung: „das Richtige habe ich doch nicht gesagt". Und so hat die Beichte ihr auch kein gnädiges Vergessen gespendet. Leidet diese „gute robuste Person" also immer noch unter Schuldgefühlen? Nein, sie ist für sich alleine mit ihrer Sündenlast fertig geworden. Am Anfang hat sie zwar noch gemeint, sie trage Schuld an dem ungeklärten Schicksal ihres Kindes, nun aber denkt sie: „ich war es ja nicht, das waren ja die andern". Die Zeit, nicht die Beichte hat geholfen und geheilt. Es ist eben doch alles „schon so sehr lange her".

Bei Roswitha und der katholischen Beichtpraxis findet Effi Briest also keinen Zuspruch für ihren Gedächtniskummer. So ist sie auch nicht bei bester Gesundheit. Der Arzt rät zu einer Kur in Bad Ems. Während dieser Zeit kümmert sich ihr Mann in Berlin zusammen mit dem Hauspersonal um ihre kleine Tochter Annie. Einmal löst ein häuslicher Unfall des Mädchens allerhand aufgeregtes Herumkramen in Tischen und Schränken aus. Dabei findet der Baron zufällig ein Päckchen alter Briefe, die Effi aufbewahrt hat. Es sind Liebesbriefe des Majors von Crampas. Der Ehebruch ist offenbar.

Spontan ruft Instetten einen alten Freund, den Geheimrat Wüllersdorf, zu sich, erzählt ihm die ehrenrührige Geschichte vom Fehltritt seiner Frau und bittet ihn, dem Galan seine Duellforderung zu überbringen. Oder hätte er etwa seiner Frau verzeihen sollen? Auch dieser Gedanke geht ihm kurz durch den Kopf, denn: „Ich liebe meine Frau." Aber für ihn ist nicht entscheidend, was er „als Einzelner" denkt und empfindet: „man gehört einem Ganzen an". Damit ist natürlich der gesellschaftliche Stand derjenigen Personen gemeint, die sich in der damaligen Zeit noch dem Ehrenkodex verpflichtet fühlten. Dieser war zwar in ganz Europa gegen Ende des 19. Jahrhunderts schon ziemlich unzeitgemäß geworden, nicht so jedoch für einen preußischen Baron und Ministerialrat wie Instetten. Ehrvergessen, wie man damals zu sagen pflegte, will und kann er nicht leben, auch wenn die Ehre, wie er einmal in einem klarsichtigen Augenblick zu denken wagt, nur ein gewisses „uns tyrannisierendes Gesellschafts-Etwas" sein sollte.

Noch bleibt jedoch eine letzte Möglichkeit, die Familienkatastrophe abzuwenden. Es gibt, wie Instetten weiß, im (meistens mündlich überlieferten und nur beiläufig aufgezeichneten) Ehrenkodex eine Verjährungsklausel, derzufolge eine Ehrabschneidung nach zehn Jahren verjährt und folglich nicht mehr mit einer Duellforderung beantwortet werden muß. Seit dem Ehebruch sind sechseinhalb Jahre vergangen. Zu wenig für die Verjährungsklausel, meint Instetten, da frühestens nach zehn Jahren und keinen Tag eher ein Ehrenfall für die Öffentlichkeit als abgetan gelten kann. Und überhaupt ist das Prinzip der Verjährung, rechtlich und standesrechtlich definierbar als öffentlich sanktioniertes Vergessen, für den Baron Instetten nur „etwas Halbes, etwas Schwächliches".

So nimmt das Schicksal seinen Lauf: „Ich muß." Das Duell findet statt. Crampas wird tödlich verwundet. Die Sühne für Effi besteht darin, daß sie von ihrem Mann „schuldig geschieden" wird, auch von ihrem Kind muß sie sich trennen: „Vor einer Stunde noch eine glückliche Frau, Liebling aller, die sie kannten, und nun ausgestoßen!" Selbst das Elternhaus nimmt sie nicht mehr auf, bis nach ein paar Jahren der alte Briest doch ein Einsehen hat: „Effi komm!"

Effi Briests Geschichte ist ein Vergessensdrama. Die „alten Geschichten" mit dem Major Crampas, die in der Sprache der Moral, der Ehre und des Rechts Ehebruch heißen, sind von den damaligen Akteuren schon so gut wie vergessen. Sogar der Ehrenkodex, selber vom Vergessen bedroht, hat in seine starren Verhaltensnormen mit dem Prinzip der Verjährung eine Vergessensklausel eingeführt. Nach zehn Jahren also (warum gerade zehn?) kann ein Ehrendelikt als vergessen gelten und braucht nicht mehr, wie sonst immer, mit Blut gesühnt zu werden. Im übrigen ist zu bedenken, daß Effi noch sehr jung ist. Sie war damals, als die Sache passierte, fast noch ein Kind. Nur aus Leichtsinn (so Crampas), hat sie, wie die Leute damals zu sagen pflegten, „sich vergessen". So könnte also die Geschichte von der Ehebrecherin Effi Briest ein versöhnliches Ende nehmen, ja wenn die Ehrenmänner mit ihren Pistolen in der Hand sich an das gnädige Vergeben und heilende Vergessen jenes Mannes am Tempel von Jersusalem erinnert hätten, der ihrer Religion seinen Namen gegeben hat. Aber das Christentum ist hier selber vergessen, von den Christen ist es vergessen, von den Katholiken ebenso wie von den Protestanten.

4. Amnesien, Amnestien und das nicht zu enträtselnde Halljahr (Schiller, Kleist, Celan)

Die Barockzeit, der wir kostbare Werke der Kunst und Literatur verdanken, war auch eine Zeit vieler Kriege. So stammt auch die folgende Strophe eines deutschen – allerdings allegorisch gemeinten – Barockgedichts aus schlimmen Kriegszeiten und drückt aus, auf welchem Wege vielleicht Frieden werden kann in einem kriegszerstörten Land.[1] Die Strophe lautet:

Straf und Rache legt beiseit,
liebet die Vergessenheit;

Höchsten Ruhm
könnt ihr erreichen,
Ja, den Göttern selbst auch gleichen,
Nur vergesset, nur verzeiht:
Fried im Land ist dann bereit.

Etwa um die gleiche Zeit, als dieses Gedicht entstanden ist, hat auch der Gedanke, daß Versöhnung und Befriedung im Zusammenleben der Menschen aus christlichem Vergeben und Vergessen hervorgehen können, in der Politik Fuß gefaßt. So hat Jörg Fisch in einer sehr lesenswerten Untersuchung an vielen Beispielen zeigen können, wie gerade im 17. und auch noch im 18. Jahrhundert in Europa, allerdings nach schon antiken Vorbildern, in den Friedensverträgen der Zeit ein umfassendes Vergessensgebot für alle schuldhaften Kriegshandlungen üblich wurde.[2] Es wurde oft formelhaft ausgedrückt als „Amnestie und Oblivion" (franz: *amnestie et oubli*), wobei das Wort griechischer Herkunft und das Wort lateinischer Herkunft als fachsprachliche Synonyme das gleiche bedeuten, nämlich 'verordnetes Vergessen'. Rechtlich drückt diese Vergessensklausel eine für beide friedenschließenden Parteien geltende Verpflichtung aus, auf alle Schuldzuschreibungen und Strafmaßnahmen für vergangene Kriegshandlungen zu verzichten. So heißt es beispielsweise im Westfälischen Frieden von 1648 gleich im 2. Artikel, daß nunmehr „ewige Vergessenheit und Amnestie" *(perpetua oblivio et amnestia)* die Kriegshandlungen des Dreißigjährigen Krieges „begraben" und einen dauerhaften Frieden begründen soll. „In Vergeß stellen" *(mettre en oubli)* heißt diese Bestimmung in der Sprache des Rechts. Die in solchen Begriffen ausgedrückte Rechtsauffassung ist Immanuel Kant noch gut vertraut, wenn er schreibt: „Daß mit dem Friedensschlusse auch die Amnestie verbunden sei, liegt schon im Begriffe desselben."[3] In diesem Sinne ist auch, nach den Ereignissen der Französischen Revolution, die Devise Ludwigs XVIII. zu verstehen, wenn er bei seinem Regierungsantritt 1814 seinem Land „Einheit und Vergessen" *(Union et oubli)* verspricht und diese Maxime im Artikel 11 der *Charte constitutionnelle* des gleichen Jahres wie folgt qualifiziert:

Toutes recherches des opinions et votes émis jusqu'à la restauration sont interdites. Le même oubli est commandé aux tribunaux et aux citoyens.

Alle Nachforschungen nach Meinungen und Stellungnahmen vor der Restauration sind verboten. Das gleiche Vergessen wird den Gerichten und den Bürgern anempfohlen.[4]

Die großen Volks- und Weltkriege späterer Zeiten sind nicht mehr von der Art, daß die mit ihnen verbundenen, immer grauenhafteren Kriegsverbrechen (der Ausdruck ist seit dem Ersten Weltkrieg gebräuchlich) durch verordnetes Vergessen aus dem Gedächtnis der Menschheit getilgt werden könnten. Es ist daher moralisch und historisch konsequent, daß seit den Nürnberger Kriegsverbrecherprozessen, deren Rechtsauffassung auch durch den Deutschen Bundestag und das Internationale Kriegsverbrechertribunal in Den Haag bestätigt worden ist, alle „Verbrechen gegen die Menschlichkeit", insbesondere in der Form des Völkermords (Genozid) von jeder Amnestie ausgeschlossen sind und nicht verjähren können. Unter diese Bestimmung fallen auch alle Verbrechen bei der Planung und Ausführung der Juden-„Vernichtung" (Holocaust, Shoah). Und es ist weiterhin folgerichtig, daß Ezer Weizmann als Präsident des Staates Israel bei seiner Rede vor dem Deutschen Bundestag am 16. Januar 1996, fünfzig Jahre nach Kriegsende, sowohl Vergeben als auch Vergessen des von Deutschen begangenen Genozids an den europäischen Juden ausdrücklich ausgeschlossen hat.[5]

Es bleibt die Frage offen, wie die Individuen, Generation um Generation, sich gegenüber dieser unverjährbaren Erinnerungspflicht verhalten und in Zukunft verhalten werden. Ist dieses seit Auschwitz zwischen Israel und Deutschland unverrückbar bestehende – und beide Völker bindende – Vergessensverbot selber, wie es bei dem Propheten Jeremias einmal heißt, ein „ewiger Bund, der nie vergessen werden wird" *(foedus sempiternum quod nulla oblivione delebitur)*?[6] Aber ist ein solches Gebot, wenn es für alle Zeiten gelten soll und der Mensch dennoch ein *animal obliviscens* bleibt, wirklich durchzuhalten, ohne daß sich auf der Täter- wie auf der Opferseite das Gedächtnis verkrampft und neue Feindschaft erzeugt wird? Gilt hier für den einzelnen nicht – oder vielleicht doch – die weltkluge Maxime des spanischen Moralisten Baltasar Gracián (1601–1658), die schlicht lautet: „Vergessen können!" *(Saber olvidar)*?[7] Doch setzt Gracián sogleich hinzu: „Es ist mehr ein Glück als eine Kunst." Denn als Moralist weiß er auch: „Das Gedächtnis ist nicht nur widerspenstig, indem es uns im Stich läßt, wenn wir es am meisten brauchen, sondern es ist auch töricht, indem es herbeigelaufen kommt, wenn es gar nicht paßt."

In den großen historischen Dramen von Friedrich Schiller (1759 bis 1805) ist dieses Problem als ein tragisches erkannt.[8] In seiner „Jungfrau von Orleans“ (1801) scheinen sich am Anfang des Geschehens Friede und Versöhnung zwischen König Karl VII. von Frankreich und Herzog Philipp von Burgund anzubahnen. Karl also:

> Versenkt im Lethe sei
> Auf ewig das Vergangene. (...)
> Vergeßt es! Alles ist verziehen. Alles
> Tilgt dieser einzge Augenblick.

Und Philipp („der Gute“):

> Ich will gutmachen! Glaubet mir, ich wills.
> Alle Leiden sollen euch erstattet werden.

Nichts jedoch, so erfahren wir bald aus der weiteren Handlung des Dramas, ist aus dieser „redlichen Versöhnung“ geworden, und der Krieg geht weiter.

Ähnliches lesen wir oder sehen es auf der Bühne in Schillers Tragödie „Die Braut von Messina oder Die feindlichen Brüder“ (1803). Hier müht sich Isabella, die Mutter, verzweifelt, den verhängnisvollen Streit zwischen ihren Söhnen zu „erledigen“. So faßt sie ihrer beider Hände und ruft ihnen zu:

> O meine Söhne! Kommt, entschließet euch,
> Die Rechnung gegenseitig zu vertilgen,
> Denn gleich auf beiden Seiten ist das Unrecht.
> Seid edel, und großherzig schenkt einander
> Die unabtragbar ungeheure Schuld.
> Der Siege göttlichster ist das Vergeben!
> In eures Vaters Gruft werft ihn hinab
> Den alten Haß der frühen Kinderzeit!
> Der schönen Liebe sei das neue Leben,
> Der Eintracht, der Versöhnung seis geweiht.

Schon bei diesen Worten blicken die zerstrittenen Brüder zur Erde, ohne einander anzusehen. Und so geht der Krieg zwischen ihnen weiter, bis zum bitteren Ende, dem Tod beider Brüder. Der Chor hat es immer schon gewußt:

Und zu schwere Taten sind geschehen,
Die sich nie vergeben und vergessen.

So hat der Chor auch das letzte Wort in der Tragödie: „Der Übel größtes ist die Schuld."

Noch ein weiteres Mal – allerdings chronologisch vor den erwähnten Dramen – hat Schiller einen Versuch mit dem Vergeben und Vergessen gemacht. In seinem Drama „Wallenstein" (1798/1799) hören wir auf der Bühne wieder die verführerischen Töne „Laß Vergangenes vergessen sein!" Illo, Feldmarschall Wallensteins und sein Vertrauter, spricht diese Worte, und dabei umarmt er seinen Gegenspieler Octavio Piccolomini, der schon den Abfall von Wallenstein vorbereitet. Die Szene ist geladen mit tragischer Ironie, die noch dadurch gesteigert wird, daß der Feldmarschall betrunken ist und nun auch seinem Feind den Vergessenstrunk reichen will: „Ersäuft sei aller Groll in diesem Bundestrunk!" Der Wein ist hier jedoch eine untaugliche Vergessensdroge, und so nimmt auch diese Tragödie ohne Vergeben und Vergessen ihren Lauf.

Ich will mich hier jedoch nicht von Schiller trennen, ohne an seine und Beethovens Hymne „An die Freude" zu erinnern. Eigentlich ist es ja gar keine Hymne, sondern ein „heiteres" Trinklied, bei dem die Freunde auf diese Himmelsmacht anstoßen: „Dieses Glas dem guten Geist!" Hilft *dieser* Wein denn wohl beim Vergessen? Ja, das ist hier Schillers Meinung, und sogar für das Vergeben ist dieser Freundes- und Brüdertrunk ein gutes Omen. So beschwören es nämlich die Verse:

Duldet mutig, Millionen!
  Duldet für die beßre Welt!
  Droben überm Sternenzelt
Wird ein großer Gott belohnen.

Göttern kann man nicht vergelten,
  Schön ist's, ihnen gleich zu sein.
Gram und Armut soll sich melden,
  Mit den Frohen sich erfreun.
Groll und Rache sei vergessen,
  Unserm Todfeind sei verziehn,
Keine Träne soll ihn pressen,
  Keine Reue nage ihn.

Unser Schuldbuch sei vernichtet!
  Ausgesöhnt die ganze Welt!
  Brüder – überm Sternenzelt
Richtet Gott, wie wir gerichtet.
(...)

Rettung von Tyrannenketten,
  Großmut auch dem Bösewicht,
Hoffnung auf den Sterbebetten,
  Gnade auf dem Hochgericht!
Auch die Toten sollen leben!
  Brüder trinkt und stimmet ein,
Allen Sündern soll vergeben,
  Und die Hölle nicht mehr sein.

Ja, das ist nun wohl ein sehr idealisches Gedicht und vielleicht doch mehr ein Trinklied als eine Hymne. Sollte es aber doch eine Hymne sein, die sogar als Europa-Hymne taugen soll, dann wird man auch über das Vergeben und Vergessen als Ingredientien der Europa-Idee neu nachdenken müssen.

*

Amnestien, fallweise betrachtet und auf Individuen angewendet, werden Begnadigungen genannt. Das Gnadenrecht gehört seit alters zu den fundamentalen Privilegien des Souveräns, besonders wenn dieser absolutistisch herrscht. Doch kennt auch die demokratische Staatsform in gewissen Grenzen dieses Herrscherrecht, das als ein „von oben" verordnetes Vergeben und Vergessen verstanden werden kann.

Heinrich von Kleist (1777–1811) hat in seinem Schauspiel „Prinz Friedrich von Homburg" (1810/1811), das auf teils historische, teils legendäre Kriegsereignisse des 17. Jahrhunderts zurückgreift, die Handlung des Stücks mit den Triebkräften des Vergessens und Vergebens auf die Höhen einer subtilen Tragik gehoben. In diesem Stück herrscht Krieg zwischen Brandenburg und Schweden. Eine Schlacht steht bevor, die später als die Schlacht von Fehrbellin (1675) in die Geschichtsbücher eingehen wird. Einer der brandenburgischen Heerführer unter der Herrschaft des Großen Kurfürsten ist der junge Prinz von Homburg. Etwas Ungeheuerliches geschieht. Bei der Befehlsausgabe für die Gefechtsordnung ist der Prinz so geistesabwesend und

„zerstreut", daß er sich am nächsten Tag nicht mehr an den Plan erinnert und in der Schlacht, obwohl er von seinen Untergebenen mehrfache Hinweise erhält, draufgängerisch die falschen Angriffsbefehle gibt. Zufällig erweisen sich diese jedoch als taktisch richtig, und die Schlacht wird gewonnen. Darf der Prinz von Homburg nun als Sieger von Fehrbellin gefeiert werden?

Man kann sich an dieser Stelle an eine Reflexion von Sigmund Freud erinnern, der darauf aufmerksam macht, daß die Vergeßlichkeit, wie sie in der bürgerlichen Gesellschaft sonst als unbeachtliche „Fehlleistung" angesehen ist, beim Militär und im Krieg als schweres Delikt gewertet wird. Er schreibt: „Daß in militärischen Dingen die Entschuldigung, etwas vergessen zu haben, nichts nützt und vor keiner Strafe schützt, wissen wir alle und müssen es berechtigt finden." So erfährt es in Kleists Stück auch der Prinz. Ein Kriegsgericht verurteilt ihn zum Tode. Schon wird das Grab ausgehoben, das seinen Leichnam aufnehmen soll. Da bricht der Prinz zusammen. Er vergißt, wer er ist, und fleht nur noch – „ganz unwürdig" – um Gnade. Auch auf die Prinzessin Natalie, die mit ihren Zeichen der Zuneigung zu ihm Anlaß seiner Verwirrung und Vergeßlichkeit war, will er jetzt Verzicht leisten, wenn das die Gnade befördern kann: „In meinem Busen ist alle Zärtlichkeit für sie verlöscht."

Manches erinnert in der Person des Prinzen von Homburg an den Leutnant Katte, der ebenfalls die ganze Strenge des Militärgesetzes erfahren mußte und ungeachtet seiner edlen Motive hingerichtet wurde (vgl. V 2). Die Parallele zwischen den beiden Offizieren wird außerdem dadurch unterstrichen, daß Kleist den Stoff seines Dramas offenbar den „Erinnerungen an die Geschichte des Hauses Brandenburg" (1751) aus der Feder Friedrichs des Großen entnommen hat. Wird also auch der Prinz von Homburg die Pflichtvergessenheit von Fehrbellin mit seinem jungen Leben bezahlen müssen? Nein, es ergeht Gnade vor Recht. Auf Bitten der Damen und des gesamten Offizierskorps wird der Prinz vom Kurfürsten begnadigt. Bei dem Wort „begnadigt" fragt die Prinzessin noch einmal genau nach: „Ihm soll vergeben sein?" Ja, das Urteil wird „kassiert", aber unter der Bedingung, daß der Prinz sich selber vergeben kann. Da nun fängt sich der Prinz wieder und lehnt die bedingte Gnade des Kurfürsten ab. Jetzt ist er es, der den Kurfürsten um Vergebung bittet. „Versöhnt und heiter" will er in den Tod gehen.

Der Prinz wird nicht hingerichtet. Gerade die Tatsache, daß er am Ende bereit war, das harte Urteil über seine Vergeßlichkeit als berechtigt anzusehen, gibt dem Kurfürsten die Möglichkeit, die bedingte Begnadigung in eine unbedingt geltende umzuwandeln und sie als „gerechte Gnade“ (Schmidhäuser) zu bestätigen.[9]

Der Kurfürst der Kleistschen Dichtung ist zweifellos menschlicher, als es in der historischen Wirklichkeit sein königlicher Sohn Friedrich Wilhelm I. war, der für Kattes Vergehen keine Gnade walten ließ. Wie dieser in der Wirklichkeit, so verzichtet jedoch auch der Kurfürst in Kleists Drama nicht auf eine höchst drastische Erziehung des prinzlichen Gedächtnisses. Das Stück endet damit, daß der Prinz von Homburg, der von seiner Begnadigung noch nichts weiß, mit verbundenen Augen zum Richtplatz geführt wird. Erst als schon der Trommelwirbel rollt, darf die Prinzessin ihm die Binde abnehmen und ihn mit Kranz und Kette auszeichnen – eine *imago agens* von beklemmender Intensität. Mit einer solch quälend-heilenden Mnemotechnik soll der zerstreute Prinz von seiner unmilitärischen Vergeßlichkeit ein für allemal geheilt werden. Wie Friedrich bei der Hinrichtung Kattes, so fällt auch er in eine tiefe Ohnmacht.

*

Von Schiller und Kleist wenden wir uns nun einem Dichter zu, der als jüdischer Autor deutscher Zunge die Spannung zwischen Erinnern und Vergessen in seinem Leben und in seinem literarischen Werk bis über die Grenzen des Erträglichen hinaus an sich erfahren hat: Paul Celan (1920–1970).[10] Schon das Titelgedicht seines ersten Gedichtbandes „Der Sand aus den Urnen“ (1948) handelt vom Vergessen und lautet:

> Schimmelgrün ist das Haus des Vergessens.
> Vor jedem der wehenden Tore blaut dein enthaupteter Spielmann.
> Er schlägt dir die Trommel aus Moos und bitterem Schamhaar;
> mit schwärender Zehe malt er im Sand deine Braue.
> Länger zeichnet er sie als sie war, und das Rot deiner Lippe.
> Du füllst hier die Urnen und speisest dein Herz.

Wir sehen: vor dem Haus des Vergessens, wo immer es stehen mag, wird wieder in den Sand geschrieben oder gemalt. Und dieser Sand ist zugleich Asche, denn er füllt die Urnen.[11]

Die Gedichte dieses ersten, von der Öffentlichkeit wenig beachteten Gedichtbandes hat Celan wenig später mit in einen zweiten Gedichtband aufgenommen, der unter dem Titel „Mohn und Gedächtnis“ im

Jahre 1950 erschienen ist. In diesem Band steht auch die „Todesfuge", die seinen literarischen Ruhm begründet hat.

Daß der Mohn *(papaver somniferum),* der im Titel dieses Gedichtbandes mit dem Gedächtnis zusammengepaart ist, das Vergessen versinnbildlicht, ergibt sich aus einem anderen Gedicht dieses Bandes, in dem Celan ausdrücklich vom „Mohn des Vergessens" spricht.[12] Zwischen Vergessen und Erinnern sind jedoch die Valenzen keineswegs eindeutig verteilt. Die Erinnerung ist gegenüber dem Vergessen insofern dominant, als sie obsessiv von jenem Meister aus Deutschland beherrscht wird, den die Todesfuge für immer festgebannt hat.

Die nachfolgenden Überlegungen zu Celans „Mohn und Gedächtnis" werden sich an einem späten Gedicht von ihm orientieren, in dem ein Wort vorkommt, das ohne Erläuterungen kaum zu verstehen ist. Ich muß dem Leser daher einen kleinen wort- und begriffsgeschichtlichen Exkurs zumuten. Es handelt sich um das Wort „Halljahr", das in der älteren deutschen Sprache vor allem durch Luthers Bibelübersetzung bekannt war und in der heutigen Sprache durch das Wort „Jubeljahr" (vgl. die Redensart „alle Jubeljahre") ersetzt worden ist. Beide Wörter haben den gleichen Ursprung in dem hebräischen Wort *jobel,* das ein Widderhorn bezeichnet oder auch metonymisch dessen freudig-festlichen Schall. Luther hat die metonymische Bedeutung dieses Wortes mit dem deutschen Wort *„Hall"* wiedergegeben, während das Wort *„Jubel"* in *„Jubeljahr"* (vgl. auch „Jubiläum") in fremdwörtlicher Entwicklung an hebr. *jobel* anschließt, wobei allerdings eine volksetymologische Erinnerung an das spät- und mittellateinische Wort *iubilum* 'Jubel, Jauchzen' (als Freudenruf der Hirten und Jäger) mitschwingt.

Wir müssen noch etwas weiter ausholen, um „das nicht zu enträtselnde Halljahr" (so Celan in einem anderen Gedicht) genauer zu fixieren. Was in der jüdischen Überlieferung ein Halljahr ist, wird im 3. Buch Moses (= Leviticus) in allen Einzelheiten beschrieben, und zwar mit legislativer Intention.[13] Als erstes wird bestimmt, daß in Analogie zum Sieben-Tage-Zyklus der Woche, mit dem Sabbat als Ruhe- und Feiertag, ein ebensolcher Zyklus der Jahre gelten soll, mit dem siebten Jahr als zu feierndem Sabbatjahr. Ein noch festlicheres Jahr ist jedoch dann zu feiern, wenn $7 \times 7 = 49$ Jahre abgelaufen sind. Das ist dann das fünfzigste Jahr, zu dem die Hörner festlich „hallen" sollen, so daß es auch das Widderhornjahr oder Jubeljahr oder eben Halljahr genannt werden kann.

Das Hall- oder Jubeljahr ist vor allem deshalb ein ausgezeichnetes

Jahr im Leben eines einzelnen Juden oder der jüdischen Religionsgemeinschaft, weil in diesem Jahr, wie ohnehin schon in jedem siebten Jahr, noch ausstehende Schulden erlassen werden. Es wird daher auch „Erlaßjahr" (Vulgata: *annus remissionis*) genannt. Was das bedeutet, lautet in Luthers Verdeutschung so: „Da soll ein jeglicher bei euch wieder zu seiner Habe und zu seinem Geschlecht kommen." Der Schulden-„Erlaß" gilt demnach nicht nur für geborgte Sachen, sondern auch für geknechtete Personen (Schuldknechtschaft), und zusammengefaßt lautet die Erlaß-Formel am Ende einer anderen Bibelstelle so: „Das ist das *Halljahr,* da jedermann wieder zu dem Seinen kommen soll."

Wenn nun das so beschriebene Halljahr, wie es für alle jüdischen Feste gilt, ein Gedenk- und Gedächtnisfest ist, da es über die Symbolik der Siebenzahl an die Weltschöpfung und Einrichtung des Sabbats als Ruhe- und Feiertag angeschlossen ist, so gilt es doch gleichzeitig in seiner inhaltlichen Ausgestaltung als ein Jahr des Vergessens. Denn der „Erlaß" der Schulden und Schuldverpflichtungen ist ein von Gott verordneter und von Moses allem Volk verkündeter Vergessensakt. Jegliche „Entfremdung", wenn man hier noch einmal eine Marxsche Vokabel verwenden darf, soll für den Zeitraum dieses Jahres vergessen werden: wahrlich ein Grund zu feiern.

Diesen Grund zu feiern haben sich später auch die Christen nicht entgehen lassen.[14] Nachdem schon der hl. Isidor von Sevilla an das Jubeljahr *(annus iubilaeus)* des jüdischen Kalenders erinnert hatte, nur um in dem damit verbundenen Erlaß der Schulden allegorisch *(per figuram)* ein Vor-Zeichen des jenseitigen Schulderlasses beim Ausruhen in Gott *(requies aeterna)* zu sehen, führt Papst Bonifaz VIII. im Jahre 1300 für die gesamte Christenheit ein Jahr des Heils ein, das seitdem als Heiliges Jahr *(annus sanctus)* „alle Jubeljahre", das heißt bei wechselnden Zeitspannen alle 100, 50, 33 oder 25 Jahre, feierlich begangen wird. Zum Heiligen Jahr pilgerte man, mehr als zu sonstigen Zeiten, nach Rom, um dort den zu diesem Anlaß vom Papst verkündeten vollkommenen Ablaß, auch er ein Akt des Vergessens, nämlich zur Vergebung aller zeitlichen Sündenstrafen, zu empfangen. Dante war einer der Pilger dieses ersten Heiligen Jahres, und zur Erinnerung an das große Vergessensfest hat er in seiner *Divina Commedia* seine Jenseitswanderung, die ihn durch die Reiche des Vergessens und Erinnerns – Hölle, Fegefeuer und Paradies – geführt hat, in ebendieses Jahr 1300 versetzt.

Nach dieser langen Vorgeschichte (für gläubige Juden und Christen jedoch: inmitten dieser lebendig erinnerten Geschichte) komme ich jetzt zu Paul Celans kurzem Gedicht mit dem ersten Vers UND KRAFT UND SCHMERZ als Titelzeile.[15] Es ist in dem kurz vor seinem Tod in den Jahren 1967/68 entstandenen und 1970/71 postum publizierten Gedichtband „Schneepart" enthalten und lautet:

UND KRAFT UND SCHMERZ
und was mich stieß
und trieb und hielt:

Hall-Schalt-
Jahre,

Fichtenrausch, einmal,

die wildernde Überzeugung,
daß dies anders zu sagen sei als
so.

Celans Gedicht kann in formaler Hinsicht trotz seiner Kürze ein Erzählgedicht genannt werden. Der Einsatz mit „und" entspricht biblischem Erzählstil („Und Gott sprach ..."). Noch viermal folgt danach in kurzem Kontextabstand der gleiche Junktor „und"; er verleiht dem Gedicht einen starken Bewegungsimpuls. Diese Bewegung konkretisiert sich in den drei Verben „stieß", „trieb" und „hielt", die im Erzähltempus Präteritum stehen und überdies durch ihren Gleichklang die Bewegung sinnlich repräsentieren. Als Erzählsignal können wir auch das Adverb „einmal" ansehen, es deutet auf ein Ereignis als eigentlichen Erzählgegenstand. Schließlich gehört indirekt auch die Schlußstrophe in diesen narrativen Zusammenhang. In ihr tritt der Autor mit kritischer Emphase („wildernde Überzeugung") von der besonderen Art und Weise („so") zurück, wie er das, was er zu sagen hat, in diesem Gedicht gesagt hat. Es müßte ganz anders – vielleicht konsequent narrativ oder überhaupt nicht narrativ – gesagt werden. In diesem fraglichen Sinn kann die letzte Strophe dieses Celan-Gedichtes als Ausdruck einer sein eigenes Schreiben und Schreiben-Können nicht aussparenden Erzählkritik verstanden werden.

Denn was erzählt Celan eigentlich in diesem Gedicht? Ein Erzählinhalt ist nur in Andeutungen erkennbar, wie Celan auch sonst in seinem literarischen Werk die von Freud so deutlich erkannte, die

Seele entspannende und das Gedächtnis lindernde Kraft des (langen, langatmigen!) Erzählens nie an sich herangelassen hat. Das Ereignis nun, das man sonst bei einer Erzählung erwarten darf, versteckt sich offenbar in dem Wort „Fichtenrausch", das unmittelbar neben dem Erzählsignal „einmal" steht, und zwar so zusammengedrängt und verborgen, daß es ohne zusätzliche Information nicht entschlüsselt werden kann. Es muß aber nach der Semantik der Verben in der ersten Strophe (stieß, trieb, hielt) ein gewalttätiges Ereignis sein, das diesen „Schmerz" erzeugt hat. Es ist offenbar jene nicht vernarbende „Erinnerungswunde", von der Celan in einem anderen Gedicht spricht und die auch Antriebskraft und Erinnerungsschmerz der „Todesfuge" sowie vielleicht seines ganzen Dichtens bildet: der Holocaust, die nicht zu vergessende Shoah.

Vielleicht kann nun auch das „nicht zu enträtselnde Halljahr" unseres Gedichtes mit in diesen Zusammenhang von Vergessen und Erinnern gestellt werden. Das Wort „Halljahr" ist ja in der Versfassung „Hall-Schalt-Jahre" wie ein Element aus einem fernen, fremden Zusammenhang in das Gedicht eingeschaltet. Beide Ausdrücke, „Halljahr" und „Schaltjahr", sind Kalenderwörter, das eine aus dem jüdischen, das andere aus dem julianisch-gregorianischen Kalender. Insofern gehören sie beide zu jenem Ordnungssystem, mit dem Menschen die Zeit erinnerungsfähig machen. Aber das Halljahr ist – „alle Jubeljahre einmal" – nicht nur Erinnerungs-, sondern auch Vergessensdatum, da ja in diesem Erlaßjahr Schuld vergeben und geschuldete Erinnerung vergessen werden darf. In jedem fünfzigsten Jahr, so hat es Moses verfügt, soll dieses Halljahr gefeiert werden.

In seinem eigenen fünfzigsten Jahr, dem Halljahr seines Lebens, ist Paul Celan freiwillig aus dem Leben gegangen. Dieser Tod ist von uns nicht zu enträtseln. Doch wissen wir, daß ein Fluß, die Seine, seinen Körper davongetragen hat, nicht jedoch ein anderer Fluß, Lethe, den Geist seiner Dichtung.

IX. Auschwitz und kein Vergessen

1. Niemals werde ich vergessen (Elie Wiesel)

Am 10. April 1945 wurde der sechzehnjährige Elie Wiesel von amerikanischen Truppen aus dem Konzentrationslager Buchenwald befreit. Etwa ein Jahr vorher war er mit seiner ganzen Familie und allen anderen Juden seines Heimatortes Sighet, einer kleinen Stadt in Siebenbürgen, nach Auschwitz deportiert worden. Schon bei der ersten Selektion wurden die Mutter und seine drei Schwestern Hilda, Bea und Tzipora von ihm und seinem Vater getrennt; nie wieder hat er von ihnen gehört. Mit seinem Vater blieb Eliezer (so wurde er von ihm genannt) in den Konzentrationslagern Auschwitz und Buna zusammen, und gemeinsam kämpften sie täglich um ihr Überleben. Erst am Ende des Todesmarsches nach Buchenwald, wenige Tage vor der Befreiung, starb der Vater, entkräftet und erschöpft, mit dem Namen des Sohnes auf den Lippen.

Elie Wiesel war der einzige Überlebende dieser jüdischen Familie und der einzige Zeuge, der noch in ihrem Namen sprechen konnte. Das ist nicht sofort nach der Befreiung geschehen. Erst zehn Jahre später, von dem französischen Schriftsteller François Mauriac gedrängt, hat Elie Wiesel in französischer Sprache unter dem Titel „Nacht" *(Nuit)* zu Papier gebracht, was die Peiniger und Mörder von Auschwitz und Buchenwald, Menschen in deutschen Uniformen, seinem Volk, seiner Familie und ihm selber angetan haben.[1] Noch in vielen weiteren Büchern und Aufsätzen hat Elie Wiesel seitdem vom Holocaust (ich benutze hier diesen hilflosen Ausdruck, den er selber auch benutzt) geschrieben und immer wieder neu angesetzt, um das Unbegreifliche dieses Völkermords in begreifliche Worte zu fassen und die Erinnerung an die Opfer vor dem Vergessen zu bewahren. Daß dies in der Sprache der Trauer und Bitternis, jedoch ohne Haß und Rachegedanken geschehen ist, läßt eine tiefe Menschlichkeit erkennen, in der alle Leser dieses Autors, der im Jahre 1986 mit dem Friedensnobelpreis ausgezeichnet worden ist, ein Zeichen der Hoffnung erkennen können.

Elie Wiesel hat sein Buch „Nacht" wie auch seine weiteren Schriften geschrieben, um ein Gelöbnis zu erfüllen, das der Autor auf die erste Nacht in Auschwitz datiert hat. Die Familie ist schon getrennt, die Verbrennungsöfen rauchen, und die neuangekommenen Häftlinge begreifen, welches Ende auch ihnen zugedacht ist. Elie Wiesels Gelöbnis lautet in der feierlich-poetischen und fast biblisch zu nennenden Sprache, die der Autor ihm rückblickend gegeben hat:

> *Jamais je n'oublierai cette nuit, la première nuit de camp qui a fait de ma vie une nuit longue et sept fois verrouillée.*
>
> *Jamais je n'oublierai cette fumée.*
>
> *Jamais je n'oublierai les petits visages des enfants dont j'avais vu les corps se transformer en volutes sous un azur muet.*
>
> *Jamais je n'oublierai ces flammes qui consumèrent pour toujours ma Foi.*
>
> *Jamais je n'oublierai ce silence nocturne qui m'a privé pour l'éternité du désir de vivre.*
>
> *Jamais je n'oublierai ces instants qui assassinèrent mon Dieu et mon âme, et mes rêves qui prirent le visage du désert.*
>
> *Jamais je n'oublierai cela, même si j'étais condamné à vivre aussi longtemps que Dieu lui-même. Jamais.*
>
> Niemals werde ich diese Nacht vergessen, die erste Nacht im Lager, die mein Leben in eine lange und siebenmal verfluchte und siebenmal verriegelte Nacht verwandelt hat.
>
> Niemals werde ich den Rauch vergessen. Niemals werde ich die kleinen Gesichter der Kinder vergessen, deren Körper vor meinen Augen unter einem schweigend blauen Himmel zu Rauchspiralen wurden.
>
> Niemals werde ich diese Flammen vergessen, die für immer meinen Glauben aufgezehrt haben.
>
> Niemals werde ich dieses nächtliche Schweigen vergessen, das mir für alle Ewigkeit die Lust zu leben genommen hat.

> Niemals werde ich diese Augenblicke vergessen, die meinen Gott und meine Seele gemordet haben und meine Träume zu Wüstenstaub werden ließen.
>
> Niemals werde ich dies alles vergessen, und wäre ich auch dazu verdammt, so lange zu leben wie Gott selber. Niemals.

Ich kann mir keinen Leser von Elie Wiesels „Nacht" denken, der über dieses Gelöbnis einfach hinweglesen könnte, ohne sich mit Beklommenheit seinen Sinn zu eigen zu machen. Hier ist kein Vergessen mehr erlaubt. Hier gibt es auch keine Kunst des Vergessens, und es darf keine geben. Doch muß mit Blick auf die späteren Schriften des Autors und andere Dokumente der Holocaust-Literatur auch hier schon gesagt werden, daß mit diesem Gelöbnis die Probleme des Auschwitz-Gedächtnisses noch nicht gelöst und die Gefahren des Vergessens nicht definitiv abgewehrt sind. Man kann das schon daran erkennen, daß Elie Wiesel selber für sein Gelöbnis, statt der einfachen Affirmation „Ich werde mich erinnern", die doppelte Negation „Ich werde nicht vergessen" gewählt hat. Wird er tatsächlich nicht vergessen? Und werden die Nachgeborenen gleichfalls nicht vergessen?

Unter Historikern ist viel darüber gestritten worden, ob der Holocaust, wie er nach deutschen Befehlen vollstreckt worden ist, mit anderen Genoziden der Weltgeschichte der älteren und neueren Zeit vergleichbar ist oder ob dieses historische Ereignis in seiner beispiellosen Schrecklichkeit jedem Vergleichsversuch widersteht. Auch Elie Wiesel hat über diese bedrängende, aber für einen Historiker wohl unausweichliche Frage nachgedacht und sie in seinen Schriften differenziert beantwortet – soweit er sich angesichts dieses Verbrechens nicht überhaupt darauf beschränkt hat, quälende Fragen zu stellen, anstatt sie beantworten zu wollen, Fragen an Gott eingeschlossen.

Außer Frage scheint jedoch zu stehen, daß sich der Völkermord an den europäischen Juden von allen anderen Völkermorden der Geschichte durch mindestens eine Dimension von Grund auf unterscheidet. Das ist die Dimension des kulturellen Gedächtnisses. Denn von den Juden ist oft und mit guten Gründen gesagt worden, daß sie als Volk in ihrer Religion und Kultur mehr als jedes andere Volk der Geschichte von einem gemeinsamen Gedächtnis zusammengehalten werden, und dies umso mehr, als sie über Jahrhunderte in der Zerstreuung gelebt haben und vielfach heute noch leben. So sind sie – in einer Formulierung von Jacques Le Goff – das „Gedächtnisvolk par excellence" geworden.[2] Für jeden einzelnen Juden hat daher immer, so Elie Wiesel in einem Interview, die Maxime gegolten: „Jude sein, heißt sich zu erinnern" *(To be a Jew is to remember).*[3]

Das jüdische Gedächtnis – davon war schon im Augustinus-Kapitel die Rede – ist in seinem Kern ein Gedächtnis Gottes, was man sowohl von Gott als auch von den Menschen her sehen kann. Gott als Herr der Geschichte hat ein Gedächtnis für seine Schöpfung und im ausgezeichneten Sinne für sein auserwähltes Volk, mit dem er einen für die ganze Weltgeschichte geltenden Gedächtnisvertrag abgeschlossen hat. Er besagt, negativ formuliert, daß Gott sein Volk nicht vergessen wird, solange dieses Volk seinerseits jeder Versuchung widersteht, seinen Gott zu vergessen, um sich anderen Göttern oder Götzen zuzuwenden. Gottesdienst ist daher für Juden immer Gedächtnisdienst. Dies vorausgesetzt, kann Elie Wiesel den Kabbalisten Kalman sagen lassen: „Wir sind Gottes Gedächtnis".

Die Geschichte ist der Raum, in dem offenbar wird, ob sich die beiden vertragschließenden Parteien an das Gelöbnis des gegenseitigen Gedächtnisses gehalten oder nicht gehalten haben. Was Gott betrifft, so scheint da kein Zweifel erlaubt. Hat er nicht in seiner unverbrüchlichen Vertragstreue die Israeliten aus ägyptischer Sklaverei und babylonischer Gefangenschaft befreit und ihnen das Gelobte Land angewiesen? Sind nicht die Juden selbst nach der Zerstörung des Tempels oft vor den schlimmsten Gefahren der Zerstreuung und vor manchen, wenn auch nicht vor allen Verfolgungen bewahrt worden? Dafür im Gebet, besonders am Sabbat und an den großen Festtagen des jüdischen Kalenders, Dank zu sagen und im Lobpreis des zwischen Himmel und Erde geknüpften Gedächtnisbandes die Erinnerung an die Großtaten, die der Herr an seinem Volk vollbracht hat, zu bekräftigen, ist Herzstück jedes jüdischen Ritus und Inbegriff jüdischer Religiosität.

Doch hat dieser Gedächtnisvertrag auch in Auschwitz noch gegolten? Diese peinigende Frage läßt dem jugendlichen Eliezer im Konzentrationslager und später dem Schriftsteller Elie Wiesel an seinem Schreibtisch keine Ruhe. Haben vielleicht die europäischen Juden, mehr oder weniger emanzipiert und an ihre nicht-jüdische Umwelt assimiliert, ihren Gedächtnisvertrag mit Gott verraten? Oder hat Gott selber, mit oder ohne Grund, seinerseits den Vertrag mit Israel aufgekündigt? Waren die Juden in Auschwitz „von Gott vergessen" *(forgotten by God)*?

Wenn Elie Wiesel auf solche Fragen – und *gerade* auf diese Frage –

keine Antwort weiß, so können wir bei ihm doch einen Hinweis finden, der unseren Begreifensversuchen ein Stück weiterhilft. Denn nach einer bedenkenswerten Formulierung seines Romans „Der Bettler von Jerusalem" (*Le mendiant de Jérusalem*, 1968) ist der Mensch die Geschichte Gottes (*L'homme est l'histoire de Dieu*). Doch ist dem Autor auch deutlich bewußt, daß dieses Wort vielen Menschen Angst macht.[4]

Vor diesem historischen Hintergrund kann der Massenmord an den europäischen Juden und Hitlers Versuch, wenigstens in Europa das jüdische Volk *ganz* zu vernichten, als unvergleichliches und beispielloses Attentat auf das kulturelle Gedächtnis der Menschheit angesehen werden, als millionenfacher Gedächtnismord (Memorizid), wenn dieser Ausdruck angemessen ist. Denn nirgendwo in der Welt hat sich das Gedächtnis als religiöse und kulturelle Kraft so vollständig in einer menschlichen Kollektivität inkarniert wie im jüdischen Volk, von Moses bis zu Moses Mendelssohn und darüber hinaus. Hitler und seine Gefolgsleute wußten genau, daß die unerhörte Kraft, mit der sich das Judentum über die Jahrhunderte der Zerstreuung, Mißachtung und Verfolgung hinweg in der Welt behauptet hat, nur als Kraft aus dem Gedächtnis begreifbar ist. Und da sie gleichfalls bemerken mußten, daß kein Vergessensprozeß, nicht einmal die Assimilation, dieses Gedächtnispotential vollständig aufzehren konnte, machten sie unter dem Fahnenwort „Rasse" das einzige ihnen bekannte Gedächtnis mobil, jenes dumpfe und blinde Gegengedächtnis des Blutes (was immer das sein mag), um mit dem jüdischen Gedächtnis ein für allemal fertig zu werden. Und schließlich haben sie den Tod, millionenfach, zum Schergen ihres Kampfes gegen das Gedächtnis gemacht. Es war nach ihrem Willen ein Sterben – im Massengrab, in der Gaskammer oder am Rande eines Todesmarsches –, das auf Erden nicht die mindeste Gedächtnisspur zurückläßt.

Solange aber dieses Endziel noch nicht erreicht war, haben die jüdischen Häftlinge in den Konzentrationslagern bis an die Grenze ihrer physischen und psychischen Kräfte versucht, ihr jüdisches Gedächtnis am Leben zu erhalten. Sie haben die traditionellen Gebete gesprochen, die jüdischen Feste gefeiert, manchmal sogar hungernd gefastet oder sich, wie der polnische Jude Zalman in Elie Wiesels Erinnerung, innerlich ganz in die Talmud-Welt zurückgezogen. Aber diesen mit übermenschlicher Anstrengung festgehaltenen Gedächtnisresten stand auf der Seite der Peiniger das bei ihnen unerbittlich funktionierende Lagergedächtnis gegenüber, symbolisiert in der eintätowierten Häftlingsnummer, deren Notierung bei der Selektion Tod bedeutete. „Dr. Mengele vergißt nichts," schreibt Elie Wiesel in „Nacht".

Es sind daher die bewegendsten Abschnitte seines Leidensberichtes, in denen der Autor mit genauer Erinnerung Schritt um Schritt beschreibt, wie den Häftlingen, solange sie überhaupt noch am Leben waren, jede Form des eigenen Gedächtnisses ausgetrieben wird, so daß der kreatürliche Überlebenstrieb sie dazu bringt, alles um sich herum zu vergessen. Zuerst, ganz am Anfang der Judenverfolgung in Rumänien, werden nach Wiesels Bericht nur die „ausländischen" Juden deportiert. Kaum sind sie fort, da haben die einheimischen Juden sie schon vergessen. Dann trifft es das Nachbargetto, ein paar Tage vor dem eigenen Getto. Wieder schiebt sich schnell ein Vorhang des Vergessens zwischen die Leidensgefährten des früheren und des späteren Datums. In Auschwitz versprechen die jüdischen Häftlinge dann ihrem Glaubensgefährten Akiba Drumer, der schon für den Tod in der Gaskammer selektioniert ist, daß sie das Totengebet für ihn sprechen werden. Selber täglich vom Tod bedroht, vergessen sie es. Auch der polnische Jude Zalman, von dem wir schon gehört haben, daß er sich mit seinem Gedächtnis ganz in die Talmud-Welt zurückgezogen hat, überlebt nicht und wird von den Mithäftlingen sofort vergessen. Auf dem Todesmarsch nach Buchenwald hält sich der Rabbi Eliahou noch eine Zeitlang an der Seite seines etwas weniger ausgezehrten Sohnes, fällt dann aber in der Marschkolonne zurück, und der Sohn, selber an der Schwelle des Todes, vergißt ihn. Schließlich ganz am Ende der Geschichte, wird auch der Erzähler selber, Eliezer, von der kreatürlichen Versuchung überfallen, nur noch an sein eigenes Überleben zu denken und den Vater, der keine Lebenskraft mehr hat, dem Vergessen und damit dem Tod zu überlassen. Mit knapper Not reicht bei ihm noch die Kraft, dem Vergessen zu widerstehen. Den Vater rettet es nicht mehr.

So ist also Elie Wiesels „Nacht" in vielen Abschnitten des Buches zugleich eine Erinnerung an vielgestaltiges Vergessen, und wir verstehen besser, warum das oben zitierte Gelöbnis Elie Wiesels nicht einfach heißen kann: „Ich werde mich erinnern", sondern mit doppelter Negation lauten muß: „Ich werde nicht vergessen". Das Vergessen steht immer zur Seite, sprungbereit, wenn ein Mensch sich erinnern will. Ein Gedächtnis, das dauern soll, muß daher täglich mit dem Vergessen kämpfen. Und um das erfolgreich tun zu können, muß man das Vergessen kennen, es in allen seinen attestierten Erscheinungsformen aufs genaueste protokollieren.

Nach seiner Befreiung aus dem Konzentrationslager ist Elie Wiesel von den Anfechtungen des Vergessens nicht verschont geblieben. In der ersten Zeit der Freiheit, zehn Jahre lang, hat sich bei ihm das Vergessen mit dem Schweigen verbündet – eine problematische Allianz. Dann hat er angefangen, öffentlich zu sprechen und zu schreiben, ist – gemäß der chassidischen Tradition, die ihm von seiner Familie her nahelag – vor allem Geschichtenerzähler geworden. In authentisch erlebten oder fiktional weitererzählten Geschichten (manchmal auch in einer Mischung aus beiden) ist er diesem sich selber auferlegten Gelöbnis nachgekommen, zum Beispiel in den beiden Erzählungen „Morgengrauen" (1960) und „Der Unfall" (1961), die er später mit „Nacht" zu einer Trilogie (1972) zusammengebunden hat.[5] Beide Schriften werfen in narrativer Form die Frage auf, wie man eigentlich weiterleben kann, wenn man die Hölle von Auschwitz in seinem Gedächtnis mit sich herumträgt. Die Frage wird von Elie Wiesel exemplarisch-kasuistisch entfaltet und in beiden Schriften weniger schlüssig beantwortet als vielmehr ambivalent beleuchtet.

Unter seinen weiteren Schriften will ich hier nur noch den Roman „Vergessen" *(L'oublié, 1992)* herausgreifen, der aber trotz seines narrativen Grundmusters eher ein Lehrstück über das Gedächtnis und das Vergessen zu nennen ist als ein Roman.[6] Das Buch hat als Zeithintergrund den in der Holocaust-Literatur vielbesprochenen Generationswechsel von den Überlebenden zur nächstfolgenden Generation. Wie ist insbesondere das *survivor syndrom* zu verstehen, daß die Überlebenden ihren Kindern von dem Grauen, dem sie entronnen sind, nichts erzählen mögen? Verschlägt es ihnen denn immer noch die Sprache? Oder wollen ihre Adressaten, diese jungen Leute, die ihr Leben noch vor sich haben und daher von Natur aus wenig geneigt sind, den Blick auf Vergangenes zurückzuwenden, vielleicht von dem Übermaß des Erlittenen nichts mehr hören? Können sie den damit verbundenen Anspruch nicht aushalten? Dann aber droht alles das, was die Generation der Überlebenden mit äußerster Anstrengung ihres Gedächtnisses für die Nachwelt aufbewahrt hat, in Vergessenheit zu geraten, und Auschwitz kann sich bald unter einem anderen Namen wiederholen. Wie also kann die Vergessensgefahr, die mit jedem Generationswechsel verbunden ist, gebannt werden?

Elie Wiesels Roman oder Lehrstück „Vergessen" hat drei Helden, die drei aufeinander folgenden Generationen angehören. Die mittlere Generation wird durch Elhanan Rosenbaum vertreten, der ein Überlebender des Holocaust ist und viele Züge mit dem Autor gemeinsam hat. Aus seiner Perspektive erfahren wir von seinem Vater Malkiel Rosenbaum, der ein Opfer des Holocaust geworden ist. Adressat der Holocaust-Botschaft ist der Sohn, der wiederum Malkiel heißt und als recherchierender Journalist in dem Roman die Erzählerrolle innehat. Der eigentliche Protagonist des Buches ist jedoch das Gedächtnis selber. Denn Elhanan Rosenbaum, der Überlebende des Holocaust, ist von einer unheilbaren Krankheit bedroht, die in einem schleichenden, sich beschleunigenden Prozeß sein Gedächtnis zerstört. Die Krankheit beginnt damit, daß dieser Professor und Psychotherapeut, der für sein glänzendes Gedächtnis bekannt ist, bei der Rezitation des Sabbat-Ritus plötzlich steckenbleibt und nicht mehr weiß, wie es im Gebet weitergeht. Dann fallen ihm die Namen guter Freunde nicht mehr ein. Schließlich sucht er in seinem verfallenden Gedächtnis vergebens nach dem Wort „Apfel". Bald schon wird er den Namen seines Sohnes nicht mehr wissen und am Ende – was das Schlimmste ist – sein eigenes Vergessen vergessen.

Der Name der Krankheit wird nicht genannt, und es täte nichts zur Sache, wenn wir die Bezeichnung „Alzheimer" für sie einsetzten. Die medizinische Diagnose eines unaufhaltsam schrumpfenden Gedächtnisses akzentuiert hier nur auf dramatische Weise das besprochene *survivor syndrom.* Mehr, als es je dringend war, eilt es nun, das im Gedächtnis Bewahrte an die nachfolgende Generation, hier hauptsächlich vertreten durch den Sohn Malkiel, weiterzugeben. Wenn dieser überhaupt die Geschichte seines Vaters und andere in seinem Gedächtnis gespeicherten und noch unerzählt gebliebenen Holocaust-Berichte hören will, dann muß es jetzt geschehen, sonst ist es zu spät. Denn es gilt nach wie vor die Regel: „Nur das Gedächtnis ist wichtig". Schließlich nimmt der Vater seinem Sohn das feierliche Versprechen ab, nichts von dem, was er ihm erzählt hat, je zu vergessen. Der Sohn verspricht es. Aber er hat selber ebenfalls sein Leben zu leben und merkt bald, wie sehr ihn das Vergessen täglich vom Gedächtnisvorsatz ablenkt und zerstreut. Er weiß schließlich, daß er sein Versprechen nicht wird halten können, wenigstens nicht ganz. Denn es gibt keine „Gedächtnistransfusion". Das Gedächtnis, so lernt der Erzähler an sich selber, ist im letzten so individuell wie das Leben. Also hat vielleicht auch das Vergessen ein Daseinsrecht? Steht es wirklich ganz auf der Seite des Todes oder auch ein bißchen auf der des Lebens?

In einer jener Geschichten, die der Vater in diesem Buch seinem Sohn erzählt, kommt ein Blinder vor. Auch er ist ein Überlebender des Holocaust. Kein Mensch in seinem Dorf hat aber ein so gutes

Gedächtnis wie er, so daß er von sich ohne Einschränkung sagen kann: „Ich bin das Gedächtnis". Bei den Leuten gilt er jedoch als ein Verrückter. Es scheint verrückt zu sein, ein Gedächtnis haben zu wollen. Auch die Geschichte dieses Verrückten sollte nicht vergessen werden.

2. Mit dem Vergessen kämpfen (Primo Levi, Jorge Semprún)

Ein weiteres Mal muß hier, ohne gnädiges Vergessen, von dem Grauen der Konzentrationslager Auschwitz und Buchenwald die Rede sein. Denn mit den Häftlingen Nr. 174.517 in Auschwitz und Nr. 44.904 in Buchenwald waren auch die Gedächtnisse dieser Menschen, Primo Levi und Jorge Semprún, von der psychischen und physischen Auslöschung bedroht. Beide, der Italiener und der Spanier, haben den Holocaust überlebt und in ihren Büchern dokumentiert, was ihnen in den Lagern widerfahren ist und welches Ende ihnen nach Jahren der Leidenszeit zugedacht war.

Primo Levi, Turiner Jude und Antifaschist, wurde Ende 1943 im Alter von 24 Jahren von der italienischen Polizei verhaftet und an die deutsche Besatzungsmacht ausgeliefert. Bald schloß sich hinter ihm das Lagertor von Auschwitz mit der Inschrift ARBEIT MACHT FREI, und Levi wußte: „Dies also ist die Hölle". Der Häftling mit der Nummer 174.517 hat die Hölle von Auschwitz überlebt. Als Chemiker gehörte er zu den „wirtschaftlich nützlichen Juden" und blieb in dem Arbeitslager Buna-Monowitz, einer Außenstelle des Auschwitz-Komplexes, vor dem Tod in der Gaskammer bewahrt. Am 24. Januar 1945 wurde er von russischen Truppen befreit.

Unmittelbar nach der Befreiung, mit brennenden Erinnerungen an den Holocaust, schrieb er sein Buch *Se questo è un uomo* (deutsch: „Ist das noch ein Mensch?"), das 1947 von einem kleinen Verlag publiziert wurde. Das Buch fand bei seinem Erscheinen nur wenige Leser, der Verlag ging ein, und Levis Erinnerungen gerieten in Vergessenheit. Erst 1958 wurde das Buch bei einem großen italienischen Verlag neuaufgelegt und war bald in der ganzen Welt bekannt als ein Zeugnis der Menschlichkeit in unmenschlicher Zeit und als klassisches Buch der Holocaust-Literatur.[1]

Primo Levi (1919–1987) hat Auschwitz anders durchlebt als Elie Wiesel. Zwar war auch er Jude, aber als er in die Hölle von Auschwitz geworfen wurde, lebte seine Familie, die seit Jahrhunderten in Italien ansässig war, schon lange nicht mehr aus der Fülle der jüdischen Gedächtnisreligion, und auch er selber war so weit an seine italienische Umwelt assimiliert, daß ihm am Eingangstor von Auschwitz wie von selber die Assoziationen an Dantes *Inferno* in den Sinn kommen. Dante-Verse, immer natürlich aus dem *Inferno* gegriffen, begleiten ihn auch weiterhin auf den Stationen seines Leidensweges, leitmotivisch vor allem die Verse:

Qui non ha luogo il Santo Volto:
Qui si nuota altrimenti che nel Serchio!

Hier hilft dir nicht das Heilige Antlitz,
Hier mußt du anders schwimmen als im Serchio.

Das Heilige Antlitz ist in diesen Versen ein byzantinisches Christusbild im Martinsdom von Lucca. Der Serchio, in dem man so lustvoll schwimmen kann, ist ein Fluß in der Nähe dieser toskanischen Stadt. Und ein Teufel ist es, der in diesen Versen einem Verdammten klarmacht, was er in dieser teuflischen Welt zu erwarten hat.

Noch einmal, im 11. Kapitel des Buches, das überschrieben ist „Der Gesang des Odysseus", greift Primo Levi in den Gedächtnisbesitz seiner Dante-Lektüren zurück, um das Inferno von Auschwitz zu begreifen. Es ist die Episode vom Essenholen im Lager, zusammen mit Jean, einem jugendlichen Elsässer, der im Kommando den begehrten Posten des „Pikolo" innehat und in dieser Funktion mit verschiedenen leichteren Lagerarbeiten betraut ist. Der lagererfahrene Pikolo weiß, daß man eine solche Arbeit so lange ausdehnen muß, wie es nur unauffällig möglich ist. Man kann nachdenken, miteinander reden, wird eine Stunde lang nicht drangsaliert. Wie nutzen die beiden Essenholer diese Zeit? Jean, wenn er schon Mädchen für alles ist, will auch noch Italienisch lernen, aber nicht nur solche Wörter wie *zuppa, campo* und *acqua.* Mehr interessiert ihn zu wissen: Wer war Dante? Was ist die *Divina Commedia*? Was bedeutet im *Inferno* „Vergeltung" *(contrappasso)*? Und Jean ist „ganz Ohr" bei diesem Suppentransport, wenn der Gefährte ihm auswendig aus dem 26. Gesang des *Inferno* die große Rede des Odysseus rezitiert und sie ihm, so gut er es vermag, kommentierend ins Französische oder Deutsche übersetzt. Einige wenige Verse sind dem Dante-Kenner jedoch entfallen, das „Loch im Gedächtnis" beunruhigt ihn. Aber die meisten Verse dieses Glanzstücks Dantescher Dichtkunst stehen doch seiner Erinnerung mühelos zur Verfügung und werden von ihm selber bei seinem Vortrag so erlebt, als hörte er sie zum erstenmal. Für einen Augenblick vergißt Primo Levi sogar, daß er hier nichts als der Häftling Nr. 174.517 ist und vor dem vorbeiradelnden SS-Blockführer die Kappe ziehen muß. „Ich habe vergessen, wer ich bin und wo ich bin."

Anders als in Homers *Odyssee,* die ihm nicht bekannt war, hat Dante im 26. Gesang seines *Inferno* die letzte Fahrt des Odysseus so dargestellt, daß sie nicht mit der Heimkehr, sondern im Schiffbruch und Untergang endet. Und so erzählt Odysseus bei Dante diese Geschichte als Toter und (wegen der Sünde trügerischer Ratschläge) als zum Höllenfeuer Verdammter. Aus diesem Grunde hat der Dante-Leser Primo Levi auch, einen Suppenkübel mit „Kraut und Rüben" durch das Lager schleppend, bei seiner *recitatio Dantis* den plötzlichen Einfall, die letzte Reise des Odysseus könne wohl ein Abbild seiner eigenen Situation im Vernichtungslager Auschwitz sein. Und es sind vor allem drei Verse, die ihm dabei durch den Kopf gehen. Sie stehen in der Mahnrede, die Odysseus an seine Gefährten richtet:

Considerate la vostra semenza:
Fatti non foste a viver come bruti,
Ma per seguir virtude e conoscenza.

Bedenkt, aus welchem Samen ihr gekommen.
Ihr seid nicht da, zu leben wie die Tiere,
Ihr sollt nach Tugend und nach Wissen streben.

An diese Dante-Verse ist zu denken, wenn man die schlichten Verse jenes Gedichtes liest, das Primo Levi selber seinem Erinnerungsbuch als Motto vorangestellt hat. Es lautet:

Voi che vivete sicuri
Nelle vostre tiepide case,
Voi che trovate tornando a sera
Il cibo caldo e visi amici:
Considerate se questo è un uomo
Che lavora nel fango
Che non conosce pace
Che lotta per mezzo pane
Che muore per un si o per un no.
Considerate se questa è una donna,
Senza capelli e senza nome

Senza piú forza die ricordare
Vuoti gli occhi e freddo il grembo
Come una rana d'inverno.
Meditate che questo è stato:
Vi comando queste parole.
Scolpitele nel vostro cuore
Stando in casa andando per via,
Coricandovi alzandovi;
Ripetetele ai vostri figli.
O vi si sfaccia la casa,
La malattia vi impedisca,
I vostri nati torcano il viso da voi.

Ihr, die ihr gesichert lebet,
In behaglicher Wohnung;
Ihr, die ihr abends beim Heimkehren
Warme Speise findet und vertraute Gesichter:
Denket, ob dies ein Mann sei,
Der schuftet im Schlamm,
Der Frieden nicht kennt,
Der kämpft um ein halbes Brot,
Der stirbt auf ein Ja oder Nein.
Denket, ob dies eine Frau sei,
Die kein Haar mehr hat und keinen Namen,
Die zum Erinnern keine Kraft mehr hat,
Leer die Augen und kalt ihr Schoß
Wie im Winter die Kröte.
Denket, daß solches gewesen.
Es sollen sein diese Worte in eurem Herzen.
Ihr sollt über sie sinnen, wenn ihr sitzet
In einem Hause, wenn ihr geht auf euren Wegen,
Wenn ihr euch niederlegt und wenn ihr aufsteht;
Ihr sollt sie einschärfen euren Kindern.
Oder eure Wohnstatt soll zerbrechen,
Krankheit soll euch niederringen,
Eure Kinder sollen das Antlitz von euch wenden.

Aus dem hier am meisten an Dante erinnernden Vers *Considerate se questo è un uomo* – man kann auch übersetzen: 'Bedenkt, ob das (noch) ein Mensch ist' – hat Primo Levi den Titel des Gedichtes und den seines ganzen Buches gemacht. Damit ist gleichzeitig das Leitmotiv seines Auschwitz-Berichtes bezeichnet: die Erniedrigung des Menschen durch den Menschen und seine planmäßige Herabwürdigung auf die Stufe eines Tieres. „Das Lager ist eine monströse Maschine zur Herstellung von Tieren."

Das wird von Primo Levi, dem Chemiker mit dem Genauigkeitsethos eines Naturwissenschaftlers, in allen Einzelheiten scharf beobachtet und in seinem Gedächtnis präzise registriert. Wie verhalten sich also Menschen, die kaum noch Überlebenshoffnung haben können, unter den Bedingungen des täglichen Terrors, wobei der Hunger besonders quälend allgegenwärtig ist („das Lager *ist* der Hunger")? Was bleibt von der Menschennatur, wenn von den Bewachern jede menschliche Regung systematisch unterdrückt wird? Das Konzentrationslager ist, so sieht es der Naturwissenschaftler Levi, ein „gigantisches biologisches Experiment", bei dem jeder Häftling, soweit er überhaupt bisher die Selektionen zum Tode überstanden hat, Tag um Tag einen erbarmungslosen Kampf ums Dasein führen muß, wo jeder des Anderen Feind oder Rivale ist. Schon der kleinste Verhaltensfehler führt hier zur Katastrophe. Einfach unkontrolliert an die Vergangenheit oder an die Zukunft zu denken, kann bereits ein schwerer Fehler sein, der nicht wiedergutzumachen ist.

In diesem Überlebenskampf muß der Gefangene sogar mit seinem Gedächtnis ökonomisch umgehen. Schlimm genug, daß nachts die Erinnerungsbilder an eine bessere Welt seine Träume bevölkern. Bei Tage jedenfalls muß seine Aufmerksamkeit ganz dem Problem des Überlebens gewidmet sein, dies nun allerdings mit dem Ethos, nichts von dem Erlittenen vergessen zu wollen und nicht zuzulassen, daß es je von der Welt vergessen wird. Erinnerung ist für die Überlebenden die einzige selbstauferlegte Pflicht *(dovere),* so schmerzhaft dieses Erinnern auch sein mag.

Zum Beispiel die Erinnerung an den Häftling Ziegler. Seine Lebenskraft ist durch die Entbehrungen und Demütigungen aufgezehrt. Nun steht wieder eine Selektion bevor, im Lager muß Platz geschaffen werden für massenhafte Neuzugänge aus dem Warschauer Getto. Der „Muselmann" Ziegler – so nennt man in der erbarmungslosen Sprache des Lagers die bis zum Äußersten entkräfteten Häftlinge – wird bei der Selektion auf die Seite derer gestellt, die in den nächsten Tagen in die Gaskammern getrieben werden sollen, was alle im Lager und auch die ausgewählten Opfer wissen. Nach der Selektion bleibt Ziegler noch eine Weile an seinem Platz. Er wartet auf einen zweiten Schlag

Suppe, der denen zugestanden wird, die bei der Selektion auf die Todesseite geraten sind. Und bei diesem Nachschlag hat man Ziegler vergessen. Nun steht er da und wartet. Er hat seinen eigenen Tod, der vielleicht morgen schon eintritt, vergessen.

Ziegler darf nicht vergessen werden, Auschwitz nicht, der Holocaust nicht. Darum schreibt Primo Levi sein Buch, führt nach seiner Befreiung eine Doppelexistenz als Chemiker und Schriftsteller. Als er nach Hause kommt, ist das Buch schon im Kopf fertig, und die Wörter stellen sich bald von selber ein. Primo Levi schreibt ohne Haß. Nicht Richter will er sein, sondern Zeuge, und sein Zeugnis, das auf scharfer Beobachtung und trainiertem Gedächtnis beruht, soll verläßlich sein. Es *ist* verläßlich.

*

Nicht alle Häftlinge der Konzentrationslager und nicht alle Opfer des Holocaust waren Juden. Unter den Nicht-Juden, die in Buchenwald inhaftiert waren und dieses Lager überlebt haben, ist hier nun der Spanier Jorge Semprún (geb. 1923) zu nennen. Er wurde zunächst als Republikaner („Rotspanier") nach Frankreich ins Exil getrieben und kämpfte als junger Widerstandskämpfer gegen die deutsche Besatzungsmacht. Er wurde verraten, gefangengenommen und Ende 1943 nach Buchenwald verschleppt, wo er am 11. April 1945 von amerikanischen Truppen befreit wurde.

Jorge Semprún war schon in seinen Jugendjahren ein Literat, ein Schreiber. So zweifelte er auch bei seiner Befreiung nicht daran, daß er nun sogleich seine Erinnerungen an die 18 Monate Lagerhaft in Buchenwald zu Papier bringen könnte. Unerwartete Schwierigkeiten psychischer Natur stellten sich dem Plan entgegen. Erst im Jahre 1994, fünfzig Jahre danach, ist sein Buchenwald-Buch erschienen. Es ist in französischer Sprache geschrieben und trägt den Titel *L'écriture ou la vie* („Schreiben oder Leben").[2] Seinem Inhalt nach könnte der Titel des Buches auch lauten: „Erinnern oder Vergessen", denn ein halbes Jahrhundert lang hatte Jorge Semprún zu wählen zwischen der schriftlichen Fixierung seiner quälenden Erinnerungen und einem befreienden Vergessen, das ihm das unbefangene Weiterleben ermöglichte *(choisir entre l'écriture et la vie).*

Jorge Semprún hat also Buchenwald überlebt. Aber der Soziologe Maurice Halbwachs, Professor am Collège de France, ebenso wie der Sinologe Henri Maspero, Professor an der Sorbonne, die mit ihm zusammen als Franzosen in Buchenwald gefangen waren, haben nicht überlebt. Besonders hingezogen fühlt Semprún sich zu Maurice Halbwachs, der in Paris sein akademischer Lehrer gewesen war. Mit ihm verbringt er manche arbeitsfreie Stunde im Lager, er erinnert ihn an seine Vorlesungen und diskutiert mit ihm über Kants Begriff des „radikal Bösen". Es ist dem Buch nicht zu entnehmen, ob bei diesen intellektuellen Gesprächen auch von Halbwachs' großer mnemologischer Entdeckung, dem „kollektiven Gedächtnis", die Rede gewesen ist, doch gebraucht Semprun einmal an einer späteren Stelle seines Buches und in anderem Zusammenhang den Ausdruck „das kollektive Gedächtnis unseres Todes" *(la mémoire collective de notre mort).*

Bald schon reichen bei Maurice Halbwachs die Kräfte nicht mehr, philosophische Gespräche zu führen. Der Tod ereilt ihn wenige Monate vor der Befreiung. Jorge Semprún hat ihn bis zuletzt umsorgt. Als eine Art profanes Todesgebet hat er ihm Charles Baudelaires Gedicht *Ô Mort, vieux capitaine, il est temps! levons l'ancre!* („Oh Tod, alter Kapitän, es ist Zeit, Anker auf!") vorgesprochen. Nach dem Tod des Freundes war es Semprúns Aufgabe, in der Lagerschreibstube den Namen Maurice Halbwachs zusammen mit seiner Häftlingsnummer auf der Karteikarte auszuradieren. Für die Buchenwalder „Arbeitsstatistik" war dieser Name nun vergessen. Die Häftlingsnummer konnte neu vergeben, die Karteikarte neu beschriftet werden.

Der Dichter Baudelaire hat Halbwachs in den Tod begleitet, für Jorge Semprún ist er einer der großen Überlebenshelfer. Viele Gedichte von ihm und von anderen Dichtern der Weltliteratur weiß Semprún auswendig, und man tauscht im Lager den poetischen Wissensbesitz mit anderen Gefangenen aus. Namentlich genannt werden von ihm die Dichter Paul Valéry *(La Fileuse),* César Vallejo, Ruben Darío und Heinrich Heine, dessen „Lorelei", gemeinsam rezitiert und gesungen, bei Jorge Semprún und seinen Gefährten „eine unsagbare Fröhlichkeit" *(une indicible allégresse)* auslöst. Aus der Lagerbibliothek kommen zu diesem Gedächtnisschatz noch Schriften von Kant, Schelling, Hegel und Nietzsche hinzu. Nach der Befreiung füllt Semprún sogleich das Vakuum der verlorenen Jahre, ohne Vergesseneinbruch, mit weiteren Lektüren aus. Nun kommt noch René Char hinzu, ferner Bertolt Brecht („O Deutschland, bleiche Mutter") sowie Aragon mit seinem Gedicht *Chanson pour oublier Dachau* („Lied, um Dachau zu vergessen"). Umso verwunderlicher ist nun aber, daß der Literat Jorge Semprún, der schon mit den amerikanischen Befreiern über Literatur weiterdiskutiert und mit dem aus Berlin stammenden amerikanischen Leutnant Rosenfeld Goethes Haus am Frauenplan im nahegelegenen Weimar besucht hat, auf lange Zeit nicht in der Lage ist, seine Erinnerungen an „Weimar-Buchenwald" Sprache werden zu lassen.

Genau dieses Problem hat Jorge Semprún mit der Alternative „Schreiben oder Leben" bezeichnet. Zunächst scheint es nur ein Problem an der Oberfläche der Existenz zu sein. Denn natürlich genießt der junge Mann, nachdem sich die Lagertore für ihn geöffnet haben, mit „königlicher Vergeßlichkeit" die Wonnen des zivilen Lebens, mit deren Hilfe er sich von den durchlebten Schrecken lösen kann. Dann treten Probleme der schriftstellerischen Kunst in den Vordergrund: Wie soll man erzählen, wenn man gefragt wird: „Das war hart, was?" *(C'était dur, hein?)* Ein Dostojewski müßte man sein, um das Wesentliche dieser Verbrechen ausdrücken zu können. Ist es überhaupt gestattet, die dokumentarische Wahrheit mit den Kunstmitteln des literarischen Schreibens darzustellen? Und immer mehr breitet sich in dem Überlebenden von Buchenwald das pure Lebenwollen *(mon appétit de vivre)* aus und sperrt sich dagegen, vom Gedächtnis wieder in die Nähe des Todes zurückgeholt zu werden. Von Tag zu Tag also stellt Semprún seine Schreibpläne zurück, gibt sie schließlich ganz auf: „Ich habe das Vergessen gewählt" *(J'ai choisi l'oubli).*

So „verdrängt" Jorge Semprún viele Jahre lang Buchenwald, überläßt sich ganz der „wolkigen Glückseligkeit des Vergessens" *(la béatitude obnubilée de l'oubli).* Dann, im Jahre 1963, gelingt es ihm wenigstens teilweise, die Schreibblockade aufzuheben. Er schreibt seinen ersten Roman *Le grand voyage* („Die große Reise"). Das ist zwar auch noch kein Buchenwald-Buch, aber es bewirkt doch in ihm eine gewisse Kräfteverschiebung zwischen den Polen des Schreibens und des Lebens, und er beginnt zu begreifen, daß er vom Glück des Schreibens nicht erwarten darf, daß es das Unglück des Gedächtnisses lindert. Schreiben bedeutet im Gegenteil, die „Trauerarbeit des Gedächtnisses" zu leisten. Und das setzt, anders als bei Proust (den Semprún nicht sehr liebt), eine beständige Willensanstrengung des Gedächtnisses voraus.

Es bleibt aber fürs erste noch das konkrete Schreibproblem bestehen. Wie kann ein Mann der Feder über Buchenwald schreiben, wenn er sich aus Gründen, die ebenso bei ihm wie bei den Lesern liegen mögen, nicht damit zufrieden geben kann oder will, die Leiden und Schrecken dokumentarisch aufzuzählen? Wie kann er als Autor, so fragt sich Semprún, aufs neue in die Gegenwart des Lagers eintauchen, wie in der Ich-Form und im Präsens davon erzählen? Kann man denn den Tod, den man vergessen will, zum literarischen Leben erwecken?

Der 11. April 1987 ändert alles. An diesem Tag stürzt sich Primo Levi im Treppenschacht seines Hauses in Turin zu Tode. Jorge Semprún, der Levis Schriften kannte und selber auch schon einmal in seinem eigenen Schwanken zwischen Schreiben und Leben – oder zwischen Schreiben und Sterben, wie der Buchtitel anfangs lauten sollte – an den Rand des Suizids gekommen war, ist von der Nachricht aus Turin in seiner Existenz als Überlebender getroffen. Was ist an jenem Tag in Turin, so fragt sich Semprún, im Gedächtnis des Mannes Primo Levi zusammengebrochen, ein Widerstand offenbar, den das Schreiben über Jahre hinweg mühsam aufrecht gehalten hatte? Und wieviel Zeit wird ihm selber eigentlich noch für das Schreiben übrigbleiben, wenn das Leben, mit all der Süße seines Vergessens, ohnehin und in Eile auf den Tod zuläuft? „Ich wurde wieder sterblich" *(Je redevenais mortel).* So hebt die Todesnachricht aus Turin bei Jorge Semprún tatsächlich die Schreibblockade endgültig auf und führt dazu, daß er im literarischen Schreiben „die Begegnung von Gedächtnis und Tod" *(le rendez-vous de la mémoire et de la mort)* wagt. Daraus ist das Buch geworden, das nun vor uns liegt und als ein Zeugnis der Menschlichkeit im Gedächtnis bleiben wird.

3. Geschichtensammler, Geschichtenvergesser (Saul Bellow)

Ist Mr. Artur Sammler, wie es der deutsche Name des Titelhelden in dem Roman *Mr. Sammler's Planet* (1970) des amerikanischen Schriftstellers Saul Bellow (*1915) andeutet, ein „Sammler"?[1] Seine Tochter Shula, mit der zusammen er in New York lebt, ist jedenfalls eine Sammlerin, sie sammelt leidenschaftlich alles, was ihr in die Hände kommt, Wertvolles und Wertloses.[2] Ihr Vater jedoch, nun vierundsiebzigjährig, ist ein Sammler besonderer Art. Er ist Geschichtensammler.

Für diese Leidenschaft ist er durch ein hervorragendes Gedächtnis gut gerüstet. Genau erinnert er sich noch an alle Einzelheiten der Romane von Balzac, die er 1913 in Krakau gelesen hat. Die Materialien seines Buches über H. G. Wells, an dem er nun im Alter schreibt, hat er auswendig im Kopf. Für bloße Fakten jedoch, Familienklatsch zum Beispiel, hat *Uncle Sammler* kein Gedächtnis.

Der polnische Jude mit dem deutschen Namen Artur Sammler (Artur wegen Schopenhauer!) ist ein Überlebender des Holocaust. Er hat schon vor einem deutschen Erschießungskommando gestanden, hat sich aus dem Massengrab retten können. Auf der Flucht hat er dann, um sich selber zu retten, einen deutschen Soldaten erschossen. Von diesen Ereignissen hat seine New Yorker Umgebung ein undeutliches Wissen. Ein junger Mann aus seiner Verwandtschaft will es genau wissen:

„*They say that you were in the grave once.*"
„*Do they?*"
„*How was it?*"
„*How was it. Let us change the subject.*"

„Man sagt, Du bist schon einmal im Grab gewesen."
„So, sagt man das?"
„Wie war das?"
„Wie war das. Laß uns das Thema wechseln."

Der junge Mann hat dann selber sogleich eine Geschichte zu erzählen. Er selber ist „auch einmal in Lebensgefahr gewesen, wäre beinahe ins Eis eingebrochen und ertrunken". Diese Geschichte erzählt er gerne. „Jeder braucht seine Erinnerungen" *(Everybody needs his memories).* Sammler hört ihm aufmerksam zu: „Ich höre mir gern solche Geschichten an" *(I like such stories).*

So ist Sammler. Die große Geschichte *(history),* in der immer schon vorentschieden ist, was als das Erinnerungswürdigste *(the most noteworthy)* zu gelten hat, läßt ihn skeptisch. Sich von ihrem Gepäck und Übergewicht *(burden or excess baggage)* durch Vergessen zu entlasten, macht ihm nicht viel aus: *Sammler didn't much mind his oblivion.* Sein Gedächtnis ist so beschaffen, daß nur die Kontingenzen kleiner Geschichten *(stories)* in ihm haften, und zwar umso fester, je krummer sie verlaufen, je mehr sie sich ausgerechnet mit ihren Abwegigkeiten *(oddities)* in ihm verhaken. Diese Regel gilt bei ihm sogar für die Geschichte des Holocaust. So wenig er selber auf die naive Frage *How was it?* zu antworten bereit oder in der Lage ist, so sehr passioniert ihn andererseits eine irrwitzige Geschichte wie die von Rumkowski, dem „verrückten Judenkönig von Lodz". Die deutschen Behörden hatten einen Juden zum „Judenältesten" bestimmt und ihm einige Machtbefugnisse im Getto übertragen. Sogleich steigt dem Mann die Rolle zu Kopf, und er läßt sich mit zynischer Billigung der Bewacher von den Bewohnern des Gettos als „König" hofieren. Diese grausam-groteske Geschichte, von Sammler mit knappen Worten erzählt, bildet in dem Roman eine eigene kleine Kurzgeschichte, deren Poetik vom Erzähler des Romans mit Bezug auf Sammler wie folgt erläutert wird: „Er hatte sich das Verdichten angewöhnt. Er verstand sich auf kurze Blicke" *(He was a specialist of short views).*

Als Saul Bellow diesen Roman schrieb, gingen die Blicke der Menschheit sehr in die Weite. Ein Jahr zuvor war der erste Mensch auf dem Mond gelandet. Und die Raumfahrt schien Zukunft zu bedeuten. So spielt auch das Mondmotiv mit seinen futuristischen Assoziationen an vielen Stellen in den Roman hinein. Artur Sammler bleibt jedoch solchen Verheißungen gegenüber skeptisch. Sein Planet ist dieser Erdball, ist die kosmopolitische Metropole New York, in der ein sammelnder Kopf mit „kurzen Blicken" fast alles wahrnehmen kann, was im Menschengedächtnis Erinnerungswert beanspruchen kann.

Short views, das ist ein Ausdruck des Briten Sidney Smith (19. Jahrhundert), den Saul Bellow bei anderer Gelegenheit zustimmend zitiert. Das Zitat lautet wörtlich, als Maxime einer Stilistik des kurzgefaßten Redens und Schreibens: *Short views, for God's sake, short views!* Die Gelegenheit, bei der Bellow diesen Ausruf zitiert, ist sein Vorwort zu den *Three Tales* (1991), mit denen der Autor sich einen geachteten Platz unter den Klassikern der modernen Kurzgeschichte erschrieben hat.[3] Dieses Vorwort kann insgesamt als eine (knappgefaßte!) Poetik der Kurzgeschichte und als ein glaubwürdiges Bekenntnis zur Ökonomie des Ausdrucks gelesen werden. Am Ende des zweiten Jahrtausends, schreibt Bellow hier, ist der moderne Leser an Information „gefährlich überladen" *(perilously overloaded).* Schon die Zeitungen sind schrecklich dick. Hinzu kommen viele weitere „Zerstreuungen" *(distractions),* die sich dem Bewußtsein aufdrängen und beim Leser den Eindruck erwecken, alles schon einmal gehört zu haben *(We have heard it all).* Es ist eine Bewußtseinslage, wie wir sie bereits, gut ein Jahrhundert früher, bei dem Basler Vergessenskünstler Nietzsche kennengelernt haben. Doch stammt die Überlast für das Gedächtnis nun nicht mehr aus der Geschichte (oder jedenfalls nicht nur aus ihr), sondern aus der Gegenwart selbst, die durch die Massenmedien massiv präsent gehalten wird und dem Autor, der mit einer neuen Geschichte kommt, nur wenig Gedächtnisplatz übrig läßt. Zwar hat der Schriftsteller hier nach Bellows Überzeugung weiterhin eine wichtige Aufgabe zu erfüllen. Er allein kann nämlich „das zerstreute Bewußtsein wieder in Ordnung bringen" *(to put the distracted consciousness in order).* Aber das wird ihm nur dann gelingen, wenn er sich selber Zucht und Ordnung auferlegt und „bei keinem Leser Zeit vergeudet". So ergibt sich für den Schriftsteller wie von selbst als oberste Maxime seines Schreibens: „Er wird so kurz schreiben, wie er nur kann" *(He will write as short as he can).*

*

Eine der drei Kurzgeschichten, denen Saul Bellow im Jahre 1991 seine Poetik der knappen Schreibkunst vorangestellt hat, ist überschrieben *The Bellarosa Connection* (1989). Sie variiert die Thematik des *Sammler*-Romans, verdichtet und verknappt sie jedoch zu besonders eindrucksvoller Erzählkraft.[4]

In gewisser Weise setzt der Erzähler dieser Kurzgeschichte die Rolle des Mr. Artur Sammler aus dem besprochenen Roman (nicht die Erzählerrolle dieses Romans!) fort. Denn es handelt sich in Bellows Kurzgeschichte ebenfalls um einen älteren Mann jüdischer Herkunft, der von Natur aus über ein besonders leistungsfähiges Gedächtnis verfügt *(the innate gift of memory).* Schon als junger Student ist er als Gedächtniskünstler öffentlich aufgetreten. So hat er auch aus dem gut funktionierenden Gedächtnis seinen Beruf gemacht und in Philadelphia ein Mnemosyne-Institut gegründet, das in allen Gedächtnisangelegenheiten seinen Rat anbietet – unter anderem auch zu der Frage, wie man sich vor allzu vielen Zerstreuungen schützt. Das Institut ist zu einem großen geschäftlichen Erfolg geworden. Zweigstellen werden in Japan und Taiwan gegründet. Eine geplante Gründung in Tel-Aviv scheitert jedoch – man kann nicht Eulen nach Athen tragen.

Als die Kurzgeschichte einsetzt, hat der Erzähler (der in der Kurzgeschichte namenlos bleibt) die Leitung des Mnemosyne-Instituts bereits an seinen Nachfolger übergeben, und sein Problem ist nun eher, wie er sich seines professionellen Gedächtnisses wieder entledigt. Doch dabei hilft die Natur. Zu seiner großen Verblüffung und unvermuteten Ängstigung fällt ihm eines Tages in einem Liedvers ein bestimmtes Wort nicht mehr ein, ein Flußname:

Way down upon the …
Way down upon the …
… upon the — River.

Das ist eine schreckliche Erfahrung für ihn: „Eine Brücke war eingestürzt. Ich konnte den – Fluß nicht überqueren" *(A bridge was bro-*

ken: I could not cross the — River). Welcher Fluß ist hier gemeint? Lethe? Nein, es ist „nur" der *Swanee*-Fluß, der ihm auch nach einigem Herumsuchen einfällt. Aber für den Erzähler, der sein ganzes Leben *the memory man* war und auf seinem untrüglichen Gedächtnis sogar seinen Beruf aufbauen konnte, bedeutet dieses erste Versagen seiner Gedächtniskraft eine schwere Bewußtseinskrise. Dies ist nun die Situation, in der er aus dem Gedächtnis aufschreibt, was er von seinen Freunden Harry und Sorella Fonstein und von Billy Rose weiß. Er macht einen „Gedächtnistest" *(test of memory)* mit sich selber.

Wir lernen als erstes Harry Fonstein kennen, der hinsichtlich seines Lebensschicksals Mr. Artur Sammler ähnelt. Auch er ist als polnischer Jude ein Überlebender des Holocaust. Von Polen konnte er noch nach Italien fliehen und wurde dort aus erneuter Lebensgefahr von einer ihm zunächst unbekannt bleibenden Hilfsorganisation, der Bellarosa-Gruppe, gerettet. Als Flüchtling gelangte er nach Amerika und heiratete dort die ebenfalls jüdische Amerikanerin Sorella, mit deren Hilfe er es zu geschäftlichen Erfolgen gebracht hat. Nun könnte er der – allerdings nur in Gedanken formulierten – Empfehlung des Erzählers folgen: *Forget it. Go American,* wenn da nicht eine Sache in seiner Erinnerung wäre, die ihm keine Ruhe läßt. Er hat nämlich inzwischen in Erfahrung bringen können, wer ihn in Italien vor dem sicheren Tod gerettet hat. Der geheimnisvolle „Bellarosa" von damals ist kein anderer als der jetzt nicht weit von ihm in New York lebende Show-Business-Produzent und Multimillionär Billy Rose, eine Berühmtheit *(a celeb)* der New Yorker Szene. Er ist, kurz gesagt: *Broadway Billy Rose.* Von ihm weiß man allerdings nicht genau, wie er an sein vieles Geld gekommen ist. Bestand da nicht einmal in früheren Zeiten eine Mafia-*connection* mit Italien? Gleichviel, dieser Billy Rose alias Bellarosa ist Harry Fonsteins Lebensretter geworden, und der kann sich nun nicht von der alten Routine seiner mitteleuropäischen Erziehung freimachen, seinem „Wohltäter" *(benefactor)* wenigstens einmal im Leben gegenübertreten zu wollen, um ihm Dank zu sagen, auch wenn es nur mit dem einzigen Wort *Thanks* geschieht.

Billy Rose jedoch verweigert sich, ist für einen ihm unbekannten oder von ihm vergessenen Mann namens Fonstein nicht zu sprechen, will keinen Dank und keine Erinnerung: *I don't like things from the past.* Warum mag er keine Sachen aus der Vergangenheit? Für dieses seltsame Verhalten *(oddity)* bietet der Erzähler seinem Leser keine eindeutige Erklärung an, und auch *Survivor-Fonstein* rätselt vergeblich an den möglichen Gründen seines Retters herum. Will Billy Rose die Aufmerksamkeit der Öffentlichkeit nicht auf eine möglicherweise dunkle Mafia-Vergangenheit lenken? Oder will dieser jüdische Amerikaner mit dem ganzen Judentum nichts mehr zu tun haben und nur noch Amerikaner sein? Fürchtet er vielleicht auch den Überdruck einer Holocaust-Erinnerung? Oder muß sich hier eine Berühmtheit schlicht der vielen Menschen erwehren, die alle etwas von ihm wollen – nach George Washingtons politischer Maxime: *Avoid entanglements?* Gibt es letzten Endes sogar ein Recht auf Vergessen, ohne jede Begründungspflicht?

Welches auch die Gründe sein mögen, es entwickelt sich nun, von Saul Bellow mit großer Erzählkunst dargestellt, ein zähes Ringen zwischen Harry Fonstein, der Billy Rose an sich erinnern will, um ihm als seinem Lebensretter wenigstens einmal danken zu können, und diesem Retter, der seinen damaligen Schützling entweder vergessen hat oder ihn jedenfalls heute vergessen will *(Remember, forget – what's the difference to me?).* Die treibende Kraft in diesem Ringen ist jedoch nicht so sehr Harry Fonstein selber als vielmehr seine Frau Sorella, eine im Fleische wie im Geiste mächtige Frau, deren Charakter vom Erzähler mit viel Sympathie gezeichnet wird: *She was a tiger wife.* Sie hat mit ihrem klaren Kopf begriffen, daß ihr Mann mit seinem offen gebliebenen Gedächtnis nicht, wie die Psychologen sagen, zur Gestaltschließung kommen kann, ehe er nicht wenigstens einmal „Danke" gesagt hat. Das ist für ihn nicht nur Ausdruck seiner Höflichkeit, sondern ein wesentliches Stück jüdischer Gedächtnisgeschichte: zum jüdischen Ritual des Gottesgedenkens gehört unabtrennbar die Danksagung für die Errettung Israels und seine Heimführung aus Ägypten: *b'yad hazzakah.* Ohne einen heilenden Abschluß wie hier bleibt das Gedächtnis, selbst an eine Rettung, eine quälende Erinnerung.

Und so zettelt Sorella nun eine Intrige an, um Billy Rose zu zwingen, Fonsteins Dank doch noch anzunehmen. Durch Zufall geraten Aufzeichnungen in ihre Hand, die von einer früheren Sekretärin und enttäuschten Verehrerin stammen und auf Broadway-Billy-Roses Lebenswandel nicht das beste Licht werfen. Es wäre ziemlich unangenehm für diesen Mann, der gerade jetzt in Israel einen Skulpturengarten als *Billy-Rose-Memorial* stiften will, wenn trübes und vielleicht irgendwie gegen ihn verwendbares Material an die Öffentlichkeit gelangte. Es ist nun interessant zu beobachten, wie in dieser Szene ein Mann, der hartnäckig darauf besteht, eine gute Tat vergessen zu dürfen, von den verschiedenen Gedächtnisstrategen seiner Umwelt in die Zange genommen wird mit dem Ziel, ihm dieses Vergessenwollen auszutreiben. Am nächsten kommt dem Ziel, ihn zum Gedächtnis zu zwingen, die Tigerin Sorella, die sich bei aller Arglosigkeit nicht scheut, Billy Rose mit ihrem Gedächtnismaterial zu erpressen: Entweder eine Viertelstunde mit Harry Fonstein reden und seinen Dank annehmen – oder die Aufzeichnungen der Sekretärin gehen an die Presse. Zwei fast gleich starke Charaktere stehen sich gegenüber, und der Kampf, den sie austragen, ist eine richtige Psychomachie: das Gedächtnis im Kampf mit dem Vergessen. Billy Rose bleibt am Ende Sieger, er läßt sich auch unter Druck sein Vergessen nicht abhandeln, und Harry Fonstein bringt seinen Dank nicht an den Mann. Der Gestaltkreis des Gedächtnisses schließt sich nicht.

Zum Ende hin läßt Saul Bellow seine Geschichte absichtlich versanden. Der Erzähler vergißt, mit seinen Helden in Verbindung zu bleiben. Als er nach Jahrzehnten wieder ihren Spuren nachgeht, sind sie alle gestorben: Billy Rose, Harry und Sorella Fonstein. Nur Gilbert, der einzige Sohn der Fonsteins, lebt noch. In Las Vegas kombiniert er auf ingeniöse Weise Mnemotechnik und Wahrscheinlichkeitsrechnung und hat damit am Spieltisch großen Erfolg. Außer ihm ist der einzige Gedächtnis-Überlebende der Erzähler, der besagte Ex-Direktor des Mnemosyne-Instituts, auf den aber das Vergessen schon am Ufer des Swanee-Flusses wartet.

4. Aufschreiben, um auszulöschen (Thomas Bernhard)

In den zahlreichen Traktaten zur Gedächtniskunst, die von italienischen Autoren im 15. Jahrhundert *(Quattrocento)* verfaßt worden sind, findet man häufig auch ein Kapitel über die Kunst des Vergessens *(arte dell'oblio).* Es antwortet auf die Frage, was man tun kann, um die Gedächtnisinhalte, die sich mit Hilfe der Mnemotechnik möglicherweise tief in die Seele eingegraben haben, wieder aus ihr zu vertreiben. Auch dazu ist nämlich Kunst vonnöten, und diese Kunst ist erlernbar. Klar machen muß man sich dabei vor allem, daß die eine wie die andere Kunst von psychischen Bildern handelt, die sich in der Vorstellung – je nach der angewandten Mnemotechnik – den gezeichneten, gemalten oder aus formbarem Material hergestellten Bildern in der Wirklichkeit annähern. Am weitesten verbreitet, weil besonders gut zur räumlichen Konzeption („Topik“) der Mnemotechnik passend, sind bei den italienischen Autoren des *Quattrocento* solche Gedächtnisbilder, die als Figuren aus Wachs, Gips, Ton, Holz oder Stein vorgestellt und in dieser Form über den Gedächtnisweg verteilt sind. Je plastischer und „beeindruckender" diese Statuetten von der Phantasie geformt sind, desto tiefer graben sie sich als „Wirkbilder" *(imagines agentes)* in das Gedächtnis ein.

Genau an dieser Stelle setzt auch die Rhetorik mit ihrer Vergessenskunst ein. Wenn nämlich die Gedächtnisbilder – mit oder ohne Nachhilfe der rhetorischen Kunst – dem Geist gegenwärtig sind und das Gedächtnis vielleicht länger besetzt halten, als dem Willen lieb ist, dann muß die gleiche Phantasie *(imaginatio)*, deren Wirken diese Bilder hervorgebracht hat, dazu aufgeboten werden, sie wieder zum Verschwinden zu bringen. Es wird gewissermaßen nur ein Hebel umgelegt, damit die Phantasie nun zwar gegen ihre eigentliche Natur, doch durchaus im Rahmen ihrer Möglichkeiten verhüllend, verdunkelnd, verwirrend oder vernichtend tätig werden kann. Ist etwa das Bild aus Papier vorgestellt, so kann es zerknüllt, in Fetzen gerissen, ins Feuer oder ins fließende Wasser (Lethe!) geworfen werden. Ein als Statuette vorgestelltes Gedächtnisbild kann aus dem Licht ins Dunkel gerückt oder durch ein darübergeworfenes Tuch, das natürlich ebenfalls aus Phantasiestoff gewebt ist, ganz unsichtbar gemacht werden. Bei besonders wirkmächtigen Bildwerken empfehlen die Meister der Vergessenskunst rabiatere Methoden. Ein Wachsbild kann man zum Schmelzen bringen, eine Tonstatuette auf dem Boden zerschellen lassen, und Holz- oder Steinfiguren wirft man am besten zum Fenster hinaus. Lina Bolzoni, die diese Traktate untersucht und genau beschrieben hat, kann hier dem Vergessenswilligen ein ganzes Arsenal an Zerstörungstechniken vor Augen führen, die nach der Meinung ihrer Erfinder vorzüglich geeignet sind, unliebsame Gedächtnisbilder wirksam auszulöschen.[1]

Aber vielleicht ist es gar nicht unbedingt nötig, italienische Traktate des *Quattrocento* zu lesen, um sich über das Auslöschen des Gedächtnisses kundig zu machen. Es genügt vielleicht, näher an unserer Zeit, die aufmerksame Lektüre des Romans „Auslöschung" (1986), den wir der Feder des österreichischen Schriftstellers Thomas Bernhard (1931 bis 1989) verdanken.[2] Es handelt sich um einen in der Ich-Form erzählten Roman, von dessen Erzähler nur im ersten und im letzten Satz des Romans mitgeteilt wird, daß er Franz-Josef Murau heißt. Desto mehr erfahren wir in der Romanerzählung von der Herkunft und Familiengeschichte dieses Mannes, der aus einem Ort namens Wolfsegg stammt. Und um Wolfsegg dreht sich wie fasziniert die ganze Welt des Romans.

Wolfsegg ist ein zwischen Salzburg und Linz gelegener Ort Oberösterreichs, dessen Mittelpunkt das stattliche Anwesen der begüterten Romanfamilie bildet. Der Vater, die Mutter, der Bruder Johannes und die zwei Schwestern Caecilia und Amalia gehören zu diesem Wolfsegg, das für den jetzt achtundvierzigjährigen Erzähler in seiner Kindheit ein Traumschloß war, nun aber seit langem eine Zwingburg bedeutet. Aus deren Zwängen ist er nach Rom entflohen, wo er von seinen quälenden Erinnerungen abgelenkt wird und Freunde findet.

Das eigentliche Romangeschehen umfaßt drei Tage erzählter Zeit und spielt anfangs in Rom, sodann in Wolfsegg. In Bewegung gesetzt wird die Handlung durch das Telegramm: „Eltern und Johannes tödlich verunglückt. Caecilia, Amalia." Die Nachricht löst bei dem Empfänger einen Gedächtnisstrom aus, an dem er seinen römischen Freund Gambetti (der in dieser Rolle fast stumm bleibt) partizipieren läßt. Der Erzähler bleibt noch eine Weile in Rom (= Teil I des Romans) und begibt sich dann nach Wolfsegg (= Teil II des Romans), wo er an dem Begräbnis teilnimmt und das Erbe antritt.

Anfangs sitzt der entsprungene Wolfsegger, nachdem er das Telegramm erhalten hat, an seinem römischen Schreibtisch. Vor sich hat er Fotografien liegen; sie zeigen seine Eltern auf einer Reise nach London, seinen Bruder beim Segeln am Wolfgangsee und seine noch lebenden Schwestern, deren Bild er gleichfalls betrachtet, auf einer Reise an die Riviera.[3] Ist das nun für ihn die Stunde der Pietät? Es gibt keine Pietät in diesem Roman und überhaupt nichts dergleichen bei Thomas Bernhard. Nur unangenehme, widerwärtige Erinnerungen werden durch die Fotografien in dem Betrachtenden wachgerufen, und die Bildbetrachtung gerät ihm immer mehr zu einer bald den ganzen Roman dominierenden „Wolfseggbeschimpfung". So sieht er in den Eltern, ihr Bild anschauend, ein groteskes Paar, beherrscht von der dämonischen Mutter, die über Wolfsegg herrscht wie eine böse Fee über ihr Zauberreich. Im Vergleich zu den übermächtigen Eltern ist sein Bruder Johannes, Jäger und Segler, eine eher kümmerliche Gestalt, die der Erzähler hauptsächlich als Kontrastfigur zu sich selber, dem „Abtrünnigen", wahrnimmt. Die beiden Schwestern schließlich ärgern ihn vor allem wegen des spöttischen Lächelns, das sie auf der Fotografie aufgesetzt haben – was dem Erzähler Gelegenheit gibt, im Vorübergehen auch die „Teufelskunst" der Fotografie zu schmähen, die solche transitorischen Ausdrucksmomente im Bilde zum Erstarren bringt.

Die Fotografien sind für ihn, so können wir nun in der Sprache der Mnemotechnik sagen, *imagines agentes,* deren „nicht abstellbare Wirkung" er „nicht mehr aus seinem Gedächtnis herausbringen" kann.

Oder doch? Ist denn ein Foto, das die abgebildeten Personen auf gerade acht oder zehn Zentimeter zusammenschrumpfen läßt, etwas anderes als ein „lächerlicher Papierfetzen", den man ohne weiteres zerreißen, verbrennen oder sonstwie vernichten kann? Oft hat der Erzähler schon versucht, „das Mittel der Vernichtung in diesem Falle anzuwenden". Er hat es aber nicht vermocht oder jedenfalls an die Vergeßbarkeit dieser Bilder gar nicht erst geglaubt: „Sie wären dann nur mit einer um so größeren Intensität meine Quälgeister." Die Vergessenskunst des *Quattrocento* taugt offenbar nicht zur Auslöschung des Wolfsegg-Komplexes.

Das Gegenstück zu dieser fehlgeschlagenen Zerreißprobe ist in einer Szene enthalten, in deren Verlauf der Erzähler einen Traum erzählt, den er vor einigen Jahren gehabt hat und von dem er seitdem immer wieder „heimgesucht" wird.[4] Traumort ist der im Grödnertal gelegene Berggasthof „Zur Klause". Traumpersonen sind zunächst, außer dem Erzähler, die Dichterin Maria (in der, kaum verhüllt, Ingeborg Bachmann zu erkennen ist), der Wiener Rabbiner Eisenberg und der italienische Philosoph Zacchi. Die Gruppe hat sich vorgenommen, in der Abgeschiedenheit der Gebirgsklause Schopenhauers Werk „Die Welt als Wille und Vorstellung" mit Marias Gedichten zu vergleichen. Dem Traumerzähler stehen alle Einzelheiten, zum Beispiel der von Maria getragene „verrückte Hosenanzug", so deutlich vor Augen, als erlebte er den Traum „jetzt". Plötzlich zerreißt ein Knall, ein Donnerknall, der aber nur für den Erzähler hörbar ist, die Kohärenz des Traumes: „Das Bild ist abgerissen." Der Knall bleibt unerklärt. Aber nun tritt plötzlich der Klausenwirt in den Raum, will den Frühstückstisch decken. Die Bücher und Notizen, die auf dem Tisch liegen, stören ihn bei diesem Geschäft. Unwirsch fordert er seine Gäste auf: „Geben Sie das Zeug weg vom Tisch!" Eisenberg: „Unterstehen Sie sich!" Doch der Wirt gerät nun ganz außer sich, reißt das aufgeschlagene Schopenhauerbuch vom Tisch. Mühsam rettet der Erzähler Marias Gedichte, Zacchi die Notizen. Die Wut des Wirts richtet sich nun auch gegen Eisenbergs Bart, gegen Marias extravagante Kleidung. Schließlich droht er seinen Gästen, sie umzubringen: „So ein Gesindel gehört ausgerottet." Der Erzähler flüchtet mit seinen geträumten Begleitern aus der Klause. Später erzählt er ihnen in der Wirklichkeit seinen Traum. „Alle hatten sie darauf geschwiegen."

Die Traumerzählung aus der Bergklause gehört in mancherlei Hinsicht in den Kontext der „Auslöschung“ als Vergessensversuch. Es zeigt sich: die Zerstörer, die Vernichter, die Auslöscher – das sind zunächst solche Leute wie der anfangs ganz normal-freundlich erscheinende Wirt des Gasthofes „Zur Klause“, den schon die geringste Störung seiner Routine, Bücher auf dem Frühstückstisch zum Beispiel, so in Rage bringt, daß er zum Äußersten fähig ist, ohne doch dabei aufzuhören, der joviale Klausenwirt zu sein. „So bedrohte er uns tatsächlich mit dem Umbringen und deckte gleichzeitig den Tisch.“ Wenn es ums Vergessen geht, dann sind die Zerreißer, die Umbringer und die Ausrotter der gegnerischen Partei immer schon schneller und allen eigenen Vergessensversuchen weit voraus.

Man muß also, um das Vergessensmotiv der „Auslöschung“ in Thomas Bernhards Roman richtig einschätzen zu können, sorgfältig bedenken, daß dieses Wort im Roman anfänglich in einem Kontext auftritt, der ganz zur Wolfsegg-Partei gehört. Da ist von den „neuen Barbaren“ die Rede, die alles, was mit Kultur zu tun hat, beargwöhnen, „bis es ausgelöscht ist“. Leidenschaftliche Zerstörer und rücksichtslose Ausbeuter werden sie ebenfalls genannt, und im gleichen Kontext heißt es von ihnen: „Die Auslöscher sind am Werk, die Umbringer“.[5]

Wolfsegg ist für den Erzähler magischer Mittelpunkt dieses Greuelmärchens, eine Art negativer Zauberberg, mit der Mutter, der „Vernichterin“, als Inbegriff dieses Bösen.[6] In ihrem dämonischen Erziehungswerk ist alles zusammengefaßt, was in der österreichischen Umwelt des Erzählers an negativen Kräften vorfindbar ist. Erstes und bleibendes Opfer ihres Erziehungstriebes ist ihr ungeliebter, als „Ersatzerbe“ zweitgeborener Sohn, der Erzähler des Romans. Sie setzt alles ins Werk, um ihm das Lesen, Träumen, Denken auszutreiben, ihn seinen „Kopf vergessen“ zu machen, so daß dieser schließlich „durch Erziehung fast vernichtet“ ist. Nur durch die Flucht nach Rom entgeht er der Auslöschung durch diesen bösen Zauber.

In Rom aber gelingt ihm das Leben wieder. Er kann endlich, was ihm in Wolfsegg mit seinen fünf(!) Bibliotheken – das ist Thomas Bernhards „Übertreibungskunst“! – streng untersagt war, seine Bücher lesen, so daß er „alles um sich herum vergißt“. In Rom kann er auch schreiben. Und Wolfsegg wird das große Thema seines Schreibens sein. Als mögliche Titel eines Buches über sein Leben unter der Gedächtnislast von Wolfsegg erwägt er: „Die Mütter“ oder auch „Die spöttischen Gesichter meiner Schwestern“. Dann gibt ihm Maria, die

Schreiberin, den Gedanken ein, sein Buch „Auslöschung" zu nennen. Das ist dieses Buch.[7]

Kann man es nun, wie der Titel nahelegt, als Vergessensbuch auffassen? Das läßt sich so einfach nicht sagen. Die „Auslöschung" ist zunächst eher ein Erinnerungsbuch zu nennen.[8] Der Erzähler vergegenwärtigt sich mit der Schärfe seines eidetischen Gedächtnisses alles Unheil, das von dem nunmehr fernen Schreckensort ausgegangen ist, und zwar bis in die Einzelheiten und Nebensächlichkeiten hinein, wie sie sein Gedächtnis untrüglich gespeichert hat. In dieser Erinnerung hat auch der Unfalltod seiner Eltern und seines Bruders, von dem das Romangeschehen seinen Anfang nimmt, einen genauen Stellenwert. Denn durch diesen Tod sind die Personen, die für Wolfsegg verantwortlich sind, „ausgelöscht" worden – eine Strafe, die der Erzähler mit seiner an Dantes *Inferno* erinnernden Scharfsichtigkeit als gerechte Vergeltung *(lex talionis)* wahrnimmt. So betrachtet er auch die Gesichter der Toten – darin Camus' Fremdem gleichend – ohne jede Gefühlsregung, nur ihre Veränderungen registriert er. Der Sarg der Mutter, die er „ja auch liebt", beunruhigt ihn jedoch. Man hat ihn schon geschlossen, um vor den Trauergästen den verstümmelten Leichnam der Mutter zu verbergen. Ihr ist bei dem Unfall der Kopf abgerissen worden. Der Erzähler macht nun immer wieder Anstalten, den Sarg zu öffnen. Es gelingt ihm nicht, und so bleibt das Bild des vom Rumpf getrennten Kopfes für ihn ein bloßes Vorstellungsbild, das jedoch von seiner Imagination so sehr mit Anschaulichkeit ausgestattet wird, daß es die Wirkkraft einer *imago agens* hat. Mit dieser Kraft ist es ein Zeichen des Vergeltungsgedächtnisses dafür, daß nun der „Kopf" der Wolfseggschen Verschwörung so abgetrennt ist wie in Dantes *Inferno* der Kopf des Verschwörers Bertrand de Born (vgl. oben II, 5).

Nun bleibt noch zu erörtern, wie in diesem Roman nach den Vorstellungen des Autors Gedächtnis und Vergessen so ineinandergreifen, daß der Erzähler sein Wolfsegg-Trauma gleichzeitig mit aller Schärfe des Gedächtnisses erinnern und es dennoch mit aller Kraft des Vergessens „auslöschen" kann. Das geschieht durch das Aufschreiben des Erinnerten in eben diesem Buch „Auslöschung".[9] Der Erzähler schreibt auf, um auszulöschen. „Ich schreibe eine ungeheure Schrift", sagt er einmal von sich, und das ist so zu verstehen: „Mein Bericht ist nichts anderes als eine Auslöschung, hatte ich zu Gambetti gesagt. Mein Bericht löscht Wolfsegg ganz einfach aus." Und noch einmal an anderer Stelle (Thomas Bernhard liebt obsessive Wiederholungen): „Wir tragen alle ein Wolfsegg mit uns herum und haben den Willen, es auszulöschen zu unserer Errettung, es, indem wir es aufschreiben wollen, vernichten wollen, auslöschen. Aber wir haben die meiste Zeit nicht die Kraft für eine solche Auslöschung.“ Er, der Erzähler, bringt jedoch diese (Schopenhauersche) Willenskraft auf, und so kann er, indem er das Wolfsegg, das er in sich trägt, auf- und von sich wegschreibt, für diesen quälenden Zauber ein „Auslöscher“ werden, und seine „ungeheure“ Schrift repräsentiert eine Welt als Wille und Auslöschung.

Ich habe noch nicht erwähnt, daß der Vater des Erzählers in diesem Buch als „erpreßter Nazi“ und seine Mutter sogar als „hysterische Nationalsozialistin“ vorgestellt werden. Sie haben dem Führer zugejubelt und nach dem Krieg mehrere seiner Gauleiter auf ihrem Anwesen versteckt. Beim Begräbnis sind diese Nazis alle dabei und salutieren am Sarg ihres alten Kameraden. Für Schermaier hingegen, das KZ-Opfer, bleibt nur die „Rolle des Vergessenen“; er fristet kärglich sein Leben in einem Staat, den der Erzähler nur hassen kann. Das alles geht ihm nicht aus dem Kopf, und so soll sein Buch auch eine Wiedergutmachung dieses Unrechts, eine Auslöschung dieses Vergessens sein. Und am Ende der Geschichte verschenkt der Erbe und neue Herr von Wolfsegg den ganzen Besitz „bedingungslos“ an die Wiener Israelitische Kultusgemeinde. Sein Freund, der Rabbiner Eisenberg, nimmt die Schenkung an.[10]

Ich kann nicht sagen, daß mich dieses politische Motiv, das an verschiedenen Stellen als Nebenhandlung in den Roman verwoben ist, künstlerisch (auch im Sinne der Gedächtnis- und Vergessenskunst) überzeugt hätte. Das Nebenmotiv bleibt im Verhältnis zu seinem historischen Gewicht ziemlich blaß gegenüber dem von der dämonischen Mutter beherrschten Hauptmotiv, und es will mir als Leser nicht gelingen, dieses Verhältnis umzukehren. Auch bleibt das Papier, das für den Aufschreiber vielleicht Instrument der Auslöschung sein mag, zu leichtgewichtig, wenn es überdies, aber ohne Siegel, einen Akt der Wiedergutmachung ausdrücken soll. Für eine solche *lex talionis* ist das Papier, aus dem Bücher gemacht sind, allzu geduldig.

X. Gespeichert, das heißt vergessen

1. Ein neuer Beruf: Wegwerfer (Böll, Borges)

Was bei Nietzsche noch ein spezifisches Problem des Historikers und Philologen war, die wachsende Erinnerungslast der Geschichte, wird im 20. Jahrhundert zu einem allgemeinen Problem der Gesellschaft: das unaufhaltsame Anwachsen der Datenmengen, die zur Information angeboten sind und zur Kenntnis genommen werden wollen. Die jüngst noch herbeigesehnte, alle Lebensäußerungen umfassende und global vernetzte Informationsgesellschaft ist so vollständig verwirklicht, daß der Traum mit seiner Verwirklichung schon zum Alptraum geworden ist. Wo ist also in diesem Jahrhundert diejenige Unzeitgemäße Betrachtung zu finden, in der klarsichtig eine Bilanz von Nutzen und Nachteil der Information für das Leben erstellt wird, so daß diese dann gegebenenfalls durch mutiges Abwerfen überflüssiger Information verändert werden kann?

Es ist wieder einmal eine kleine Schrift, an die zunächst zu denken ist. Bei ihr handelt es sich um eine kurze Erzählung, die Heinrich Böll (1917–1985) unter dem Titel „Der Wegwerfer" im Jahre 1957 veröffentlicht hat.[1] Die Geschichte spielt in Köln. Dort, in der Ubier-Stadt, gibt es eine honorige Versicherungsfirma namens „Ubia", die 350 Angestellte beschäftigt. Unter ihnen hat einer – zugleich der Ich-Erzähler der Geschichte – eine besondere Aufgabe zu erfüllen. Dieser Angestellte versieht seinen Dienst schon vor der regulären Bürozeit und dann noch einmal unauffällig am Nachmittag für eine Stunde, jeweils kurz nach Posteingang. Seine Aufgabe besteht darin, die eingegangene Post vorzusortieren und alle überflüssigen Postzugänge, noch bevor sie zu den Sachbearbeitern der Firma gelangen, unbesehen wegzuwerfen. Er ist der Wegwerfer.

Für diese wichtige Aufgabe, die er täglich beidarmig, „fast wie ein Schwimmer" (im Lethe-Strom?), zu erfüllen hat, ist der Mann gut qualifiziert. Er ist ein „gebildeter Herr" um die dreißig, hat gute Manieren. In seinem Zivilleben trägt er einen grauen Zweireiher und bei der Arbeit einen grauen Arbeitskittel. Auch sonst benimmt er sich in vielerlei Hinsicht wie „der Graue" in Chamissos Schlemihl-Geschichte, mit dem ihn auch die Unauffälligkeit der strikten Anonymität verbindet. Seinen Beruf hat dieser graue Herr nicht nur ergriffen, sondern erfunden und ihn hinsichtlich seiner stets verneinenden Funktion genau definiert: „Die Tätigkeit dient ausschließlich der Vernichtung".

Die Vokation zum Beruf des Wegwerfers war bei dem Anonymus der „Ubia" jedoch noch nicht seit frühester Jugend erkennbar. Zuerst war er ein eifriger Sammler gewesen und hatte unermüdlich alle Informationen zusammengerafft, die ihm unter die Augen gekommen waren: Reiseprospekte, Rheinweinangebote, Kunstkataloge aller Art und so weiter und so fort, bis eines Tages, mit siebzehn, die große Krise und Konversion kam, wobei von einem Tag zum andern aus dem eifrigen Sammler der leidenschaftliche Werfer und Wegwerfer wurde. Eine allgemeine Ökonomietheorie untermauerte bald die alltägliche Praxis des Wegwerfgeschäfts, so daß er schon daran denken konnte, die Kunst und Kritik der wegwerfenden Vernunft auf einer eigenen „Wegwerferschule" zu lehren.

Zu einer solchen Weiterentwicklung dieser handgreiflichen Vergessenskunst ist es nicht gekommen, vielleicht weil ein gewisser kleingläubiger Zug in der Böllschen Geschichte deren volle Entfaltung verhindert hat. Ein einziger Wegwerfer, halbtags beschäftigt, auf 350 sammelnde Angestellte, das ist natürlich zu wenig für eine erfolgreich operierende Vergessensstrategie. Als unzureichend muß ein Kritiker auch die Beschränkung des Wegwerfens auf Drucksachen und Prospekte aller Art ansehen. Wieviel Unnützes verbirgt sich nicht ebensogut unter vollfrankierten Briefumschlägen und anderen respektablen Titeleien! Des weiteren muß in kritischer Betrachtung der Böllschen Erzählung getadelt werden, daß der Wegwerfer seine nützliche Tätigkeit quasi im geheimen, nämlich in den Kellerräumen der „Ubia", ausüben muß, wenngleich einzuräumen ist, daß in dieser Lokalisation auch ein verborgener topischer Sinn stecken mag, da im Souterrain des Gedächtnisses die besten Bedingungen für das Vergessen vorliegen dürften. Nun mag allerdings für den insgesamt noch halbherzigen „Wurf" dieser praktischen Vergessenskunst ein triftiger Entschuldigungsgrund darin zu sehen sein, daß in der Zeit, in der diese Erzählung spielt, in den fünfziger Jahren also, auch die Sammelkunst noch unzureichend ausgebildet war. Denn der große Gegenspieler des Wegwerfers bei der „Ubia" ist damals noch die heute längst überholte Zentralkartei mit ihren variabel gestanzten Lochkarten. Er selber, der Wegwerfer, ist in ihr gleichfalls durch eine Lochkarte repräsentiert, deren Stanzungen bedeuten: asozial, geisteskrank. Das aber reicht nicht einmal aus, um ihn in der Firma unschädlich zu machen. Bessere, vollkommenere, bit- und bytefähigere Geräte müssen also her – wie es ja auch seitdem geschehen ist. Aber welche ungeahnten Fertigkeiten brauchen wir dann nach dem neuesten Stand der Technik auch auf der Vergessensseite!

*

Rückblickend auf die fünfziger Jahre, können wir jedoch Heinrich Böll und seiner Parabel vom Wegwerfer gleichwohl hellseherische Qualitäten für die Informationsprobleme der Gegenwart bescheinigen. Es ist seitdem evident geworden, daß wir in einer überinformierten Gesellschaft leben, in der die eigentliche Lebensklugheit nicht darin besteht, Informationen herbeizuschaffen – das kann heute jedes Kind über Internet –, sondern Informationen abzuweisen – dafür gibt es im Internet noch keine Programme. Denn natürlich ist auch hier wieder eine Kunst des Vergessens gefragt. Wir wollen das exemplarisch an einem Bereich studieren, für den der Philosoph Hermann Lübbe als erster zeitkritische Aufmerksamkeit reklamiert hat, am Archivwesen.[2]

Archive sind Aktenverwahranstalten. Sie halten das Schriftgut, in dem Rechts- und Verwaltungsvorgänge dokumentiert sind, als Muster und Referenzen für zukünftige Zwecke, die auch historischer Natur sein können, verfügbar. Es sind vielfach „Staats"-Archive. Nun war in früheren Zeiten die Archivierung gesellschaftlich relevanter Informationen verhältnismäßig unproblematisch, solange sich die Menge des zu speichernden Materials in Grenzen hielt. Manche Pfarreien haben noch heute ihre Taufregister aus dem 17. Jahrhundert aufbewahrt. Aber die Informationsexplosion der bürokratisierten Welt hat auch hier alle Dimensionen gesprengt, und in einer beliebigen Verwaltungseinheit fällt heute leicht in einem einzigen Jahr so viel archivierbares Material an wie früher in einem ganzen Jahrhundert. Kein Archiv der Welt kann so schnell wachsen, wie die Komplexität der Welt und damit die Menge der verfügbaren Information zunimmt. Daher gilt: „So kann es nicht weitergehen!"

Die einzig adäquate Lösung – weiterhin Lübbe zufolge – hat bei den Archivaren einen Namen. Sie heißt: Kassation. Unter diesem vornehmen Ausdruck ist aber nichts anderes als die planmäßige Aktenvernichtung zu verstehen. Die Akten wandern in den Reißwolf statt in die Regale. In welchem Prozentsatz? Da gehen die Schätzungen auseinander. Erhalten (aber wie lange?) bleiben, je nach den pragmatisch eingeführten Kassationsregeln zehn oder fünf oder auch nur zwei Prozent des speicherbaren Archivguts. Manchmal, wenn die Archivierungsquote zu hoch angesetzt war, kommt es dann noch zu einer „Nachkassation".

Kassation, das ist natürlich ein Vergessenswort, an dem auch Bölls Wegwerfer seine Freude gehabt hätte. Denn die Kassatoren unter den Archivaren (es muß die Mehrzahl sein) sind natürlich legitime Nachfahren jenes Böllschen Avantgardisten unter den professionellen Wegwerfern und könnten sich in einer der von ihm ersonnenen Wegwerferschulen ausbilden lassen. Sie würden dort vermutlich auch lernen, daß es sich bei diesem Geschäft nicht um ein reines Massenproblem handelt. Denn man könnte ja einwenden, die Kassationsdrohung ließe sich dadurch unterlaufen, daß die dicken Akten auf klein- und kleinstformatige Datenträger mit elektronischer oder photographischer Speicherung „um"-archiviert werden. Das ist aber eine Illusion, denn die Abhängigkeit einer solchen Speicherung von Dekodier- und Lesegeräten der verschiedensten Art und Fabrikation wächst umgekehrt proportional zu ihrer Verkleinerung und bietet dem Vergessen schon nach wenigen Jahren die sichere Chance, die gespeicherte Information ein- und ihre allfällige Kassation nachzuholen. Vielleicht kann aber sogar die Nachkassation eingespart werden, wenn nämlich Hans Magnus Enzensbergers in einer neueren Gedichtzeile enthaltenes Wort gilt: „gespeichert, d. h. vergessen".[3]

Lübbe setzt noch einige Hoffnungen auf die „Präzeption". Mit diesem von ihm eingeführten Begriff bezeichnet er die Kunst oder Wissenschaft, die zukünftige „Rezeption" vorauszuschätzen und auf diese Weise dafür zu sorgen, daß jene zehn, fünf oder zwei Prozent Akten, die gerettet werden können, wenigstens die richtigen sind, diejenigen nämlich, die in der Zukunft tatsächlich gebraucht werden. Ja, das ist genau der Punkt. Aber gibt es wirklich die Kunst, die Weichen für zukünftiges Vergessenhaben schon heute mit Klugheit zu stellen, und wo wird sie gelehrt, nachdem die Futurologen längst abgedankt haben? Schon geht als Versuchung die radikalere, von Hugo Loetscher vorgeschlagene Lösung eines großen, weltweit am 31. Dezember 1999 zu feiernden „Löschfestes" um, bei dem auf das Vergessens-Kommando *delete* hin auf einen Schlag alle elektronisch gespeicherten Daten gelöscht werden, ein gewaltiger „Befreiungsakt". Warum aber soll dieses Jahrhundert- oder Jahrtausendfest gefeiert werden, und warum wird es bei der Menschheit soviel Euphorie auslösen, wie der Autor in seiner Utopie mit Befriedigung prophezeit? Loetscher (sein Name steht der Sache nahe) schreibt: „Dieses Jahrhundert hatte sich zu viel gemerkt. Es wurden Daten gespeichert, die niemand im Sinne hatte, je wieder abzurufen. So wurde die Kampagne des großen Reinemachens gestartet, der Erfolg war überwältigend".[4]

*

Nicht nur die Archive, sondern auch die Bibliotheken kennen das Problem, zwischen dem Erinnern und dem Vergessen ein immer prekäres Gleichgewicht zu halten. Gewiß, alle Bibliotheken wachsen, werden groß und immer größer. Aber die Menge des Gedruckten wächst noch viel schneller und sprengt immer schon nach kurzer Zeit alle Räume und Ordnungssysteme. Fürs erste helfen vielleicht noch der Mikrofilm und der Computer. Entlastend wirkt paradoxerweise auch die chemische Selbst-Kassation der auf säurehaltigem Papier gedruckten Bücher, die sich gewissermaßen selber vergessen. Welche Gedanken macht sich daher wohl ein kluger Bibliotheksdirektor über die Probleme von Gedächtnis und Vergessen bei seinen Büchern? Wie hat darüber beispielsweise Jorge Luis Borges (1899–1986) gedacht, der lange Jahre seines Lebens Direktor der Argentinischen Nationalbibliothek in Buenos Aires war?[5] Doch die eigentliche Büchersammlung dieses großen Lesers und Autors ist nicht die von Buenos Aires, sondern die Bibliothek von Babel.

La Biblioteca de Babel (1941), das ist, wie man weiß, Titel und Thema seines – neben *Funes el memorioso* (vgl. oben V, 3) – wohl bekanntesten Prosastückes, an dem auch Umberto Eco in seinem Roman „Der Name der Rose" für die Bibliothek seiner Benediktinerabtei Maß genommen hat.[6]

Die von Borges ersonnene Bibliothek von Babel hat verwirrende Ausmaße. Ihre Magazine ziehen sich endlos hin, sind sogar, wenn Spiegelreflexe nicht täuschen, unendlich. Auch besteht die Bibliothek schon seit unvordenklichen Zeiten, vielleicht *ab aeterno,* so daß die ersten Menschen auch die ersten Bibliothekare waren. Mit ihren unbegrenzten Speicherkapazitäten enthält die Bibliothek von Babel nicht nur sämtliche existierenden, sondern auch alle für die Zukunft vorstellbaren Bücher, denn – so lautet eine Fußnote des Textes – „sofern ein Buch nur möglich ist, existiert es auch" *(basta que un libro sea posible que exista).* So ist auch die „Geschichte der Zukunft" *(la historia del porvenir)* bis in alle Einzelheiten in der Bibliothek von Babel enthalten.

Das Bewußtsein, daß es in Babel diese universale Bibliothek gibt, löst zunächst bei allen in ihr beschäftigten Bibliothekaren Glücksgefühle aus, und sie suchen in der Masse der Bücher hoffnungsvoll – ähnlich wie Mallarmé und Valéry – nach dem *einen* Buch, das alle Komplexität der übrigen in sich vereinigt und als deren „Chiffre und Kompendium" wohl einer Gottheit gleichkommen muß. Dieses „totale Buch" wird jedoch nicht gefunden. Enttäuschung und Niedergeschlagenheit breiten sich aus, und einige Bibliothekare werden verrückt.

In dieser Situation tritt eine Sekte auf. Ihre Angehörigen sind Fanatiker des Vergessens. Angetrieben von einem „hygienischen, asketischen Wahn" *(furor higiénico, ascético),* machen sich diese Puritaner, die natürlich selber auch Bibliothekare sind, ans Werk, um aus der Bibliothek von Babel alle „unnützen Werke" *(obras inútiles)* auszumerzen. Millionen von Büchern gehen durch ihr Zerstörungswerk zugrunde. Doch hat diese gewaltige Kassation keine erkennbaren Folgen für die Bestände der Bibliothek und bleibt in ihrer Wirkung „infinitesimal". Vergessensresistent, wie sie offenbar ist, wird die Bibliothek von Babel sogar den Untergang der Menschheit überdauern.

Wir wissen wenig über die Art und Weise, wie der Autor Jorge Luis Borges in seiner Funktion als Direktor der Bibliothek von Buenos Aires (1955–1973) mit den Komplexitätsproblemen dieser immerhin auch schon recht umfangreichen Bücheransammlung fertiggeworden ist.[7] Doch finden wir in seinem literarischen Werk, zumal in seiner Alterslyrik, viel Nachdenkliches zu den natürlichen Grenzen des Gedächtnisses und zur „Hartnäckigkeit des Vergessens". Zwar ist für einen passionierten Leser, wie Borges einer war, das Gedächtnis „allgegenwärtig" *(ubicua),* doch gehört auch „das allgemeine Vergessen" *(el común olvido)* zur menschlichen Natur. Welches Vergnügen ist es also beispielsweise für den Leser Borges, nächtens Vergil zu lesen, „wenn man Latein gelernt und es wieder vergessen hat"! Denn das Vergessen ist für ihn so fest mit dem Gedächtnis verbunden, daß er einmal schreiben kann: „Das Vergessen ist eine der Formen des Gedächtnisses, sein weites Kellergeschoß *(su vago sótano),* die geheime Kehrseite der Münze".

Im Vergessen konkretisiert sich für Borges – beängstigend, beunruhigend – die verrinnende Zeit. Ihr bevorzugtes Emblem ist ihm die Sanduhr, an deren Sandfluß zugleich der Zauber des Lethe-Stroms *(el mágico Leteo)* abgelesen werden kann. Doch ist der Sand, in anderer Betrachtung, auch Analogie jener „Asche, aus der das Vergessen gemacht ist" *(la ceniza de que está hecho el olvido)* wie auch jenes

Staubs, in den der große, quasi-barocke „Alchemist" eines weiteren Borges-Gedichts am Ende alles Irdische verwandelt: „in Staub, in niemand, in nichts, in Vergessen" *(en polvo, en nadie, en nada, en olvido).*

In seinen letzten Lebensjahren, darin Beethoven in seiner Taubheit und Kant in seiner Geistesschwäche vergleichbar, war Borges, dieser begnadete Bücherleser, erblindet. Er konnte nun nur noch in seinem Gedächtnis lesen *(leyendo en la memoria).* Doch hat Borges nicht mit seinem Schicksal gehadert. Er preist sogar in einem Gedicht unter dem Miltonschen Titel *On his blindness* die „weißen Gaben des Vergessens" *(los blancos dones del olvido)* und nimmt in einem „Anderen Gedicht über die Gaben" auch das Vergessen in die Litanei seiner Danksagungen an die Gottheit auf *(gracias quiero dar al divino por el olvido).* Schließlich spricht er in einem Gedicht unter dem Titel „Lob des Schattens" in dem gleichnamigen Gedichtband in deutlichen Worten aus, für welche besondere Gnade er dem Vergessen dankbar ist:

… tantas cosas.
Ahora puedo olvidarlas.
Llego a mi centro,
A mi Álgebra y mi clave,
A mi espejo.
Pronto sabré quien soy.

… so viele Dinge.
Jetzt kann ich sie vergessen.
Komme nun an mein Zentrum,
An meine Algebra und meinen Code,
An meinen Spiegel.
Bald weiß ich, wer ich bin.

In diesem Gedicht und an vielen anderen Stellen seines Spätwerks spricht aus dem Loslassen- und Vergessenkönnen die Generosität eines Mannes, der von einem reichen und erfüllten Leben mit seinem kostbaren Wissensbesitz heiter Abschied nehmen kann.

2. Epilog zum Oblivionismus der Wissenschaft

Unter Vernachlässigung fachspezifischer Unterschiede läßt sich die Wissenschaft, so wie sie heute weltweit betrieben wird, als ein viel-

köpfiges Unternehmen beschreiben, das nach disziplinär geregelten und intersubjektiv nachprüfbaren Verfahren wahre Erkenntnisse über die Welt
- durch Forschung gewinnt,
- durch Publikation verbreitet und
- durch Dokumentation verfügbar hält.

Für die heutige Wissenschaft steht nun außer Frage, daß diese drei Phasen, die vielleicht vereinfacht gekennzeichnet werden können als Suchen/Schreiben/Speichern, gleichzeitig Rangstufen des wissenschaftlichen Prestiges bezeichnen, und zwar in absteigender Linie. Wer als Forscher die wissenschaftliche Erkenntnis *sucht* (und sie hoffentlich auch *findet*), zieht fast die gesamte Aufmerksamkeit und Anerkennung der Öffentlichkeit auf sich, und so bleibt für die Funktionen des Schreibens und Speicherns nur ein bescheidener oder gar kein Applaus übrig.

Das war in der älteren Wissenschaft, sagen wir im Mittelalter, anders. Hier erschienen den Wissenschaftlern – es waren viel weniger als heute – die grundlegenden Erkenntnisse über Gott und die Welt als gegeben, und zwar entweder aus der Offenbarung oder aus der unüberbietbaren Weisheit der Antike, so daß es in erster Linie dieses Wissen für die Menschheit zu speichern galt. Dem waren die Funktionen des Schreibens und mit noch weiterem Abstand die des Suchens untergeordnet. Diese Art Wissenschaft definierte sich also vor allem durch einen engen Bund mit dem Gedächtnis. Wir können das den Memorialismus der älteren Wissenschaft nennen.

Nun haben wir schon in verschiedenen Kapiteln dieses Buches gesehen, wie das kulturelle Gedächtnis in Europa Schritt um Schritt von der moralistischen und aufgeklärten Gedächtniskritik eingeholt und schließlich überholt wird, wobei es Zug um Zug auch an wissenschaftlichem Prestige einbüßt. Diese Bewegung kulminiert gegen Ende des 17. Jahrhunderts, als die *ars inveniendi*, besonders deutlich bei Leibniz, von einer Kunst des Findens (die noch innerhalb eines gegebenen Wissensbestandes operieren konnte) zu einer Kunst des „Er"-findens (die ein offenes Feld der Erkenntnis vor sich hat) mutiert.[1] Das eben setzt die „Suche" in ihre neuen Rechte und Vorrechte ein und animiert seitdem Legionen von „Forschern" (*researchers, chercheurs, ricercatori, investigadores* etc.), die Wahrheit der Wissenschaft nicht mehr hinter sich, sondern vor sich zu suchen.

Niemand kann bezweifeln, daß die solcherart umdefinierte Wissenschaft eine grandiose Erfolgsgeschichte geworden ist. Sie hat die Welt verändert. Ob das immer zum Guten geführt hat, will ich hier nicht zu entscheiden versuchen, doch möchte wohl keiner der Heutigen, die in dieser von der Wissenschaft geprägten Welt aufgewachsen sind, in eine nicht such-süchtig lebende Gesellschaft zurückkehren. Denn das Suchen und Findenwollen haben wir alle längst als selbstverständlich verinnerlicht und seine Resultate zugleich, in Gestalt zahlreicher „Errungenschaften", aufs bequemste veräußerlicht.

Die Frage ist nun, was die moderne, vom Speichern zum Suchen umgepolte Wissenschaft eigentlich mit dem Gedächtnis gemacht hat, nachdem es aus seiner früheren Glanzrolle vertrieben worden ist. Gilt denn ihr alter Bund mit dem Gedächtnis noch?[2] Diese Frage verlangt nach einer differenzierten Antwort. Einerseits sind in gewisser Weise die Gedächtnisleistungen, die von der modernen Wissenschaft erbracht werden können, gegenüber früher wesentlich gesteigert worden. So haben sich die wissenschaftlichen Bibliotheken, wie jeder Benutzer weiß, längst zu beeindruckenden Informations- und Dokumentationszentren ausgewachsen, deren Leistungsfähigkeit, sowohl was den Umfang der Datenbanken als auch was die Schnelligkeit des Zugriffs betrifft, durch elektronische und photographische Verfahren aller Art aufs äußerste perfektioniert ist. Es gibt wirklich wenig Grund, sich über die heutigen Möglichkeiten der Speicherung des menschlichen Wissens zu beklagen.[3]

Andererseits hat die Sache aber eine bedenkliche Kehrseite. Wer heute, etwa als junger Wissenschaftler, in das Unternehmen Forschung eintritt und dabei auch das Handwerk der Informationsbeschaffung gelernt hat, sieht sich alsbald, und zwar in ausnahmslos jedem Fach und bei fast jedem Thema, einem so überwältigenden Informationsangebot gegenüber, daß er Jahre braucht, um diesen Informationsberg zu erklimmen. Oben dann angekommen, wo sein eigenes Suchen und Forschen beginnen könnte, muß er feststellen, daß inzwischen, während er den „Stand der Forschung" erarbeitet hat, längst wieder andere Berge von Materialien, die zur Kenntnis genommen werden wollen, nachgeschoben worden sind. Denn Hunderttausende von Wissenschaftlern produzieren eben Millionen von Büchern, Zeitschriftenaufsätzen und anderen Datenangeboten, die unabsehbar weit über die Kapazität eines einzelnen Menschen hinausreichen.

Es gilt nun aber in der Wissenschaft nach wie vor – oder ist jedenfalls nie formell außer Kraft gesetzt worden – die noch aus dem Zeitalter des Memorialismus stammende und ein altertümliches Ethos des Wissens spiegelnde Verhaltensregel, nach der jede eigene Forschungstätigkeit die vollständige Erfassung der zu diesem Thema vorliegenden „Forschungsliteratur" voraussetzt. Wer gegen dieses umfassende Dokumentationsgebot verstößt, setzt sich einer möglicherweise unnachsichtigen Kritik aus, denn „er kennt ja nicht einmal ...". Und so sehen wir nun manche Nachwuchswissenschaftler, die über die tückischen Ausmaße des Informationsangebotes noch nicht genügend nachgedacht haben, wie sie bei ihrer Dissertation auch nach vier Jahren Materialbeschaffung noch ganz unten am Fuße dieses Berges zu stehen meinen und nur mit Angst und Verzweiflung zur „Spitzenforschung" (eine Bergsteigemetapher!) aufschauen mögen. Denn es ist evident, daß alle diejenigen, die sich von dem naiven Ethos der vollständigen Dokumentation, und sei es durch einen Schuß Leichtsinn, nicht rechtzeitig ablösen, von der Masse der verfügbaren Informationen erdrückt werden, so daß sie selber am Forschungsprozeß nicht mehr teilnehmen können.

Was ist da zu tun? Es sollte zunächst, was bisher noch nicht oder fast nicht geschieht, bei jeder Einweisung in die wissenschaftliche Tätigkeit, also in der akademischen Lehre, außer den unerläßlichen Techniken der Informationsbeschaffung auch die subtile Kunst der Informationsabweisung gelehrt werden. Denn die Wissenschaft ist heute ohne eine deutliche Vergessenskomponente nicht mehr praktikabel. Man braucht dabei kein schlechtes Gewissen zu haben, wenn man sich folgendes überlegt: Angenommen, das Informationsangebot mit all den Datenmengen, die in Millionen von Publikationen jährlich auf die Wissenschaftler herabregnen, bestünde wirklich, wie es das Innovationsgebot im Prinzip ja verlangt, aus wirklich neuen Erkenntnissen, dann müßte man über diese Aussicht tief erschrocken sein. Keine Gesellschaft kann, ohne ihre Identität zu verlieren, in so kurzer Zeit so viele Innovationen verarbeiten, wie ihr heute als Informationen angeboten werden. Da ist es tröstlich, sich und anderen klarzumachen, daß nicht nur *einige* wissenschaftliche Informationen bedauerlicherweise, sondern *viele* wissenschaftliche Informationen glücklicherweise keine Neuigkeiten sind. Man kann sie nicht selten mit geringem Risiko (nie mit einem Null-Risiko!) vernachlässigen.

Wie findet man nun unter den viel zu vielen Informationen, die unsere Bibliotheken und Dokumentationszentren zu fast jedem Thema auf Verlangen auswerfen, die wenigen und vielleicht sehr wenigen Informationen heraus, die wirklich das Denken voranbringen? Das ist genau jene Vergessenskunst, die jeder Wissenschaftler beherrschen muß, wenn er nicht durch chronische Überinformation in seiner Forschungstätigkeit gelähmt werden will. Wir wollen diese Kompetenz der vernunftgesteuerten Informationsabwehr im folgenden den Oblivionismus der Wissenschaft nennen.

Der wissenschaftliche Oblivionismus ist hier nicht neu zu erfinden, er wird längst praktiziert, besonders erfolgreich von den „Spitzenforschern". Das zeigt sich am deutlichsten in den Naturwissenschaften. Dort können wir diese Verhältnisse prototypisch am Beispiel der Biochemiker Watson und Crick studieren, die im Jahre 1953 ihre epochale Entdeckung der DNS-Struktur in einem Beitrag unter dem schlichten Titel *Molecular Structure of Nucleid Acids* auf nur *einer* Druckseite mit sechs Fußnoten in der angesehenen Zeitschrift *Nature* publiziert haben und dafür auch sogleich mit dem Nobelpreis ausgezeichnet worden sind.[4] Aus dieser Publikation sowie einigen später nachgeschobenen Mitteilungen können wir ersehen, daß der wissenschaftliche Oblivionismus, dem diese Forscher entsprochen haben, etwa nach den folgenden Verhaltensregeln funktioniert:

> Was in einer anderen als der englischen Sprache
> publiziert ist – *forget it.*
>
> Was in einer anderen Textsorte als der eines
> Zeitschriftenaufsatzes publiziert ist – *forget it.*
>
> Was nicht in einer der angesehenen Zeitschriften
> x, y, z publiziert ist – *forget it.*
>
> Was vor mehr als ca. fünf Jahren publiziert ist
> – *forget it.*

Jede dieser vier Verhaltensregeln verlangt natürlich, wenn man die Bedingungen ihrer Geltung genauer überprüfen will, nach verschiedenen Nuancierungen, die im einzelnen auch fachspezifisch differenziert sein können. So zeigt sich beispielsweise – *ad I* – die Anglophonie nicht gleich unangefochten in allen Naturwissenschaften; sie tritt besonders deutlich in den Nobelpreiswissenschaften auf. Der Zeitschriftenaufsatz – *ad II* –, der seit dem Ende des 17. Jahrhunderts durch die neu gegründeten Akademien der Wissenschaften in London, Paris und Berlin in seine dominante Stellung gebracht worden ist, erweist sich heute in zunehmendem Maße als schon nicht mehr flexibel genug, um die Priorität des Forschungsergebnisses rechtzeitig und eindeutig zu sichern. Viele Forscher weichen daher zunehmend auf andere Formen beschleunigter Publikation aus. Schon der genannte Beitrag von Watson und Crick steht als *short communication* an der Grenze eines wissenschaftlichen Aufsatzes. Welches weiterhin – *ad III* – diejenigen wissenschaftlichen Zeitschriften sind, die im Club der Spitzenforscher exklusiv gelesen werden, variiert natürlich von Fach zu Fach, manchmal auch von Land zu Land. Man muß einfach *wissen,* welches diese Zeitschriften sind, und braucht die vielen anderen, um sie vernachlässigen zu können, nicht einmal anzuschauen. Besonders genau zu betrachten ist zweifellos – *ad IV* – die Vergessensregel, die sich auf die gesamte „ältere" Literatur jenseits der bei ungefähr fünf Jahren liegenden Vergessensgrenze bezieht. Es kann natürlich im strengen Sinne nicht davon die Rede sein, daß bei Watson und Crick die gesamte ältere Wissenschaft, von Aristoteles bis zu Röntgen und Helmholtz, die bei ihnen nicht mehr zitiert wird, aus dem Gedächtnis verschwunden wäre. Das mit diesen und vielen anderen Namen großer Gelehrter der Vergangenheit verbundene Wissen ist jedoch in der alltäglichen Forschungspraxis oder in der technischen Anwendung sedimentiert und dadurch unauffällig („latent") geworden. In auffälliger Form lebt dieses historische Gedächtnis allenfalls bei Festveranstaltungen auf und wird sonst nur von Spezialisten gepflegt, an die man die Fachgeschichte delegiert hat. Es handelt sich also für die aktuelle Forschung vielfach um ein bewußtes, methodisch kontrolliertes Vergessen ihrer historischen Bedingungen und Voraussetzungen. Denn in die Gipfelnähe, da wo die Spitzenforschung agiert, gelangt man nur mit leichtem Gepäck.

Der Oblivionismus der Wissenschaft darf nicht mit dem Falsifikationismus verwechselt werden. Dieser beruht, wie man weiß, auf dem von Karl Popper und von den Popperianern vertretenen Sophisma, daß die Forschung ihrer inneren Logik gemäß weniger von Wahrheit zu Wahrheit, als vielmehr von Falschheit zu überwundener Falschheit voranschreitet, wobei die Wahrheit von der Summe der ständig überwundenen Falschheiten kaum zu unterscheiden ist.[5]

Im Gegensatz zu dieser Auffassung sind in den Feststellungen über den Oblivionismus der Wissenschaft keine Aussagen über Richtig oder Falsch enthalten. Natürlich erleichtert die – begründete oder unbegründete – Überzeugung, diese oder jene Vorgängermeinung sei ganz oder teilweise falsch, das willentliche Vergessen, doch liegt es auch sonst im wohlerwogenen Interesse der Forschung, manches Richtige zu vergessen, damit es zu gegebener Zeit mit Stolz und Pathos wiederentdeckt werden kann und auf diese Weise die Suchmotivation der Forscher besser aufrecht erhält, als wenn diese wüßten, daß vieles Erforschbare in der einen oder anderen Form längst bekannt ist.

Des weiteren darf der wissenschaftliche Oblivionismus nicht mit dem Revolutionismus verwechselt werden, wie er mit dem Namen von Thomas S. Kuhn verbunden ist.[6] Kuhn hat wohl recht, wenn er an zahlreichen Beispielen aus der Forschungsgeschichte belegt, daß die Wissenschaft ihre Erkenntnisse nicht Stein um Stein, „in Kärrnerarbeit", akkumuliert, bis irgendwann an einem mythischen Ende der Forschung das Gebäude des menschlichen Wissens in strahlender Vollkommenheit dasteht. Es ist ohne weiteres einsichtig, daß sich die Entwicklung der Wissenschaften, wie auch viele biologische Entwicklungsprozesse der Natur, in Schüben vollzieht, von Paradigma zu Paradigma springend, wie Kuhn anfänglich zu sagen pflegte, oder von Revolution zu Revolution hastend, wie die Kuhn-Vulgata sich auszudrücken vorzog – mit der problematischen und leicht lächerlichen Folge, daß natürlich jeder Wissenschaftler, der auf sich hält, lieber Paradigmenstürmer als Troßknecht der *normal science* sein will.

Für das Verständnis des wissenschaftlichen Oblivionismus können wir aus der Kuhnschen Theorie des Wissenschaftsprozesses, ohne deren Prämissen und Implikationen voll übernehmen zu müssen, mindestens so viel entnehmen, daß jeder „Schub" der wissenschaftlichen Entwicklung, ob er nun Fortschritt oder Rückschritt bedeutet oder auch beides zugleich, eine beträchtliche Entlastungswirkung auf das Gedächtnis der Wissenschaft hat. Denn das überwundene Paradigma – das kann man eben vergessen. Insofern ist jeder Paradigmensturz, was auch sonst sein Nutzen oder Nachteil für die Historie des menschlichen Wissens sein mag, allemal ein Vergessensschub von erheblicher wissenschaftsökonomischer Bedeutung. Kuhn und Popper zusammennehmend und beide begrenzend, kann man also etwa sagen: Von Vergessensschub zu Vergessensschub schreitet die Wissenschaft, die von ihrem Gedächtnis einen ökonomischen Gebrauch machen muß, zu anderen Erkenntnissen voran, die im Glücksfall auch die besseren sind.

Da ich aber der wichtigen Frage nach der Qualität der wissenschaftlichen Forschung und vor allem auch der Wahrheitsfrage nicht ausweichen will, möchte ich nun den oben aufgeführten und kurz kommentierten vier Verfahrensregeln des wissenschaftlichen Oblivionismus eine fünfte anfügen, die aber mit Blick auf die Qualität der Forschung und die Wahrheit ihrer Ergebnisse in zwei alternativen Varianten vorliegt. Sie betreffen beide den „Hauptstrom“ *(mainstream)* der Forschung. Die erste Regel besagt:

> Folge dem Hauptstrom der Forschung, alles andere kannst du vergessen.

Die zweite Regel lautet:

> Den Hauptstrom der Forschung, dem alle folgen, kannst du vergessen.

Für die Plausibilität der zweiten Regel könnte sprechen, daß der Hauptstrom oder *mainstream* der Wissenschaft vielleicht nur ein Nebenfluß des Lethe-Stromes ist.

Die Frage, ob das hier über den wissenschaftlichen Oblivionismus Gesagte auch auf die Geistes- und Sozialwissenschaften übertragen werden kann, ist naturgemäß nicht einfach zu beantworten.[7] Deren Disziplinen haben in der Regel, wie man weiß, eine stärkere historische Komponente. Die oben verzeichneten, an den Naturwissenschaften abgelesenen vier Verfahrensregeln gelten daher in ihnen nicht ohne weiteres und müssen etwa wie folgt eingeschränkt werden: Zu vergessen sind in den Geistes- und Sozialwissenschaften *nicht* die vielen in der Welt neben dem Englischen lebenden Kultur- und Wissenschaftssprachen, *nicht* die zahlreichen neben dem Fachaufsatz bestehenden anderen Gattungen und Textsorten der Wissenschaftsliteratur, *nicht* die unübersehbar vielen Zeitschriften und Publikationsreihen mit national, regional oder lokal begrenzter Reichweite und vor allem *nicht* die ältere Forschungsliteratur, aus der heraus Aristoteles oder Averroes, Luther oder Leibniz plötzlich brandaktuell werden können. Aus diesen Gründen ist auch in den Geistes- und Sozialwissenschaften ein Hauptstrom der Forschung nicht so deutlich erkennbar. Denn diese Wissenschaften unterscheiden sich vor allem dadurch von den meisten Naturwissenschaften, daß sie keine klare, relativ eindeutig verlaufende Forschungsfront haben. Schlechterdings alles, das Sublimste ebenso wie das Trivialste, sogar das Vergessen, kann sich plötzlich als Gegenstand der Forschung aufdrängen. Diese Disziplinen müssen daher immer für Unerwartetes gerüstet sein und können es sich nicht leisten, so hilfreich das auch wäre, mit kleinem Gedächtnisgepäck zu marschieren und entsprechend leichtfüßig zu operieren. Anders ausgedrückt, ohne geschichtliche Erfahrung als Sicherung gegen unangenehme Überraschungen aller Art lassen sich die Geistes- und Sozialwissenschaften nicht betreiben. Sie müssen daher, jedoch ohne in den Memorialismus der alten Wissenschaft zurückzufallen, weiterhin mit dem Gedächtnis paktieren. Andererseits aber sind auch die Geistes- und Sozialwissenschaften, da sie mit dem Gang der Zeit Schritt halten müssen, den Spielregeln und Sprachspielen des wissenschaftlichen Oblivionismus unterworfen. Beides, dem Widerspruchsgesetz zum Trotz, zu vereinbaren, ist hier die Kunst. Damit sie gelingt, ist – mit gemäßigtem Polytheismus – an den Altären zweier Gottheiten zu opfern: Mnemosyne und Lethe.

Anmerkungen

Vorwort

1 La Rochefoucauld: *Tout le monde se plaint de sa mémoire et personne ne se plaint de son jugement* (*Réflexions ou sentences et maximes morales*, 89).
2 Edouard Herriot: *Notes et maximes inédites*, Paris: Hachette 1961, S. 46.

I. Die Sprache des Vergessens

1 Zur Wortbildung der deutschen Sprache im allgemeinen und zu den Bedeutungen der Modalverben äußere ich mich ausführlicher in meiner Textgrammatik der deutschen Sprache, Mannheim: Bibliographisches Institut (Duden-Verlag) 1993, besonders Kap. III und IX.
2 Die Äußerung von Karl Kraus wird mitgeteilt von Friedrich Torberg: Die Tante Jolesch oder Der Untergang des Abendlandes in Anekdoten, München: dtv (Taschenbuch, 1266) 7. Aufl. 1982, S. 139.
3 Vgl. das in mehrfacher Hinsicht anregende Buch von Reinhard Baumgart: Selbstvergessenheit. Drei Wege zum Werk: Thomas Mann, Franz Kafka, Bertolt Brecht, München: Hanser 1989, hier besonders S. 229 und 291.
4 Vgl. Anglizismen-Wörterbuch. Der Einfluß des Englischen auf den deutschen Wortschatz nach 1945, hg. von Broder Carstensen/Ulrich Busse/Regina Schmude, 3 Bde., Berlin: de Gruyter 1995/96, Bd. III, s. v. Vergessen, mit Bezug auf R. Baudusch: „Das kannst du vergessen" (1982). Ich danke Günther Drosdowski für diesen Hinweis.
5 Vgl. Michèle Simondon: *La mémoire et l'oubli dans la pensée grecque jusqu'à la fin du Ve siècle avant J. C. – Psychologie archaïque, mythes et doctrines*, Paris: Les Belles Lettres 1982, besonders S. 9 und 17. Zu *aletheia:* Martin Heidegger: Vom Wesen der Wahrheit (1930), Frankfurt: Klostermann 1943, S. 20ff. Dazu auch Carlos García Gual: *Heidegger ha comentado sutilmente esa concepción griega de la verdad como aletheia, un término negativo, como si debiera rescatarse lo auténtico de la capa del 'olvido' que la encubre.* („*Mnemósine y sus hijas*", *Revista de Occidente* n° 100, 1989, S. 117). Vgl. ferner Hugo Loetscher: Die Papiere des Immunen, Zürich: Diogenes 1986, S. 238.
6 Zur Metaphorik des Gedächtnisses vgl. auch mein Buch „Sprache in Texten", Stuttgart: Klett 1976, Kap. XIX: *Metaphora memoriae.*
7 Zu den Redensarten des Vergessens vgl. Lexikon der Redensarten, hg. von Klaus Müller, Gütersloh: Bertelsmann 1994.
8 Die ausführlicheren Zitate dieses Abschnitts sind zu finden bei Hegel: Enzy-

klopädie der philosophischen Wissenschaften, § 462 (Schacht); Thomas Mann: Vorspiel des Romans „Joseph und seine Brüder" (Brunnen); Schiller: Die Braut von Messina I, 4 (Vergessenheit); Victor Hugo: *Les rayons et les ombres,* 42 *(sombre);* Paul Valéry: *Cahiers,* Bibliothèque de la Pléiade, Bd. II, S. 18. Die zweite Strophe des „Abendliedes" von Matthias Claudius nach Karl-Otto Conrady: Das große deutsche Gedichtbuch, Kronberg/Ts.: Athenäum 1977, S. 197.

9 Hesiod: Theogonie V. 223–232. Vgl. zu dieser Metaphorik Francesca Rigotti: „Schleier und Fluß – Metaphern des Vergessens", in Michael B. Buchholz (Hg.): Metaphernanalyse, Göttingen: Vandenhoeck und Ruprecht 1993, S. 229 bis 252. Vgl. auch C. G. Jung: „Das Wasser ist das geläufigste Symbol für das Unbewußte." (Archetypen, München: dtv 1990, S. 21.)

10 Pausanias: Reisen in Griechenland, hg. von Felix Eckstein, 3 Bde., Zürich: Artemis 3. Aufl. 1986, IX, 39, 8; Bd. III, S. 198. Dazu vgl. Stefan Goldmann: „Topoi des Gedenkens. Pausanias' Reise durch die griechische Gedächtnislandschaft", in Anselm Haverkamp/Renate Lachmann (Hg.): Gedächtniskunst: Raum – Bild – Schrift. Studien zur Mnemotechnik, Frankfurt a. M.: Suhrkamp 1991, S. 145–164. Dazu auch Dieter Simon: „Wie weit reicht Europa?", in: Informationsgesellschaft und Rechtskultur in Europa, hg. von Marie-Theres Tinnefeld/Lothar Philipps/Susanne Heil, Baden-Baden: Nomos Verlag 1995, S. 23–36, hier S. 34 f.

11 Vergil: *Aeneis* VI, 713–716. Vgl. auch Reinhart Herzog: „Aeneas' episches Vergessen – Zur Poetik der *memoria*", in Anselm Haverkamp/Renate Lachmann (Hg.): Memoria. Vergessen und Erinnern, München: Fink 1993, S. 81–116.

12 John Milton: *Paradise Lost* II, 74 *(forgetful lake);* II, 169 *(burning lake);* II, 582–586 *(far off:* gemeint ist hier 'weit entfernt von den anderen Strömen der Unterwelt' – ein Dante-Reflex, vgl. unten II, 5). Die Schreibung der Milton-Verse ist hier modernisiert.

13 Conrad Ferdinand Meyer: „Lethe", leicht zugänglich bei Karl-Otto Conrady: Das große deutsche Gedichtbuch, Kronberg/Ts.: Athenäum 1977, S. 546; interpretiert von Dieter Borchmeyer in der Frankfurter Anthologie, FAZ vom 2. 9. 1995.

14 Die Faust-Stellen: V. 6721 (Baccalaureus); V. 4629 (Tau); die Briefstelle: Goethe an Zelter 15. 2. 1830.

II. Sterbliches und unsterbliches Vergessen

1. Kunst des Erinnerns – Kunst des Vergessens (Simonides, Themistokles)

1 Zu Simonides vgl. W. J. H. F. Kegel: Simonides, Groningen: Wolters 1962. Platon zu Simonides: Republik I, 331e6; Lessing zu ihm in der Vorrede seines „Laokoon" (Lessings Werke in fünf Bänden, Berlin: Aufbau-Verlag 1965, Bd. III, S. 164). Er folgt dabei Plutarch: *De gloria Atheniensium* II, 346f–347c.

2 Die Skopas-Anekdote steht bei Cicero: *De oratore* II, 86, 352–354; bei Quintilian: *Institutio oratoria* XI, 2, 11–16; bei Phaedrus: Fabel IV, 24; bei La Fontaine: *Simonide préservé par les dieux* (*Fables* I, 14).

3 Standardwerk zur Mnemotechnik auf der Grundlage der griechisch-römischen Rhetorik ist Frances A. Yates: *The Art of Memory*, London: Routledge and Kegan Paul 1966, deutsch: Gedächtnis und Erinnern. Mnemotechnik von Aristoteles bis Shakespeare, Weinheim: VCH 1988, 2. Aufl. Berlin: Akademie-Verlag 1994. Ferner: Herwig Blum: Die antike Mnemotechnik, Hildesheim: Olms 1969 (Spudasmata, 15). Vgl. auch meine Schrift *La mémoire linguistique de l'Europe, Leçon inaugurale du Collège de France*, Paris: Collège de France 1990, deutsche Kurzfassung: Gedächtniskultur – Kulturgedächtnis, Merkur 45 (1991), S. 569–582.

4 Stefan Goldmann: „Statt Totenklage Gedächtnis. Zur Erfindung der Mnemotechnik durch Simonides von Keos", Poetica 21 (1989), S. 43–66.

5 Näheres zur Räumlichkeit und Topik des Gedächtnisses in meinem Aufsatz *„Histoire littéraire et mémoire de la littérature", Revue d'Histoire littéraire de la France, Colloque du Centenaire*, Paris: Armand Colin 1995, S. 65–73.

6 Cicero, *De oratore* I, 34, 157 und II, 74, 299 f.; *De finibus bonorum et malorum* II, 34, 104; *Academica* II, 1, 2. Vgl. auch Richard Volkmann: Die Rhetorik der Griechen und Römer in systematischer Übersicht, Leipzig 2. Aufl. 1885, Nachdruck Hildesheim: Olms 1987, § 55, S. 569.

7 Plutarch: Parallel-Viten, deutsch: Große Griechen und Römer, Zürich: Artemis 1954 und München: dtv 1979, 6 Bde. Die Themistokles-Biographie steht in Bd. I, S. 365–404.

8 Umberto Eco: *„Ars oblivionalis. Sulla difficoltà di costruire un'Ars oblivionalis"*, Kos 3 (1987) 40–53; englisch: *„An 'Ars oblivionalis'? Forget it"*, Publications of the Modern Language Association 103 (1988), 254–261.

2. Odysseus erzählt vom Vergessen (Homer)

1 Homer: Die Odyssee, deutsch von Wolfgang Schadewaldt, Hamburg: Rowohlt 1958 (RowohltsKlassiker 29). Zum Stand der Homer-Forschung vgl. Joachim Latacz: Homer. Der erste Dichter des Abendlands, München: Artemis 2. Aufl. 1989.

2 Vgl. Michèle Simondon: *La mémoire et l'oubli dans la pensée grecque jusqu'à la fin du Ve siècle avant J. C. – Psychologie archaïque, mythes et doctrines*, Paris: Les Belles Lettres 1982, besonders S. 136 ff. Eine wichtige Quellensammlung ist Angelo De Gubernatis: *Mythologie des plantes,* 2 Bde., Paris: Reinwald 1878–1882, zu Lotos besonders Bd. I, S. 202–238. Ferner auch: Christel Krauß: „... und ohnehin die schönen Blumen". Essays zur frühen christlichen Blumensymbolik, Tübingen: Gunter Narr 1994, hier besonders S. 76 und 109, Anm. 77.

3 Zur Gastfreundschaft, die Odysseus bei den Phäaken erfährt, vgl. besonders René Schérer: *Zeus l'Hospitalier. Eloge de l'hospitalité,* Paris: Armand Colin 1993.

4 Michèle Simondon, a. a. O., hier besonders S. 131 ff.

5 Das weiß sogar der Pfarrer, der Simplicius Simplicissimus in der Mnemotechnik unterweist (Grimmelshausen: Simplicius Simplicissimus II, 7). Vgl. auch Stefan Goldmann: „Statt Totenklage Gedächtnis. Zur Erfindung der Mnemotechnik durch Simonides von Keos", Poetica 21 (1989), S. 43–66, hier S. 56.

6 Zur Droge Wein vgl. Francesca Rigotti: „Schleier und Fluß – Metaphern des Vergessens", in Michael B. Buchholz: Metaphernanalyse, Göttingen: Vanden-

hoeck und Ruprecht 1993, S. 229–252. Vgl. auch Luis Vives: *vinum memoriae mors* (s. unten III, 2).

7 „Das Siegesfest" (1803), in Schiller: Dramen und Gedichte, hg. von der Deutschen Schillergesellschaft, Stuttgart: E. Schreiber 1959, S. 1051–1055.

3. Vergeßlicher Amor (Ovid)

1 Publius Ovidius Naso: Liebeskunst – *Ars amatoria.* Heilmittel gegen die Liebe – *Remedia amoris,* lateinisch-deutsch, hg. u. übersetzt von Niklas Holzberg. München, Artemis und Winkler, 3. Aufl. 1991. Ich zitiere die *Remedia amoris* nach dieser Ausgabe mit Angabe der Verszahl. Die Zitate in der Abfolge des Textes: V. 551 (Letheischer Amor), V. 553 *(oblivia poscere),* V. 143 *(finis amoris),* V. 211 *(dediscere amare),* V. 135 (Heilkunst), V. 314 *(medicus aeger),* V. 50 (beide Kriegsparteien), V. 803–810 (Wein), V. 315–330 (Gedächtnis anstrengen), V. 300 *(omnia damna),* V. 307 *(inacescere),* V. 218 *(perfer),* V. 723 *(cerae),* V. 719 *(omnia in ignes),* V. 725–728 (Orte), V. 214 (Reisen), V. 587–590 (Geselligkeit), V. 732 *(maximus ignis),* V. 757–766 (Dichter), V. 759 *(inimicus amori),* V. 766 (Ovid-Lektüre), V. 143–154 *(opus etc.),* V. 650 *(lente),* V. 648 (Ich liebe nicht mehr), V. 452, 485 *(novus amor),* V. 462 *(successore novo).*

4. Transzendentales Vergessen und irdische Wiedererinnerung (Platon, Augustinus)

1 Platon: *Menon* 80d5–85e7; vgl. auch Gregory Vlastos: *Anamnesis in the Meno,* Dialogue 4 (1965), 143–167.

2 Platon: *Hippias Minor* 368, *Hippias maior* 285d. Vgl. Herwig Blum: Die antike Mnemotechnik, Hildesheim: Olms 1969 (Spudasmata XV), S. 48 ff. (Hippias) und S. 55–69.

3 Platon: *Phaidros* 274c–278b. Vgl. unten Kants zustimmende Äußerung dazu im Kap. IV, 4.

4 Platon: *Theätet* 191c8–195a9, besonders 191c–d und 194c–d. Vgl. auch Frances A. Yates: *The Art of Memory,* London: Routledge 1966, Kap. II: *The Art of Memory in Greece: Memory and the Soul.*

5 *Deuteronomium* V, 6 und IV, 31. Vgl. Yosef H. Yerushalmi: *„Réflexions sur l'oubli",* in *Usages de l'oubli – Colloque de Royaumont,* Paris: Seuil 1988, S. 7–21, hier besonders S. 11. Ferner Jan Assmann: „Die Katastrophe des Vergessens. Das Deuteronomium als Paradigma kultureller Mnemotechnik", in Aleida Assmann/Dietrich Harth (Hg.): Mnemosyne. Formen und Funktionen der kulturellen Erinnerung, Frankfurt: Fischer 1991, S. 337–355.

6 Vgl. Joachim Wollasch (Hg.): Der geschichtliche Zeugniswert des liturgischen Gedenkens im Mittelalter, München: Fink 1984 (Münstersche Mittelalterschriften, 48). Zum Begriff der „Realpräsenz" in weiterem Zusammenhang vgl. auch George Steiner: Von realer Gegenwart. Hat unser Sprechen Inhalt? München: Hanser 1990.

7 Ich zitiere die Werke Augustins mit Angabe des Buches, Kapitels und Abschnitts nach der lat.-franz. Ausgabe der *Œuvres de saint Augustin,* Bd. 13–16, éd. M. Skutella, Turnhout: Desclée de Brouwer 1955/1962. Die Zitate aus den *Confessiones* im einzelnen: XIII, 1, 1 *(Invoco);* X, 17, 26 *(Magna vis);* X, 8, 15

(spatia ingentia); X, 24, 35 *(spatiari);* X, 16, 25 *(inesse oblivionem);* X, 18, 27 (Drachme); X, 19, 28 *(non omni modo).* Zum Problem des Gedächtnisses in den „Bekenntnissen" vgl. besonders Janet Coleman: *Ancient and Medieval Memories. Studies in the Reconstruction of the Past,* Cambridge: Cambridge University Press 1992, besonders Kap. I, 6 und I, 7. Ferner Klaus Winkler: *La théorie augustinienne de la mémoire et son point de départ,* Congrès international augustinien, Paris: Etudes augustiniennes 1954. Dominique Doucet: *„L'Ars memoriae dans les Confessions"*, Revue des Etudes Augustiniennes 33 (1987), 49–69 (in dieser Zeitschrift auch weitere Beiträge zum Thema in den Bänden 10/1964, 11/1965, 12/1966, 14/1968). Vgl. auch Roland J. Teske S. J.: *„Platonic Reminiscence and Memory of the Present in St. Augustine"*, The New Scholasticism 58 (1984), 220–235. Ferner Tiziana Liuzzi: *„Tempo e memoria in Agostino"*, Rivista di storia della filosofia 39 (1984) 35–60. Sehr anregend auch: Gerard O'Daly: *„Remembering and forgetting in Augustine, Confessions X"*, in Anselm Haverkamp/Renate Lachmann (Hg.): Memoria. Vergessen und Erinnern, München: Fink 1993, S. 31–46. Zu Augustinus insgesamt vgl. jetzt auch die Monographie von Brian Stock: *Augustine the Reader. Meditation, Self-Knowledge, and the Ethics of Interpretation,* Cambridge Mass.: The Belknap Press of Harvard University Press 1996 (mit wertvoller weiterführender Dokumentation und Bibliographie).

8 Zur grammatischen Unterscheidung von *genitivus subiectivus* und *genitivus obiectivus* vgl. die Port-Royal-Grammatik (1660), Kap. II, 6, 3. (*Grammaire générale et raisonnée ou La Grammaire de Port-Royal,* éd. Herbert E. Brekle, Stuttgart-Bad Cannstatt: Friedrich Frommann 1966, S. 46 ff.)

9 In Augustins Werk *De Trinitate* (geschrieben zwischen 399 und ca. 422) steht die Lehre von den „trinitarischen" Seelenkräften im Abschnitt XIV, 11, 14 ff., mit Referenz auf Ciceros ebenfalls ternäre *prudentia*-Lehre (*De inventione* II, 53, 160). Zum Übergang von der psychologischen zur theologischen Trinität vgl. Augustinus an anderer Stelle: ... *cernimus trinitatem, nondum quidem Deum, sed iam imaginem Dei* (XIV, 8, 11). Tiziana Liuzzi umschreibt diese Lehre wie folgt: *L'uomo è, quindi, la creatura che può conoscere in se stessa la realtà divina, il 'movimento di relazioni' fra le persone della divinità* (*Rivista di storia della filosofia* 39, 1984, S. 54). Grundlegend zur augustinischen Trinitätslehre ist nach wie vor Michael Schmaus: Die psychologische Trinitätslehre des heiligen Augustinus, Münster: Aschendorff 1927 (Münstersche Beiträge zur Theologie, 11). Dazu auch Friedrich Ohly: Bemerkungen eines Philologen zur Memoria. Münstersche Abschiedsvorlesung vom 10. Februar 1982, München: Fink 1990, S. 34 f. Louis van Delft weist in diesem Zusammenhang auf Tizians „Allegorie der Klugheit" hin, die ebenfalls ciceronianisch-augustinischen, das heißt ternär-trinitarischen Bahnen folgt (*„Memoria/Prudentia"*, in Volker Knapp [éd.]: *Les lieux de mémoire et la fabrique de l'œuvre*, Tübingen: Romanisches Seminar 1993, S. 141).

5. Erinnern und Vergessen vor Gott und den Menschen (Dante)

1 Dante Alighieri: *Vita Nuova,* eingeführt von Giorgio Petrocchi, kommentiert von Marcello Ciccuto, Mailand: Rizzoli 1984 (Biblioteca Universale Rizzoli, L 458). Die Zitate mit Kapitelangabe: I *(libello);* II *(gloriosa donna);* XVIII und

XL *(beata);* XXXVII (verdammte Augen/*maladetti occhi);* XXXVII *(Voi non dovreste);* XLII *(dicer di lei).* Vgl. auch Carl Stange: Beatrice in Dantes Jugenddichtung, Göttingen: Musterschmidt 1959.

2 Dante Alighieri: *La Divina Commedia.* Testo critico della Società Dantesca Italiana, Neubearbeitung von Giuseppe Vandelli, Mailand: Ulrico Hoepli 1955 (und weitere Ausgaben); deutsche Ausgabe: Die Göttliche Komödie. Italienisch und Deutsch, übersetzt und kommentiert von Hermann Gmelin (1949), 6 Bde., München: dtv Klassik 1988. Ich zitiere nach der Gmelin-Ausgabe. Zum Gedächtnisaspekt der *Divina Commedia* vgl. Friedrich Ohly: Bemerkungen eines Philologen zur Memoria. Münstersche Abschiedsvorlesung vom 10. Februar 1982, München: Fink 1990. Dazu auch meine Schrift *La memoria di Dante,* Florenz: Accademia della Crusca 1994, deutsche Kurzfassung: *„Memoria Dantis"*, Heidelberger Jahrbücher 38 (1994), S. 183–199.

3 Die Stellen zu Dantes Gedächtnistopik mit Angabe des Gesanges und der Verszahl: Inf. VI, 104 *(la gran sentenza);* Inf. I, 114 *(loco);* Purg. XXV, 82f. (Trinität). Goethe zu Dantes „Amphitheater", in dem Essay „Dante", Goethes Werke, Hamburger Ausgabe Bd. XII, S. 339–342, hier S. 340.

4 Die Lethe-Stellen bei Dante: Inf. XIV, 137 (waschen); Purg. XXVIII, 132 (kosten); Inf. XIV, 136 *(Letè vedrai);* Purg. XXVIII, 128 *(toglie);* Purg. XXVIII, 130 (Eunoë).

5 Die Purgatorio-Stellen: Purg. VIII, 46–78, das Zitat 71–78 (Nino Visconti); Purg. XVI, 25–145 (Marco Lombardo).

6 Jacques Le Goff: *La naissance du Purgatoire,* Paris: Gallimard 1981 (als Taschenbuch: folio histoire, 31); deutsch: Die Geburt des Fegefeuers, Stuttgart: Klett-Cotta 1984. Zum Problem der Zeit in Dantes *Divina Commedia* vgl. auch Luigi Blasucci: *„La dimensione del tempo nel Purgatorio"*, in Ders.: *Studi su Dante e Ariosto,* Mailand: Ricciardi 1969, S. 27–59. Ferner Hans Robert Jauß: „Erleuchtete und entzogene Zeit. Eine Lectura Dantis", in Walter Haug/Rainer Warning (Hg.): Das Fest, München: Fink 1989 (Poetik und Hermeneutik, Bd. 14), S. 64–91.

7 Die Inferno-Stellen: Inf. XXIII, 78 und XXXI, 37 (Ausleuchtung im Sinne der Rhetorik: Auctor ad Herennium XIX, 32); Inf. IV, 13 *(cieco mondo);* Inf. V, 28 *(Io venni);* Inf. II, 7–9 (1. Musenanruf); Inf. XXXII, 10–12 (2. Musenanruf); Inf. III, 9 *(Lasciate);* Inf. VI, 53 (Ciacco Fiorentino); Inf. VI, 88–90 *(Ma quando);* Inf. XVI, 85 (Sodomiten); Inf. XV, 22–124, besonders XV, 83, 86 (Brunetto Latini).

8 Dieses anschauliche Bild der *damnatio memoriae* gibt Sueton in seiner *Vita* des Kaisers Domitian, § 22. Vgl. zu diesem Thema Friedrich Vittinghoff: Der Staatsfeind in der römischen Kaiserzeit. Untersuchungen zur *'damnatio memoriae',* Berlin: Junker und Dünnhaupt 1936. Dazu auch Ohly, a. a. O. (s. oben Anm. 2), besonders S. 43. Ferner Thomas Werner: „Vernichtet und vergessen? Bücherverbrennungen im Mittelalter", in Otto Gerhard Oexle: Memoria als Kultur, Göttingen: Vandenhoeck und Ruprecht 1995, S. 149–184.

9 Das Bibelzitat *Ecclesiastes* VI, 4. Das Heine-Zitat aus den „Nachgelesenen Gedichten 1845–1856", in: Schriften, hg. von Klaus Briegleb, Ullstein-Werkausgabe, Bd. 11, Frankfurt a. M. 1981, S. 324.

10 Dante, Inferno XXXII, 91–95.

11 Die Stellen zur Vergeltung bei Dante: Inf. XXVIII, 112–142, das Zitat 118–123

(Bertrand de Born); Inf. XIV, 51 *(Qual io fui vivo);* Inf. XXVIII, 142 *(Così s'osserva).* Zur Lehre von den *imagines agentes* vgl. Cicero, *De oratore* II, 87, 358. Vgl. zu dem Thema insgesamt Walter Burkert: 'Vergeltung' zwischen Ethologie und Ethik. Reflexe und Reflexionen in Texten und Mythologien des Altertums, München: Carl Friedrich von Siemens Stiftung 1992 (Themen IV). Die Livius-Stelle: *Ab urbe condita libri* II, 32 ff.

12 Par. XXXIII, 110 *(vivo lume);* Par. V, 134 *(troppa luce);* Par. XXXIII, 55–57 (Von jetzt ab); Par. XXXIII, 36 *(tanto veder);* Par. XXXIII, 67–75 (O höchstes Licht).

III. Vom Witz der vergeßlichen Vernunft

1. Noch Platz frei im Kopf? (Vives, Rabelais, Montaigne)

1 Rolf Engelsing: Der Bürger als Leser. Lesergeschichte in Deutschland 1500–1800, Stuttgart: Metzler 1974.

2 Immanuel Kant: Anthropologische Didaktik, Werke Bd. XII, S. 489.

3 Josef Rattner: Große Pädagogen, München: Reinhardt 1956, S. 27.

4 Joannis Ludovici Vivis Valentini *Opera Omnia,* ed. Gregorio Mayáns (Gregorius Majansius), Bd. I, Valencia 1782, Nachdruck London 1964. Die Zitate stehen in der Reihenfolge ihres Auftretens in den folgenden Schriften: *De ratione studii puerilis,* Epistula I, p. 258 *(Memoriam quotidie);* Ebendort Epistula II, p. 271 *(etiam cum); Introductio ad sapientiam* n° 180, p. 15 *(Memoriam quiescere);* Epistula II (wie oben), p. 258 *(facillima); Introductio* (wie oben) n° 183, p. 15 *(Quo plura);* Ebd. n° 185, p. 15 *(Si quid vis),* ähnlich, nur etwas milder, in der Epistula I: *Initio de nocte cubitum itura, attente bis aut ter releget quae memoriae mandari volet, et postridie mane a se resposcet* (wie oben, p. 258); *Exercitatio linguae Latinae,* in: *Grammatica,* p. 292 *(Si quis ita);* Epistula II (wie oben) im Abschnitt *Memoria (Continetur);* Introductio (wie oben) n° 187 *(Vinum memoriae mors).*

5 François Rabelais: *Œuvres complètes,* éd. Jacques Boulenger. Paris: Gallimard 1951 (Bibliothèque de la Pléiade). Ich beziehe mich hier vor allem auf den Band *Gargantua* (1534). Die vorhumanistische Erziehung Gargantuas wird in den Kapiteln XIV, XV und XXI erzählt. Der humanistischen Erziehung sind hauptsächlich die Kapitel XXIII und XXIV gewidmet. Die Utopie der Abtei Thélème findet man am Ende des Bandes in den Kapiteln LII–LVIII. Die Zitate im einzelnen stehen in der französischen Ausgabe, nach der Reihenfolge ihres Vorkommens, mit Angabe des Kapitels und der Seitenzahl: XIV, S. 69 (auswendig); XIV, S. 70 (rückwärts); XXIII, S. 91 (anders studieren/*étudier autrement);* XXIII, S. 90 f. (Nieswurz/*ellébore);* XXIII, S. 90 f. (Um nun sein Werk); XXIII, S. 90 (Wie Gargantua); XIII, S. 90–97 (vier Uhr); LII, S. 170 (Stundenzählen); LVII, S. 181 (Tu, was du willst/*Fais ce que voudras*).Vgl. auch Michael Screech: *Rabelais* (engl. 1979), Paris: Gallimard 1992.

6 Die Nieswurz (französisch *ellébore*), besonders die von Alkyros, galt in der Medizin seit der Antike als Heilmittel gegen den Wahnsinn. Ihre Heilkraft war insofern schulmäßig (Rabelais: *canoniquement*) anerkannt. Hier ist näherhin

die Verrücktheit der scholastischen Denkart gemeint, die von dem Schüler auf der Stelle zu vergessen ist. Zur Heilkraft, die der Nieswurz zugeschrieben wird, vgl. Konrad von Megenberg: Buch der Natur (um 1350), ins Neuhochdeutsche übertragen von G. E. Sollbach, Frankfurt: Insel 1990, S. 182–184. Dazu auch mein kleiner Beitrag „Was heißt: Lachen ist gesund?" in Wolfgang Preisendanz/Rainer Warning: Das Komische, München: Fink 1976 (Poetik und Hermeneutik Bd. VII), S. 402–408.

7 Jean Starobinski: *„L'Ordre du jour"*, in: Le Temps de la Réflexion 4 (1983), 101–125.

8 Michel de Montaigne: *Œuvres complètes,* éd. Albert Thibaudet/Maurice Rat. Paris: Gallimard 1962 (Bibliothèque de la Pléiade). Zu Montaigne konsultiere man vor allem die Monographie von Hugo Friedrich: Montaigne. Bern: Francke 2. Aufl. 1967. Die Zitate des Textes werden hier nach der französischen Ausgabe nachgewiesen, und zwar, da sie alle im Kapitel I, 26 stehen, nur mit der Seitenzahl der Pléiade-Ausgabe: S. 145 (Was die natürlichen); S. 149 (auf eine neue Art); S. 149 *(habil'homme);* S. 151 (Auswendigwissen); S. 151 (Was man direkt); S. 173 (ein Deutscher, lateinische Sprache); S. 168 (Unser Zögling); S. 149 (unglaublich schwach); S. 149 (Ich möchte auch); S. 149 (Trichter); S. 151 *(Fâcheuse suffisance)*; S. 177 (Esel); S. 149 (Gedächtnis/Leben).

2. Wieviel Gedächtnis braucht der Geist? (Cervantes, Huarte/Lessing, Cordemoy, Helvétius)

1 Immanuel Kant: Anthropologie in pragmatischer Hinsicht (1798), Werke in 12 Bänden (Taschenbuchausgabe). Frankfurt a. M.: Suhrkamp, 1964, Bd. XII, S. 488. Ders.: Von der Einrichtung seiner Vorlesungen in dem Winterhalbjahre 1765/66, ebd., Bd. II, S. 908ff.

2 Zur Begriffsgeschichte von Ingenium vgl. meinen diesbezüglichen Artikel im Historischen Wörterbuch der Philosophie, Bd. IV, Basel: Schwabe 1976, Spalten 360–363.

3 Aristoteles: *De memoria et reminiscentia (Peri mnemes kai anamneseos)*, Bekker 449b–453b. Deutsch: Kleine Schriften zur Seelenkunde II: Über Gedächtnis und Erinnerung, in: Die Lehrschriften, hg. von Paul Gohlke, Paderborn: Schöningh 1953. Dazu vor allem Thomas von Aquin: *De memoria et reminiscentia, Opera omnia,* Bd. 45, 2; Paris: Vrin 1985, S. 103–133, hier S. 103f.

4 Ich zitiere Cervantes nach der kritischen und kommentierten Ausgabe des *Don Quijote* von Vicente Gaos, 3 Bde., Madrid: Gredos 1987, mit Angabe des Romanteils (I: 1605, II: 1615) und des Kapitels. Eine im allgemeinen gute Übersetzung ist die von Ludwig Braunfels: Der sinnreiche Junker Don Quijote von der Mancha, Darmstadt: Wissenschaftliche Buchgesellschaft 1956.

5 Näheres zu diesem Aspekt des Romans in meinem Buch: Das Ingenium Don Quijotes. Ein Beitrag zur literarischen Charakterkunde, Münster: Aschendorff 1956. Die Physiognomien Don Quijotes und Sancho Panzas folgen weitgehend Giambattista Della Porta: *De humana physiognomia libri IV,* Neapel 1586, deutsch: Die Physiognomie des Menschen, übers. von W. Rink, Dresden 1930. Zur Physiognomik insgesamt vgl. Claudia Schmölders: Das Vorurteil im Leibe. Eine Einführung in die Physiognomik, Berlin: Akademie-Verlag 1995.

6 Die Sancho-Stellen: I 7 *(asnalmente);* II 12, II 32 (Gedächtnismann, *memorioso*);

II 43 *(Sé más refranes);* II 20, II 46 (Pfarrer); II 5 (Fastenprediger); II 5 *(ingenio corto);* I 25 *(ingenio boto);* II 12, II 30 *(simple discreto);* II 42–53 (Gouverneur).

7 Vgl. Don Quijote zu Sancho: *Asno eres, y asno has de ser, y en asno has de parar cuando se te acabe el curso de la vida* (II 28). Galen wird hier zitiert nach La Motte le Vayer (2. Hälfte 17. Jahrh.): *De la mémoire,* Brief 46, in: *Petits traités, Œuvres,* Paris 1970, Bd. VI, 1. Teil, S. 413. Vgl. auch die Kritik der *memoria verborum* bei Luther: „den buchstaben nach aus der esel kunst" (Sendbrief vom Dolmetschen, 1530, hg. von Karl Bischoff, Tübingen: Niemeyer 1965, S. 20f. (dort auch der Ausdruck „papstesel"), sowie Montaignes Kritik der Gedächtnis-Pädagogik: *on ne fait que des ânes chargés de livres* (*Essais* I, 26, Pléiade-Ausgabe, hg. von Albert Thibaudet/Maurice Rat, Paris: Gallimard 1962, S. 177).

8 Die Don-Quijote-Stellen: I 1 *(En resolución);* I 1 *(que olvidó)*; II 74 (Melancholie); I 74 *(Alonso Quijano).*

9 Aus einer unübersehbaren Literatur will ich hier nur das Zeugnis Thomas Manns herausgreifen: „Meerfahrt mit Don Quijote" (1934), Gesammelte Werke in 13 Bänden, Frankfurt: Fischer 1960, Bd. IX, S. 427–477.

10 Juan Huarte de San Juan: *Examen de ingenios para las ciencias,* ed. Guillermo Serés, Madrid: Ediciones Cátedra 1989. Eine andere Ausgabe mit gleichem Titel und gleichem Herausgeber, Vorwort von Harald Weinrich, liegt vor in Barcelona: Círculo de Lectores 1996. Dazu Gotthold Ephraim Lessing: Prüfung der Köpfe zu den Wissenschaften, Nachdruck der Ausgabe Zerbst 1752, mit einer kritischen Einleitung und Bibliographie von Martin Franzbach, München: Fink 1968. Die zentralen Stellen findet man in den Kapiteln (bei Lessing: Hauptstükken) V und VI (= Kap. VIII und IX der Ausgabe von 1594). Die wichtigsten Zitate mit den Seitenangaben bei Huarte/Lessing stehen: S. 206/68 (Grundkräfte/Vermögenheiten); S. 341/73 (Grundqualitäten/Hauptbeschaffenheiten); S. 354/92 (*filosofía natural*/Weltweisheit); S. 339f./82 (*Desta doctrina*/Aus dieser Lehre); S. 340/82 (*enemistad*/Feindschaft); S. 340, Anm. des Herausgebers (Zensur); S. 364/104 (passiv/leidend); S. 398/372 (Sprachwissenschaft, Sprachkunst); S. 163/135 (Alter, Geschlecht); S. 415/154 (*Alemanes*/Deutsche).

11 Gérauld de Cordemoy: *Discours physique de la parole,* Nouvelle impression en facsimilé de l'édition de 1677, éd. Herbert E. Brekle, Stuttgart-Bad Cannstatt: Friedrich Frommann 1970. Die wichtigsten Zitate: S. 124ff. (Zeichen); S. 153, 164 (Temperamente); S. 156 *(parties du cerveau);* S. 148ff. (Redner); S. 158 *(sans jamais);* S. 160 *(homme de génie, fécondité de l'esprit);* S. 156 *(peu de mémoire).* Zu Cordemoy und überhaupt zur Gedächtniskritik der Aufklärung vgl. Regina Freudenfeld: Gedächtnis-Zeichen. Mnemologie in der deutschen und französischen Aufklärung, Tübingen: Gunter Narr 1996, hier besonders Kap. II 3. Beim Vornamen von Cordemoy habe ich im Text die heute übliche Schreibweise *Géraud* übernommen.

12 Claude-Adrien Helvétius: *De l'esprit,* in: *Œuvres complètes*, Bd. III, Hildesheim: Olms 1967 (Reprografischer Nachdruck der Ausgabe Paris 1795), Ders.: *De l'homme, de ses facultés intellectuelles et de son éducation,* in *Œuvres complètes* Bd. VI. (Reprografischer Nachdruck der Ausgabe Paris 1795). Die wichtigsten Zitate sind dem Kapitel III 3 des *Esprit*-Buches entnommen und stehen: S. 246 *(inégalité);* S. 183ff. *(étendue);* S. 189 *(grande mémoire);* S. 186 *(prodiges de mémoire);* S. 200 (neue Erfindungen); S. 196f. *(Le grand esprit);* S. 206 (Aufmerksamkeit); S. 205 *(courage).* Das Schlußzitat steht in dem *Homme*-Buch

S. 14 *(Le génie n'est pas)*. Von der Schrift *De l'esprit* gibt es eine weitere Ausgabe im *Corpus des Œuvres de Philosophie* auf der Grundlage der Ausgabe Paris 1758, éd. Jacques Montaux, Paris: Fayard 1988.

13 Kant: Ausgabe wie Anm. 1, S. 512.

IV. Aufgeklärtes Vergessen

1. Vernünftiges Denken, methodisches Vergessen (Descartes, Thomasius)

1 Frances A. Yates: *The Art of Memory*, London: Routledge and Kegan Paul 1966, S. 300f. und 373f.

2 Descartes: *Cogitationes privatae, Opuscules de 1619–1621*, in: *Œuvres de Descartes*, éd. Charles Adam und Paul Tannery, Bd. 10, Paris: Vrin 1986, S. 230.

3 Descartes: *Discours de la méthode*, hg. von André Bridoux, in: *Œuvres et Lettres*, Paris: Gallimard 1953, S. 125–179. Ich zitiere die meisten weiteren Descartes-Stellen nach der Pléiade-Ausgabe. Deutsche Descartes-Ausgabe: Philosophische Schriften in einem Band, Hamburg: Meiner 1996 (enthält auch die in der folgenden Anmerkung genannten Schriften).

4 Descartes: *Regulae ad directionem ingenii*, in: *Opuscula posthuma physica et mathematica*, Amsterdam 1701. Französische Übersetzung (1932) in der Pléiade-Ausgabe, S. 33–119. *Meditationes de prima philosophia*, Französische Übersetzung (1647) in der Pléiade-Ausgabe, S. 253–334.

5 Dieser Bericht stützt sich, was die Existenzgewißheit betrifft, hauptsächlich auf den *Discours de la Méthode*, Anfang des Teils IV, a. a. O., S. 147ff. sowie auf die zweite der *Meditationes*, a. a. O., S. 274ff.

6 Für diese Überlegungen zum methodischen Vergessen der ungewissen Bewußtseinsinhalte vgl. besonders die Meditation II, a. a. O., S. 275ff.

7 Zur Rolle des Willens vgl. besonders Meditation I, a. a. O., S. 271 und Meditation IV, a. a. O., S. 305.

8 Zur Rolle des Gedächtnisses bei der Argumentation vgl. besonders die Regeln VII und XII, a. a. O., S. 58 und 80.

9 Zum narrativen Charakter des *Discours* vgl. besonders Teil II sowie das Kapitel „Erzählte Philosophie oder Geschichte des Geistes" in meinem Buch: Literatur für Leser, München: dtv 2. Aufl. 1986, S. 184–202.

10 Meditation II, lateinische Fassung ed. Duc de Luynes, Paris: Vrin 1978 (Bibliothèque des textes philosophiques), S. 25 *(mendax memoria)*.

11 Endel Tulving: *Elements of Episodic Memory*, Oxford: Clarendon Press 1983 (Oxford Psychology Series, 2).

12 Descartes, Meditation IV, a. a. O., S. 308.

13 Christian Thomasius: Einleitung zur Vernunftlehre. Mit einem Vorwort von Werner Schneiders. Hildesheim: Olms, 1968. – Christian Thomasius: Ausübung der Vernunftlehre. Mit einem Vorwort von Werner Schneiders. Hildesheim: Olms 1968. Die zitierten Stellen stehen in dem zweitgenannten Werk S. 99f. (Auswendiglernen); S. 42 *(praeiudicium)*; S. 101 (wenig dictiren, vgl. auch Einleitung: Vorrede, S. 6f.); S. 42 (Verlaß dich); S. 101 *(ars mnemoneutica)*; S. 101

(Handgriff); S. 101 (Possen); S. 101 *(Thesaurus);* S. 100 (Sache selbst); S. 100 (mit vielerley Worten); S. 100 (angestoßen); S. 101 (Nonnen); S. 101 (Papegoye); S. 100 (quintigen). Vgl. auch Sabine Schreiner: Sprachenlernen in Lebensgeschichten der Goethezeit, München: iudicium-Verlag 1992, S. 278f.

14 Hegel: Enzyklopädie, §464, in: Enzyklopädie der philosophischen Wissenschaften, Bd. III (= Werke 10), Frankfurt a. M.: Suhrkamp 1992 (suhrkamp taschenbuch wissenschaft, 610).

2. Geregelte und ungeregelte Erfahrungen mit dem Vergessen (Locke, Voltaire)

1 John Locke: *An Essay Concerning Human Understanding,* ed. Peter H. Nidditch, Oxford: Clarendon Press 1975. Ich zitiere nach Buch, Kapitel, Absatz. Die zitierten Stellen: II, 10, 2 *(storehouse, repository retention);* II, 10, 3 (*pain* – vgl. IV, 11, 6); II, 10, 5 *(decay, temper);* II, 10, 8 *(defect, oblivion, useless).*

2 Voltaire: *Aventure de la Mémoire,* in: *Romans et contes,* éd. René Groos, Paris: Gallimard 1954, S. 501–504.

3. Nichts mehr auswendig lernen müssen (Rousseau)

1 Ich zitiere Rousseau nach der vierbändigen Ausgabe der *Œuvres complètes* von Bernard Gagnebin/Marcel Raymond, Paris: Gallimard 1959–1969 (Bibliothèque de la Pléiade). Die wichtigsten Selbstäußerungen zu seinem Gedächtnis stehen in den *Confessions* (1. Buch) und in den *Rêveries du promeneur solitaire* (1. Spaziergang), beide Texte im Bd. I dieser Ausgabe, das Zitat in den *Confessions,* S. 240. Deutsche Ausgabe: Schriften hg. von Henning Ritter, 2 Bde., München: Hanser 1978. Zur ganzen Thematik vgl. Manfred Koch: Mnemotechnik des Schönen. Studien zur poetischen Erinnerung in Romantik und Symbolismus, Tübingen: Niemeyer 1988.

2 Jean-François Perrin: ... *lire le tout de la Mémoire dans le rien de l'anecdote ou du détail apparemment sans intérêt* („*La scène de réminiscence avant Proust*", *Poétique* n° 102, 1995, S. 193–213).

3 Cf. Jean Starobinski: *Jean-Jacques Rousseau: La transparence et l'obstacle,* Paris: Gallimard 1971.

4 Die wichtigsten Äußerungen Rousseaus zum Gedächtnis und Vergessen im Erziehungsprogramm für Emile stehen im 2. Buch, Bd. IV der Pléiade-Ausgabe, S. 350–352. Zur Nutzlosigkeit des Sprachenlernens vgl. auch das 4. Buch, a.a.O., S. 675.

5 Emile als „Fremder" im 4. Buch des *Emile,* a. a. O., S. 670, dazu vgl. auch die *Rêveries,* 1. Spaziergang, Bd. I, S. 999. Zur ganzen Thematik bei Rousseau und darüber hinaus liest man mit Gewinn Tzvetan Todorov: *Nous et les autres. La réflexion française sur la diversité humaine,* Paris: Seuil 1989 (essais point 250). Vgl. ferner Herbert Jaumann (Hg.): Rousseau in Deutschland. Beiträge zur Erforschung seiner Rezeption, Berlin: de Gruyter 1995.

4. Warum muß der Name Lampe völlig vergessen werden? (Kant)

1 Die zeitgenössischen Kant-Biographien sind abgedruckt bei Felix Gross: Immanuel Kant. Sein Leben in Darstellungen von Zeitgenossen. Die Biographien

von E. L. von Borowski, R. B. Jachmann und E. A. Ch. Wasianski, Darmstadt: Wissenschaftliche Buchgesellschaft 1993. An ihnen orientiert sich auch größtenteils die Rowohlt-Monographie von Uwe Schultz: Immanuel Kant mit Selbstzeugnissen und Bilddokumenten, Reinbek: Rowohlt 1965. Zusätzlich ist mit Nutzen zu konsultieren Werner Stark: „Eine Spur von Kants handschriftlichem Nachlaß: Wasianski", in: Kant-Forschungen, Bd. 1, Hamburg 1987, S. 201–227. Als literarisches Prosastück bei Thomas De Quincey: „*The last days of Immanuel Kant*" (1827), in Ders.: *Last days of Immanuel Kant and other writings,* Edinburgh 1871, S. 99–166 (stark an Wasianski orientiert); deutsche Übersetzung: Die letzten Tage von Immanuel Kant, übers. von Cornelia Langendorf, München: Matthes und Seitz 1984. – Verfilmung: *Les derniers jours d'Immanuel Kant,* Chronique dramatique de Philippe Collin, d'après Thomas De Quincey, Schwarz-Weiß-Film, Paris 1995. (Für bibliographische Hinweise danke ich Odo Marquard, Wolfgang G. Bayerer, Ulrich Broich und Günter Metken.)

2 Heinrich Heine: Zur Geschichte der Religion und Philosophie in Deutschland, 3. Buch, Sämtliche Schriften, hg. von Klaus Briegleb, Bd. V, hg. von Karl Pörnbacher, Frankfurt: Ullstein Werkausgabe 1981, S. 505–641, hier S. 595.

3 Wasianski in der angegebenen Ausgabe von Felix Gross, S. 234. (Es werden hier nur die wichtigsten Stellen aus den Biographien einzeln ausgewiesen; die anderen lassen sich bei Gross leicht identifizieren.)

4 Elias Canetti von seinem Professor Kien: „Alles was er vergessen wollte, trug er da ein." (Die Blendung, München: Hanser 1963, S. 19.) Zu Canettis Kien/Kant vgl. auch Lina Bolzoni: „*Il gioco degli occhi. L'arte della memoria fra antiche esperienze e moderne suggestioni*" in Lina Bolzoni et al. (a cura di): *Memoria e memorie,* Florenz: Olschki (im Druck).

5 Borowski zu Kants „Fächern" und „Behältnissen" als Mnemotechnik bei Felix Gross, a. a. O., S. 65 f.

6 Kants wissenschaftliche Ansichten zum Thema Gedächtnis und Vergessen stehen hauptsächlich in dem Abschnitt „Vom Gedächtnis" seiner Anthropologie (Didaktik) sowie an verschiedenen Stellen seiner Abhandlung „Über Pädagogik", beide Texte im Bd. XII der Suhrkamp Werkausgabe in 12 Bänden, S. 486–490 und 691–761.

7 Die drei Typen des Gedächtnisses, a. a. O., S. 487 ff.

8 Das „Lastesel"-Zitat in der Schrift „Über Pädagogik", a. a. O., S. 731.

9 Das Platon-Zitat in der Anthropologie, a. a. O., S. 489, mit Bezug auf Platons *Phaidros* 274c–278b.

10 Das Zitat von Bernardin de Saint-Pierre wird mitgeteilt von Paul Valéry, der sich seinerseits auf die von ihm übersetzten *Marginalia* von Edgar A. Poe bezieht (*Fragments des Marginalia traduits et commentés par P. V.*, Montpellier: Fata Morgana 1980, S. 21).

11 Kant zur Vergeßlichkeit *(obliviositas)* in der Anthropologie, a. a. O., besonders S. 490.

12 Die Alzheimer-Diagnose für Kants Geistesschwäche im Alter nach Alexander Kurz in Annelies Furtmayr-Schuh: Das große Vergessen. Die Alzheimer Krankheit, Zürich: Kreuz Verlag 1990, 4. Aufl. 1992, S. 25 f.

V. Von den Risiken des Erinnerns und Vergessens

1. Vergessene Liebschaften, treu erzählt (Casanova)

1 Jacques Casanova de Seingalt: *Histoire de ma vie, suivie de textes inédits,* éd. Francis Lacassin, 3 Bde., Paris: Laffont 1993 (Collection Bouquins). Ich zitiere mit Angabe des Bandes und des Kapitels sowie der Seitenzahl. Die Zitate zu Casanova als Kleriker stehen im Kapitel I, 4. Für die Josephspredigt s. besonders die Seiten 65 f.

2 Die Angela/Nanette/Marton-Episode steht in den Kapiteln I, 4, S. 63 ff. und 76–81, sowie I, 5, S. 81–91.

3 Das Lucia(Lucie)-Intermezzo steht im Kapitel I, 4, S. 70–74.

4 Lydia Flem: *Casanova ou l'exercice du bonheur,* Paris: Seuil 1995, hier besonders S. 72. Vgl. ferner zu Casanova Werner Ross: Venezianische Promenade, Berlin: Siedler 1996, S. 67–96.

5 Die Zitate dieses Abschnitts stehen in den Kapiteln I, 1, S. 6 *(plaisirs)* und I, X, S. 132 *(curiosité, livre).*

6 Die Henriette-Episode steht in den Kapiteln III, 1–5. Die Zitate findet man S. 480 *(aventurière);* S. 510 *(Qui est);* S. 507 *(la divine Henriette);* S. 489 *(Oubliez-moi);* S. 490 *(bientôt dit);* S. 521 *(Adieu);* S. 521 *(Tu oublieras);* S. 522 (Brief); S. 521 *(pas oubliée);* S. 516, 523 ff. *(fâcheuse aventure);* S. 525 *(cure, mercure).*

7 Grazia Deledda: *La via del male* (1896), deutsch: Zia Maria. Roman einer Liebe, Zürich: Arche 1996. Die Episode der Madonna von Gonare als Vergessenshelferin steht S. 142. (Ich danke Karl Corino für diesen Hinweis.) Zur Stellung von Grazia Deledda, die 1926 mit dem Literaturnobelpreis ausgezeichnet wurde, in der neueren italienischen Literaturgeschichte vgl. jetzt die kritischen Äußerungen von Manfred Hardt: Geschichte der italienischen Literatur, Düsseldorf: Artemis und Winkler 1996, hier S. 894 f.

2. Eine Ode auf das Vergessen (Friedrich der Große)

1 Friedrich der Große: Werke in 31 Bänden, hg. von Preuß/Decker, Berlin 1846–1857, hier Bd. XIV, Berlin 1850, S. 4–6. Zum Reimschema a b a b c c d e e d vgl. etwa Malherbes Ode *A la Reine, sur sa bien-venue en France* (*Poésies,* éd. Philippe Martinon, Paris 1954, S. 1–10). Der im Gedicht genannte Rollin ist Charles Rollin (1661–1741), Professor am Collège Royal, dem späteren Collège de France, dessen geschichtliche und geschichtspädagogische Werke für Friedrichs Bildungswissen einen beträchtlichen Quellenwert haben. Friedrich schreibt *Remusberg* statt *Rheinsberg* mit Anspielung auf eine an Remus, den Zwillingsbruder des Romulus, anknüpfende Gründungslegende dieses märkischen Ortes.

2 Pierre Gaxotte: *„le français des réfugiés"* (*Frédéric II, Roi de Prusse,* Paris: Fayard 1967, S. 65).

3 Das Motiv des Vergessens liegt bei Petrarca vor allem dem *Triumphus Temporis* (über die *Fama*) zugrunde. (Vgl. Francesco Petrarca: *Triumphi,* a cura di Marco Ariani, Mailand: Mursia 1988 – das Zitat V. 102).

4 Vgl. Reinhold Koser: Friedrich der Große als Kronprinz, Stuttgart 1886, S. 123–126. Ferner Alfred Weise: Rheinsberg und der junge Friedrich, Jena 1925, S. 80 f.

5 Wichtigste Quellensammlung ist Carl Hinrichs: Der Kronprinzenprozeß. Friedrich und Katte, Hamburg 1936. Ergänzend dazu Reinhold Brode: Friedrich der Große und der Conflict mit seinem Vater. Zur Inneren Geschichte der Monarchie Friedrich Wilhelms des Ersten, Leipzig 1904. Ernest Lavisse: *La jeunesse du grand Frédéric,* Paris: Hachette 1891. Die Zitate in der Textfolge: Hinrichs Nr. 78, S. 163 (ungeratener Sohn); Brode S. 309 (Oberstleutnant Fritz); Koser S. 61 (ewiges Gefängnis); Hinrichs Nr. 76, S. 160 *(mille pardon);* Hinrichs Nr. 75, S. 147 (dreimal Ohnmacht); Hinrichs Nr. 58, S. 122 (mit Vergessung); Hinrichs Nr. 87, S. 177 (Gott- und ehrvergessen); Hinrichs Nr. 79, S. 164 (völlig vergeben und vergessen); Hinrichs Nr. 75, S. 150 (Standhaftigkeit); Hinrichs Nr. 76, S. 159 (Der König meinet); Hinrichs Nr. 79, S. 165 (Gemütskrankheit); Koser S. 72 und Lavisse S. 317 (Buchfink/*pinson*); Lavisse S. 316f. (Kaltblütigkeit); Weise, S. 33 (Zeisig).

6 Zur Lehre von den „Wirkbildern" *(imagines agentes)* in der rhetorischen Mnemotechnik vgl. *Rhetorica ad Herennium,* lateinisch-deutsch, hg. von Theodor Nüßlein, München: Artemis und Winkler 1994 (Sammlung Tusculum), hier III 37. Dazu Frances A. Yates: *The Art of Memory,* London: Routledge and Kegan Paul 1966, S. 13.

7 Marquis de Valori: *„Ce prince est extrême dans tout ce qu'il fait. Le défaut particulier de son caractère est de mépriser les hommes"* (nach Gaxotte, a. a. O., S. 44).

8 *Correspondance de Frédéric le Grand avec Voltaire,* éd. Reinhold Koser/Hans Droysen, Leipzig/Paris 1908, Bd. I, S. 56–60. Vgl. auch Hans Pleschinski (Hg.): Voltaire – Friedrich der Große. Briefwechsel [in deutscher Übersetzung], München: dtv 1994 (= dtv Klassik, 2341). Ich danke Jean-Marie Zemb für seine Hinweise zu dieser Thematik.

3. Fälle und Unfälle des Vergessens *(Tutti, con brio)*

1 Das Hauptzitat steht bei Valerius Maximus: *Factorum et dictorum memorabilium libri novem,* hg. von Carl Kempf, Leipzig 1888, lib. VIII, cap. 7, Ext. 5, S. 389. Das Beispiel mit dem Vögelchen *(dye gab im die speis ein als ainem vögelein)* findet sich in einer mittelhochdeutschen Quelle zur Kunst des Schachspiels, die über Jacobus de Cessolis mit Valerius Maximus verbunden ist (Das Schachzabelbuch des Jacobus de Cessolis O.P. in mittelhochdeutscher Prosa-Übersetzung, hg. von Gerard F. Schmidt, Berlin 1961 (Texte des späten Mittelalters, 13). Alle diese und weitere Quellen findet man zusammengestellt bei Gadi Algazi: 'Sich selbst vergessen' im späten Mittelalter: Denkfiguren und soziale Konfigurationen, in Otto Gerhard Oexle (Hg.): Memoria als Kultur, Göttingen: Vandenhoeck und Ruprecht 1995, S. 387–427, hier besonders S. 415–418.

2 Petronius (franz. Petrone): *Le Satiricon,* éd. Alfred Ernout, lateinisch und französisch, Paris 1982. Deutsche Übersetzung von Carl Fischer, eingeleitet und erläutert von Bernhard Kytzler, München: Winkler 1983. Die Episode der Witwe von Ephesos steht in dieser Ausgabe S. 130–133. – La Fontaine: Fabel V 6, in: *Œuvres complètes I: Fables, contes et nouvelles,* éd. René Groos/Jacques Schiffrin, Paris: Gallimard 1954 (Bibliothèque de la Pléiade), S. 637–641. – Jean Cocteau: *L'Ecole des veuves,* in: *Nouveau Théâtre de poche,* Monaco: Editions du Rocher 1960.

3 „Die Geschichte von Harûn er-Raschîd und den drei Dichtern", in: Die Erzählungen aus den Tausendundein Nächten, übertragen von Enno Littmann, 6 Bände, Frankfurt a. M.: Insel 1976 (Insel-Taschenbuch, 224), hier Bd. III, 2, S. 442–443.

4 Wilhelm Hauff: Sämtliche Märchen, hg. von Hanne Castein, München: Goldmann 2. Aufl. 1993, S. 17–27. Lesenswert ist in diesem Zusammenhang auch das Mutabor-Kapitel in Ludwig Harigs Roman „Wer mit den Wölfen heult, wird Wolf", München: Hanser 1996, Kap. XV. Das Vergessen einer Zauberformel, nun „Sesam, öffne dich!", findet sich als Nebenmotiv auch in dem Märchen „Ali Baba und die vierzig Räuber" in den Erzählungen aus Tausendundein Nächten, a. a. O., Bd. II, 2, S. 791–859.

5 Heinrich Heine: Aus den Memoiren des Herren von Schnabelewopski, in: Sämtliche Schriften, hg. von Klaus Briegleb, Frankfurt: Ullstein, 1981 (Ullstein Werkausgabe), Bd. I, S. 503–556. Die Zitate: S. 538 (Jude), S. 538, 549 (Deismus, Uhrmacher), S. 539 (Mnemonik), S. 550 (Duell), S. 552 (Wundfieber). Vgl. Andreas Schirmeisen: „Heines 'Aus den Memoiren des Herren von Schnabelewopski'. Eine parodistische Negation des Bildungsromans?" Heine-Jahrbuch 35 (1996), 66–80.

6 Das Motiv „Vergessen durch Hausputz" findet sich schon in der mnemotechnischen Schrift *Gazophylacium artis memoriae,* Straßburg 1610 (S. 124), wo das Wirken der *ancilla* für die Kunst des Vergessens verbucht wird. – Vgl. Lina Bolzoni: *„Il gioco degli occhi. L'arte della memoria fra antiche esperienze e moderne suggestioni"*, in Lina Bolzoni et al. (a cura di): *Memoria e memorie*, Florenz: Olschki (im Druck).

7 Thomas Mann: Buddenbrooks (1901), Gesammelte Werke in 13 Bänden, Frankfurt: Fischer 1960, Bd. I. Die Katechismus-Szene steht im Kapitel I, 1. Zu Christian vgl. Kapitel VII, 2 (Aline Puvogel). Die Hanno-Szene steht im Kapitel VIII, 5 – dort auch alle Zitate dieses Abschnitts mit Ausnahme des Schlußstrich-Zitats, das am Ende des Kapitels VIII, 7 steht.

8 Alexander Romanovitsch Lurija: Ein kleines Büchlein über ein großes Gedächtnis. Der Verstand eines Mnemonisten (russ. 1968), Reinbek: Rowohlt 1991 (mit einem Vorwort von Oliver Sacks).

9 Platon: *Phaidros* 274c–278b.

10 Jorge Luis Borges: *Funes el memorioso* (1942), in: *Obras completas,* Buenos Aires: Emecé Editores 1974, S. 485–490, deutsch: Das unerbittliche Gedächtnis, in Ders.: Blaue Tiger und andere Geschichten, München: Hanser 1988, S. 93–103. Das Motiv des grenzenlosen – und deshalb auch grenzenlos gefährlichen – Gedächtnisses findet sich auch in Siegfried Lenz' Erzählung „Der Spielverderber" (1962), in Ders.: Der Spielverderber. Erzählungen, München: dtv 1969 (dtv 600).

11 Renate Lachmann: „Gedächtnis und Weltverlust – Borges' *memorioso* – mit Anspielungen auf Lurijas Mnemonisten", in Anselm Haverkamp/Renate Lachmann (Hg.): Memoria. Vergessen und Erinnern, München: Fink 1993 (Poetik und Hermeneutik, XV), S. 492–519.

12 Milan Kundera: *Le livre du rire et de l'oubli*, Paris: Gallimard 1985; deutsch: Das Buch vom Lachen und vom Vergessen, Frankfurt a. M.: Suhrkamp 1980.

13 Milan Kundera: *La lenteur,* Paris: Gallimard 1995; deutsch: Die Langsamkeit, München: Hanser 1995. Die Čechořipsky-Episode steht in den Kapiteln 16–19.

4. Nachrichten über den „Kauer" von Paris (Victorien Sardou)

1 Vgl. J. A. Aubenas: *Histoire de l'Impératrice Joséphine,* 2 Bde., Paris 1857, Bd. I, S. 239–243. – André Castelot: *Joséphine,* Paris: France Loisirs 1964, S. 85–87.

2 Victorien Sardou: *Thermidor.* Drame historique en quatre actes, L'Illustration théâtrale, Journal d'actualités dramatiques, n° 38, 25 août 1906.

3 Dieses moralische Problem taucht wieder auf bei Thomas Keneally: Schindlers Liste (engl. 1982), München: Bertelsmann 1983 (auch als Goldmann Taschenbuch, 42529, München 1994), Kap. 32.

4 Vgl. die Chronik der Ereignisse von Gaston Sorbets auf der vorderen und hinteren Einbandseite der genannten Theaterzeitschrift.

VI. Neue Kraft aus der Kunst des Vergessens

1. Vergessener Schatten und neues Gedächtnis (Chamisso)

1 Zur Sprache der Höflichkeit vgl. La Bruyère: *Les Caractères,* éd. Louis van Delft, Paris: Imprimerie Nationale 1998. Vgl. Ders.: *„La Bruyère ou du Spectateur"*, Biblio 17, Papers on French Seventeenth Century Literature, Tübingen: Romanisches Seminar 1996. Ferner: Germaine de Staël von Frankreich: *„le centre du bon goût et de la politesse"*, in: *De la littérature considérée dans ses rapports avec les institutions sociales* (1800), éd. Gérard Gengembre/Jean Goldzink, Paris: Flammarion 1991, besonders Kap. I, 2.

2 Zum Konzept der „Gedächtnisorte" vgl. Pierre Nora: *Les lieux de mémoire,* 7 Bde., Paris: Gallimard 1984–1992. Zu den Départements als Gedächtnisgegenstand vgl. Jean Giraudoux: *Siegfried et le Limousin,* Kap. 5, Paris: Grasset 1922 (Edition de poche), S. 130. Vgl. auch Jean Anouilh: *Le voyageur sans bagage,* Paris: Calman-Lévy 1961, S. 315.

3 Zur Revolution der Zeit und zum revolutionären Kalender vgl. Jacques Le Goff: *Histoire et mémoire,* Paris: Gallimard 1986, S. 56 f. (deutsch: Geschichte und Gedächtnis, Frankfurt: Campus 1992) – Hans Maier: Die christliche Zeitrechnung, Freiburg: Herder 1991, S. 43 ff. – Krzystof Pomian: *L'ordre du temps,* Paris: Gallimard 1984, S. 102 f.

4 Über Chamissos Leben orientiert zuverlässig Werner Feudel: Adelbert von Chamisso. Leben und Werk, Leipzig: Reclam 1971, 2. Aufl. 1980 (stark überarbeitet). Sehr lesenswert der Essay von Thomas Mann: „Chamisso" (1911), Gesammelte Werke in 13 Bänden, Bd. IX, S. 35–57. Ferner Dietrich Krusche (Hg.): Der gefundene Schatten. Chamisso-Reden 1985–1993, München: A 1 Verlag 1993.

5 Chamissos literarische Werke zitiere ich nach der von Werner Feudel und Christel Laufer besorgten Ausgabe in 2 Bänden, München: Hanser 1982. Ausführlicher äußere ich mich zu dem Gedächtnis-Thema bei Chamisso in meinem Aufsatz „Chamissos Gedächtnis" in dem oben, Anm. 4, zitierten Sammelband der Chamisso-Reden, S. 127–146. Das Boncourt-Gedicht steht Bd. I, S. 57 f. Die französische Fassung des Boncourt-Gedichts findet man in den Anmerkungen der genannten Chamisso-Ausgabe, Bd. I, S. 692.

6 Zu Chamisso als Naturwissenschaftler vgl. insbesondere Ruth Schneebeli-Graf (Hg.): „... und lassen gelten, was ich beobachtet habe“. Naturwissenschaftliche Schriften mit Zeichnungen des Autors, Berlin: Dietrich Reimer 1983. Ferner Els Oksaar: „Adelbert von Chamisso in der Südsee“, in dem in Anm. 4 zitierten Sammelband mit Chamisso-Reden, S. 25–45. Das Zitat „Ich werde nicht eitel...“ steht in Chamissos Werken, Bd. III, S. 13.

7 Zu Chamissos wissenschaftlicher Onomastik vgl. das unter Anm. 6 genannte Werk von Schneebeli-Graf sowie meinen unter Anm. 5 genannten Aufsatz. Das Zitat „der Vergessenheit entzogen“ ist Chamissos Reisebericht entnommen (Werke, a. a. O., Bd. II, S. 84).

8 Brief aus dem Jahre 1819 an den Botaniker Louis de La Foye, zitiert bei Schneebeli-Graf in ihrer sehr lesenswerten Vorbemerkung, a. a. O., S. 9.

9 „Peter Schlemihls wundersame Geschichte“ steht im 2. Band der zitierten Ausgabe, S. 17–79. Zum „Schlemihl“ vergleiche man außer den bereits genannten Hilfsmitteln auch die interessante Einleitung unter dem Titel *L'ombre et la vitesse* zur französischen Ausgabe dieses Werkes von Pierre Péju, Paris: José Corti 1991 (besonders wichtig zur jüdischen Schlemihl-Tradition), sowie die italienische Ausgabe von Enrico De Angelis/Laura Bocci, Mailand: Garzanti 1992. Sehr informativ sind auch die von Dagmar Walach zusammengestellten „Erläuterungen und Dokumente“ in dem Reclam-Band 8158, Stuttgart 1982.

10 Maurice Halbwachs: *La mémoire collective,* Paris: Presses Universitaires de France 1950; deutsch: Das kollektive Gedächtnis, Frankfurt a. M.: Fischer 1985 (Fischer Wissenschaft, 7359).

11 Vgl. Julius Eduard Hitzigs Vorrede zum „Peter Schlemihl“ aus dem Jahre 1839 in der Reclam-Ausgabe dieser Geschichte, Stuttgart 1980, S. 11. Der Gedanke wird aufgegriffen und mit Nachdruck versehen von Thomas Mann: „Chamisso“ (1911), a. a. O., S. 56.

12 Chamisso teilt die Anekdote selber mit in einem Brief an Karl Bernhard von Trinius vom 11. 4. 1829 (vgl. W. Feudels Biographie, a. a. O., S. 72).

13 Auf diesen Traum, den Chamisso in seiner „Reise um die Welt“ mitteilt (a. a. O., Bd. II, S. 200), macht Pierre Péju im Vorwort seiner französischen Schlemihl-Ausgabe aufmerksam, a. a. O., S. 48f.

2. Eine mephistophelische Kunst: Fausts Vergessen (Goethe)

1 Ich zitiere Goethes „Faust“ nach Albrecht Schönes Ausgabe in der Bibliothek Deutscher Klassiker, 2 Bde., Frankfurt: Suhrkamp 1994, und orientiere mich auch an dem Kommentar dieser Ausgabe in Bd. II. Vgl. auch meinen Aufsatz *„Faust's Forgetting“, Modern Language Quarterly* 55 (1994), 281–295. Die *Faust*-Stellen bis zur Besprechung der Gretchen-Episode mit Angabe der Verszahl: 1011 (großer Mann); 396 (Wissensqualm); 385 (in Worten kramen); 399 (Mauerloch); 1747–1749 (Vor mir verschließt); 769–782 (Und doch); 1707 (Bedenk' es); 2296 (Ich hätte Lust); 6570–6579 (Blick' ich hinauf). Zum Motiv der Zerstreutheit und des „zerstreuten Professors“ vgl. Eugen Lerch: „Zerstreutheit. Zur Geschichte des Begriffes“, Archiv für die gesamte Psychologie 111 (1943), 388–460, nach einem Hinweis von Gadi Algazi: *„Sich selbst vergessen* im späten Mittelalter“, in: Otto Gerhard Oexle: Memoria als Kultur, Göttingen: Vandenhoeck und Ruprecht 1995, S. 387–427, hier besonders S. 421.

2 Luis Vives: *Introductio ad sapientiam*, n° 187, *Opera omnia*, ed. 1745, S. 15. Vgl. *De ratione studii puerilis*, in *Opera omnia*, ed. London 1964, S. 271.

3 Die zitierten Stellen der Gretchen-Szenen, mit Angabe der Verszahl: 3333 (Ich kann sie nie); 3096 (aus den Augen); 12065–12069 (Gönn' auch); 3662 (übermorgen); 1860f. (Den schlepp ich); 4184 (blasses Kind); 4518f. (Laß das Vergang'ne).

4 Die Zitate aus dem 2. Teil, mit Angabe der Versnumerierung: 4650–4653 (schon verloschen); 3251–3254 (Habt ihr nun bald); 4112f. (Verleg' sie sich); 4114 (Daß ich mich); 11433–11436 (Ich bin nur); 9563 (Vergangenheit); 9573 (Arkadisch); 2054 (durchschmarutzen); 6251 (ins Leere).

5 Germaine de Staël: *De l'Allemagne* (1813), Kap. II 23; deutsch: Über Deutschland, hg. von Monika Bosse, Frankfurt a. M.: Insel 1985. Frau von Staël bezieht sich mit ihrer Bemerkung auf die aristotelische Poetik, 1454a.

6 Theodor W. Adorno: „Zur Schlußszene des Faust", in Ders.: Noten zur Literatur II, Frankfurt a. M.: Suhrkamp 1965 (Bibliothek Suhrkamp), S. 7–18.

3. Prekäres Projekt Vergeßlichkeit (Nietzsche)

1 Das Gedicht „Die Sonne sinkt" (abgedruckt und interpretiert ist hier nur dessen 3. Teil) steht in der von Colli/Montinari besorgten kritischen Studienausgabe der „Sämtlichen Werke" Nietzsches, München: dtv 1980, Bd. VI, S. 396f. Ich habe Nietzsches Orthographie modernisiert. Für Hinweise zum Verständnis des Gedichtes danke ich Christoph Burgauner.

2 Vgl. Josef Kopperschmidt/Helmut Schanze (Hg.): Nietzsche oder „Die Sprache ist Rhetorik", München: Fink 1994 (Figuren, 1), darin besonders der Themenbereich I: Nietzsches Rhetorik-Vorlesung, mit Beiträgen von Glenn Most, Thomas Fries, Josef Kopperschmidt, Hubert Thüring und Martin Stengelin, S. 17–92. Zu Nietzsche vgl. allgemein Werner Ross: Der ängstliche Adler. Friedrich Nietzsches Leben, Stuttgart: DVA 1980; Ders.: Der wilde Nietzsche oder Die Rückkehr des Dionysos, Stuttgart: DVA 1994.

3 Richard Volkmann: Die Rhetorik der Griechen und Römer in systematischer Übersicht, Leipzig 2. Aufl. 1885, Nachdruck Hildesheim: Olms 1987, § 55, S. 569.

4 Ich zitiere Nietzsche weiterhin nach der kritischen Studienausgabe von Colli/Montinari mit Angabe des Bandes und der Seitenzahl. Briefstellen werden nach dem Briefdatum zitiert, und zwar nach der Studienausgabe der Sämtlichen Briefe, 8 Bde., Berlin: de Gruyter 1975–1984. Die Stellen in der Abfolge des Auftretens im Text: I 330 (Kunst und Kraft); I 303 (greisenhaft); I 250 (Zu allem Handeln); I 329 (historische Krankheit); I 271 (gewisse Kenntnis); I 268 (das widrige Schauspiel); 7. 11. 1870 (Gersdorff); I 259 (große Momente); 20. 11. 1868 (Philologengezücht); VII 703 (weg mit allem); I 153 (dionysisch); I 245 (lebensdienlich); V 292 (starke Gesundheit); V 295 (Mnemotechnik). Vgl. zu dieser Thematik auch Derek Walcott: *„The Muse of History"* (1947), in Bill Ashcroft et al. (eds.): *The Post-Colonial Studies Reader*, London: Routledge 1995, S. 370–374. Ferner, zusammenfassend: Hayden White: Auch Klio dichtet. Die Fiktion des Faktischen. Studien zur Tropologie des historischen Diskurses, Stuttgart: Klett-Cotta 1986, Kap. „Die Last der Geschichte", S. 36–63.

5 Joachim Latacz: „Fruchtbares Ärgernis: Nietzsches 'Geburt der Tragödie' und die gräzistische Tragödienforschung", in J. L.: Erschließung der Antike. Kleine

Schriften zur Literatur der Griechen und Römer, Stuttgart: Artemis 1994, S. 469–496.

6 Ulrich von Wilamowitz-Möllendorf: Zukunftsphilologie. Eine Erwidrung auf Friedrich Nietzsches „Geburt der Tragödie", Berlin 1872. Zweites Stück: Eine Erwidrung auf die Rettungsversuche für Fr. Nietzsches „Geburt der Tragödie", Berlin 1873.

7 Zur Unterscheidung von Historie und Geschichte und zu den damit verbundenen Problemen vgl. die Beiträge in Reinhart Koselleck/Wolf-Dieter Stempel (Hg.): Geschichte – Ereignis und Erzählung, München: Fink 1973 (Poetik und Hermeneutik, 5).

8 Die Faust-Stellen dieses und des folgenden Abschnitts mit Angabe der Verszahl: 1339–1341 (Denn alles); 417 (Tiergeripp'); 9563 (Vergangenheit); 4685 (Zum höchsten Dasein).

9 Das Zitat stammt aus späterer Zeit und lautet vollständig: „Selig sind die Vergeßlichen: denn sie werden auch mit ihren Dummheiten 'fertig'." (Jenseits von Gut und Böse, Nr. 217, in Colli/Montinaris Studienausgabe Bd. V, S. 153.)

10 Der Text steht in Band V der Colli/Montinari-Ausgabe, S. 291–337. Die Zitate: V 297ff. (Schuld, Schulden); V 295 (Man brennt, Mnemotechnik). Vgl. zu dieser Schrift auch Werner Stegmaier: Nietzsches 'Genealogie der Moral', Darmstadt: Wissenschaftliche Buchgesellschaft 1994.

11 Jenseits von Gut und Böse, Nr. 68; bei Colli/Montinari Bd. V, S. 86.

4. Unbefriedetes und befriedetes Vergessen (Freud)

1 Ich zitiere Freud, soweit nicht anders vermerkt, nach der von Mitscherlich/Richards/Strachey herausgegebenen Freud-Studienausgabe in 10 Bänden, Frankfurt: Fischer 1969ff., mit Angabe des Bandes und der Seitenzahl. Die Freud-Zitate in der Textfolge: I 50 (verhört); I 74 (nicht gedacht); III 364–369 (Wunderblock); I 293 (Wächter); I 336 (Verdrängung, topisch); III 29 (latente Schicht); IX 201 (nichts verloren); II 183 (geheime Gesinnung); I 95 (Unlust); III, 292 (das Verdrängte); I 282 (Hysterie); X 109 (Leonardo); I 64 (Vorschwein); I 72, vgl. I 421 f. (Prozeß). Zum Ursprung der Freudschen Vergessens- und Verdrängungstheorie vgl. Marcel Zentner: Die Flucht ins Vergessen. Die Anfänge der Psychoanalyse Freuds bei Schopenhauer, Darmstadt: Wissenschaftliche Buchgesellschaft 1995. Ferner Edith Kurzweil: Freud und die Freudianer. Eine Bestandsaufnahme in Österreich und Deutschland, Frankreich, England und in den USA, München: dtv 1995 (dtv Taschenbuch 35097).

2 Jean Laplanche/J.-B. Pontalis: Das Vokabular der Psychoanalyse, Frankfurt: Suhrkamp 1972.

3 Die Freud-Zitate dieses Abschnitts: Zur Psychopathologie des Alltagslebens, Frankfurt a. M. 1954 (Fischer-Taschenbuch, 6079): S. 110 („außergewöhnliche Gedächtnisleistungen") – „Entwurf einer Psychologie" (1895), in: Aus den Anfängen der Psychoanalyse, hg. von Marie Bonaparte/Anna Freud/Ernst Kris, Frankfurt: Fischer 1975, S. 208, zit. nach Hubert Thüring, in J. Kopperschmidt/H. Schanze, a. a. O., S. 67f. („psychologische Forschung"). – Ratschläge für den Arzt bei der psychoanalytischen Behandlung, Werke, Bd. VIII, S. 377f. („psychoanalytische Praxis").

4 Vgl. Friedrich Ohly: „Bemerkungen eines Philologen zur Memoria", in: Memoria. Der geschichtliche Zeugniswert des liturgischen Gedenkens im Mittelalter, hg. von Karl Schmid/Joachim Wollasch, München: Fink 1984 (Münstersche Mittelalter-Schriften, 48), S. 9–69, hier besonders S. 43. Das Heine-Zitat aus den „Nachgelesenen Gedichten 1845–1856", in: Schriften, Ullstein-Werkausgabe, hg. von Klaus Briegleb, hier Bd. 11, hg. von Walter Klaar, Frankfurt a. M.: Ullstein 1981, S. 324. Freud zitiert Heine in seinen Vorlesungen Zur Einführung in die Psychoanalyse (1915–1917), Studienausgabe Frankfurt a. M.: Fischer 1969, Bd. I, S. 74.

5 Näheres in meinem Aufsatz „*Metaphora memoriae*", in H. W.: Sprache in Texten, Stuttgart: Klett 1976, S. 291–294.

6 C. G. Jung: Die Archetypen und das kollektive Unbewußte, Gesammelte Werke Bd. IX, 1., Olten: Walter 1976.

7 Vgl. Herwig Blum: „Für die Stoiker sind Mneme und Phantasia zwei Aspekte derselben Sache" (a. a. O., S. 112ff.). Vgl. auch Augustinus: *imaginatur memoria* (*Confessiones* X, 9, 16) und Giambattista Vico: *la memoria, la quale da' Latini fu detta per 'fantasia'* (*Scienza Nuova* II,7,2). Vgl. ferner Thomas G. Rosenmeyer: „Phantasia und Einbildungskraft. Zur Vorgeschichte eines Leitbegriffs der europäischen Ästhetik", Poetica 18 (1986), 197–248.

8 Cicero: *locis est utendum multis, illustribus, explicatis, modicis intervallis; imaginibus autem agentibus (...) quae percutere animum fortiter possint* (*De oratore* II,87, 358. Dazu Yates, a. a. O., S. 17f.).

9 Dante, *Inferno* XXVIII, 118–123.

10 Vgl. Emile Benveniste: „*Remarques sur la fonction du langage dans la découverte freudienne*", in E. B.: *Problèmes de linguistique générale*, 2 Bde., Paris: Gallimard 1966, Bd. I, S. 75–87.

11 Walter Benjamin: Der Erzähler. Betrachtungen zum Werk Nikolai Lesskows, in: Gesammelte Werke, Bd. II 2, Frankfurt a. M.: Suhrkamp 1977, S. 438–465. Dazu mein Kommentar in H. W.: *Chaire de Langues et Littératures Romanes, Leçon inaugurale au Collège de France*, Paris 1993, besonders S. 16f.

12 Pierre Bertrand: *L'oubli. Révolution ou mort de l'histoire*, Paris: Presses Universitaires de France 1975. Vgl. auch Stephan Grätzel: Organische Zeit. Zur Einheit von Erinnern und Vergessen, Freiburg: Alber 1993.

VII. Von der Poesie des Vergessens

1. Dunkle Erinnerung und abgründiges Vergessen, mit einer Warnung vor Papageien (Mallarmé, Valéry)

1 Aristoteles: *De memoria et reminiscentia (Peri mnemes kai anamneseos)*, Bekker 449b–453bf. Kleine Schriften zur Seelenkunde II: Über Gedächtnis und Erinnerung, in: Die Lehrschriften, hg. von Paul Gohlke, Paderborn: Schöningh 1953.

2 Die Zitate dieses Abschnitts: Hegel: Vorlesung „Subjektiver Geist", in Ders.: Jenaer Realphilosophie II, hg. von J. Hoffmeister, Neudruck Hamburg: Meiner 1969, S. 180, zitiert von Erich Kleinschmidt, Arcadia 29 (1994), S. 19 (Nacht der Aufbewahrung) – Baudelaire: „*La Chevelure*", in: *Les Fleurs du Mal* 23

(l'alcôve) – Wordsworth: *Lyrical Ballads,* 2. Aufl. 1802, Preface *(emotion)* – Herder: Abhandlung über den Ursprung der Sprache, Zweiter Teil, Erstes Naturgesetz, Stuttgart: Reclam 1966, S. 93 (Abstraktionsgabe) – Schiller: „Über das Pathetische", Werke in 3 Bänden, Bd. II, München: Hanser 1966, S. 442 (kalte Region).

3 Vgl. Hugo Friedrich: Die Struktur der modernen Lyrik, Kap. IV, Hamburg: Rowohlt 1956.

4 Ich zitiere Mallarmé nach der Pléiade-Ausgabe der *Œuvres complètes,* hg. von Henri Mondor/G. Jean-Aubry, Paris: Gallimard 1945. Vgl. Charles Chassé: *Les clefs de Mallarmé,* Paris: Aubier 1954, und vor allem Roger Dragonetti: *„Le sens de l'oubli dans l'œuvre de Mallarmé"*, Romanica Gandensia 9 (1961), S. 117–148. Das Zitat *Je dis: une fleur* ist zu finden a. a. O., S. 857. Das Schwanengedicht steht in der Pléiade-Ausgabe ohne Titel in der Gruppe *Plusieurs sonnets*, S. 67 f. Das Prosagedicht *Le Nénuphar blanc* findet man in der Gruppe *Poèmes en prose,* S. 283–286. Das Zitat *étangs léthéens* ist dem Gedicht *L'Azur* entnommen und steht S. 37.

5 Das Celan-Zitat aus „Sprachgitter", Gedichte in zwei Bänden, Frankfurt: Suhrkamp 1975, Bd. I, S. 164. Näheres zum Motiv der „abwesenden" Blume in meinem Kapitel „Linguistische Bemerkungen zur modernen Lyrik", in H. W.: Literatur für Leser, München: dtv 2. Aufl. 1986, S. 132–148. Ferner Christel Krauß: „. . . und ohnehin die schönen Blumen". Essays zur frühen christlichen Blumenmystik, Tübingen: Gunter Narr 1994, Ausblick: „Von den Anfängen der abwesenden Blume in Stéphane Mallarmés Dichtungen", S. 201–227.

6 Ich zitiere Valéry, außer in seinen *Cahiers,* nach der von Jean Hytier besorgten zweibändigen Ausgabe der *Œuvres* in der Bibliothèque de la Pléiade, Paris: Gallimard 1957/1960, mit Angabe der Band- und Seitenzahl. Die aus den *Cahiers* herangezogenen Stellen werden nicht einzeln ausgewiesen. Sie sind auch ohne Einzelnachweis leicht zugänglich, entweder in der zweibändigen Auswahl, die Judith Robinson-Valéry für die Bibliothèque de la Pléiade in thematischer Anordnung herausgegeben hat (Paris: Gallimard 1973/1974), und zwar in den Themengruppen *Mémoire* (Bd. I, S. 1211–1259) und *Soma et CEM [= corps, esprit, matière]* (Bd. I, S. 1119–1149) oder aber in der *Edition intégrale* der *Cahiers* 1894–1914, hg. von Nicole Celeyrette-Pietri und Judith Robinson-Valéry, Paris: Gallimard 1987 ff., wo die Äußerungen Valérys im Index des 3. Bandes über die Stichworte *mémoire, oubli* und *art de penser* leicht gefunden werden können. Das Gedicht *Les vaines danseuses* ist dem Gedichtband *Album des vers anciens* entnommen (Bd. I, S. 80 f.), das Gedicht *Le rameur* dem Band *Charmes* (Bd. I, S. 152 f.). Die beiden im einzelnen interpretierten Prosastücke stehen in der Pléiade-Ausgabe Bd. II, S. 195–275 *(L'idée fixe)* und Bd. II, S. 411–422 *(Robinson).* Valéry deutsch: Werke, Frankfurter Ausgabe in 7 Bänden, hg. von Jürgen Schmidt-Radefeldt, Frankfurt: Insel 1992–1995, und *Cahiers*/Hefte, hg. von Hartmut Köhler/Jürgen Schmidt-Radefeldt, 5 Bde., Frankfurt: Fischer 1987–1992. Zum Gedächtnis und Vergessen Valérys vgl. auch die weiteren Ausführungen in meinen Arbeiten *La mémoire linguistique de l'Europe,* Leçon inaugurale au Collège de France, Paris 1990, und *„Sans oubli on n'est que perroquet.* Erinnern und Vergessen bei Paul Valéry", in Jürgen Schmidt-Radefeldt (Hg.): Paul Valéry. Philosophie der Kultur, Wissenschaft und Politik, Tübingen: Stauffenburg 1999, S. 21–30. Ferner Hans Robert Jauß: „Die Kritik der

Erinnerung in Valérys *Cahiers*", in Anselm Haverkamp/Renate Lachmann (Hg.): Memoria. Vergessen und Erinnern, München: Fink 1993, S. 425–429.

7 Buffon: *Histoire naturelle des oiseaux*, Paris 1779, Bd. VI, S. 103 f.

2. Poesie der Erinnerung aus der Tiefe des Vergessens (Proust)

1 Marcel Proust: *A la recherche du temps perdu* (1913–1927), éd. Pierre Clarac/André Ferré, 3 Bde., Paris: Gallimard 1954 (Bibliothèque de la Pléiade); deutsch: Auf der Suche nach der verlorenen Zeit, übersetzt von E. Rechel-Mertens, 9 Bde., Frankfurt: Suhrkamp 1953–1957. Zitiert wird hier nach der französischen Ausgabe.

2 Proust: „*... la réalité ne se forme que dans la mémoire, les fleurs qu'on me montre aujourd'hui pour la première fois ne me semblent pas de vraies fleurs*" (*Du côté de chez Swann*, Kap. I, 2; Bd. I, S. 184).

3 Brief an Antoine Bibesco vom November 1912, wiederaufgegriffen in einem Interview mit Elie-Joseph Bois in *Le Temps* vom 12. 11. 1913. Vgl. Paul Vernière: „*Proust et les deux mémoires*", *Revue d'Histoire littéraire de la France* 71 (1971), S. 936–949. Ferner E. R. Jackson: *L'Evolution de la mémoire involontaire dans l'œuvre de Marcel Proust*, Paris 1966.

4 *Du côté de chez Swann* I, 1; Bd. I, S. 44. Dort auch die beiden folgenden Zitate („nutzlos", „gescheitert").

5 Weitere Auskünfte findet man bei Hans Robert Jauß: Zeit und Erinnerung in Marcel Prousts 'A la recherche du temps perdu'. Ein Beitrag zur Theorie des Romans (1. Fassung Heidelberg 1955). Frankfurt a. M.: Suhrkamp 1986 (suhrkamp taschenbuch wissenschaft, 587). – Elisabeth Gülich: „Zur Metaphorik der Erinnerung in Prousts *A la recherche du temps perdu*", Zeitschrift für französische Sprache und Literatur 75 (1965), S. 51–74. – Rainer Warning: „Vergessen, Verdrängen und Erinnern in Prousts *A la recherche du temps perdu*", in: Anselm Haverkamp/Renate Lachmann (Hg.): Memoria. Vergessen und Erinnern, München: Fink 1993, S. 160–194.

6 *Du côté de chez Swann* I, 1; Bd. I, S. 47.

7 Zum Gesichtssinn sagt Cicero: „*acerrumum autem ex omnibus nostris sensibus esse sensum videndi*" (*De oratore* II, 87, 357). Vgl. zu dem allgemeinen Problem der Sinne Paule Aschkenasy-Lelu: „*Les sens mineurs chez Proust*", Bulletin de la Société des Amis de M. Proust et des Amis de Combray (1959), S. 44–68. – Gerhard Goebel: „Die *Mémoire involontaire,* die fünf Sinne und das verlorene Paradies in Prousts *A la recherche du temps perdu*", Romanistisches Jahrbuch 20 (1969), S. 113–129. Vgl. auch Fritz Mauthner: Beiträge zu einer Kritik der Sprache, 3 Bde., Frankfurt a. M.: Ullstein 1982, hier Bd. I, S. 462.

8 Brief und Interview 1913, vgl. Anm. 3.

9 Herder: Abhandlung über den Ursprung der Sprache (1772), hg. von H. D. Irmscher, Stuttgart: Reclam 1966 (Reclam Heft 8729/30), S. 57 ff.

10 *Du côté de chez Swann* III: „*Noms de pays: Le nom*"*;* Pléiade-Ausgabe, Bd. I, S. 383–427.

11 Vgl. *Du côté de chez Swann* I, 2; Bd. I, S. 112 ff., 137–145, 184–187 *(aubépines)* und I, 1; Bd. I, S. 45–48.

12 Zum Gedächtnis des Leibes vgl. besonders *Du côté de chez Swann* I, 1; Bd. I, S. 4–9. Die Zitate stehen S. 6. Das Phänomen ist bereits von Walter Benjamin

bemerkt worden („Über einige Motive bei Baudelaire“, in: Illuminationen, Frankfurt a. M.: Suhrkamp 1977 (suhrkamp taschenbuch, 1345), S. 191 Anm. Vgl. auch Michèle Simondon: *La mémoire et l'oubli dans la pensée grecque jusqu'à la fin du Ve siècle avant J.-C. – Psychologie archaïque, mythes et doctrines*, Paris: Les Belles Lettres 1982, S. 323.

13 Zum kinästhetischen Sinn vgl. besonders *Le temps retrouvé*, Bd. III, S. 866f.

14 Vgl. besonders *Le temps retrouvé*, Bd. II, S. 872. (Vgl. John E. Jackson: *Mémoire et création poétique*, Paris: Mercure de France 1992, S. 24f.)

15 Zu Prousts geologischen Metaphern vgl. Stephen Ullmann: *The Image in the French Novel*, Kap. 3: *„The Metaphorical Texture of a Proustian Novel“*, Cambridge: Cambridge University Press 1960 sowie die in Anm. 5 zitierten Arbeiten von Gülich und Warning.

16 *Sodome et Gomorrhe* II, *La Fugitive*, a. a. O., Bd. III, S. 679 (vgl. Vernière gemäß Anm. 3, S. 946). Dort steht auch das nachfolgende Zitat *(dosage)*.

17 Walter Benjamin: „Zum Bilde Prousts“, in: Schriften, Bd. II, Frankfurt a. M.: Suhrkamp 1955, S. 132–147.

VIII. Recht auf Vergessen, Frieden durch Vergessen?

1. Fiktionen des vergessenen Ich (Pirandello, Sciascia)

1 Ich zitiere den Roman nach der bequem zugänglichen Ausgabe der Oscar Classici Moderni, Mailand: Mondadori 1988. Die Zitate in der Textfolge: S. 68 *(Cambio treno)*; S. 73 *(Libero)*; S. 80 *(un altr'uomo)*; S. 80 *(senza più il fardello)*; S. 80 *(un nuovo sentimento)*; S. 84 *(nuova vita)*; S. 88 *(uomo inventato)*; S. 96 *(forestiere)*; S. 117 *(fiume)*; S. 208 *(Dimentica)*; S. 230 (Kaffee ohne Zucker); S. 231 *(come se)*; S. 175 *(un'ombra)*; S. 123 *(vagabondaggio)*; S. 180f. (Geld gestohlen); S. 201 (Ehrabschneidung).

2 C. Plinius Secundus: *Naturalis historiae libri XXXVII*, ed. L. Janus, Leipzig 1856, 7. Buch, Kap. 24, 88–90.

3 Hans Jacob Christoffels von Grimmelshausen: Der abenteuerliche Simplicissimus, 2. Buch, Kap. 7.

4 Die Dokumentation dieses auch durch einen Film von Daniel Vigne berühmten Falles ist publiziert von Natalie Zemon Davis (Hinweis von Sciascia in dem unter [5] genannten Werk *Le Théâtre de la mémoire*, S. 86). Der Fall ist bereits Montaigne bekannt, der in seinem Essay III 11: *Des Boiteux* („Von den Hinkenden“) darauf anspielt.

5 Leonardo Sciascia erzählt die Geschichte von Martin Guerre nach in seiner Schrift *Il teatro della memoria II: La sentenza memorabile*, Palermo: Sellerio1982. Teil I des Buches ist dem Canella/Bruneri-Fall vorbehalten. Beide Teile der Schrift von Sciascia findet man vereint in französischer Übersetzung von Mario Fusco unter dem Titel *Le Théâtre de la mémoire. Récits*, Québec: Maurice Nadeau/Boréal Express, 1984. Der Titel ist eine Anspielung auf das von dem Italiener Giulio Camillo im 16. Jahrhundert tatsächlich gebaute (aber nicht erhaltene) „Theater des Gedächtnisses“. Darüber berichtet dieser selbst in seiner Schrift *L'idea del teatro* (1550), herausgegeben und mit einer auf-

schlußreichen Einleitung versehen von Lina Bolzoni, Palermo: Sellerio 1991. Zu Sciascia vgl. M. Picone et al. (a cura di): *Sciascia scrittore europeo*, Basel: Birkhäuser 1994.

6 Luigi Pirandello: *Come tu mi vuoi*, in: *Maschere nude*, Bd. II, Verona 4. Aufl. 1956. Vgl. Hermann Lindner: „Das verlorene Gedächtnis. Transformationen eines Motivs zwischen Wirklichkeitsbezug und Intertextualität im modernen Drama: Giraudoux – Pirandello – Anouilh", Zeitschrift für französische Sprache und Literatur 96 (1986), S. 155–173. Die Zitate: S. 179 (*una cosa simile* = Canella/Bruneri); S. 95 *(L'Ignota)*; S. 98 *(bellissima)*; S. 101 *(un bel caso)*; S. 120 *(vita nuova)*; S. 153 *(come tu mi vuoi)*.

2. Vergessen, um neu anzufangen (Giraudoux, Anouilh, Sartre)

1 Jean Giraudoux: *Siegfried et le Limousin*, Paris: Grasset 1922; Ders.: *Siegfried. Pièce en quatre actes* (1928), Paris: Grasset 1949. Für das dramatische Werk des Autors ist heute maßgeblich die Ausgabe des *Théâtre complet*, éd. Jacques Body, 3 Bde., Paris: Gallimard 1982 (Bibliothèque de la Pléiade), mit wichtigen Hinweisen zur Entstehungsgeschichte und zu abweichenden Fassungen der einzelnen Dramen. Der Roman in: *Œuvres romanesques*, 2 Bde., Paris: Gallimard 1990/1994 (Bibliothèque de la Pléiade).

2 Zu den Siegfried-Texten gehört auch der Einakter *Fin de Siegfried*, in dem dieses Zitat dem Prince de Saxe-Altdorf in den Mund gelegt ist (*Théâtre complet*, a. a. O., Scène 3, S. 99).

3 Das Zitat *l'homme sans mémoire* steht im Siegfried-Roman, a. a. O., S. 233. Vgl. zu dem ganzen Themenkomplex auch Jacques Body: *Giraudoux et l'Allemagne*, Paris: Didier 1975. – Jeanne Bem: *Ni Siegfried ni Limousin ou Giraudoux entre l'Histoire et le miroir*, Straßburg: Centre de Philologie et de Littératures Romanes de l'Université de Strasbourg 1986 (Travaux de Linguistique et de Littérature). – Jacqueline Sessa: *„Siegfried et le personnage de l'Allemand chez Giraudoux"*, in Stéphane Michaud (éd.): *L'Impossible semblable. Regards sur trois siècles de relations littéraires franco-allemandes*, Paris: Sedes 1991, S. 125–137. – Gonthier-Louis Fink: *„Les deux Allemagnes dans le miroir des lettres françaises. Du mythe polymorphe à une réalité politique duelle (1750–1990)"*, *Recherches Germaniques* 24 (1994), 3–43, besonders S. 30–32.

4 Die besprochenen Stellen des Dramas stehen vor allem in den Szenen II,1 (Sprachunterricht); III,4 *(Tu es Français)*; IV,5 *(Siegfried, je t'aime)*. Zu den Gedächtnis- und Vergessensproblemen in diesem Drama vgl. weiterhin Marianne Mercier-Campiche: *„Originalité de 'Siegfried' dans le répertoire français en rapport avec l'Allemagne (1905–1928)"*, *Revue d'Histoire littéraire de la France* 83 (1983), 735–743. – Hermann Lindner: „Das verlorene Gedächtnis – Transformationen eines Motivs zwischen Wirklichkeitsbezug und Intertextualität im modernen Drama: Giraudoux – Pirandello – Anouilh", Zeitschrift für französische Sprache und Literatur 96 (1986), 155–173. – R. O. J. Van Nuffel: *„Giraudoux, Anouilh, Pirandello et les amnésiques"*, Revue Générale 23 (1987), 45–55.

5 Die chauvinistischen Gebete stehen im Siegfried-Roman S. 166ff.

6 Die Litotes-Reflexion findet man im Siegfried-Roman S. 9 und in Giraudoux' Aufsatzband *Littérature*, Paris: Grasset 1941, S. 280ff. Dazu stimmen die Äußerungen von André Gide in: *„Billets à Angèle"* (1921), *Incidences*, Paris:

Gallimard 1924, S. 42. Vgl. zur Litotes- und Ökonomie-Stilistik auch meinen Aufsatz „*Le style et la mémoire*", in Georges Molinié/Pierre Cahné (éds.): *Qu'est-ce que le style?* Paris: Presses Universitaires de France 1994, S. 339–354.

7 Zur Erkennungsmarke *(plaque d'armée)* Siegfrieds vgl. die Szenen I, 6 und III, 2 des Dramas.

8 Die Zitate dieses Abschnitts im Siegfried-Drama: I, 2 *(projet Siegfried);* III, 4 *(ma famille)* und im Siegfried-Roman S. 291 (wie eine Decke/*comme une couverture*).

9 Jean Anouilh: *Le voyageur sans bagage. Pièce en cinq tableaux* (1936/1937), in: *Pièces Noires,* Paris: Calman-Lévy 1961. Zu Anouilh vgl. Robert de Luppé: *Jean Anouilh,* Paris: Editions Universitaires 1959, besonders S. 7–27. Dort auch der Hinweis auf Anouilhs Giraudoux-Erlebnis mit Berufung auf „*Hommage à Giraudoux*", *Chronique de Paris,* Februar 1944 (Luppé S. 7). Die weiteren Anouilh-Zitate mit Angabe des „Bildes" und der Seite, a. a. O.: V, 373 (Bahnhof); I, 282 f. *(soldat inconnu);* III, 353 und V, 370, 382 (Narbe); III, 313 *(monstre);* III, 349 (annehmen); V, 371 (neu); III, 352 *(j'existe);* V, 385 *(Laissez-moi seul).*

10 Jean-Paul Sartre: *L'Etre et le Néant. Essai d'ontologie phénoménologique,* Paris: Gallimard 1943. Vgl. auch die diesbezüglichen Überlegungen Sartres in seiner Schrift *L'existentialisme est un humanisme* (1946), Paris: Nagel 1970. Dazu Roger Troisfontaines: *Le choix de Jean-Paul Sartre,* Paris: Aubier 1945, und Karl Kohut: Jean-Paul Sartre, in Wolf-Dieter Lange (Hg.): Französische Literatur der Gegenwart in Einzeldarstellungen, Stuttgart: Kröner 1971, S. 159–192.

3. Vergeben und Vergessen (Jesus, Fontane)

1 Dazu Voltaire: „*Jésus ayant daigné naître dans la pauvreté et dans la bassesse, ainsi que ses frères, ne daigna jamais pratiquer l'art d'écrire. Les Juifs avaient une loi écrite avec le plus grand détail, et nous n'avons pas une seule ligne de la main de Jésus*" (*Dictionnaire philosophique,* Art. *Tolérance II,* éd. Alain Pons, Paris: Gallimard 1994, S. 495).

2 Johannes VIII, 3–11. Vgl. J. Gnilka: Johannesevangelium, Würzburg: Echter 1983, 2. Aufl. 1985, S. 64. Ferner C. H. Dodd: *Historical Tradition in the Fourth Gospel,* Cambridge 1963; R. E. Brown: *The Gospel According to John,* 2 Bde., Garden City (New York) 1966, 2. Aufl. 1970; John Marsh: *The Gospel of St. John,* Harmondsworth 1968.

3 5. Buch Moses (= Deuteronomium), Kap. 20.

4 Zitiert nach Jacques Revel: *Histoire de la vie privée,* 5 Bde., Paris: Seuil 1986, Bd. III, S. 187.

5 Ich zitiere nach der Jubiläums-Ausgabe „Werke in drei Bänden", hg. von Kurt Schreinert, München: Nymphenburger 1968. Der Roman „Effi Briest" steht im 2. Band. Die Zitate in der Reihenfolge des Vorkommens im Text: S. 225 (ein Haus machen); S. 226 (Schatten); S. 227/240 (weit weg); S. 180 (immer dieselbe Geschichte); S. 114 (eine Kattolsche); S. 228 (auf der Seele); S. 114/128 (Hauptsache); S. 112 (gute robuste Person); S. 181/229 (ich war es ja nicht); S. 229 (sehr lange her); S. 239 (ich liebe); S. 240 (als Einzelner); S. 240 (Gesellschafts-Etwas); S. 239/247 (Verjährung); S. 240 (ich muß); S. 259 (Vor einer Stunde); S. 283 (Effi komm); S. 251 (alte Geschichten). Vgl. Sibylle Wirsing: „und es

wäre zum Totschießen ...“ – Der Ehemann als Ehrenmann in Theodor Fontanes *Effi Briest,* in Uwe Schultz (Hg.): Das Duell. Der tödliche Kampf um die Ehre, Frankfurt: Insel 1996 (insel taschenbuch, 1739), S. 286–300.

4. Amnesien, Amnestien und das nicht zu enträtselnde Halljahr (Schiller, Kleist, Celan)

1 Justus Georg Schottel(ius): Der schreckliche Sprachkrieg/*Horrendum bellum grammaticale Teutonum antiquissimorum,* hg. von Friedrich Kittler/Stefan Rieger, Leipzig: Reclam 1991, S. 119f. Im Kontext dieser Schrift ist der Krieg zwar als „Sprachkrieg“ zu verstehen, spiegelt aber gleichwohl die Heimsuchung der Zeit durch den Dreißigjährigen Krieg und andere Kriegshandlungen.

2 Jörg Fisch: Krieg und Frieden im Friedensvertrag. Eine universalgeschichtliche Studie über Grundlagen und Formelemente des Friedensschlusses, Stuttgart: Klett-Cotta 1979. Vgl. auch Louis Joinet: *„L'amnistie. Le droit à la mémoire entre pardon et oubli“, Communications* 49 (1989), S. 213–224. Ferner: Christian Meier: „Erinnern – Verdrängen – Vergessen“, Merkur 50 (1996), S. 937–952.

3 Kant: Metaphysik der Sitten (1797), Werke in 12 Bänden, Frankfurt a. M.: Suhrkamp 1968, Bd. VIII, S. 472 (nach Jörg Fisch, a. a. O., S. 105).

4 *Les textes sur les Droits de l'Homme,* éd. Philippe Ardant, Paris: PUF 1990 (Que sais-je? n° 2538), S. 57.

5 Ansprache des Präsidenten des Staates Israel vor den Mitgliedern des Deutschen Bundestages und des Bundesrates am 16. Januar 1996, hg. vom Deutschen Bundestag, Bonn 1996, besonders S. 15.

6 Vulgata: *foedus sempiternum quod nulla oblivione delebitur* (Jer. 50, 5).

7 Baltasar Gracián, *Oráculo manual y arte de prudencia* (1647), n° 262 (vgl. auch n° 126), Barcelona: Planeta 1990, S. 221; deutsche Übersetzung von Schopenhauer: Handorakel und Kunst der Weltklugheit (1862), Leipzig: Dietrich 1982, S. 165.

8 Ich zitiere Schiller nach den von Herbert G. Göpfert herausgegebenen Werken in 3 Bänden, München: Hanser 1966. Die zitierten Textstellen: Jungfrau von Orleans III 2 und 3 (Versenkt in Lethe); Die Braut von Messina, ohne Szenennumerierung, Bd. II, S. 488 (erledigen); S. 489 (O meine Söhne); S. 502 (Und zu schwere Taten); Wallenstein II: Piccolomini IV 7 (Laß Vergangenes/Ersäuft sei). Das Lied „An die Freude“ Bd. I, S. 47–50.

9 Heinrich von Kleist: Sämtliche Werke und Briefe, hg. von Helmut Sembdner, 2 Bde., München: Hanser 1984 (auch dtv Klassik 5925). Zu Kleist vgl. Dirk Grathoff (Hg.): Heinrich von Kleist. Studien zu Werk und Wirkung, Wiesbaden: Westdeutscher Verlag 1988. Zum Prinzen von Homburg (in Bd. I der Sembdner-Ausgabe) vgl. auch Eberhard Schmidhäuser: Verbrechen und Strafe. Ein Streifzug durch die Weltliteratur von Sophokles bis Dürrenmatt, München: Beck, 2. Aufl. 1996, hier Kap. 7, S. 110–131, das Zitat S. 122.

10 Ich zitiere Paul Celan nach der Ausgabe „Gedichte in zwei Bänden“, Frankfurt: Suhrkamp 1975. Vgl. Peter H. Neumann: Zur Lyrik Paul Celans. Eine Einführung, Göttingen: Vandenhoeck und Ruprecht 2. Aufl. 1990.

11 A. a. O., Bd. I, S. 22. Vgl. zu Celan und besonders zu diesem Gedicht Amy Colin: *Paul Celan. Holograms of darkness,* Bloomington: Indiana University Press 1991, hier S. 94.

12 Das Zitat zum „Mohn des Vergessens" aus dem Gedicht „Ewigkeit" des Bandes „Mohn und Gedächtnis", a. a. O., Bd. I, S. 68. Vgl. Celan wiederlesen, hg. vom Lyrik-Kabinett München, 1998; John Felstiner: Paul Celan. Eine Biographie, München: Beck 1997.

13 3. Buch Moses (= Leviticus) 25, 8–31. Vgl. auch das 5. Buch Moses (= Deuteronomium) Kap. 15, 1–3. Vgl. dazu Maimonides: *R. Mosis Filii Maimon Tractatus de iuribus anni septimi et iubilaei*, Frankfurt 1708, S. 109–118 (ich danke Elazar Benyoetz/Jerusalem für diesen Hinweis).

14 Vgl. Horst Fuhrmann: Einladung ins Mittelalter, München: C. H. Beck 4. Aufl. 1989, S. 239f.

15 Celan, a. a. O., Bd. II, S. 398. Vgl. auch zu diesem Gedicht meine Interpretation in Marcel Reich-Ranicki (Hg.): Frankfurter Anthologie, Bd. II, Frankfurt: Insel 1977, S. 203–206. Das Zitat vom „nicht zu enträtselnden Halljahr" in dem Band „Fadensonnen", a. a. O., Bd. II, S. 151.

IX. Auschwitz und kein Vergessen

1. Niemals werde ich vergessen (Elie Wiesel)

1 Elie Wiesel: *La nuit.* Préface de François Mauriac, Paris: Les Editions de Minuit 1958. Die Zitate aus diesem Buch: S. 58f. *(Jamais je n'oublierai);* S. 133f. (Zalman); S. 115 (Dr. Mengele); S. 15 (ausländische Juden); S. 140ff. (Rabbi Eliahou); S. 118ff. (Akiba Drumer); S. 170 (Eliezer). Zu den literaturkritischen und literaturwissenschaftlichen Problemen, die mit der Holocaust-Literatur verbunden sind, vgl. James E. Young: Beschreiben des Holocaust. Darstellung und Folgen der Interpretation, Frankfurt a. M.: Suhrkamp 1992. – Judith Klein: Literatur und Genozid. Darstellungen der nationalsozialistischen Massenvernichtung in der französischen Literatur, Wien: Böhlau 1992. – Christoph Münz: Der Welt ein Gedächtnis geben. Geschichtstheologisches Denken im Judentum nach Auschwitz, Gütersloh: Chr. Kaiser 1995.

2 Jacques Le Goff: „*Le peuple juif est par excellence le peuple de la mémoire*" (*Histoire et mémoire,* Paris: Gallimard 1986; folio histoire, 20), S. 132; deutsch: Geschichte und Gedächtnis, Frankfurt: Campus 1992. Grundlegend sind ferner zum jüdischen Gedächtnis Brevard S. Childs: *Memory and Tradition in Israel,* London: SCM Press 1962 (Studies in Biblical Theology, 37) sowie Yosef Hayim Yerushalmi: Zachor: Erinnere dich! Jüdische Geschichte und jüdisches Gedächtnis (amer. 1982), Berlin: Wagenbach 1988.

3 Vgl. Carol Rittner R. S. M. (ed.): *Elie Wiesel. Between Memory and Hope,* New York (N.Y.): University Press 1990. Darin Elie Wiesels Einleitung *The Solitude of God* (Zitat S. 6: *forgotten by God*) und das Interview der Herausgeberin mit Elie Wiesel (Zitat S. 31: *To be a Jew*). Vgl. auch Elie Wiesel: *The Nobel Lecture: Hope, Despair, and Memory,* in: *The Nobel Peace Prize 1986,* New York: Summit Book, 1986. Zu Elie Wiesel vgl. jetzt auch: Michaël de Saint-Cheron: *Autour de Elie Wiesel. Une parole pour l'avenir.* Colloque de Cerisy, Paris: Odile Jacob 1996.

4 Elie Wiesel: *Le mendiant de Jérusalem,* Paris: Seuil 1968 (Points R 128), S. 103

(Kalman); 122 *(l'homme)*. Zum Verständnis von *histoire* vgl. die englische Version: *Man is the tale of God*, in Carol Rittner, a. a. O. (Anm. 3), S. 72.

5 Die Trilogie ist leicht zugänglich in der amerikanischen Ausgabe: *The Night Trilogy*, New York: Hill and Wang 1987.

6 Elie Wiesel: *L'oublié*, Paris: Seuil 1989 (Points R 428). Die Zitate in dieser Ausgabe: S. 49ff., 309 (Alzheimer); S. 11 (Nur das Gedächtnis); S. 192 (Gedächtnistransfusion); S. 255 (Ich bin das Gedächtnis).

2. Mit dem Vergessen kämpfen (Primo Levi, Jorge Semprún)

1 Primo Levi: *Se questo è un uomo. La tregua*, Turin: Einaudi 1989 (Einaudi Tascabili Letteratura, 2); deutsch: Ist das ein Mensch? Ein autobiographischer Bericht, deutsch von Heinz Riedt, München: dtv 1992, 4. Aufl. 1995 (dtv Taschenbuch, 11561). Die Zitate stehen in der italienischen Ausgabe: S. 25 (Heiliges Antlitz); S. 102 (Ich habe vergessen); S. 102 (Bedenket); S. 35 (Das Lager ist); S. 66 (Hunger); S. 79 (biologisches Experiment); *Appendice* 1976, S. 338 (Pflicht/*dovere*); S. 115f. (Ziegler). Die *Dante*-Zitate Inf. XXI, 48f. *(Qui non ha luogo)*; Inf. XXVI, 118–120 *(Considerate)*. Dic *Meditate*-Mahnung nach Deut. 6,4–9 (Hinweis von Jacques Schlanger, Jerusalem). Zu Primo Levi vgl. auch Cordelia Edvardson: „Primo Levi in memoriam", in C. E.: Die Welt zusammenfügen, München: dtv 1991 (dtv Taschenbuch, 11445), S. 9–16, zum Bericht über den Häftling Ziegler S. 11. Zur Biographie vgl. Myriam Anissimov: *Primo Levi ou la tragédie d'un optimiste*, Paris: J. C. Lattès 1996.

2 Jorge Semprún: *L'écriture ou la vie*, Paris: Gallimard 1994; deutsch: Schreiben oder Leben, Frankfurt a. M.: Suhrkamp 1995. Die Zitate nach der französischen Ausgabe: S. 27f., 51ff. (Halbwachs); S. 131 (kollektives Gedächtnis); S. 32 (Baudelaire: *Ô mort)*; S. 50f. (Lorelei); S. 122 (königliche Vergeßlichkeit); S. 236 *(J'ai choisi l'oubli)*; S. 236 *(béatitude)*; S. 196, 204 (Trauerarbeit); S. 233–246 (Primo Levi); S. 257 *(Je redevenais mortel)*; S. 235 *(rendez-vous)*. Aragons *Chanson pour oublier Dachau* in: L'Œuvre poétique, Bd. XI (1944–1952), Tours: Livre Club Diderot 1980, S. 187ff. (bei Semprún genannt S. 85 und 193).

3. Geschichtensammler, Geschichtenvergesser (Saul Bellow)

1 Saul Bellow: *Mr. Sammler's Planet*, New York 1977 (Penguin Book). Ich zitiere nach dieser Ausgabe. Zur Bedeutung des Namens Sammler gibt es eine abweichende Auffassung bei Robert R. Dutton, der das Wort in mehr technischer Bedeutung als *storage battery* versteht. (Vgl. Robert R. Dutton: *Saul Bellow*, New York: Twayne Publishers 1971, Kap. 9, Supplement: *Mr. Sammler's Planet*, S. 155–164, hier S. 163.)

2 Die Zitate dieses Romans in der Textfolge: S. 21 (Shula); S. 84 (Gedächtnis); S. 11 (Balzac); S. 27ff. (Wells); S. 84 (Fakten); S. 189 (Man sagt); S. 189f. (Lebensgefahr); S. 62 *(the most note-worthy)*, S. 62 *(oblivion)*; S. 37 *(oddities)*; S. 230ff. (Rumkowski); S. 163 *(short views)*; S. 183, 237 (Mond).

3 Saul Bellow: *Something to remember me by. Three tales*, New York: Signet Book 1991. Die Zitate aus dem Vorwort stehen S. VII *(Short views)*; S. X *(overloaded)*; S. XI *(distractions)*; S. VIII *(We have heard)*; S. XII *(put in order)*; S. XII *(waste no time)*; S. XII *(write short)*.

4 Die Zitate der Kurzgeschichte *The Bellarosa Connection* nach dem Band der *Three tales*, New York 1991, in der Textfolge: S. 5 *(innate gift)*; S. 5, 45 (Mnemosyne); S. 61 ff. (Flußname); S. 81 *(memory man)*; S. 63 *(test of memory)*; S. 28 *(Forget it)*; S. 22 *(celeb)*; S. 17 *(benefactor)*; S. 52 *(things of the past)*; S. 44 *(oddity)*; S. 51 *(entanglements)*; S. 48 *(remember, forget)*; S. 21 *(tiger wife)*; S. 51 *(b'yad hazzakah)*; S. 86 ff. (Gilbert).

4. Aufschreiben, um auszulöschen (Thomas Bernhard)

1 Lina Bolzoni: *La stanza della memoria*, Turin: Einaudi 1995, S. 143–148.
2 Thomas Bernhard: Auslöschung. Ein Zerfall, Frankfurt a. M.: Suhrkamp 1986. Als suhrkamp taschenbuch, 1563: Frankfurt 1988. Ich zitiere nach der Taschenbuchausgabe.
3 Die Fotografien-Szene steht auf den Seiten 23–31, mit einer Wiederaufnahme auf den Seiten 240–252. Dazu S. 111 (Wolfseggbeschimpfung) und S. 151 (Abtrünniger).
4 Die Traumerzählung steht auf den Seiten 212–227.
5 Ersterwähnung des Wortes „Auslöschung“ S. 113. Dort auch die weiteren Zitate dieses Abschnitts.
6 Die Zitate dieses Abschnitts: S. 104 (Vernichterin); S. 506 (Ersatzerbe); S. 206 (Kopf vergessen); S. 290 (fast vernichtet).
7 Die Zitate dieses Abschnitts: S. 264 (Lesen); S. 612 (Übertreibungskunst); S. 299 (Mütter); S. 245 (Schwestern); S. 542 (Auslöschung).
8 Die Zitate dieses Abschnitts: S. 463 (Eidetik); S. 404 (Familie ausgelöscht); S. 450 (Fremdheit); S. 452 f. (Sarg der Mutter); S. 265 (ja auch liebt).
9 Die Zitate dieses Abschnitts: S. 614 (ungeheure Schrift); S. 199 (Mein Bericht); S. 199 (wir tragen).
10 Die Zitate dieses Abschnitts: S. 193 (Vater, Mutter); S. 440 (Gauleiter); S. 459 f. (Rolle des Vergessenen); S. 448 (Staat); S. 458 (nicht aus dem Kopf); S. 650 (bedingungslos).

X. Gespeichert, das heißt vergessen

1. Ein neuer Beruf: Wegwerfer (Böll, Borges)

1 Heinrich Böll: Der Wegwerfer, in: Das Heinrich Böll Lesebuch, hg. von Viktor Böll, München: dtv 1982 (dtv Taschenbuch, 10031), S. 167–176.
2 Hermann Lübbe: Im Zug der Zeit. Verkürzter Aufenthalt in der Gegenwart, Berlin: Springer-Verlag 1992, 2. Aufl. 1994, besonders Kap. 4, S. 155–228; Ders.: Zeit-Erfahrungen. Sieben Begriffe zur Beschreibung moderner Zivilisationsdynamik, Stuttgart: Franz Steiner Verlag 1996 (Akademie der Wissenschaften Mainz, Abhandlungen der Geistes- und Sozialwissenschaftlichen Klasse, Jg. 1996, Nr. 5), besonders S. 8–12.
3 Hans Magnus Enzensberger: „Gedankenflucht (I)“ in: Kiosk. Neue Gedichte, Frankfurt: Suhrkamp 1995, S. 31 ff.
4 Hugo Loetscher: Ein Rückblick auf unser Jahrhundert von einem pazifischen

Ufer aus (1983), in: Das Hugo Loetscher Lesebuch, hg. von Georg Sütterlin, Zürich: Diogenes 1984, S. 165–188, hier S. 187. (Ich danke Wolfgang Frühwald für diesen Hinweis.)

5 Ich zitiere Borges nach seinen *Obras completas,* Buenos Aires, Emecé Editores 1974, mit Angabe der Seitenzahl. Das Prosastück *La Biblioteca de Babel* steht S. 465–471. Vgl. zu Borges auch Libuše Moníková: Schloß, Aleph, Wunschtorte, München: Hanser 1990, Kap. II. Ferner: Heinz Schlaffer: Borges, Frankfurt a. M.: Fischer Taschenbuch Verlag 1993.

6 Umberto Eco: *Il nome della rosa* (1980), deutsch: Der Name der Rose, München: Hanser 1982.

7 Die nachfolgenden Zitate, in der Reihenfolge des Auftretens im Text, nach der oben angegebenen Ausgabe: S. 1136 (Hartnäckigkeit); S. 1138 *(ubicua);* S. 1047 *(común);* S. 1016 (Vergil); S. 1016 *(sótano);* S. 811 *(El reloj de arena/*Die Sanduhr); S. 812 *(mágico Leteo);* S. 871 *(ceniza);* S. 925 (Alchemist, *polvo*); S. 1017 *(leyendo);* S. 1099 *(blindness);* S. 937 *(gracias);* S. 1017f. (Schatten, *Elogio de la sombra).*

2. Epilog zum Oblivionismus der Wissenschaft

1 Leibniz unterscheidet in seinen Aufzeichnungen *De arte inveniendi* (ca. 1675) und *Ars inveniendi maxime discenda* (ca. 1676) zwischen einer analytischen und einer synthetischen oder kombinatorischen Invention. Sie werden wie folgt unterschieden: *Combinatoria consistit in arte inveniendi quaestiones; Analytica in arte inveniendi quaestionum solutiones* (Leibniz: *Opuscules et fragments inédits,* éd. L. Couturat [1903], Neudruck Hildesheim: Olms 1961, S. 167–170 – Hinweis von Eberhard Knobloch).

2 Tzvetan Todorov beantwortet diese Frage mit erheblicher Skepsis. Er schreibt: *„La science est une autre sphère où la mémoire a perdu beaucoup de ses prérogatives."* (*Les abus de la mémoire,* Paris: Arléa-Le Seuil 1995, S. 19.)

3 Vgl. die (kritischen) Ausführungen von Wolfgang Frühwald in seinem Beitrag „Die Informatisierung des Wissens. Zur Entstehung der Wissensgesellschaft in Deutschland", hg. von Alcatel SEL Stiftung, Stuttgart 1994. Ferner: Robin P. Peek/Gregory B. Newby (eds.): *Scholarly Publishing. The Electronic Frontier,* Cambridge (Mass.): MIT Press 1996.

4 Näheres in meinem Beitrag „Wissenschaftssprache, Sprachkultur und die Einheit der Wissenschaften", in Heinz L. Kretzenbacher/Harald Weinrich (Hg.): Linguistik der Wissenschaftssprache, Berlin: de Gruyter 1995 (Akademie der Wissenschaften zu Berlin, Forschungsbericht 10), S. 155–174 (mit Abdruck des Textes von Watson/Crick aus *Nature* 25. 4. 1953).

5 Vgl. Karl R. Popper: Logik der Forschung (1934), Tübingen: Mohr 3. Aufl. 1969, Kap. IV: „Falsifizierbarkeit".

6 Vgl. Thomas S. Kuhn: *The Structure of Scientific Revolutions,* Chicago: University Press 1962, erweiterte Neuauflage 1970 (deutsch: Die Struktur wissenschaftlicher Revolutionen, Frankfurt: Suhrkamp 1967, erw. 1988 – mit Postskriptum).

7 Vgl. Jürgen Mittelstraß: „Die unheimlichen Geisteswissenschaften", in: Berlin-Brandenburgische Akademie der Wissenschaften, Berichte und Abhandlungen, Bd. II, Berlin: Akademie-Verlag 1996, S. 215–235.

Bibliographie

Weitere bibliographische Hinweise in den Anmerkungen zu den einzelnen Kapiteln

Abel, Olivier (éd.): Le pardon. Briser la dette et l'oubli, Paris: Editions Autrement 1991 (Série Morales)

Adam, Konrad: Vergeßliche Wissenschaft, Frankfurter Allgemeine Zeitung 11. 9. 1991

Arbinger, Roland (Hg.): Gedächtnis, Darmstadt: Wissenschaftliche Buchgesellschaft 1984 (Erträge der Forschung, Bd. 219)

Assmann, Aleida: Arbeit am nationalen Gedächtnis. Eine kurze Geschichte der deutschen Bildungsidee, Frankfurt a. M. u. a.: Campus 1993 (Edition Pandora, Bd. 14)

Assmann, Aleida: Erinnerungsräume. Formen und Wandlungen des kulturellen Gedächtnisses, München: Beck 1999

Assmann, Aleida/Assmann, Jan/Hardmeier, Christian (Hg.): Schrift und Gedächtnis. Beiträge zur Archäologie der literarischen Kommunikation I, München: Fink 1983

Assmann, Aleida/Harth, Dietrich (Hg.): Mnemosyne. Formen und Funktionen der kulturellen Erinnerung, Frankfurt a. M.: Fischer 1991 (Fischer Wissenschaft, 10.724)

Assmann, Jan: Das kulturelle Gedächtnis. Schrift, Erinnerung und politische Identität in frühen Hochkulturen, München: C. H. Beck 1992

Assmann, Jan/Hölscher, Tonio (Hg.): Kultur und Gedächtnis, Frankfurt a. M.: Suhrkamp 1988 (suhrkamp taschenbuch wissenschaft, 724)

Augé, Marc: Les formes de l'oubli, Paris: Payot & Rivages 1998

Baddeley, Alan: Working Memory, Oxford: Clarendon Press 1986 (Oxford Psychology Series, 11); deutsch: So denkt der Mensch. Unser Gedächtnis und wie es funktioniert, München 1986

Barone, Paolo: Léthe, simbolo e immaginale: tra Jung e Hillman, Zeitschrift aut aut 225/1988, 33–53

Bartlett, F. C.: Remembering. A Study in Experimental and Social Psychology, Cambridge: University Press 1932

Baumgart, Reinhard: Selbstvergessenheit. Drei Wege zum Werk: Thomas Mann, Franz Kafka, Bertolt Brecht, München: Hanser 1989

Berns, Jörg Jochen/Neuber, Wolfgang (Hg.): Ars memorativa. Zur kulturgeschichtlichen Bedeutung der Gedächtniskunst 1400–1750, Tübingen: Niemeyer 1993

Bertrand, Pierre: L'oubli. Révolution ou mort de l'histoire, Paris: Presses Universitaires de France 1975

Blum, Herwig: Die antike Mnemotechnik, Hildesheim: Olms 1969 (Spudasmata, 15)

Boehm, Gottfried: Erinnern, Vergessen. Cy Twomblys 'Arbeiten auf Papier', in: Cy Twombly. Serien auf Papier 1957–1987, Städtisches Kunstmuseum Bonn, Ausstellungskatalog 1987

Bolinger, Dwight: Meaning and Memory, Forum Linguisticum 1 (1976/77), 1–14

Bolzoni, Lina: Il teatro della memoria. Studi su Giulio Camillo, Padua: Liviane Editrice 1984

Bolzoni, Lina: La stanza della memoria. Modelli letterari e iconografici nell'età della stampa, Turin: Einaudi 1995

Bolzoni, Lina/Corsi, Pietro (a cura di): La cultura della memoria, Bologna: Il Mulino 1992

Borchmeyer, Diether (Hg.): „Vom Nutzen und Nachteil der Historie für das Leben". Nietzsche und die Erinnerung in der Moderne, Frankfurt a. M.: Suhrkamp 1996 (suhrkamp taschenbuch wissenschaft, 1261)

Caillois, Roger: Le fleuve Alphée, Paris: Gallimard 1978

Carruthers, Mary J.: The Book of Memory. A Study of Memory in Medieval Culture, Cambridge: Cambridge University Press 1990

Childs, Brevard S.: Memory and Tradition in Israel, London: SCM Press 1962 (Studies in Biblical Theology, 37)

Coleman, Janet: Ancien and Medieval Memories. Studies in the Reconstruction of the Past, Cambridge: Cambridge University Press 1992

Communications n° 49 (Paris 1989): „La mémoire et l'oubli"

Corsi, Pietro (éd.): La fabrique de la pensée, Museo di Storia della Scienza, Firenze/La Villette, Cité des Sciences et de l'Industrie, Paris (Ausstellungskatalog), Mailand: Electa 1989

Corti, Maria: Percorsi dell'invenzione. Il linguaggio poetico e Dante, Turin: Einaudi 1993 (Einaudi Paperbacks, 237)

Delft, Louis van: Memoria/Prudentia: Les recueils des moralistes comme arts de mémoire, in Volker Kapp (éd.): Les lieux de mémoire et la fabrique de l'œuvre, Biblio 17. Papers on French Seventeenth Century Literature, Tübingen: Romanisches Seminar 1993, S. 131–145

Diner, Dan: Kreisläufe. Nationalsozialismus und Gedächtnis, Berlin: Berlin Verlag 1995

Dragonetti, Roger: Le sens de l'„oubli" dans l'œuvre de Mallarmé, Romanica Gandensia 9 (1961), 117–148

Ebbinghaus, Hermann: Über das Gedächtnis. Untersuchungen zur experimentellen Psychologie, Leipzig 1885, Neudruck Darmstadt: Wissenschaftliche Buchgesellschaft 1971

Eco, Umberto: Ars oblivionalis. Sulla difficoltà di costruire un'Ars oblivionalis, Kos 3 (1987) 40–53; englisch: An Ars Oblivionalis? Forget it, Publications of the Modern Language Association of America (PMLA) 103 (1988), 254–261

Eliade, Mircea: Mythologie de la mémoire et de l'oubli, Nouvelle Revue Française 11 (1963), 597–620

Erdmann, Johann E.: Vom Vergessen, Berlin 1869, auch in Ders.: Ernste Spiele. Vorträge, Berlin 1890, S. 283–302

Fisch, Jörg: Krieg und Frieden im Friedensvertrag. Eine universalgeschichtliche Studie über Grundlagen und Formelemente des Friedensschlusses, Stuttgart: Klett-Cotta 1979

Freudenfeld, Regina: Gedächtnis-Zeichen. Mnemologie in der deutschen und französischen Aufklärung, Tübingen: Narr 1996

Glasmeier, Michael (Hg.): Vergessen, Köln: Salon Verlag 1997 (Jahrbuch der Hochschule für Bildende Künste, 1997)

Goldmann, Stefan: Statt Totenklage Gedächtnis. Zur Erfindung der Mnemotechnik durch Simonides von Keos, Poetica 21 (1989), 43–66

Grätzel, Stefan: Organische Zeit. Zur Einheit von Erinnern und Vergessen, München: Alber 1993

Halbwachs, Maurice: Les cadres sociaux de la mémoire (1925), Paris: Albin Michel 1994; deutsch: Das Gedächtnis und seine sozialen Bedingungen, Frankfurt a. M.: Suhrkamp 1985 (suhrkamp taschenbuch wissenschaft, 538)

Halbwachs, Maurice: La mémoire collective, Paris: Presses Universitaires de France 1950; deutsch: Das kollektive Gedächtnis, Frankfurt a. M.: Fischer 1985 (Fischer Wissenschaft, 7359)

Halpérin, J./Lévitte, G.: Mémoire et Histoire. Colloque des intellectuels juifs, Paris: Denoël 1986

Harth, Dietrich/Kronauer, Ulrich (Hg.): Die Erfindung des Gedächtnisses, Frankfurt a. M.: Klip 1991

Haverkamp, Anselm: Auswendigkeit. Skizzen zum Gedächtnis der Rhetorik: I: Szene; II: Raum; III: Schrift, Rhetorik. Ein internationales Jahrbuch 9 (1990), 84–102

Haverkamp, Anselm/Lachmann, Renate (Hg.): Gedächtniskunst: Raum – Bild – Schrift. Studien zur Mnemotechnik, Frankfurt a. M.: Suhrkamp 1991 (edition suhrkamp, N.F. 653)

Haverkamp, Anselm/Lachmann, Renate (Hg.): Memoria. Vergessen und Erinnern, München: Fink 1993 (Poetik und Hermeneutik, Bd. XV)

Jackson, John E.: Mémoire et création poétique, Paris: Mercure de France 1992

Jauß, Hans Robert: Ästhetische Erfahrung und literarische Hermeneutik, Frankfurt a. M.: Suhrkamp 1982

Jauß, Hans Robert: Wege des Verstehens, München: Fink 1994

Jenkins, James C.: Remember that Old Theory of Memory? Well, Forget it! American Psychologist 29 (1974), 785–795

Joinet, Louis: L'amnistie. Le droit à la mémoire entre pardon et oubli, Communications 49 (1989), 213–224

Klatzky, Roberta L.: Human Memory. Structures and Processes, New York: Freeman 2. Aufl. 1980

Klier, Carola: Die „Krankheit des Vergessens“ im spanischen Gegenwartsroman, Köln: Böhlau 1995

Koch, Manfred: Mnemotechnik des Schönen. Studien zur poetischen Erinnerung in Romantik und Symbolismus, Tübingen: Niemeyer 1988

Krusche, Dietrich: Gedächtnis – ein Begriffskomplex im Umbau, Jahrbuch Deutsch als Fremdsprache 17 (1991), 121–127

Lachmann, Renate: Gedächtnis und Literatur. Intertextualität in der russischen Moderne, Frankfurt a. M.: Suhrkamp 1990

Le Goff, Jacques: Histoire et mémoire, Paris: Gallimard 1986 (folio histoire, 20, Paris 1988); deutsch: Geschichte und Gedächtnis, Frankfurt a. M.: Campus 1992

Lenz, Siegfried: Über das Gedächtnis. Reden und Aufsätze, Hamburg: Hoffmann und Campe 1992

Loftus, Elizabeth: Memory. Surprising New Insights into How We Remember and How We Forget, Reading Mass. 1980

Lübbe, Hermann: Im Zug der Zeit. Verkürzter Aufenthalt in der Gegenwart, Berlin: Springer, 2. Aufl. 1994

Mauthner, Fritz: Beiträge zu einer Kritik der Sprache (1906), 3 Bde., Nachdruck Frankfurt a. M.: Ullstein 1982

Meier, Christian: Erinnern – Verdrängen – Vergessen, Merkur 50 (1996), 937–952; erweiterte Fassung: Erinnern – Verdrängen – Vergessen. Zum öffentlichen Umgang mit schlimmer Vergangenheit in Geschichte und Gegenwart. Berlin-Brandenburgische Akademie der Wissenschaften, Berichte und Abhandlungen, Bd. III, Berlin: Akademie-Verlag 1996, S. 59–99

Mosès, Stéphane: Der Engel der Geschichte. Franz Rosenzweig, Walter Benjamin, Gershom Scholem, Frankfurt a. M.: Jüdischer Verlag 1994

Nora, Pierre (éd.): Les lieux de mémoire, 7 Bde., Paris: Gallimard 1984ff.

Oexle, Otto Gerhard (Hg.): Memoria als Kultur, Göttingen: Vandenhoeck und Ruprecht 1995 (Veröffentlichungen des Max-Planck-Instituts für Geschichte, 3)

Ohly, Friedrich: Bemerkungen eines Philologen zur Memoria. Münstersche Abschiedsvorlesung vom 10. Februar 1982, München: Fink 1990

Raulff, Ulrich: Ortstermine. Literatur über kollektives Gedächtnis und Geschichte, Merkur 43 (1989), 1012–1018

Revista de Occidente: „La Memoria", N° 100, Madrid 1989

Ricœur, Paul: Gedächtnis – Vergessen – Geschichte, in Müller, Klaus E./Rüsen, Jörn (Hg.): Historische Sinnbildung. Problemstellungen, Zeitkonzepte, Wahrnehmungshorizonte, Darstellungsstrategien, Reinbek bei Hamburg: Rowohlt 1997, S. 433–454

Rigotti, Francesca: Schleier und Fluß – Metaphern des Vergessens, in Michael B. Buchholz (Hg.): Metaphernanalyse, Göttingen: Vandenhoeck und Ruprecht 1993, S. 229–252

Rosenfield, Israel: Das Fremde, das Vertraute und das Vergessene, Frankfurt a. M.: Fischer 1992

Rossi, Paolo (a cura di): La memoria del sapere, Bari: Laterza 1989

Rossi, Paolo: Il passato, la memoria, l'oblio. Sei saggi di storia delle idee, Bologna, Il Mulino 1991

Roubaud, Jacques: L'invention du fils de Leoprepes. Poésie et mémoire, Paris: Circé 1993
Roy, Bruno/Zumthor, Paul (éds.): Jeux de mémoire. Aspects de la mnémotechnie médiévale, Montréal: Presses de l'Université de Montréal 1995

Schlieben-Lange, Brigitte: Vom Vergessen in der Sprachwissenschaftsgeschichte. Zu den „Ideologen" und ihrer Rezeption im 19. Jahrhundert, in Haubrichs, Wolfgang/Sauder, Gerhard: Wissenschaftsgeschichte der Philologien, Zeitschrift für Literaturwissenschaft und Linguistik 53/54 (1984), 18–36
Schmidt, Siegfried J. (Hg.): Gedächtnis. Probleme und Perspektiven der interdisziplinären Gedächtnisforschung, Frankfurt a. M.: Suhrkamp 1991 (suhrkamp taschenbuch wissenschaft, 900)
Schneider, Manfred: Liturgien der Erinnerung, Techniken des Vergessens, Merkur 41 (1987), 676–686
Schreiner, Sabine: Sprachenlernen in Lebensgeschichten der Goethezeit, München: iudicium 1992
Simon, Dieter: Wie weit reicht Europa? in: Informationsgesellschaft und Rechtskultur in Europa, hg. von Marie-Theres Tinnefeld/Lothar Philipps/Susanne Heil, Baden-Baden: Nomos 1995, S. 23–36
Simondon, Michèle: La mémoire et l'oubli dans la pensée grecque jusqu'à la fin du Ve siècle avant J. C. – Psychologie archaïque, mythes et doctrines, Paris: Les Belles Lettres 1982
Smith, Gary/Emrich, Hinderk M. (Hg.): Vom Nutzen des Vergessens, Berlin: Akademie-Verlag 1996
Smith, Gary/Margalit, Avishai (Hg.): Amnestie oder Die Politik der Erinnerung in der Demokratie, Frankfurt a. M.: Suhrkamp 1997
Sperber, Horst G.: Mnemotechniken im Fremdsprachenunterricht, München: iudicium 1989 (Studien Deutsch, 9)
Süskind, Patrick: Amnesie in litteris, ZEITmagazin Nr. 41, 6. 10. 1989, S. 64–68

Todorov, Tzvetan: Les abus de la mémoire, Paris: Arléa-Le Seuil 1995

Usages de l'oubli en littérature. Textes réunis par Pierre Malandain. Revue des Sciences Humaines n° 252 (Paris 1998)

Vernant, Jean-Pierre: Mythe et pensée chez les Grecs. Etudes de psychologie historique, Paris: Editions La Découverte, 3. Aufl. 1985, besonders Kap. 2: Aspects mythiques de la mémoire et du temps.

Walcott, Derek: The Muse of History (1974), in Ashcroft, Bill/ Griffiths, Garetth/ Tiffin, Helen (eds.): The Post-colonial Studies Reader, London: Routledge 1995, S. 370–374
Weber, Elisabeth/Tholen, Georg C. (Hg.): Das Vergessen(e). Anamnesen des Undarstellbaren, Wien: Turia + Kant 1997
Weinrich, Harald: Metaphora memoriae (1964), in H.W.: Sprache in Texten, Stuttgart: Klett 1976, S. 291–294
Weinrich, Harald: Über Sprache, Leib und Gedächtnis, in Gumbrecht, Hans

Ulrich/Pfeiffer, K. Ludwig (Hg.): Materialität der Kommunikation, Frankfurt a. M.: Suhrkamp 1988, S. 80–93 (suhrkamp taschenbuch wissenschaft, 750)

Weinrich, Harald: La mémoire linguistique de l'Europe, Leçon inaugurale au Collège de France (Chaire Européenne), Paris: Collège de France 1990; deutsche Kurzfassung: Gedächtniskultur – Kulturgedächtnis, Merkur 45 (1991), 569–582

Weinrich, Harald: La memoria di Dante, Florenz: Accademia della Crusca 1994; deutsche Kurzfassung: Memoria Dantis, Heidelberger Jahrbücher 38 (1994), 183–199

Weinrich, Harald: Faust's Forgetting, Modern Language Quarterly 55 (1994), 281–295

Weinrich, Harald: Gibt es eine Kunst des Vergessens? Basel: Schwabe 1996 (Jacob Burckhardt-Gespräche auf Castelen, 1)

Weinrich, Harald: Privates und öffentliches Vergessen, Mitteilungen des Zentrums für Interdisziplinäre Forschung der Universität Bielefeld 1/1998, S. 8–20

Yates, Frances A.: The Art of Memory, London: Routledge and Kegan Paul 1966; deutsch: Gedächtnis und Erinnern. Mnemotechnik von Aristoteles bis Shakespeare, Weinheim: VCH 1988, 4. Aufl. Berlin: Akademie-Verlag 1997

Yerushalmi, Yosef Hayim: Zachor: Erinnere Dich! Jüdische Geschichte und jüdisches Gedächtnis (amer. 1982), Berlin: Wagenbach 1988

Yerushalmi, Yosef Hayim: Réflexions sur l'oubli, in: Usages de l'oubli – Colloque de Royaumont, Paris: Seuil 1988

Zentner, Marcel: Die Flucht ins Vergessen. Die Anfänge der Psychoanalyse Freuds bei Schopenhauer, Darmstadt: Wissenschaftliche Buchgesellschaft 1995

Für Hilfe bei den Schreibarbeiten, bei der Dokumentation und beim Korrekturlesen danke ich Nadja Hourieh Zaza, Sonia Palmieri, Françoise Poulin und Simone Schiedermair. Ermöglicht wurden diese Hilfen, außer durch die Forschungsmittel des Collège de France, durch einen Förderungsbeitrag der Fritz Thyssen Stiftung, für den ich der Stiftung herzlich danke.

Namenregister

Sachregister

Nicht aufgeführt sind in diesem Register die durchgehend vorkommenden Begriffe Vergessen, Gedächtnis, Erinnerung und ihre unspezifizierten Wortfamilien.

Aus dem Verlagsprogramm

Harald Weinrich bei C. H. Beck

Knappe Zeit

Kunst und Ökonomie des befristeten Lebens
3., überarbeitete Auflage, 2005. 272 Seiten. Leinen

«Was tun angesichts der Kürze des Lebens?
Zunächst Harald Weinrich lesen (...)
Die Fristenlösung, die der Mensch sich ersonnen hat,
um sein Leben in den Griff zu bekommen, ist er selbst.
So könnte die Quintessenz dieses überaus materialreichen
und lesenswerten Buches lauten.»
Ludger Heidbrink, Die Zeit, 11. November 2004

«Dass der Romanist Harald Weinrich sich ausführlich
mit dem knappen Gut (Lebens-)Zeit befasst hat,
sorgt für einen genüsslichen Gang durch die Kulturgeschichte.»
Adelheid Müller-Lissner, Der Tagesspiegel, 16. Dezember 2004

Linguistik der Lüge

6., durch ein Nachwort erweiterte Auflage, 2000. 90 Seiten. Paperback
Beck'sche Reihe Band 1372

Kleine Literaturgeschichte der Heiterkeit

2001. 64 Seiten. Klappenbroschur

Tempus. Besprochene und erzählte Welt

2001. 338 Seiten. Broschiert